U0936301

珍藏本·增订本

纪念版

汉译世界学术名著丛书

自然法与政治法原理

〔瑞士〕让-雅克·布拉马克 著

陈浩宇 译

商务印书馆
SINCE 1897
The Commercial Press

Jean-Jacques Burlamaqui

THE PRINCIPLES OF NATURAL AND POLITIC LAW

汉译世界学术名著丛书
(120年纪念版·珍藏本)
增订本出版说明

2017年10月,为纪念商务印书馆创立120周年,本馆推出"汉译世界学术名著丛书"(120年纪念版·珍藏本),计七百种。近五六年来,仰赖学界同人倾力支持,订正旧译,增补新译,拓展新著,积累日多。为满足读者需要,本馆在七百种的基础上,继续推出"汉译世界学术名著丛书"(120年纪念版·珍藏本·增订本)三百种。至此,"汉译世界学术名著丛书"累计出版已达千种。

今后,本馆将继续推进丛书的翻译出版工作,在积累单本名著的基础上陆续分辑刊行,汇印出版。为促进中外文明互鉴、推动我国学术发展,使"汉译世界学术名著丛书"这项对我国学术文化有基本建设意义的重大工程发挥更大作用,诚望海内外学术界、翻译界继续给予支持,帮助我们把这套丛书出得更好。

商务印书馆编辑部

2024年2月

汉译世界学术名著丛书
（120年纪念版·珍藏本）
出 版 说 明

2017年2月11日，商务印书馆迎来120岁的生日。120年前，商务印书馆前贤怀揣文化救国的理想，抱持“昌明教育，开启民智”的使命，立足本土，放眼寰宇，以出版为津梁，沟通中西，为中国、为世界提供最富智慧的思想文化成果。无论世事白云苍狗，潮流左右激荡，甚至战火硝烟弥漫，始终践行学术报国之志，无改初心。

迻译世界各国学术名著，即其一端。早在20世纪初年便出版《原富》《天演论》等影响至今的代表性著作，1950年代后更致力于外国哲学和社会科学经典的译介，及至1980年代，辑为“汉译世界学术名著丛书”，汇涓为流，蔚为大观。丛书自1981年开始出版，历时三十余年，迄今已推出七百种，是我国现代出版史上规模最大、最为重要的学术翻译工程。

丛书所选之书，立场观点不囿于一派，学科领域不限于一门，皆为文明开启以来，各时代、各国家、各民族的思想与文化精粹，代表着人类已经到达过的精神境界。丛书系统译介世界学术经典，引领时代思想，为本土原创学术的发展提供丰富的文化滋养，为推动中国现代学术和现代化进程做出了突出的贡献。

为纪念商务印书馆成立120周年，我们整体推出“汉译世界学术名著丛书”120年纪念版的珍藏本，寄望既利于文化积累，又便于研读查考，同时向长期支持丛书出版的译者、编者和读者致以敬意。

两甲子后的今天，商务印书馆又站在了一个新的历史时间节点上。我们不仅要铭记先辈的身影和足迹，更须让我们的步伐充满新的时代精神。这是商务人代代相传的事业，更是与国家和民族的命运始终紧密相连的事业。我们责无旁贷，必须做好我们这代人的传承与创造，让我们的努力和成果不仅凝聚成民族文化的记忆，还能成为后来人可以接续的事业。唯此，才能不负前贤，无愧来者。

商务印书馆编辑部

2017年10月

目　　录

上卷　自然法原理

第二部分　论自然法则

下卷　政治法原理

第一部分　论政治社会的起源和性质，通论主权及其独有特征、限制和各基本部分

第二部分　论政府的不同形式，获取或失去主权的各种方式，以及主权者和臣民相对彼此的义务

第三部分　对主权各基本部分或是主权者针对国家内部管理的各种不同权利的一个更为详细的考察，这些权利包括立法权、宗教事务的最高权力、施加惩罚的权利，以及主权者拥有的对共同体中各种财物的权利

第四部分　论对于外国的不同主权权利；战争的权利及一切相关事项；公共条约以及大使的权利

上卷

自然法原理

作者导言

这本关于自然法原理的论著，本是我拟在将来某个时间出版的一部更大的著作，或者说一个有关自然法和万民法完整体系的导论。但是由于在筹备过程中遭遇了若干阻碍——各种纷繁的事务，并且主要由于我的健康状况欠佳，我几乎失却了我的原初意向。但我被告知，我先前讲授法学时为私人用途而草拟的文稿的手抄本，已然扩散并流入不少人手中；我开始担心，这部著作恐怕会违背我的意愿，在一种非常不完美和粗陋的条件下出版。这最终使我接受了若干好友的恳求，将下面这部作品交付给公众。由于对能否完成那部更大的著作仍心存疑虑，我便尽力将这部《自然法原理》加以完善，使得它或许在某种程度上能够为那些意欲在有关自然法的知识上获得启蒙的人所使用。对于研究这一主题的大家，眼下这部著作显然不是为他们设计的。若是这部著作被证明对于研习这一重要科学的年轻的初学者们具备任何用处，那么我的目的便充分实现了。

第一部分

权利的一般原理

第一章　从权利出发考察人的性质：理解能力及与这一官能相关的事项

1.（本著作的计划：自然法是什么意思）* 我的计划是探究单由理智给人规定的规则（rules），这些规则能妥善地引导人们达成每个人都有，而且的确应该拥有的目的，即真实而稳固的幸福。这些规则构成的体系或集合，视作上帝给人施加的诸多法律，通常以自然法（Natural Law）之名来加以区分。这门科学包括了道德、法学和政治学中最重要的原理，也即不仅对社会，而且对人而言所有最有兴味的东西。因此，对一个理性的存在物（a rational being），一个将其完善和幸福严肃地置于内心的存在物来说，没有

* 本书上卷中段首的数字序号后的圆括号内的文字，在原书中是以旁注形式出现的，此次统一改至段首。另，本书正文中数字标号“1. 2. 3.……”表示每章的小节号，“（1）（2）（3）……”表示一章内部的跨小节的连续标号，“①②③……”表示一小节内部的连续标号。特此说明。——译者

什么更值得他潜心投入于此。关于生命历程中我们应当遵循的若干准则（maxims）的恰当知识，正是智慧的首要对象；而美德恰在于持久地将之付诸行动，不从这项崇高的事业中偏离分毫。

2.（我们必须从人的本性和状态中演绎出这门科学的诸原则）权利，以及自然权利的概念，无疑是与人的性质相关的。正是从这种性质，从人的构造（constitution）和状态（state）中，我们才演绎出了这门科学的若干原理。

“权利”（Right / Droit[①]）这个词的原始含义，源自动词“dirigo”，它意指的是通过最短的途径将个体引导至特定目的。因此，就其恰当的和最一般的意义而言，权利是任何作出指导或是得到恰当指导的事物（whatever directs, or is properly directed），而所有其他的含义也必须被归结到这一定义。确定这一基础后，我们必须首先加以检视的是，个人在其行动方面是否容许指导和规则。为了使这一探究有更大成功的可能，我们要将事情追溯至其起始处，同时完全上升到人的性质和构造所具备的高度，我们必须在这一境地阐明他的行动的原理，以及专属于他的诸种状态，从而表明人在举止方面，以何种方式并且在何种范围内，容许指导。这是获知权利是什么、不是什么的唯一方式。

3.（人的定义：他的性质是什么？）人是一种被赋予了理解能力（understanding）和理智（reason）的动物；一个由协调的身体和理性的灵魂构成的存在物。

就身体而言，他与别的动物极为相似，拥有相同的器官、性

① 这里给出的词源学分析，仅针对法语词“*Droit*”。

能和欲求。这是一个活的躯体，由若干个部分组成；它活动自身，初始时虚弱，在发展过程中得到食物的滋养而逐渐增强，直到它达到某一特定阶段，在这一整个阶段中都表现得蓬勃而充满活力，此后它年岁见长而走向衰朽，并最终趋于消亡。这是人类生命的通常进程，除非它碰巧因某些疾病或意外事件而夭折。

但是，除了身体方面的非凡特性外，人同样拥有一个理性的灵魂，而这一点将他与野兽显著地区别开来。正是凭着自己身上这一高贵的部分，人能思考，有能力对出现在他面前的诸多对象形成合宜的观念；能将它们一起加以比较；能从已知的若干原理推论未知的真相；能对事物彼此之间的合宜与一致，以及事物和我们的关系作出坚实的判断；能考虑做什么合适，做什么不合适；也便能最终决定以何种方式行动。心灵（mind）能回忆过往，将其联结到当下，并将它的视野延伸至未来。它有能力洞察事物的原因、进程和结果，并且好似第一眼就能发现生命的全部过程，这使得它能够把为达成一个幸福的生涯而必需的事物存储起来。与此同时，在所有这些情况下，它并不受制于一个恒定系列的统一的和不变的运作，而是发现自己具有行动或不行动，悬搁行为和运动，并按照自己认为合适的方式引导和操纵它们的自由。

4.（人的不同行为：哪些是权利的对象？）以上便是我们关于人的性质应形成的一般性观点。由此而来的结果是，人的行为有多种类型：有些是纯粹精神性的，例如思考、反思、怀疑等；有些仅仅是肉体的（corporeal），例如呼吸、长大等；还有些可称作是混合的，灵魂和身体都参与其中，上帝在人的两个构成部分间建立了联合，因此行为由它们共同合作而产生，例如说话、工作等。

那些起源于灵魂或是依赖灵魂加以引导的行为，被称为人的或自发的（human or voluntary），其余所有行为则被命名为仅仅是物理的（physical）。灵魂因此构成了人的各种行为的原理。行为从人的那些高贵的官能（faculties）中产生并受其指导，这些官能是人的创造者赋予他的，因而这些行为不可能不是规则的对象。所以有必要对这一主题进行专门的探究，对灵魂的各项官能和运作（operations）加以细致的检查，以便发现它们以何种方式一致产生了人的行为。与此同时，这将帮助我们展露这些行为的性质，使我们弄清楚它们是否真的容许规则来指导它们，以及它们可以在多大程度上听取人的命令。

5.（灵魂的各种首要官能） 假使人略微反观自身，感觉和经验也会很快使他知晓，他的灵魂是一个行动者（an agent），它的活动经由一系列不同的运作而将它自己呈现出来。这些不同的运作由不同的名字加以区分，也被归入了不同的官能。这些官能中最主要的是理解能力、意志和自由。灵魂实际上是一个简单存在物；但这并不妨碍在我们注意到它不同运作方式的时候，将它视为一个各种不同的行动机能（powers of acting）寄居的主体，并对这些机能给予不同的名称。如果我们以这种方式考察事物，我们将发现它会使我们的观点更加准确和明晰。因此让我们谨记，这些不同的官能只不过是内在于心灵中的不同机能的活动，它正是借助不同机能的活动来开展它全部的运作。

6.（理解的能力：真理） 灵魂的首要官能是理解能力，它构成了灵魂之存在的根本部分，而且可以说是充当它的内在之光（intrinsic light）。我们可以将这一官能或机能如此定义，心灵借助它感知（perceives），形成对事物的观念，以便达成对真理的认识。真理在这里有两重意涵：或者指事物的性质、状态和相互关系；或者指与这种性质、状态和相互关系相匹配的观念。因此，为了达成对真理的认识，要就事物本身感知它们，同时形成与它们的性质相吻合的观念。

7.（原理：理解能力是天然的正确的） 因此，我们着手讨论时必须承认如下颠扑不破的原理，即人的理解能力是天然正确的（naturally right），而且只要他动用其机能中全部的谨慎和关切，自身就具备一种能力（strength），足够他达成对真理的认识，并将之与谬误区分开。这特别表现在那些关涉我们各自的职责，而且对我们形成一个有德行的、荣誉的和平静的生活而不可或缺的事物上。

内在的感觉（internal sense）和经验一致使我们信服这条原则。可以说，它是整个人道体系（system of humanity）依附的枢纽。它不能被质疑，否则将会侵蚀根基，并完全颠覆社会的整体结构。因为这将会取消真理与谬误、善与恶之间所有的区分方式。而作为这一颠覆的自然结果，我们将发现自己不可避免地质疑一切事物，这是人最大程度的虚妄。

有些人假称理智及其官能已经严重腐化堕落，以至在人的职责或者特别是在宗教方面，它们已不再能够作为一个可靠的和忠诚的向导。这些人没有反思，他们为其体系选取的上述基础，是一个对所有的真理，因而也是对宗教具有毁灭性的原理。

因此，我们发现在《圣经》中，远没有确立上述原则，而是使我们确信，“没有律法的外邦人若顺着本性行律法上的事，他们虽然没有律法，但他们自己就是自己的律法。这是显出律法的功用镌刻在他们心里，他们的是非之心同作见证”。①

不好的教育、邪恶的习惯和不规律的激情能使人心灵迷乱，这是确实的。同时，疏忽、轻率和偏见也常常使人在宗教和道德方面陷入最大的错误中。但这仅仅证明了人有可能滥用他们的理智，而并没有颠覆这些官能天然的公正性。我们会在这一问题上继续进行阐发，以期使之更为清楚。

8.（认知、关切和审查是以何种方式形成的） 现在让我们对理解能力的运作进一步作更为细致的探究。对事物的认知、看法（view）或知识，通常是由两种行动达成一致而形成的。一个来自对象（object），是它对我们留下的印象（impression）；另一个来自心灵，是它对意欲了解的对象的扫视或是在灵魂中的简单观察。但是，初次观察往往是不足的，心灵有必要投入到（apply）对对象持续一段时间的严肃考虑中，直到最后获得对事物的正确知识，并形成准确的观点。灵魂借以持续观察对象以便更好地理解对象的这种投入（application），被称为关切（attention）；如果它改变方式，从各个方面考虑对象，这被命名为审查（examen）或调查（inquiry）。我们由此便可确认，就心灵而言，对事物的认知和知识完全依赖于它天然的活力和关切。

9.（确证；或然性） 借由自身拥有的官能的帮助，人最终获得了关于事物及其相互关系的清晰明了的知识；也形成了观念，以及那些观念与其原初对象的一致性：简言之，他获得了对真理

① 引自《圣经·罗马书》，第2章，第14—15节。

的认识。我们将这种对于事物及其相互关系的清晰明了的观念，命名为“确证”（evidence），对这一点我们需格外留意。这种确证是真理的本质特点，或者说是能使我们情不自禁地辨明真理的确切标志。其结果就是，它必然会产生这样一种内在的确信，以至达到了最高程度的确定性。并非所有的对象在呈现自身时都具备如此强度的光亮（so strong a light），而且即使个体极其细致、投入，他经常能够获得的也只是一束微弱的光亮，根据其强弱产生不同程度的或然性（probability）和似然真理（seeming truth）。对人这种在官能方面受到限制的存在物来说，下述这种情况便是确定无疑的：对其目的和状态而言，能够确切地知晓关涉其完善和幸福的事物，这对人来说便足够了；除此之外，他只需在或然性和确证之间，以及不同程度的可能性之间作出区别，以便给予不同程度的同意。现在个体只需略微反观自身，反思其心灵的运作，便能毫无疑问地确信，人确实拥有这项洞察力。

10.（论感觉、想象和记忆）感觉［理解为感觉官能（sensitive faculty）］，以及想象（imagination）和记忆（memory），必须全部被归结为理解能力。事实上，感觉看起来就是理解能力本身，它利用身体的感官和器官去感知有形的对象。相似的，想象也不过是理解能力而已，它感知缺席的对象，借助它们在头脑中形成的形象，而非感知它们本身。最后，记忆也只是理解能力，它具备如下官能，即能保留所形成的关于事物的观念，并能够随时向自身再现这些观念。记忆能带来的好处，便主要取决于我们在频繁重复那些观念时所拥有的细致程度。

11.（理解能力的完善在于对真理的认识。这一完善的两个障碍：无知和谬误）根据前述关于理解能力所谈的一切内容，可以断定心灵的这项官能的目标是真理，所有的行动和手段都是将我们导向它。基于这项假定，理解能力的完善便表现在对真理的认识，因为它便是为这一目的而设计的。

存在两种事物与这种完善相反，即无知（ignorance）和谬误（error），它们是心灵的两种疾病。无知不过是观念或知识的缺乏，而谬误则是我们的观念与事物性质和状态的不相吻合乃至背离。因此，谬误是对真理的颠覆，与无知相比，谬误与真理相差更远，无知居于真理与谬误中间。

在此必须作出说明，我们讨论理解能力、真理、无知和谬误，并非单纯地去了解它们自身；我们主要的目的是将它们作为我们行为的原理（principles）来考察。就此而论，无知和谬误尽管本身性质迥异，却经常是混合的和被混淆的；因此，适用于其一的论断，也能分毫不差地应用于另外一个。无知经常导致谬误；不过，不论是同时抑或单独发挥作用，它们对我们的行为或是不作为（omissions）产生影响，无不遵循相同的规则，并产生相同的结果。如果我们仔细地加以分析，或许严格说来，只有谬误能被视作行为的一种原理；而单纯的无知则不是，因为它只是观念的缺乏而不能产生任何事物。

12.（不同种类的谬误：关乎法则或者关乎事实的谬误；自发的或非自发的；关键性的或次要的）无知和谬误有不同的种类，这些不同的部分值得我们加以注意。①从其对象的角度考虑，谬误或者关乎法则（law）或者关乎事实（fact）。②从其起源来看，无知或者是自发的或者是非自发的（voluntary or involuntary），谬误或者是能克服的或者是不能克服的（vincible or invincible）。③就谬误对特定事项和行为的影响而言，它被视作关键性的或是次要的。

在处置法则方面出错，则谬误是关乎法则的；对一项事实所知不详，则谬误是关乎事实的。举例而言，仅仅因其国力渐长，一个君主便假定自身被赋予了向邻国宣战的权利，这便是关乎法则的谬误。同样，关乎法则的谬误也在此前的希腊人和罗马人中普遍出现，因为他们将父母弃婴视作无可指摘的。[①] 与之相反，亚比米勒将亚伯拉罕的妻子萨拉当作未婚的，则是关乎事实的谬误。

因个人自己的过错而造成的无知，或者是因为疏忽而产生的谬误，它们本可以因足够的细致谨慎而避免，则是自发的无知和能克服及战胜的谬误。因此，异教徒的多神论是能克服的谬误，因为他们只需正确运用其理智，便能确信并没有必要假设有多神存在。对于大多数古代人抱持的一种观点也适用于上述判断：他们认为，面对没有与之缔结协约的对象，抢夺他们便是合法的，将他们视作敌人也是正当的。

考虑到人类的构造和一般生活的情况，当倾其全部可能的细致与能力也不足于阻止或是移除无知和谬误时，则称无知是非自发的，谬误是不能克服的。美洲人在与欧洲人没有任何接触之前，对基督宗教的无知和浑浑噩噩，便是非自发和不能克服的无知。

最后，我们这样理解关键性谬误：它的对象构成了所涉事务的必要条件，并且出于这个原因对随之而来的行为具有直接的影

① 参见《圣经·马太福音》，第 15 章，第 4—5 节中的另一个例子。

响；也即，若非由于这个谬误，这项行为本不会被采取。因此，这同时也被命名为一个有效能的谬误（an efficacious error）。上文所谈的必要条件，我们将之理解为，或者为事物的性质或者为行动者的意图所必需，它们在恰当的时间形成，并借由合适的标志而为人所知。因此，当特洛伊人在他们的城邦被攻占时，朝他们自己人投掷标枪，便是犯了一个关键性谬误，因为这些人按希腊人的方式武装自己而被当成了敌人。又如，一个人迎娶了另一个人的妻子，因为他以为她只是一个女仆或者不知道她的丈夫仍活着，这关涉事物的性质，因此必然是一个关键性谬误。

与之相反，次要谬误则与所涉事务没有必然的关联，也因此并不能被视作行为的真正原因。一个人虐待或侮辱另一个人，只因前者将后者错当成别人；或者因无根据的传言，一个人认为国王去世，诸如此类。这些都是次要谬误，它们虽存在于行动者的头脑中，并伴随了他们的行为，却并不能视为他们行为的真正原因。

同样可以发现，无知和谬误具备的这些不同性质可能同时出现，并被发现统一在同一个案例中。因此，一个关乎事实的谬误可能是关键性的或次要的；无知或是谬误也同时可能是自发的或非自发的，能克服的或是不能克服的。

关于理解能力论述这么多似已足够。让我们进一步考察心灵中能够产生人类行为的其他的官能。

第二章 关于人的性质的诸原理续：论意志和自由

1.（意志。幸福和善包括什么？） 人类心灵假如只具备知晓事物并形成相应观念的官能，是不足够的，也不符合造物主的想法；同样必不可少的，是它应具备一种能使它活动起来的积极原理（active principle），一种能使个体在知晓出现在面前的对象后，根据自己认为合适与否的判断而决定行动或是不行动的能力。这项官能被我们称作意志（will）。

因此，意志不过是灵魂的能力，借此它自己作出决定，并凭借内在于其本性中的一项积极原理，追求令其愉悦的事物，以特定的方式行动，作出或者放弃一项行动，而这些都以幸福为目标。

幸福，我们将之理解为心灵的内在满足（internal satisfaction），源于对善的拥有；而善指的是所有与人的保存、完善、便利和愉悦相吻合的事物。善的概念决定了恶（evil）的概念，就其最一般的含义而言，恶意味着所有与人的保存、完善、便利和愉悦相反的事物。

2.（本能、倾向和激情） 本能（instincts）、倾向（inclinations）和激情（passions）可以归入意志。本能是身体的欲求在灵魂中激起的情绪，要求灵魂即时满足它们，例如饥饿、口渴、对有害事物的厌恶，诸如此类。倾向是意志的一种癖好（propensities），但却是以一种平静、温和的方式将意志导向某些类型的对象，它均布在意志的所有运作中，不造成阻塞或是妨碍，而是普遍地促进它们。至于激情，与倾向的作用方式一致，它们也是意志朝向特定对象的运动，但这种运动却更为猛烈、狂暴，使灵魂丧失了其天然的宁静，并妨碍了灵魂恰当地引导它的各项运作。这时激情便蜕变成了最危险的精神紊乱。激情的起因通常而言是一些可感知的善的诱惑，它们诱导灵魂，并留下极为暴烈的印象以驱使灵魂。

根据上文所述，很容易发现本能、倾向和激情彼此之间具有极大的亲和关系。它们都构成相似的癖好或运动，经常具有相同的目标。但这三种运动中仍存在差异，本能在所有人那里都必然是相同的，这是他们的构造和身体与灵魂结合的自然结果；但是，倾向和激情，单独来看，在人的本性中并不拥有什么必然性，因而在不同的人那里就惊人地相异。

让我们在这里作出如下自然达成的结论：我们经常将意志称作“心”（heart），这是考虑到它容许此前提到的各项运动；而这最有可能的原因是，这些运动被认为在心中具有位置。

3.（自由：包含什么？） 灵魂具有下述性质，意志不仅经常凭依一种内在的原理自发地行动，拥有其特有的运动和自身的意愿；而且，它的决定一般有自由（liberty）相伴随。

我们将灵魂的这样一种力量或是能力命名为“自由”，凭借此种力量或是能力，它能随其所愿地修正和调节灵魂的各项运作，以便能够悬搁、延续或是改变其决议和行动；简言之，能够根据其认为合适与否作出决定并依其选择付诸行动。正是凭借这项杰出的官能，人对他本身和他的行动拥有了某种控制；他也据此变得能够遵循规则，并对他的表现负起责任：因此，有必要对此项官能的性质进一步加以阐明。

意志和自由作为灵魂的官能，它们不能是盲目的或是缺乏知识的；而是必然预设了理解能力的运作。除非我们知道适宜我们选择的东西是什么，否则怎么可能在实际上悬搁、延续或是改变我们的决议呢？在行动时缺乏理智和理性，是与一个智性和理性存在物的本性相违背的。下述理由也许很肤浅或是糟糕，不过它至少具备一些表面上的合理性，使我们暂且给予认可：凡有选取或选择存在的地方，这里一定存在一种比较，这种比较则至少蕴含了对我们眼前事物的一种模糊的反思，一种慎思（deliberation），即使这种考虑和反思带有一种迅捷的和几乎不可察觉的性质。

我们所有慎思的目的是为我们自己获得一些利益。意志通常趋向于善，即趋向于不论实际上或是表面上易于使我们快乐的事物。就此而言，所有有赖于人自身而作出的行为，并且以任一方式与人的这一目的相关，那么它们便基于这一原因而受到意志支配。至于真理或是关于事物的知识，对人是有利的；从这层意义来看，真理便也是一种善，因而真理也便构成了意志的主要对象之一。

与意志相似，自由将善好（goodness）和真理作为它的目标，但它牵涉行为的程度则更少；因为它并非在意志的所有行动中都显现自身，而只存在于灵魂依其意愿进行悬搁和改变的能力中。

4.（在我们关于真理的判断中对自由的运用） 也许有人想探究，自由借之呈现自身的行动究竟是什么？我们可以这样回答，通过关注我们经历了什么（what passes within us）以及心灵在几种每天都出现的情况中表现自身的方式，这些行动便能很快见分晓。首先，在我们关于对与错的判断中；其次，在我们有关善与恶的决定中；最后，在无关紧要的事项中。为了熟悉自由的性质、应用和范围，上述这些细节是必要的。

对于真理，我们以这样一种方式构造，以至于一旦确证被心灵感受到，我们便不再拥有悬搁我们判断的自由。试图抗拒这道闪耀的光亮将是徒劳的，它绝对会迫使我们加以赞同。举例而言，谁会佯装否认全体大于其构成部分，或者不论是在家庭还是在国家中，和谐与和平较之不和、争端与战争更可取？

对于较不明晰、具备更少确证的事物，则不能作出相同的断语。因为在这些情况下，自由之应用得到了最大程度的呈现。我们的心灵自然地偏向看起来最可能的那一方，这是确实的；但这并不妨碍心灵悬搁它的赞同，以便寻找新的证据，或者将全部的探索求助于一个新的机遇。事物越模糊，我们便越能自由地犹豫、悬搁或是推迟我们的决定。这一观点得到了经验的充分证明。可以说，每一天、每一步都争论纷起，由于我们能力有限，来自双方的论点将我们置于一种怀疑和犹豫的境地；这使得我们能够悬搁自己的判断，重新检视所涉事项，并最终将天平倾向于其中一方或另一方。例如，我们发现在面对下述问题时，即使经过了深思熟虑，心灵仍能犹豫相当长的一段时间并克制自身作出决定：因暴力强迫而作的誓言是否有约束力？谋杀恺撒是否合法？罗马元老院能否正当地拒绝批准执政官对萨谟奈人（Samnites）作出的许诺，这个许诺是执政官们为了逃离卡夫丁峡谷（Caudine Forks）而作出的；或者他们是否应该批准它并使之具有一项公共条约的效力？诸如此类。

5.（自由能运用于完全明确的事项。反对意见。回答） 尽管当事物以一种彰明较著的方式呈现在我们面前的时候，我们作出判断时自由没有得到运用；但是，我们绝不能假设，面对明确的事物，这项官能的全部作用便都停止了。因为首先，将我们的心灵运用到对这些事物的考虑中，或者通过将注意力转移到别处，而将它们从这里转移到别的地方，这始终是在我们能力范围内的。意志作出的这一首要决定，即考虑或是不考虑出现在我们面前的对象，是值得特别注意的，因为它必然对如下重要决定有着自然的影响，即根据我们的反思和判断，我们决定行动或是不行动。其次，在一些情形中，借由关切和探究，从而近乎创造出确证，同样也是在我们能力中；因为在事物初步展示给我们时，我们仅获得一些微弱的迹象，这还不足以提供给我们有关其状态的充分的认识。最后，当我们获得了这种确证后，我们仍能自由地决定是较多地还是较少地停驻在由之而来的思虑中；而这也会产生重大影响，因为关于它的更大或更小程度的印象便有赖于此。

这些评论将我们导向了一个重要的反思，它或许能充当一个对自由提出的异议的回答。“（他们说）我们并不具备察觉事物的能力，除非它们向我们的心灵呈现自身；既然我们的判断建立在这种对事物的知觉上；而且正是通过这些判断，意志被决定：因而这一整个过程便是必然的，而且独立于自由。”

但是，除了一个空洞的表象外，上述疑难并不具备更多的实质意涵。就让人们随意说三道四吧，面对光亮睁开或是紧闭双眼，运用或是放松我们的关切，我们始终是自由的。经验表明，当我们从不同的视角观察对象，并且下定决心追根究底时，我们会发现初看时被忽略的若干事物。这足以证明，在理解能力的运作过程中以及建基其上的若干行为中，存在着对自由的运用。

6.（在善与恶方面自由的运用）我们必须检视的第二个问题是，关于善与恶的决定，我们是否同样自由。

在这一点上，我们无需脱离自身来作出考虑；同样，借助事实，甚至是我们的内在的经验，这个问题或许就能得到解答。确凿无疑的是，对于一般而言的善与恶（good and evil considered in general），就其本身而论，严格来说，我们并不能运用我们的自由，因为我们感到自身被一股不可抗拒的倾向导向其一，并且出于一种天然的和难以抑制的厌恶而远离另一者。因而，这是已为我们存在的创造者所决定了的，而人并不具备改变其本性的能力。我们以如此方式被型塑，以至善必然地吸引我们，而恶则产生相反的效果，可以说它使我们反感并打消我们追寻它的企图。

但是这种一般性的对善的强烈偏好和对恶的自然厌恶，并未妨碍我们在个别性的善与恶（good and evil particularly considered）方面是完全自由的；并且，尽管我们不由自主地便能意识到对象给我们造成的最初印象，但这并未一锤定音地决定我们是追求还是回避这些对象。假设最为甜美芳香、细腻可口、富含汁液的水果，被出其不意地放置在一个口渴难耐、备受暑气煎熬的人面前，他将发现自己立马倾向于抓住这一对他的恩赐，用这一清爽的补

给减缓他的焦灼。但是他也能够停止和暂缓他的行动，以便检查他通过享用这个水果给自己提供的善的同时，是否也伴随着恶。简言之，他能自由地权衡和思考，以便把握这个问题的最安全的一面。此外，在理智的帮助下，我们不仅能够使自己摆脱用美妙的观念来引诱我们的事物；而且除此之外，我们也能将自己暴露在我们害怕的苦恼和疼痛之中，我们本会出于意志避免它们，如果不是经由更高一层的思虑说服我们支持这种举动的话。还有谁能要求关于自由更强有力的证据？

7.（对于无关紧要的事情） 这项官能的运用在无关紧要的事项上得到了最充分的展示，这仍然是确实的。我发现，例如，伸出或是收回我的手，这完全地取决于我自己；同样，坐下或是行走，朝左或是朝右迈开我的步伐，诸如此类。在这些情形下，或者是因为缺乏外部的促动，或者是即使存在外部促动，但它们之间达成了平衡，由此灵魂完全被放任自适；如果它决定倒向其中一方，这或许可被认为纯粹是它的喜好和善意的结果，是它对自身行动的掌控的结果。

8.（为什么自由的运用被限制在并不明确的真理和个别的善？） 让我们暂且停顿以便探究，为何这项能力的运用被限制在个别的善（particular goods）和并不明确的真理，而没有延伸到一般性的善或是延伸到那种极其清晰的真理。若我们竟能碰巧发现此中原因，它将给我们提供一个新的主题来称颂造物主在人的构造方面的智慧，与此同时也给我们提供了一条途径以便更好地熟识自由的目的及其真正用处。

首先，我们希望没有人不会承认，造物主创造人的目的便是使之幸福。基于这一预设，我们将很快同意，人除了通过对真理的认识和对真正的善的掌握，便不可能获得幸福。这显然是上面给出的关于善和幸福的观念的结果。现在就让我们把我们的反思导向这一前景。当那些作为我们研究对象的事物，以一束微弱的光亮呈现在我们心灵中，并且并未伴随着那种壮丽和清晰，使我们能够完美地知晓它们，并对它们作出全然确定的判断；我们被赋予一项能够悬搁我们判断的能力便是合适且必要的；目的便在于，我们应该仍然拥有继续进行探寻的自由，直到我们达致更高程度的确定性，或者如果可能的话，甚至获得确证本身，而不是在只有第一印象时就必然地作出决定而勉强默从。如果情形不是如此的话，我们将无时无刻不暴露在谬误中，没有任何不被欺骗的可能。因此，在这种情况下，人拥有自由这项能力并加以运用，对其而言将是极其有用和必要的。

但是，当我们碰巧拥有对事物及其关系清晰明了的观念，也即确证猛烈冲击着我们，此时能够运用自由去悬搁我们的判断便不具备丝毫意义了。因为此时已有最高程度的确定性，如果我们有能力进行新的检视和探究，我们又能收获什么好处呢？当我们追寻的目的、我们将要采纳的路途已经历历在目，我们便不再具备咨询某个向导的理由了。因此，人无法拒绝对确证给予同意，对人而言，这是一项有利条件。

9. 让我们以极为相似的方式推论自由在善与恶方面的应用。由于人被设计是为了幸福，肯定原本就以如下方式构造，以致发现自己身处于一般性地欲求和追逐善，同时相反地回避恶的绝对必然性中。如果这些官能的性质，竟致使他陷入到一种无动于衷的状态中，使得他在悬搁或是改变他的欲求方面是自由的，很显然，这将被视作他身上的一个巨大的瑕疵；这个瑕疵将暗示造物主智慧的缺乏，并直接与造物主赋予他生命的目的相违背。

但另一方面，如果人所处的逐善避恶的必然性，随着每个个别性的对象给他造成的印象，难以抑制地驱使他行动或是不行动，也会造成巨大的不便。我们经常被表象欺骗，人的状态便是如此；而善或恶极少纯粹而不加混同地呈现给我们；总是有有利的和不利的两面，效用中混同着某些不便。因此，为了稳妥地行动并且使我们的判断不出错，我们通常便有必要悬搁最初的动向，更紧密地检视事物，作出区分、计算和补偿；这些都需要自由的运用。自由因此是一项辅助性的官能，补充其他各项机能的若干不足，而其职司在这些不足得到纠正后便立即宣告结束。

因而让我们总结道，人被赋予了所有必要的手段，以达成他为之而创生的目的；在这里，正如在其余每一方面，造物主的行动伴随了非凡的智慧。

10.（由我们内在感觉得来的关于自由的证据优于其余） 讨论了自由的性质、运作和运用后，在此处尝试证明人的确是一个自由的行动者，并且我们确实被赋予了这项官能，正如我们被赋予其他各项官能一样，似乎显得不必要了。

然而，由于这是一条必不可少的原理，是我们宏伟建筑的根本支撑之一，使读者知晓由日常经验提供给我们的不容辩驳的证据，便是合适的。因此，让我们仅仅咨询我们自身。每个人都发现，例如，选择走或坐、言谈或是缄口不语，他是自己的主人。我们不也常常体会到，悬搁我们的判断以便展开一项新的探寻，完全依赖于我们自身吗？能有人严肃地否认，在善与恶的选择上，我们的决议是不受约束的吗？或者否认，尽管有第一印象存在，我们突然停止行动以便权衡两造的论点，而且做任何一个最自由的行动者能被预见到去做的事，都在我们的能力范围内？如果我被无法抑制地导向某种特殊善而不是其余，那么我必然是感受到了与我一般性地倾向于善时那种相同的印象，也即，一种将必然会拖曳着我前进的印象，一种不存在抗拒之可能性的印象。然而，对于任何特殊善，经验并未使我感受到如此这般的强力。我发现我能回避它，能推迟运用它，能偏好去做些别的什么，能在选择时犹豫：简言之，在作出选择时我是我自身的主人，也可以说，我是自由的。

要是有人问我们，对于一般性的善，我们不是自由的，但是对于特殊的善，我们却是自由的，这如何可能？我的回答是，对幸福的天然欲求并没有不可抑制地将我们导向任何特殊善，因为没有特殊善包含这样一种幸福，对之我们有一种必然的偏好。

诸如此类的来自感觉的证据，优越于一切反对意见，并能产生最为内在的确信：当灵魂以特定的方式被型塑后，它竟然感受不到这种型塑以及其后伴随它的状态，依理而言，这是不可能的。对于我们的存在，难道我们还有什么别的确切证据？而且，如果不是基于我们内在的感觉（sense），我们如何能知道我们在思考、行动？

对自由的感觉会更加不模棱两可，它同时也不是短暂的或过渡性质的：它是一种从来没有离开过我们的感觉，对它我们拥有每日持续不断的体验。

因此，我们看到，没有什么比全人类都拥有自由这一强烈的信念在生活中得到了更好的确立。让我们考虑一下人道体系，不论是一般性地还是其个别方面，我们都将发现整个体系是建筑在这一原理之上。反思、审议、研究、行为、判断，都预设了自由的运用。有关善与恶、美德与恶行的各种观念也是如此，从此也自然产生了赞扬与责备，对我们自己或是别人举止的非难或首肯。这同样也适用于人们彼此之间的感情和自然情绪，如友谊、善意、感激、憎恨、愤怒、抱怨和申斥：除非我们承认自由的存在，否则所有这些情绪都不会发生。总而言之，由于这一特权（prerogative）在某种程度上是人道体系的关键，不将它允可给人类的人，便颠覆了所有的秩序并造成了普遍的困扰。

11.（自由为何遭到质疑？） 我们在此很自然地要询问，怎么可能竟然有一些人会严肃地质疑人是否是其行为的主人、他是不是自由的呢？我对这一质疑可能更少讶异，如果它是关系到某个奇怪的、疏远的事项，一个并不在我们自身之内加以处理的事项。但是这一问题涉及的事情，我们对它有直接的内在感受和每天持续不断的体验。怪哉，竟有人怀疑灵魂的这一项官能！为何我们不去同样质疑理解能力和意志，如同我们质疑人的自由一样？因为，如果我们满足于信守我们的内在感觉，那么则不存在质疑其中一种官能而不是另一种的空间。但是，一些过于精细的哲学家，由于从形而上学的角度来考虑这一主题，可以说反而是脱离了它的本性；又因为他们发现自己对若干困难难以解释，从而对这件事的困难之处而非正面的证据给予了更多的关注：这便在不知不觉间导致他们猜想，自由的观念不过是一种幻觉。我承认，在探寻真理的过程中，的确有必要把对象的每一个方面都加以考虑，并公平地权衡支持与反对的论点；但是，我们必须小心，不致给予那些反对意见超出其实际情况的权重。经验告诉我们，最大程度的确定性被赋予了关涉我们自身的若干事情，尽管在这里仍存在着许多困难，我们不能够得出满意的解答：这是心灵的局限自然带来的后果。让我们因此总结道，当一项真理已为坚实的证据所充分地证明，不管能提出什么反对它，只要这些困难仅仅使心灵困扰或是疑惑，而没有使证据本身失效，那么都不应该动摇或是削弱我们的信念。这条规则在研习各门科学时也非常有用，所以应该始终将其保持在视线内。[①] 现在让我们重新拾起我们反思的线索。

12.（行为是自发的或非自发的；自由的、必然的和被强制的） 自发的或一般而言人的行为，这一名称被赋予了所有那些取决于意志的行为；而自由的行为这一名称，被赋予了那些来自自由这种官能权限内的行为，灵魂按其意愿能悬搁或是改变它们。自发的行为的对立面是非自发的行为；与自由的行为对立的则是必然的行为，或者是任何由强力或强制（force or constraint）作出的行为。所有人的行为都是自发的，因为这里没有什么不是从我们自身出发，而且我们是这些行为的主人。但是，如果某个外部势力使用我们不能够抵挡的暴力，阻碍我们行动，或是不顾我们

① “看到一件事是荒谬的，和不知道有关这件事的一切情况；有一个关于某项真理的无法回答的问题，和一个无法回答的关于它的反对意见：两两之间都有很大的区别，虽然许多人混淆了这两类困难。有且仅有后一类的情况能够证明，我们视为已然知晓的真理的东西，不是真的；否则会有一些荒谬的情况紧随其后。而另一类情况仅仅证明了我们关于某个已知真理若干情况的无知。”

意志的同意而促使我们行动；例如一个比我们更强壮的人控制了我们的手臂去击打或是伤害另一个人，由之而来的行为是非自发的，严格来说，它不是我们的举动或行为，而是那个使我们承受这种暴力的人的行为。

强迫或强制作出的行为则与之不同，我们决定作出这些行为，只是由于惧怕那种用以威胁我们的巨大而且迫近的恶（evil）。举例言之，如果一个不义且残酷的君主，通过威胁法官如果不遵循他的命令的话，就将其处死，来迫使法官给一个无辜的人定罪。这种类型的行为，尽管在某种意义上是被强迫的，因为我们采取这些行为时并不情愿，而且如果不是因为一个非常具有压迫感的必然性（necessity），我们也将永远不会同意采取这些行为；然而，我说这些行为仍被列入自发行为的数目中，因为它们毕竟是由意志慎思后产生的，意志在两种无法避免的恶中抉择，并决定选择最小的而不是最大的那一个。借由一些例子，这将会变得更加明了。

一个人因为穷人向其袒露了他的匮乏和悲惨，而给予穷人施舍，这一行为既是自发的，也同时是自由的。但是，不妨假设一个孤身游历在外且无武器护身的人落入了一伙强盗的手中，这群恶棍威胁要立即杀死他，除非他奉上其全部所有。这名旅客为了自救性命而在金钱方面表现出的屈服，确实是自发的行为，但同时也是被强制的而且不存在自由。也正基于这一缘故，有些人用“混合的”（mixt）[①] 这一名称将这类行为区别出来，因为它们分有

① 参见普芬道夫（Puffendorf）对《自然法与万民法》（*The Law of Nature and Nations*）的讨论，第1卷，第4章，第9节。

自发和不自发行为的特点。它们是自发的，因为产生它们的原理是在行动者自身，并且意志将之视为两恶中的较轻者而决定采取这些行为；但它们也分有不自发，因为意志在施行它们时与其倾向相反，如果它能找到任何什么别的权宜之计使自身从这种两难局面中解脱出来，它将永远不会作出这些行为。

另一个必要的解释是，我们要假定，那个被用以威胁我们的恶足够可观，以便给一个审慎和睿智的人留下一个相当的印象，能够震慑住他；但在此之外，那个强迫我们的人则没有权利限制我们的自由，因为我们并不受如下义务约束，即要忍受所有的困难和不便，而非惹恼他。在这种情况下，假定至少两种恶都不可避免，理智将让我们决定承受较小的恶。这种类型的强制将我们置于所谓的道德必然性（moral necessity）之下；反之，当我们彻底地被强迫去行动，不能够以任何方式避免它，这被命名为物理必然性（physical necessity）。

因此，区别自发的和自由的便是为哲学上的精确性所必需的一个要点。事实上，根据已经讨论过的，所有自由的行为确实是自发的，但是并非所有自发的行为都是自由的，这便很容易理解。然而，一般的和流俗的谈论方式常常混淆这两个术语，对之我们应特别留意，以便避免所有的歧义。

我们有时也将各种自由的行为称作举止，因为心灵认为它们是可以接受规则指导的。因此，我们将教导举止之规则的技艺，以及使我们的各种行为符合这些规则的方法称作道德。

13.（我们的各项官能彼此协助） 关于灵魂的诸项官能的讨论，我们将以一些评论作结，这将会帮助我们更好地理解它们的性质和运用。

（1）我们的诸项官能在它们的运作中彼此协助，因为它们都被联合在同一个主体下，总是共同地行动。我们已经观察到，意志假定了理解能力，同时理智之光充作自由的导引。因此，理解能力、意志、自由，感觉、想象、记忆，本能、倾向和激情，就像如此多不同的泉源，全都一致产生一个特定的效果；并且，正是借由这项联合起来的一致，我们最终达到了对真理的认识和对坚实的善的掌握，我们的完善和幸福便有赖于它们。

14.（论理智和美德）（2）但为了使我们自己获致那些好处，并不是只需要我们的官能就其自身而言得到了很好的构造，此外我们还应该很好地应用它们，维持它们之间自然的隶属关系，保持那些将我们导向或是引离特定对象的不同动向。因此，知晓我们各项官能的一般的、自然的状态是不足够的，我们同样应该熟识它们的完善状态（state of perfection），并知晓它们的实际应用包括什么。如我们所见，既然真理是理解能力的特定目标，这项官能的完善状态便是拥有对真理清楚的认识；至少是对那些重要的真理，即关系到我们的职责和幸福的。为了这样一个目的，这项官能应该形成一种密切的注意力、一项公正的洞察力和坚实的推理能力。如此完善后的理解能力，并且实际上拥有了能使我们去认识和去分辨真实的和有用的事物的原理，正是恰当地被称作理智的东西；同时，正因其如此，我们常将理智说成心灵的一束光亮，一项我们在各种判断和行为中应始终受其指导的规则。

如果我们以相似的方式考虑处于完善状态的意志，我们将发现它在于总是作出正确决定的力量和习惯，即不欲求理智命令之

外的任何事情；并且除非为了选择最好的，否则便不运用我们的自由。意志的这种明智的指导被恰当地称为美德（virtue），有时也称为理智（reason）。并且，由于灵魂的完善有赖于处于最完美状态时的诸项官能之间互相给予的协助；我们有时从一种更模糊、更为延展的意义上，同样地将灵魂自身理解为理智，此时我们将它和它的所有官能联系起来考虑，并认为灵魂实际上很好地运用了这些官能。因此，理智这个术语始终携带有一种完善的观念，它有时被笼统地用来描述灵魂，在其他时候则适用于若干特定的官能。

15.（我们在人的举止方面观察到的多样性的起因）（3）我们正在处理的这些官能，对所有人都是相同的，但是它们并不总是处于相同的程度，也并未被相同的方式决定。此外，它们在每个人那里都有它们的周期（periods），即其增长、完善、衰弱和腐朽，这和身体的器官几乎是相同的。同样地，它们在不同的人那里变化非常大：有的拥有一个更聪明的理解能力，有的具备更灵敏的感知；这个人有强大的想象力，而另一个人则为狂暴的激情所摇摆。而所有这些以无数种的方式被组合、分化，因为性情、教育、范例和时机的不同，提供了操练某些特定官能而非其余的机会：而正是这种操练或多或少地强化了它们。这便是天分、品味和习惯具有惊人的多样性的源泉，正是它们构成了我们称之为人类的特性和风俗的东西；这种多样性，一般而言，远非无益之物，以神意的眼光看来有着巨大的用处。

16.（理智始终有能力担任女主人） 但是，或许不论赋予倾向、激情和习惯以何种力量，仍然有必要观察到，它们从来不足以驱使一个人义无反顾地背离理智来行动。理智维持她的优越性和各项权利，这始终在她的能力范围内。她能够借由细致和投入，纠正错误的性情，阻止甚至根除坏的习惯；能够用明智的预防措施来约束最难驾驭的激情，逐步地弱化它们，并最终一举将它们完全摧毁或是将其限制在合适的界限内。这是为这样一种内在感受所充分证明的，即每个人决定去追随这类印象时都拥有自由；是被我们对自己暗地里所作的责备证明的，当我们过多地为这类印象所动摇时；最后，是被无数种类的例证证明的。在克服这些障碍时，确实存在着一些困难，但这被达到如此崇高的一项胜利的荣耀和由之而来的种种切实的好处而极丰厚地补偿了。

第三章　如此构造而成的人，是一个容许道德指导并能对他的行为负责的造物

1.（人在他的举止方面容许指导） 在从权利（right）的方面见识过人的性质之后，结果就是，他确实是一个在其举止方面容许选择和指导的造物。因为，既然他凭借他的各项官能，能够知晓事物的性质和状态，并根据这种知识作出判断；既然他被赋予了在向他提出的两个或更多的提议中作出决定的能力；总之，既然有自由这项官能的协助，他能够在特定情况下悬搁或是继续他的行为，只要他认为合适；那么显然，他是他自己全部行为的主人，并且他对它们施加着一种权威和控制，凭此他能够按他自己喜好的方式来指导和改变它们。因此，看来正如我们此前已做的那样，从预先探究人的性质和各项官能着手，对我们而言，便是十分必要的。因为，我们怎么可能已经发现人借以框范（square）其举止的那些规则，如若我们没有先行了解他以何种方式行动，以及那些使他处于运动之中的泉源？

2.（人可以为他的各项行为负责：它们能被归责于他） 作为此前讨论的结果，另一个评论是，既然人是他的各项行为的直接作者，那么他便对这些行为负有责任，并且它们能够公正、合理地被归责于（imputed to）他。我们认为对这一点有必要略作阐释。

“归责”这个术语借用至算术，专门表示把一定的数目划拨到某个人的账面（account）上。因此，将一个行为归责到一个人，便是把这个行为归给它真正的作者，似乎就是把这个行为划拨到他的账面上，并使他对这个行为有所交代。现在很显然，因为人类行为是由理解能力和意志产生并受它们指导，它的一个基本特质便是容许归责（imputation）；也即，清楚无疑的是，人能够恰当地被视作那些行为的作者和产生的原因，并且单凭这一理由，使人对它们负责，并把行为的结果也即从行为中自然产生的各种后果划归到他的责任范围内，便是正确的。事实上，人不能抱怨他被要求对一个行为有所交代的真正原因，便由于是他自己明白地且欣然地产生了这个行为。在人类社会中所说或所为的几乎一切事项，都预设了这条原理被普遍接受，并且每个人都出于一种内在的确信默许了它。

3.（可归责性的原理。我们必须不能将它与归责相混淆）　因而，我们必须将人类行为的可归责性（imputability）确定为一条不容置疑的、根本的原理，也即每个自发的行为都容许归责；或者，用别的术语来表达同一件事，受制于人的指导的每个行为或是不作为（omission），都可以在那个人的账面上提出指控，只要做出行为或加以放任都在他的能力中；同时，与之相反，所有那些其存在与否不依赖我们意志的行为，则不能归责到我们身上。在这里要注意，各种不作为被民法专家们（civilians）和道德学家列入了行为的名目中，因为他们将不作为理解为自发悬搁我们各项官能之运用的结果。

这便是可归责性的基础，以及一个行为或不作为具备一种可归责的性质的真实原因。但我们必须特别注意，尽管一个行为是可以被归责的，但并非单从这一点就导致该行为确实值得被归责。可归责性和归责是两回事，我们应该小心加以区别。后者在可归责性之余，还假定某种以特定方式行动或不行动的道德必然性；或者，换一种说法，存在着一些义务，要求某件能被做或是不做的事情能够确实被做或是不做。

普芬道夫[①]似乎并没有对这两个观念作出充分的区分。就我们目前的目的而言，指出这个区分便足够了，并将实际的归责和其中的各项原理放到后面讨论，直到我们已经解释了义务的性质，并且表明人有义务按照规则调整他的各项行为。

至此已经提出的，都是关于人类心灵的性质；或者人的各项内部官能，它们使他具备了道德指导的能力。但是为了完成我们对人类本性的认识，我们应同样地在它的外部处境（extrinsic condition）中，在其欲求（wants）和依存关系（dependancies）中，在它置身其中的各种各样的关系（various relations）中来观察它；总之，在我们称之为人的不同状态中来观察它。因为正是我们生活中的情势（situation）决定了我们应如何使用我们的各项官能。

① 参见《自然法与万民法》，第1卷，第5章，第5节；以及《人与公民的义务》（*The Duties of Man and A Citizen*），第1卷，第1章。

第四章　通过考察人的各种不同状态，对与人类本性相关的事项的进一步探究

1.（定义。区分）　人的各种不同状态，只不过是人发现自己相对于那些围绕自己的存在物而身处其中的情势，以及继之而起的各种关系。

我们在此应满足于对若干个主要状态作一个粗略的概观，并借由它们的本质特征使它们都能够得到辨识，而不进行一个精细的探究。这种精细的探究在对各个状态进行专门讨论时，则自然会出现。

所有这些不同的状态可被排列在两个大的类别下：有些是原始的（primitive）和原初的（original），其余的是偶生的（adventitious）。

2.（各种原始的和原初的状态。Ⅰ. 相对于上帝的状态）　原始的和原初的各种状态是那些人发现自己是被上帝之手置于其间的，独立于任何人类行为。

诸如，首要的便是人相对于上帝的状态，这是一种完全依赖的状态。因为让我们哪怕稍微运用一下我们的官能并对我们自身进行研究，将显然发现，我们的生命、理智和所有其他相伴而来的优点，正是来自这个最初的存在物（first Being）；同时，在这

一方面以及所有其他方面，我们每天都以最明显的方式感觉到了造物主的力量和善好的各种效果。

3.（Ⅱ. 社会状态） 另一个原始的和原初的状态，是人发现他们相对彼此所处的状态。他们都是同一片土地的居民，被安置得彼此邻近，都有一个共同的本性，各种相同的官能，各种相同的倾向、欲求和欲望。他们不能缺少彼此，并且只有靠着相互协助，他们才能够达到一个安适、宁静的状态。因此，我们在人类中观察到一种天然的倾向，驱动他们接近彼此，并在他们之间建立各种服务和善意的交际，从中产生了整体的共同善和每个个体的特殊的好处。因此，人们之间的自然状态（natural state）是一个联合和社会状态；社会只不过是若干人为了他们共同好处的联合。此外，很显然这必定是一个原始的状态，因为它不是人的作品，而是被神圣的机制（divine institution）建立。自然社会（natural society）是一个平等和自由的状态，一个所有人都享有各种相同的特权，并且除了上帝之外对任何其他权力都保有完全的独立性的状态。因为每个人都天然地是他自己的主人，并且与同伴平等，只要他没有通过某个特殊的约定使自己服从另一个人的权威。

4.（Ⅲ. 孤独状态；Ⅳ. 和平，战争） 与社会状态相反的状态是孤独（solitude），即我们设想人发现自己处于这样一种境况中，他彻底地独自生活，被抛弃到他自己的思想中，缺乏所有和同类的交际。让我们假设一个人到达了成熟的年岁，却从未拥有教育和乃至任何一点与别人的交往所带来的好处，从而除了拥有对自身的认识外，不具备任何别的知识；这样一个人无疑是所有动物中最悲惨的。我们在他身上应该发现不了任何东西，除了虚弱、野蛮和傲慢。他几乎不可能满足其身体的欲求，这个穷光蛋暴露在饥饿或是寒冷带来的死亡之下，或是葬身在各种野兽贪婪的利齿中。在这样一个状态和社会状态之间有多么巨大的区别啊！社会状态下，人们彼此接受相互的援助，从而获取了构成生活之安全、愉悦和幸福的全部知识、便利与闲适。当然，所有这些好处，都假定人们远不是彼此侵害，而是生活在和谐与和睦中，并且借由相互之间优良的服务对这一联合加以维系。这便是我们所称的和平状态；而那些竭力作出伤害，以及那些发现他们自己被迫防范这些伤害的人，则处于一种战争状态中，这是一个暴力的状态，与社会状态截然相反。

5.（人相对于土地的物产的状态） 下一步，让我们观察人发现自己天然地依存于土地（attached to the earth），从土地的襟怀中，他索取了所有对生命的保存和便利都十分必要的东西。这种情势产生了人的另一种原始的状态，同样值得我们的关注。

人类身体的天然构造实际上使得它不能完全地依靠自身来加以供养，并单纯依赖自身性情的力量。所有年龄段的人，都需要若干种外部的援助来提供食物，同时修整他的力量，并使他的各种官能处于恰当的次序中。出于这一原因，我们的造物主在我们周围丰裕地播种下了那些为我们的各种欲求所必需的物产，并同时给我们植入了那些为了我们的好处去利用它们的各种本能和素质。因此，从这个角度来看，并且考虑到土地的各种物产，人的自然的状态会是一个贫乏的和充满不间断欲求的状态，如果人不在持续的劳动中发挥其勤勉，他将不能够以一种合适的方式来供养自身。这些便是几个主要的被称为原始和原初的状态。

6.（各种偶生的状态。Ⅰ.家庭；Ⅱ.婚姻） 但人天然地作为一个自由的行动者，能够在他的原始状态中作出重大的修正，并且借由一系列的建制（establishments）给予人类生活一个新的面貌。由此便形成了那些偶生的状态，它们严格意义上是人的作品，人发现自己被置于这些状态中，是出于他自身的行动和他自己作为作者的各种建制的结果。让我们对这些状态中几种主要状态作一概观。

第一个呈现在我们面前的，是家庭状态。这是所有社会中最自然的和最古老的，并且正是我们称之为民族的那个东西的基础。因为一个民族或国家不过是若干个家庭的聚集或合成。

家庭都由婚姻开始，正是自然本身邀请人们进入这种联合。由此孩子们出生并长大，通过延续若干个家庭，而使人类社会不致灭绝，并且修补死亡每天带来的缺口。

家庭状态能产生多方面的关系，例如丈夫、妻子、父亲、母亲、孩子、兄弟、姐妹以及所有其他层次的亲属关系，这些是人类社会最初的纽带。

7.（Ⅲ.人在出生时的虚弱。Ⅳ.孩子对他们父母的天然依赖） 刚出生的人是虚弱和无力的，在身体和灵魂方面都是如此。更值得注意的是，虚弱和婴幼的状态在人身上较之所有其他动物持续得更久。他被数以千计的欲求从各个方面困扰和压迫，缺乏知识和力量，发现自己完全没有能力缓解它们；因此，他处于一种特别的必然性之下，要求不间断的外部援助。出于这个原因，上帝将一种本能和自然的柔情赋予父母，促使他们即使在最烦琐的照料中，也为他们带到这个世界上来的那些生命的保存和利益而热切地感到欣喜。同样，作为孩子们生来所处的虚弱和无知的状态的结果，他们自然地受制于他们的父母；父母被自然授予了管理他们所必要的权威和力量，孩子们的好处是父母要去研究和获致的。

8.（所有权的状态） 对物产的所有权是另一个非常重要的建制，它产生了一个新的偶生的状态。它修正了最初所有人对土地的物产都拥有的权利，细致地区分了属于每个个体的是什么，确保了他们安定、和平地享用他们掌握的东西，借此它促进了和平与和谐在人类间的维持。但是既然所有人为了他们的诸种欲求，最初都对土地出产的一切东西具有共同使用的权利（right）；因此很显然，如果这项自然的权力（power）实际上在多个方面都被约束和限制，这一定必然地来自于人的一些行动。故而，所有权的状态，作为这些限制的起因，应该被列入偶生状态中。

9.（公民状态和政府） 但是，在由人的行动建立的全部状态中，没有什么比公民状态（civil state），或公民社会（civil society）和政府（government）状态更值得考虑的了。这一社会的本质特征，即把它和我们之前提及的自然社会区别开来的，是对一个至上权威的服从，从而排除了平等和独立。人类最初仅仅被分割到各个家庭中，而不是若干个国家。这些家庭都生活在作为他们首领的那个人——例如他们的父亲或祖父的父权政府（paternal government）下。但是，当他们之后人数增加并且为了他们共同的防卫而联合起来时，他们组成了一个国家的躯体，并向一个人或一些人授予了权威，从而被这个或这些人的意志管理。这便是我们称之为公民政府以及主权者（sovereign）和臣民（subjects）这一区分的起源。

10.（公民状态和对物产的所有权产生了若干种别的偶生状态）公民状态和对物产的所有权产生了一些别的建制，它们构成了社会的美好和装饰，而且从中产生了如此多的偶生状态：例如那些参与政府的人的不同岗位和公职，如行政官、法官、国家公务员、宗教牧师、内科医师，等等。或许还可以加上各种文雅的艺术、贸易、农业、航海、商业以及它们的若干种附属物，凭此人类生活变得如此愉悦并且有益地多样化了。

11.（关于人的自然状态的正确观点）这些便是经由人类的同意而产生的几个主要的状态。不过，既然这些对人的原始状态的不同修正是他天然的自由的结果，由此产生的各种新的关系和不同的状态，或许可以很好地被视作如此多的自然状态；只要无论人们在这方面怎么运用他们的自由，在其中都不存在与他们天然的构造，即理性和社会状态不相一致的东西。

因此，关于这一主题可以恰当地评论道，当我们谈及人的自然状态时，我们不仅要理解为自然的和原始的状态，人似乎是被自然之手亲自放入这个状态的；而且同时也理解为所有那些人借由他自身的行动和同意而进入的状态，它们基本上与他的本性相一致，并且仅仅包含那些与他的构造和他为之所生的目的相一致的东西。因为，既然人本身作为一个自由和智性的存在物，能够观察并知晓他的情势，同样也能够发现他的最终目的，并且由此采取正确的措施达到这一目的；我们正应该从这个角度来考虑他的自然状态，并由此形成一个合理的观点。也即，一般而言，人的自然状态，是那个与他的本性、构造和理智，以及与他的诸项官能在完全成熟和完善时的良好使用相一致的状态。我们对这一评论应该格外留心，它的重要性随着我们在若干个场合对之加以运用和使用，将变得更加明显。

12.（原初和偶生状态之间的区别） 让我们同时不要忘了指出，在原始的和偶生的状态之间存在着这样一个差别，前者似乎是被附加到人的本性和构造之上，就好像他得自上帝一样，就因为这个原因，它们便对所有人类是共同的。偶生的状态却并不是这样，因为预设了人的行动和同意，它们便不可能毫无差别地适于所有人，而仅仅适于那些谋划并获致了它们的人。

最后，让我们补充道，在同一个人身上或许可以发现若干种状态接合或联合在一起，只要它们在性质上没有不相协调的地方。因此，同一个人或许同时是一个家庭里的父亲、法官、国家大臣，等等。

这些便是我们对人的本性和不同的状态所应形成的观念；正是所有这些部分联合并压缩在一起，构成了人道的整个体系。这些就像同一台机器的如此多的不同的轮子，被一只敏捷的手结合在一起并加以操控，一起合力朝向同一个目的；不过，如果相反地，被不甚熟练地加以指导，则会阻碍和毁灭彼此。总之，人如何才能以这种审慎的方式表现自身，他为了达到这一幸福的目的要遵循何种规则，是我们仍必须加以探究的，并构成了后续几章的主题。

第五章　人应该借由规则来框范其举止；找到这一规则的方法；以及权利的一般性基础

1.（规则的定义） 让我们从阐明若干术语开始。一条规则（rule），就其本身的含义而言，是一个工具，凭借它我们画出从一个点到另一个点最短的线，这条线也便因此被称为一条直线。

在比喻性的和道德的意义上，一条规则的意思不是别的，而是指一条原理或准则，它使人具备了一个可靠的和简洁的方法，以达成他所计划的目的。

2.（人的生活不伴有规则是不适当的） 关于这一主题[①]我们将要探究的第一件事情便是，使人的各项行动服从一条固定的和不可变更的规则，是否真的符合他的本性；或者，相反地，是否允许他满不在乎地恣意于他意志的所有运动，并且因而没有限制或阻碍地享受这一官能——作为其天然的灵活性的结果——将其自身导向各个方面的那种极端的便利性。

我们在前几章提出的各种反思，仅仅它们自身并且不需要任

① 参见普芬道夫，《自然法与万民法》，第2卷，第1章。

何别的论证，便构成了一个充分的和具有说服力的证据，表明人的性质和构造需要建立若干规则。自然中的每件事物都有其终点和目的；而由此，每一个创造物都被一条专门的指导性原理引导至它的目的。人既然在环绕着他的各种存在物中占据着一个相当可观的等级，便毋庸置疑地参与了这个固定的和普遍的秩序。并且，不论我们就其自身考虑将他视为一个理智的和理性的存在物，还是将他视作社会的一个成员，甚或总之将他视为上帝的手工造物，并且从这个最初的存在者那里获取了他的各项官能、状态和存在：所有这些情形都清晰地指出了一个目的、一个终点，并因而暗示了一条规则的必要性。如果人被创造出来后随意地生活，没有任何固定的和确定的视野，不知道将他的进程导向何方或是应该选取什么道路；很显然，他最高贵的官能对他将不具备任何用处。为此，让我们挥手作别所有关于一条规则之必要性的讨论，而不妨努力去发现这一规则是什么，它通过启发理解能力并将我们的行为导向与人相称的目的，这一规则自身便能够塑造人类生活的秩序和美好。

3.（规则预设了一个目的、一种目标） 当我们谈及一条关于人类行为的规则时，我们显然假设了两件事：首先，人类的举止容许指导，正如我们已经证明过的；其次，人在他的每一步、每一个行动中，都向自己提出了一个他渴望实现的远景或是目的。

4.（人的最终目的是幸福） 现在让人略微反躬自省，他将马上意识到，他所做的每件事都以幸福为目标，而且这是他在所有行动中提出的最终目的，或者是所有行动归趋的最终项。这是一个首要的真理，对之我们拥有来自我们自己内在感觉的持续确信。

事实上，这便是人的本性，以至于他必然地爱自己，在每件事和每个地方都寻求他自己的好处，并且永远不会从这项追求中分神。我们天然地欲求，并且必然地希望得到善。这项欲求优先于我们所有的反思，并且不处于我们自己的选择之中；它在我们身上占据主导地位，并且成为了我们所有决定的最初的推动者（primum mobile）；我们的心从不会倾向于任何特殊善，但却借由自然的印象（natural impression）支配我们朝向一般性的善。改变意志的这种嗜好并不在我们的能力范围内，因为它是由造物主亲自植入我们的。

5.（这是一个天意的体系） 这一天意（providence）的体系推及所有被赋予了感官和认识的存在物。甚至是各种动物也拥有一个相似的本能，因为它们都爱自己，以各种各样的方式力求自我保存，急切地追求只要是看起来对它们好或有用的东西，并且相反地，趋避只要是显得有害或是坏的东西。同样的习性在人身上不只显示为一种本能，并且显现为一种理性的倾向，为反思所认可和加强。因此，不论什么事物出现在我们面前，只要是适于增进我们幸福的对象，便必定会使我们高兴；而所有那些看起来与我们的幸福相反的事物，必然成为我们厌恶的对象。我们对人研究得越多，便越发确信，实际上我们所有品鉴的根源，使我们处于运动之中的主要源泉，正存在于这里。

6.（对人而言，对幸福的欲求是基本的，并且与理智不可分离） 并且确实，如果对每个智慧的和理性的存在物来说，在行为时始终具备固定的目标或是确定的目的是很自然的；那么同样明显的是，这一目标或是目的必然最终被还原到他自己身上，并且因此还原至他自己的好处和幸福。对幸福的欲求，因而像理智本身一样，对人是同等基本的，并且与他的本性同等地不可分离；因为理智，正如这个词的语源意指的，无非是计算和账目。运用理智，便是去计算，并且草拟一个账目，在权衡了所有事项之后，以便发现好处位于哪边。因此，假设一个理性的存在物能够绝对地摒弃它的利益，或是对它自己的幸福漠不关心，便隐含着一个矛盾。

7.（自爱是一项自身绝不邪恶的原理）因此，我们必须注意不将自爱（self-love），以及那种将我们如此强烈地锁定在我们幸福上的感觉和倾向，视为一个天然的邪恶（vicious）的原理，并且是人类堕落的结果。这将是在指责我们存在的创造者，并且将他最高贵的赐予视作毒药。来自一个无上完美存在物的任何东西，就其本身而言都是善的；而且，如果我们谴责自爱的感觉和倾向就其本身而言便是坏的，采用的借口无非是对它的误解和误用构成了无穷数量的混乱的根源，那么我们应该出于完全同样的动机，不得不谴责理智；因为正是从这项官能的滥用中，产生了人们各种最恶劣的错误和各种最严重的不规则（irregularities）。

有些人或许会感到惊异，我们竟然在此停顿，以便考察和阐明这样一条原理的真实性，他们猜想这条原理对所有人都是显见的，不仅对博学的人是这样，对一般的俗人也是如此。但是，这仍然是绝对必要的；因为这是一个具备决定性、重要性的真理，它可以说是给予了我们人道体系的钥匙。确实，所有伦理学作家都同意人为幸福而生，并且自然地欲求它（因为怎么可能听不见从心灵深处涌起的自然的呼声呢？）。但是许多人，在承认了这一原理之后，它似乎就从视野中消失了，而且他们没有注意从它那里产生的后续结果，转而将其体系树立在不同的而且有时候极为相反的各种基础上。

8.（人若没有理智的帮助，便不能获得幸福） 但是，如果人无论做什么都以幸福为目标这一点是真的，同样确定无疑的是，理智是他拥有的获取幸福的唯一方式。

为了确立这第二个主张或真理，我们只需关注幸福的含义，以及我们拥有的关于善与恶的概念。幸福是灵魂的内在满足，源自对善的拥有；善是所有那些适于人的保存、完善、消遣和愉悦的东西。恶是善的反面。

人不间断地体验到，有一些事物对他实用，别的事物则不实用；前者并不是都同等地实用，而是有些较之其余更为实用；总之，这种实用性，在大多数情况下取决于他知晓如何去利用这些事物；而且，同一个东西当以某种特定的方式和程度利用时，可能对他适宜，而当这种使用超逾它的限制时则变得对他不适宜。因而，只有通过研究各种事物的性质，同时研究它们相互之间以及和我们的关系，我们才能够发现它们和我们幸福的合宜性或不一致，才能从恶中识别善，才能将每件事都以其恰当的方式组织，才能给每件事物确立正确的价值，并且因此才能调节我们的各项研究和各种欲求。

但是，除了通过形成对各种事物以及它们各种关系的正确观念，并从这些最初的观念中，借由精密、贴切的论证从中推断出各种结论，还有别的方法获取上述这种洞察力吗？现在，正是理智，单单指导所有这些运作。但这还不是全部：因为为了达成幸福，对各种事物的性质和状态形成正确的观念并不足够，意志在我们一系列的举止中应该被这些观念和判断指导，这一点也同样是必要的；所以，确切无疑的是，只有理智能够传递给人必要的力量以支持他正确地运用自由，并且在所有情况下根据他的理解能力的启发来作出决定，摆脱那些或许会将他领向一种相反追求的印象和动向。

9.（理智因此是人的原初规则） 因而，理智，从各个方面而言，是人拥有的获取幸福的唯一手段，而这也是他得到这一官能的主要目的。灵魂的所有官能，它的各种本能、倾向，甚至是各种欲望，都与这一目的相关；并且因此，正是这同一个理智能够指出人类行为的真正规则，或者——如果你愿意这样说的话，她本身便是这一原初的规则（primitive rule）。事实上，要不是因为有这样一个忠诚的向导，人将草率地生活，甚至不知道关于他自己的事项，不熟悉他自己的起源和终点，以及应该如何使用环绕他的一切事物；像一个盲人一样，每一步都蹒跚而前；总之，迷失、眩惑在一个逃脱不掉的迷宫中。

10.（一般而言的权利是什么？） 由此，我们自然地便被引导至“权利”（right）这个词的首要含义，就其最一般的意义而言，并且与它所有特殊的意涵相关联的，无非是指所有那些被理智确切地承认并同样允准为获取幸福的可靠且简明的方式。

这个定义是到目前为止确立的各项原理的结果。为了确信这一定义的准确性，我们只需要把这些原理聚合在一起，并把它们联合在同一个视野下。事实上，既然权利就其最初的含义而言，意指任何作出指导或是得到恰当指导的事物；既然指导假设了我们渴望得到的一种远景和一个目的；既然人的最终目的是幸福；并且，总之，既然除非借由理智的帮助，否则他不能获取幸福；那么，随之而来便十分清楚，权利一般而言难道不就是所有那些理智允准的获取幸福的可靠和简明的方式？同样地，作为这些原理的结果，理智如果碰巧得到了恰当的培养，并且达到了那种完善的状态，在这种状态中它知道如何运用它全部的洞察力，并且经由偏爱或是卓越，具备了正确理智（right reason）这一名号，它便会将自己的赞许赋予自身，作为能使人借此获取幸福的首要的和最可靠的指导方式。

为了不使我们在对这些首要概念的分析中忽略任何事，在此观察到这一点是合适的，拉丁人用“*jus*”这个词表达我们称之为权利的东西，“*jus*”恰当地表达出了一种命令（order）或准则（precept）。[①] 这些不同的名称无疑来源于此，因为理智在将任何东西承认为促进我们幸福的正确和可靠的方式时，似乎都是带有权威在发号施令。并且，由于我们只需要找到什么是权利，便能知晓理智指挥我们去做的事情，由此面对正确理智的各种规则时，这两个概念的自然结合便产生了。总之，对于两个天然地连接在一起的概念，拉丁人追随了其中一个，而我们则追随了另一个。

① “*Jus*”（权利）这个词源自“jubendo”（命令）：古人以前不用“*Jura*”，而是用“*Jusa*”或“*Jussa*”。参见费斯图斯（Sextus Pompeius Festus）关于“*Jusa*”和“*Jura*”的词条。

第六章　由理智规定的举止的一般规则；论义务的性质和首要基础

1.（理智给予我们关于举止的若干规则）我们已经获得了一个伟大的进展，即发现了人类各项行为的原初规则，并且知晓了这一将要指导人的步伐的忠实向导，而对于它的各项指导和忠告，人或许可以伴以完全的信心加以跟随。不过让我们不要停在这里，并且，既然经验告诉我们，我们频繁地在我们关于善与恶的各项判断中出错，并且这些错误的判断将我们置于各种最危险的不规则之中，因此让我们咨询我们的向导，并且习得真实的善与恶的各种特征，以便知晓真正的幸福包含什么，以及我们要选择哪条道路以便获取它。

2.（第一条规则。要在善与恶之间作出正确的区分）尽管一般性的善与恶的概念就其本身而言是固定的和不变的，但仍然存在各种各样的个别的善与恶，或者是那些人们在心灵中视为善与恶的各种各样的事物。

①因而，理智给我们的第一个忠告便是，深入检查善与恶的性质，并且细致地观察它们的若干不同之处，以便给每件事赋予它恰当的价值。

这种区分很容易便能作出。对那些我们持续体验到的事情稍加注意，我们就会明白，既然人由身体和灵魂构成，那么由此便存在两种类型的善与恶，精神的和肉体的。第一种是那些仅仅来自于我们的各种想法的，第二种产生于外部对象对我们的感官造成的印象。因此，发现一个重要的真理所产生的可以感受到的快乐，或者是意识到履行了我们的职责而随之产生的自我陶醉，如此种种，是纯粹精神性的善；正如一个几何学家因为不能找到一个证明而懊恼，或者是一个人因为作出一种坏的行为而感到悔恨，诸如此类，仅仅是精神性的痛楚。至于肉体的善与恶，它们得到了充分的了解；一方面，它们是健康、力量和美丽；另一方面，则是疾病、虚弱和疼痛，等等。这两种类型的善与恶值得人去关注，不能被视作是无关紧要的，因为既然人由身体和灵魂构成，那么很显然，他的完善和幸福有赖于这两部分处于好的状态。

②我们同样观察到，表象经常欺骗我们，并且那些第一眼看上去带有善的外观的事物，被证明实际上是一个恶，同时一个表面上的恶常常隐藏着一个非凡的善。因而，我们应当把实际的善与恶同那些虚假的和表面的东西区别开来。或者，换一种非常接近的说法，有时存在着一种纯粹的善和一种纯粹的恶，而有时则是两者的混合，这不妨碍我们察觉哪一部分占据着上风，到底是善还是恶居于主导。

③第三个差别涉及它们的持续性（duration）。在这方面，各种善和恶并不具备完全相同的性质；有一些坚实、持久，其他的则短暂、易变。在这里我们或许可以补充道，存在一些善和恶，可以说我们便是它们的主人，并且它们以这样一种方式依赖我们，以至我们可以使某一些稳固不移，以便对它们拥有经常的享受，

同时能够避免或是摆脱另一些。但是并不是所有善与恶都属于这一类，有一些善逃脱我们最热烈的追求，而有些恶则压倒了我们，即使我们以最热切的努力试图避开它们。

④存在着各种现存的善与恶，我们事实上感受到它们；还有未来的各种善与恶，它们是我们希望和恐惧的目标。

⑤存在各种个别的善与恶，它们仅仅影响个别人；而其他那些共同的和普遍的（善与恶），社会的所有成员都分有它们。整体的善是实际的善；而一部分的善，与整体的善相反，仅仅是表面的善，并因而是实际的恶。

⑥从所有这些评论中，我们或许可以最终总结道，各种善和恶并不全都属于同一个种类，因而在它们之间存在着一些区别，将它们放在一起加以比较，我们发现有一些善较之其他的善更为卓越，而各种恶则或多或少令人感到不适。同样会发生的是，一个善与一个恶相比较，可能或相等，或更多，或更少，从中若干种区别和等级得以产生，它们都值得特别的注意。

这些细目足以表明我们给出的基本规则的用处，而且表明对各种善和恶作出恰当区分对我们的幸福而言又是多么必不可少。但是，这并不是理智给予我们的唯一忠告，我们将要指出具备同等重要性的其他一些忠告。

3.（第二条规则。真正的幸福不可能存在于那些与人的性质和状态不相一致的事物） 真正的幸福不可能存在于那些与人的性质和状态不相一致的（inconsistent）事物中。这是另一条原理，就从善与恶的概念中自然地得出。因为任何与一个存在物的性质不相一致的事物，仅凭这一点便倾向于削弱或是毁灭它，腐蚀或是变更它的构造；由于直接与这个存在物的保存、完善和善相对立，便颠覆了它幸福的基础。由此，既然理智是人最高贵的部分，并构成了他的首要的本质（principal essence），任何与理智不相一致的事物，便不可能构成他的幸福。对之我补充道，任何与人的状态不相容的（incompatible）事物，不可能增进他的幸福；这一点借由证据可使之无比明确。每一个存在物，它的构造使他与别的存在物有若干不可避免的联系，它不能摆脱它们，所以它不应该单单相对它自身被考量，而是应被视作构成了它与之相关的那个整体的一部分。而且足够明显的是，它的好的或坏的状态，它的幸福和痛苦，必然在很大程度上，恰好依赖于它相对于那些环绕它的存在物所处的情势，以及它拥有的同它们或一致或对立的各种关系。

4.（第三条规则。将现在和未来一起比较；第四条规则。第五条规则） 为了使我们自己获得一种坚实的幸福，对现存的善与恶加以留意并不足够，我们同样必须检查它们自然的后果；其目的是，通过比较现存和未来，将彼与此加以权衡，我们必须预先知晓自然的结果可能是什么。

因而，如果追求的某种善，必然伴随着更为可观的恶，这便与理智相对立。[①]

但是，与之相反，没有什么比决心承受一种恶，因为从中一种更大的善必定产生，更为理智的了。

这些准则的真实性和重要性是自明的。善与恶作为两个对立项，其中一个的效果毁坏另一个的效果，也即，拥有的善如果伴

① 参看巴贝拉克（Barbeyrac）先生对《人与公民的义务》第 1 卷第 1 章第 11 节的注释 3。

随着更大的恶，致使我们实际上不幸福；而相反地，一个轻微的恶，若使我们获得更可观的善，并不妨碍我们是幸福的。因此，所有事都得到妥善考量之后，前者应被视为一个实际的恶而加以避免；后者则应被算作一个实际的善。

人类事物的性质要求我们注意这些原理。如果我们的每种行为，都以这样一种方式被局限住，并被限制在自身之内，以至不伴随有任何后果，我们便不会如此频繁地在我们的选择中犯错，而是应该最为确定地抓住善。但是，经验却使我们意识到，各种事物常常拥有与它们似乎承诺过的非常不同的诸般结果，因为最令人高兴的各种东西伴随着种种苦涩的后果，相反，一个实际的、坚实的善得用劳苦购置，明智德性便不允许我们把全部注意力都固定在当下。我们应该将我们的视野延伸至未来，并且平等地权衡和考量这两者，以便对它们作出一个坚实的判断，一个足以使我们恰当下定决心的判断。

5.（第六条规则。偏爱那些最卓越的善）出于同一个理由，我们应该偏爱一个更大的善而非更小的善；我们应始终渴求那适合我们的最高贵的善，并且根据各个善的性质和价值（merit）来分配我们的各种欲望和追求。这条规则是如此显见，以至假装去证明它将是浪费时间。

6.（第七条规则。在某些情况下，可能性，或者出于更强的理由，或然性便应该决定我们的行动）对于各种相当可观的善与恶，并不必要拥有完全的确定性：单单可能性（possibility），或者更常见的，或然性（probability）就足以诱使一个理智的人剥夺自身一些琐碎的善，并且甚至承受一些轻微的恶，以便获取一个远为重大的善，并避免一个更令人棘手的恶。

这条规则是前述各条规则的结果；而且，我们或许可以证实，人们通常的举止表明他们理智地确信，审慎和必然性存在于这种行动方式中。事实上，他们将自己匆匆卷入所有这些事务的喧嚣中，其目标是什么？他们承担的所有劳作，他们忍受的所有劳苦和疲累，他们经常使自己暴露其中的所有危险，其目的和意图是什么呢？他们的意向是获取一些他们设想不会花费甚巨来购置的好处，尽管这些好处既不存在于当下，同时也不像他们为获取这些好处而必然作出的那些牺牲一样那般确定。

这是一个非常理性的行动方式。理智要求，在确定性缺席的地方，我们应该采用或然性作为我们判断和决定的规则；因为或然性在那种情况下，是我们拥有的唯一的光亮和向导。并且，除非在不确定中漫游比跟随一个向导更加适宜；除非我们认为，在被剥夺了太阳的光亮后，我们的灯也应该被扑灭；当我们不能获得确证的时候，被或然性指导是理智的。借由一束微弱的或飘散的光，较之固守在黑暗中，更容易实现我们的目标。①

① 在日常生活中，我们通常被迫根据或然性来作出决定，因为获得一种完全的确证并不总是在我们的能力范围内。哲学家塞涅卡已经很好地确立并解释了这一准则："对于这个反对意见，我们将回答说，我们永远不应该等待对整个事情的绝对认识，因为发现真相是一项艰巨的任务，而是应该沿着真理似乎指引我们的方向前进。我们所有的行动都是朝着这个方向展开的：因此，我们撒播种子，在海上航行，在军队服役，结婚和抚养孩子。所有这些行动的结果都是不确定的，所以我们采取这样的方式，是因为我们相信可以取得我们期望的好的结果。谁能保证给撒种人以收获，给水手以海港，给士兵以胜利，给丈夫以谦逊的妻子，给父亲以孝顺的孩子？我们以理性而不是以绝对真理来指引我们行事。等待，没有好结果便不做任何事，在找到真相之前不形成任何意见，那么你的人生将会以完全的不作为度过。既然只是真理的表象，而不是真理本身，将我带往这里或是那里，那么我将会给那些表现出感激之情的人施与恩惠。"塞涅卡（Seneca），《论恩惠》（*De Benefic.*），第4卷，第33节。

7.（第八条规则。应渴求真正的善） 我们应该热切地希望获得一种对诸项真正善的喜好，因为具有卓越的性质并被公认如此的各种善，应该激发我们的欲求，并诱使我们作出所有必要的努力，以便将它们收入囊中。

这最后一条规则是其他规则的自然后果，以确保它们的执行和各种效果。仅仅启发心灵，使其知晓这些能够使我们实际上幸福或不幸福的善和恶的性质，是不足够的；我们同样应该给予这些原理以活性和效力，通过型塑意志，并借由喜好和习惯，以便使意志自身遵循被启发过的理智的各种忠告。并且，不要让任何人觉得，改变我们的种种倾向，或是改造我们的各种喜好，是不可能的。因为我们心灵的喜好，正如味蕾的喜好一样。经验表明，我们或许可以改变两者，以至在从前那些不合已意的事情中最终找到乐趣。我们带着痛楚，并借由理智的力量开始做一件事；稍后，我们与它逐步熟稔；后来，频繁的行动使它对我们来说变得更为简易，反感消失了，我们从一个与我们此前采取的不同的角度来观察这件事；并且，对它的使用最终使我们爱上了这个之前是我们憎恶对象的事物。这便是习惯的力量：它使我们在不知不觉间对我们习惯的事项感到格外轻松、满意，以至我们后来发现回避它们变得困难。

8.（我们的心灵自然地默许了这些准则；而且它们应该影响我们的举止） 这些便是我们从理智那里得到的主要的忠告。它们也同样地构成了一个各种准则的体系，它们都从事物的性质中得出，并且特别地，是从人的性质和状态中得出，使我们熟悉在本质上适合他的是什么，并且包含了对于他的完善和幸福最为必要的规则。

这些一般性的原理具有这样一种性质，以至好像会强迫我们表示同意；因为，一种清晰而冷静的理解能力，不受到种种激情产生的偏见和喧闹的干扰，会禁不住承认它们的真理和审慎。每个人都明白，若这些原理始终呈现在心灵中对人来说会多么有用，借由在种种个别情况下运用和使用它们，它们或许会在不知不觉间成为他各种倾向及举止的统一、恒常的规则。

像这样的各种准则，事实上，并不只是各种单纯的奇想（speculations）而已：它们应该自然地影响我们的道德，并且在实际生活中为我们服务。除非我们打算去遵循它，不然听从理智的建议是为了什么目的呢？那些明显在我们看来良好、有用的关于举止的各种规则，如果我们拒绝遵从它们，那么它们又有什么意义呢？我们自己很清楚，给予我们的这束光，是为了调控我们的步伐和动向的。如果我们偏离了这些准则，我们便会内在地非难和谴责我们自己，正如我们在一个相似的情况下会易于谴责任何别的人一样。不过如果我们竟碰巧遵循了这些准则，这便构成了一个内在满足的主题，而且我们会表扬自己，正如我们会表扬以这种方式行动的其他人。这些情绪是如此自然，以至以别种方式设想并不在我们能力之内。我们被迫尊重这些原理，这是一条令我们的本性感到愉悦的规则，并且是我们幸福之所寄。

9.（论一般而言的义务） 这种得到充分知晓的愉悦暗示了一种用它来框范我们举止的必然性。当我们提到必然性，很显然我们意指的不是物理必然性而是道德必然性，它存在于某些特定动机对我们造成的印象，从而决定我们以一种特定方式行动，并且不允许我们以相反的方式理性地行动。

发现我们处于这些情况之下，我们便说我们有义务（under an obligation）做或是不做某一件事；也即，我们因各种坚实的理由而下定决心，因各种令人信服的动机而投身于此，就好似有无数条纽带将我们的意志导向那一方面。正是在这种意义上，个体说他是有义务的 / 被迫使的（is obliged）。因为不论我们是被大众舆论支配，还是被民法学家和道德作家（ethic writers）指导，我们发现他们总是使义务恰当地包含一个得到了很好地理解与赞同的理由，从而决定性地支配我们优先以某种特定方式而非别种方式行动。从这里我们可以得出，这一义务的全部力量，取决于我们对某一种特定行为方式或赞成、或谴责的判断（judgment）。因为，赞成便是承认我们应该去做某件事；而谴责，则是承认我们不应该做。现在，应该（ought）和有义务（be obliged）的是同义词。

我们已经提示过“有义务的”这个词的本来意义和字面意义的天然相似之处，以及这同一个词的比喻性的含义。义务原本意指一条纽带；[①] 一个负有义务的人，便因此是一个被纽带捆缚住的人。并且正如一个被绳索或是锁链束缚住的人，不能自由地移动或行动，同一种情况也特别近似于一个负有义务的人；差别只在于，在前一种情况下，是一种外部的和物理的障碍阻止了个体自然力量的效果；但在第二种情况下则只是一种道德纽带，也即，理智催生了自由的屈服，这是人及其各项官能原初的规则，它以这样一种方式指导并必然地修正他的各项行动，以便与它标举的目的相吻合。

① 义务即束缚（*Obligatio a ligando*）。

因此，经由一般性的考量和对它最初起源的考察，我们或许可以将义务定义为由理智催生的对天然的自由的一种限制；因为理智提供给我们的诸多忠告，恰恰是如此多的动机，决定人以某种特定的、优于其他选择的方式行动。

10.（义务或许强度不同）　这便是原初的和原始的义务的性质。因此可以推断，根据确立这种义务的各种理由的分量不同，并且继之而起的各种动机对意志造成的印象或多或少，因此这种义务强度不同，严苛程度也各不相同。因为显而易见，这些动机愈是使人信服并且灵验有效，我们使各项行动遵从这些动机的必然性便愈是强固和不可避免。

11.（克拉克博士关于义务之性质和起源的观点）　我显然了解，对义务的性质和起源的这种解释远没有被所有民法学家和道德作家采纳。有些人佯称[①]，在特定行动中为我们所承认的天然的适宜性或不适宜性（fitness or unfitness），是所有义务真正的和最初的基础；美德拥有一种内在的美，使它自身变得让人亲近，恶行与之相反，伴有一种内在的畸变，使我们憎恶它，而这些都先于并且独立于通过践行它们或许带来的善与恶、奖赏与惩罚。

但是这种观点，据我看来，除了将它归结到我们刚刚已经阐述过的内容，否则便全无依据。因为声称美德就其自身而言拥有一种内在的美，使它值得我们的喜爱，而恶行与之相反值得我们厌恶，难道这不是在事实上承认，我们拥有理智去偏爱其中一个而非另一个？现在，不管这一理智是什么，它无疑永远不能成为

① 参见克拉克博士（Dr. Clark）对自然和启示宗教的证据的讨论。

一个能够决定意志的动机，而只是向我们展现一些可以获取的善，或是常常使我们避免一些恶；简言之，仅仅能够促进我们的满足，并将我们置于一种平静和幸福的状态。因而，这是被人的那种构造和人类意志的性质决定的。因为，正如善，一般而言，是意志的目标；那种能使它运动起来，或者支配它偏向某一方而非另一方的唯一的动机，便是期望获得这种善。从所有关系到人的利益中抽离，便是剥离了他所有行动的动机，也即，使他处于一种无所作为和无动于衷的状态。此外，如果说，所有这些善恶都没有指向人本身——指向他的目的、他的完善、他的福祉，简言之，指向为他真正的幸福所要求的，那么我们对于人类行为的合宜或不合宜性、它们的美丽或卑劣、它们的匀称均衡或毫无规则，又究竟能形成何种观念呢?

12.（巴贝拉克先生关于这一主题的观点） 大多数民法学家与克拉克博士的意见不同。[1]“他们将一个在上位者（a superior being）——对他的依赖得到了承认——的意志确立为恰当所说的义务的原理。他们假装只有这种意志，或者来自这类存在者的命令，才能限制我们的自由，或为我们的行为规定各项特定的规则。他们补充说，我们在事物自身之中承认的协调或者冲突的关系，或者它们从理智中得到的允准，都不会使我们处于遵循这些观念的必不可少的必然性下，并充当我们举止的规则。我们的理智实际上只是我们自己，恰当说来，没有人可以使自己承担义务。从

① 参见《一位匿名作者的评论》（*Judgment of an Anonymous Writer*）（& c. § 15）。这是莱布尼茨（Leibnitz）先生的一小部论著，巴贝拉克先生对之作了一些评论，并被插入到他翻译的《人与公民的义务》第五版中。

这里他们得出结论说，来自于理智的各种准则，就其自身加以考量并且若独立于某个在上位者的意志，在它们的性质中便不带任何强制性。”

这种解释义务的性质并为其奠定基础的方式，在我看来是不够的，因为它没有上升到原初的源泉和各项真正的原理。诚然，在上位者的意志使那些依赖他的人有义务；但这种意志之所以会有这样的效果，只是因为它符合我们理智的认可。缘此之故，在上位者的意志不仅应该不包含任何就其自身而言与人的本性相反的东西；而且，它应该按照人的构造和最终目的以这样一种方式加以调节，以至于使我们不能不承认它是我们各种行为的规则；甚至达到这样一种程度，即忽视它就会陷入一个危险的错误之中；而且，相反，实现我们目的的唯一手段是接受它的指导。不然的话，人如何能自愿服从在上位者的命令或决定自愿地遵从他，将是不可思议的。我确实必须承认，根据民法学家们的措辞，关于一个下达命令的在上位者的观念，必须介入以便确立义务，而这正是我们通常认为的。但是，除非我们追踪更高一层的东西，将即便是这一在上位者的权威也奠定在他从理智得到的允准上，否则便只会产生一个外部的约束，它与义务非常不同，后者本身就具有一种渗透意志的力量，并借由内在感觉来移动意志；在这种情况下，人与自己协调一致，在没有任何限制或暴力的情况下倾向于服从。

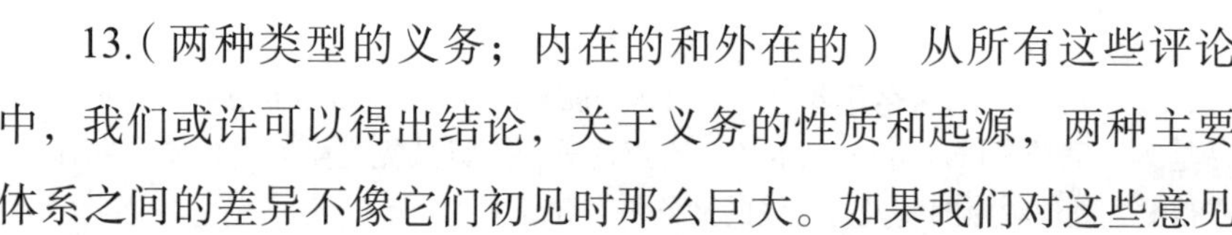

13.（两种类型的义务；内在的和外在的）从所有这些评论中，我们或许可以得出结论，关于义务的性质和起源，两种主要体系之间的差异不像它们初见时那么巨大。如果我们对这些意见

进行更深入的探究，通过上升到它们的原始来源，我们应该发现，这些不同的想法，通过抽绎出它们的确切价值，远远不是相反的而是很好地协调在一起，甚至应该协作一致，以便形成一个关系到人的性质和状态的体系，这一体系与自身所有必要部分都妥善联结在一起。这是我们将在后文中更具体地执行的。[①] 现在应该观察到，有两种义务，一种是内部的，另一种是外部的。内部义务，我理解这是由我们自己的理智产生的，被认为是举止的规制，并且是随着行为本身包含的善或恶而来。外部义务，我们的意思是来自于某个存在物的意志，我们允许自己依赖他，而他借由惩罚的恐吓来命令或禁止某些特定的事情。我们必须补充一点，这两项义务，远非彼此相反，而恰恰是完全一致的。由于外部义务能够对内部施加新的力量，因此外部义务的整个力量最终取决于内部；并且正是从这两个义务的协调一致，出现了最高程度的道德必然性，也是最强的纽带，或是给人造成印象的最恰当的动机，以便使他稳健地追求而从不偏离一些固定的行为规则；总而言之，正是在这里最完美的义务形成了。

① 参见本书上卷，第二部分，第七章。

第七章　论权利作为一种官能，以及由此相应的义务

1.（权利这个词有若干特指的含义，它们都来源于其一般性概念）　除了权利（right）的一般概念，如现在所解释的，认为它是人类行为的原初规则；这个术语还有几个特定的意义，我们必须在这里指出。

但是，在此之前，我们不应该忘记我们给予权利的原初的和一般性概念。因为正是从这个概念，就像从它的原理一样，推导出了本章和以下章节的主题；如果我们的推理本身是确切的，并与原理有必要的联系，这将为我们提供一个新的支持它的论据。但是，如果出乎意料的，最后的结果竟然大相径庭，我们也将至少具有在它的根源处检查其错误的优势，并且能够更好地纠正它。这便是一种公正的方法的效果：如果若干个别的观念能够被归约到一个一般性概念，就像不同的分支被还原到树干，我们便相信这个一般性概念是准确的。

2.（权利作为一种官能的定义）　首先，权利经常被认为是一种个人特质，行动的能力或官能。因此，我们说，每个人都有权利关照他的自我保存；父母有权利抚养子女；一个主权者有权利为国家的防卫而征召军队，诸如此类。

在这个意义上，我们必须将权利定义为，人拥有的以某种特定的方式使用他的自由和自然力量的能力，无论是针对自己还是对于其他人，只要这种对力量和自由的行使得到理智的批准。

因此，当我们说父亲有权利抚养他的孩子时，在这里它意味着，理智允许父亲以一种适合于他的孩子的保存、适宜于培养他们的理解能力，并以诸美德为原则训练他们的方式，来运用他的自由和自然力量。以同样的方式，由于理智在所有为国家的保存和福利所必要的事情上给予主权者批准，它特别授权他带领部队并将军队开拔外地，以便反对敌人；因此我们说他有权这样做。但相反，我们确认，一个君主若没有特别的必要性的话，便没有权利征召农民使之抛下耕犁，或强迫贫穷的商人远离他们的家庭；父亲没有权利使他的孩子遭受危险，或使他们死亡，等等。因为这些事情，不仅远未得到理智批准，更为理智所强烈谴责。

3.（我们必须小心区分单纯的能力和权利） 因此，我们不能将一种单纯的能力（a simple power）与权利相混淆。单纯的能力是一种物理特质；它是一种在我们的自然力量和自由的全部范围内行动的能力：但是权利的观念则更加局限。这包含与那种规制物理能力的规则的某种一致性关系，并且以适当的方式指导能力的运作以使人达到特定目的。正是因为这个原因，我们说，权利是一种道德特质（moral quality）。确实有一些人不仅将权利，甚而将能力也罗列在道德特质的名目中[①]：但在这里不存在任何与我们的区分本质上相反的东西。那些在道德实体中罗列这两个观念

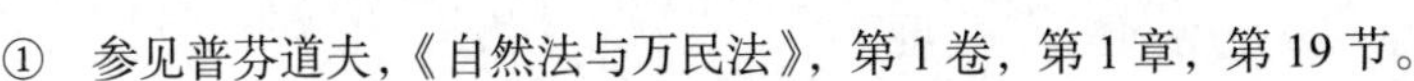

① 参见普芬道夫，《自然法与万民法》，第1卷，第1章，第19节。

的人，他们理解能力的方式，与我们理解为权利的东西非常接近；而且习俗似乎也核准了这种混同；因为我们同等地使用，例如，父亲的能力和父亲的权利，等等。或许这种混同会一仍其旧，不过让我们不再纠缠于词章。要点是要在这里区分物理的和道德的；而且似乎权利这个词，正如普芬道夫自己所暗示的那样[①]，就其自身而言较之能力更适于表达道德观念。总之，要使对我们官能的运用成为一种权利，只需要它被理智批准，并且被发现符合人类行为的这个原初规则。并且无论一个人能理性地执行什么，对他而言都成为了一种权利，因为理智是唯一能够以一种简短而可靠的方式使他到达拟定的目的的手段。因此，这些想法中没有任何武断之处；它们是从事物的本质中引入的，而且如果我们将它们与前述各原理相比较，我们会发现它们是作为必然的结果从那里得出的。

4.（人的各项权利的一般性基础） 如果有任何人后来竟询问，理智是在什么基础上批准我们以特定的方式，而非别种方式，来行使我们的力量和自由；答案是明显的。这些判断的区别源于事物的性质及它们的效果。我们官能每一次倾向于人的完善和幸福的运用，都得到理智的允准，并且理智谴责任何导致相反目的的事情。

---

① 在能力（power）和权利（right）这两个术语之间似乎存在这样一种差别；前者确实更为明确地表达了我们提到的那种特质（quality）的存在，但却只是模糊地预示了人们获得它的方式。而权利这个词，却恰当地和清晰地表明，这种特质曾被公正地获得，现在则被公正地掌握。参见普芬道夫，《自然法与万民法》，第1卷，第1章，第20节。

5.（权利产生义务） 义务随着上述定义的权利而来，并考虑它对另一个人的影响。

关于义务，我们在前一章中已经讨论过的，足以传达这种道德特质的性质的一般概念。但是，为了在我们当前的考察之下形成一个正确的观念，我们观察到，当理智允许一个人以某种特定方式使用他的力量和自由时，或者换一种表述，当它承认他有某种特定权利；非常自然的结果是，为了确保人的这项权利，理智必须同时承认，其他人在这一点上不应该利用他们的力量和自由来抵抗他，这是必不可少的；相反，他们应该尊重他的权利，并协助他行使权利，而不是对他有任何偏见。从这里，义务的观念自然而然地产生了；在这种情况下，它只不过是理智对自然自由的限制；因为理智不允许对那些运用他们权利的人有任何反对，相反，它要求每个个体都赞成并助长它授权过的东西，而不是在执行它们合法的意图时，反对或阻挠它们。

6.（权利和义务是两个相关的术语） 因此，正如逻辑学家所表达的那样，权利和义务是两个相关联的术语（two *correllative* terms）：这些观念中的一个必然预设了另一个；我们不能在没有相应义务的情况下构想一项权利。例如，我们如何能够赋予父亲一种通过完善的教育型塑他孩子智慧和美德的权利，而不承认与此同时孩子应该服从父亲的指导，他们不仅有义务在这方面不作出任何抵抗，而且他们应该通过他们的温顺和服从，对他们父母意见的执行表示同意？否则，理智将不再是人类行为的规则：它将自相矛盾，它赋予人的所有权利将变得毫无用处并且没有效果；它用一只手从他那里拿过来的东西，又用另一只手给了他。

7.（人从什么时候起容许权利和义务） 这是作为一种官能的权利的性质及与之相对应的义务。大致可以肯定的是，只要人开始享有生命和感官，他便容许了这两种特质。然而，我们必须在权利和义务之间对它们开始在个体中展开自己的时间作出一些区分。个体作为人承担的义务，直到他达到具备理智和判断力的年龄，实际上才表现出它们的特点。因为，为了履行义务，我们必须首先认识它，我们必须知道我们做什么，并能够以某种规则来框范我们的行为。但是，有一些权利，在个体对相关事物一无所知的情况下，就能够使他获致利益，它们便起源于他存在的第一刻，而且从这一刻起就具有完全的效力，并将人类的其余部分置于尊重这些权利的义务之下。例如，要求不被任何人伤害或触犯的权利，就像属于成年人一样，也同样属于儿童，甚至属于仍然在母亲子宫之中的婴儿。这是罗马法中衡平法的基础，它宣布[①]，仍在母亲子宫中的婴儿，当问题牵涉他们的利益时，将被视作已被带入了世界。但是，我们作出如下断言时则没有任何确定性，即一个婴儿无论已经来到或正在进入这个世界，实际上对其他人承担着某种义务。对人而言，直到他达到了具备知识和判断力的年龄，这个承担义务的状态恰当说来才会开始。

8.（几种类型的权利和义务） 各种权利和义务的区别纷繁复

① 《学说汇纂》，第 1 卷，第 5 节“论人的地位”，第 7 题（L. 7. de statu homin. lib. 1. tit. 3）。另一个民法学家确立了这条规则：“因此，一个人在不知情的情况下，也可能遭到伤害；但没有人会在犯罪时不知道自己在做什么，尽管他不知道是在对谁犯罪。”［参见《学说汇纂》，第 47 卷，第 10 节，第 3 题，第 2 条（L.3. § 2. D. de injuriis. lib. 47. tit. 10.）］

杂，但对我们来说，仅仅指出那些最值得注意的便足够了。[①]

首先，权利是天然的（natural）或是后天的（acquired）。前者是那些原初并且本质上就属于人，内在于他的本性中，是他作为人所享有的，独立于任何他在自己这一方面采取的特定行动。相反，后天的权利是那些他并非自然享有的，而是由他自己获致的。因此，自我保存的权利，对人而言是一种天然的权利；但主权，或指挥整个社会的人的权利，则是后天获得的权利。

其次，权利是完善的（perfect）或不完善的（imperfect）。完善的权利是那些可以强势地主张，甚至借助武力得以执行，或者即使面对所有那些试图抵制或干扰我们的人也能保证加以运用。因此，理智授权我们使用武力对付任何一个对我们的生命、我们的好处或我们的自由进行不公正的攻击的人。但当理智不让我们使用强制性方法来确保我们得以享受它赋予我们的各项权利时，那么这些权利被称为不完善的权利。因此，尽管理智授权那些自己缺乏谋生手段的人去申请其他人的救助；但是在遭到拒绝的情况下，他们则不能使用强力来重申这一权利或是利用公开的暴力来获致它。很明显，我们不必特意论及就能发现，义务严格地对应于权利，并且根据权利本身是完善的或不完善的而强度不同，因而也是完善的或不完善的。

再次，另一个值得我们关注的区别是，有的权利或许可以依法放弃，而其他则不能。例如，债权人，如果他高兴的话，或许

① 参见普芬道夫，《自然法与万民法》，第1卷，第1章，第19节；和格劳秀斯，《战争与和平法》（*The Rights of War and Peace*），第1卷，第1章，第4、5、6、7节以及巴贝拉克的注释。

可以免除一笔应付给他的债务，可以是全部或者是一部分；但父亲不能放弃他对他的孩子的权利，也不能让他们处于完全的独立之中。这种差异的原因是，有些权利就其自身而言便与我们的各种职责（duties）有一种天然的联系，并且它们仅仅作为手段被赋予人来履行这些职责。放弃这种权利，将会因此放弃我们的职责，这是绝不允许的。但对于那些不涉及我们职责的权利，放弃它们是合法的，并且只是一个事关明智德性的问题。让我们用另一个例子来说明这一点。人不能绝对地且没有任何保留地放弃他的自由；如果他表示臣服的人是这样吩咐的话，这将是明显地把自己投入到做错事的必然性之中。但是，如果我们能因此更好地履行职责，并取得一些特定的且合理的利益，那么我们放弃自己的一部分自由便是合法的。我们必须在有这些限制的情况下来理解如下普遍准则，即允许每个人放弃自己的权利。

最后，权利，简言之，考虑到它不同的对象，可以被归结为四个主要类别。①我们对自己的人身和各种行为拥有的权利，这就是所谓的自由。②我们对属于我们的事物或物品拥有的权利，我们称之为所有权（property）。③我们对其他人的人身和他们的各项行为拥有的权利，这用统治权（empire）或权威（authority）一词区别出来。④最后，个体对他人的各项事物或许拥有的权利，而这有好几种。目前，对这些不同种类的权利提供一个一般性的概念就足够了。当我们对这些问题进行专门考察时，它们的性质和作用将得到阐释。

上述这些便是我们对作为一种官能的权利所应拥有的观念。但这个词也同样存在另外一种特别的意义，即它被当作法律

（law）；正如我们说，自然权利 / 法是道德和政治的基础；它禁止我们食言；它要求损害得到赔偿，如此等等。在所有这些情况中，权利被当作法律。而且因为这种权利以一种特定的方式与人达成一致，因此将之加以梳理并清楚地阐释便具有重要性，而这正是我们将在下面的章节中要努力去做的。

第八章[1]　法律概论

1. 到目前为止，在关于人类各项行为之规则的研究中，我们只考虑了人的本性、他的本质，以及属于他的内在的部分。这一研究已显示出，人在其自身之内，并在他自己的理智中，发现了他应该遵循的规则；由于理智提供给他的各项忠告，指出了达成他的完善和幸福最短和最安全的路途，从这里便产生了一个关于义务的原理，或者根据这种原初的规则来框范他的各项行为的有力的动机。

但为了对人道体系形成准确的知识，我们不能止步于这些初步的想法；我们应该同样——遵循已经在这部著作中提出的方法[2]——将注意力转移到人的各种不同状态，以及从那里产生的各种关系中去，它必将会对人应该遵循的各项规则产生某些个别的修正。因为，正如我们已经注意到的，这些规则不仅应当符合人的本性，而且应该与他的状态和情势相称。

2.（由于人天然地是一种依赖他人的存在物，法律便应该是他的各项行为的规则） 现在在人的各种原初状态之中，依赖

① 参见普芬道夫，《自然法与万民法》，第1卷，第6章。

② 参见本书上卷，第一部分，第三章，第3节。

（dependance）是其中最值得注意的一个，并且应该对他要遵循的规则具有最大的影响。事实上，一个独立于任何别的个体的存在物，除了他自己理智的忠告外，便没有其他规则需要追寻；并且由于这种独立性，他完全免于对其他人意志的臣服；总之，他是他自己和他的行为的绝对主人。但是，一个存在物若被认为依赖于另一个人，例如依赖于他的上级和主人，其情况则不一样。这种依赖的感觉应该自然而然地让在下位者把那个他所依赖的人的意志视作他举止的规则；因为他发现自己置身其中的臣服状态，并不允许他抱有这种最不合理的幻想，即在独立于他的上级的意志和上级提出的与他有关的想法的情况下，能够获得任何坚实的幸福。[①] 此外，这也具有不同的程度和效果，与其中一个的优势和另一个的依赖或大或小、或绝对或有限是成比例的。显然，所有这些评论都以某种特定方式适用于人；因此，一旦他认可了一个在上位者，并自觉地臣服于他的权力和权威；在这种状态下，他必须同样承认这个在上位者的意志是他各项行为的规则。这是我们称之为法律的权利。

然而，应当认识到，这种在上位者的意志与人的原始规则——理智并不矛盾。因为如果矛盾的话，我们将不可能服从他。为了使法律成为人类行为的规则，它应该与人的本性和构造完全适宜，并且最终是为了他的幸福而设计的，而幸福是理智使得他必然追求的。这些言论尽管本身很清楚，但当我们更具体地解释法律的本质时，将会变得更为清晰。

---

① 参见本书上卷，第一部分，第六章，第 3 节。

3.（法律的定义） 法律，我定义为一个社会的主权者对他的臣民制定的规则，或者是在惩罚的威胁下使他们负有做或不做某些特定事项的义务，或者是让他们在其他事情上以他们认为适当的方式自由行事，并在这方面确保他们充分享有他们的权利。

通过这样定义法律，我们与格劳秀斯和普芬道夫给出的定义略有不同。但我认为这些作者的定义有点太过含糊，而且当法律得到完全充分的考量时，他们的定义也与之不相一致。我的这个意见将通过我将要进入的具体解释来证明，只需将它与那两位作者在这里涉及的段落相比较。[1]

4.（法律为什么被定义为一条制定的规则） 我说法律是一条规则，首先是为了点明法律与忠告（counsel）有什么共同点；这一共同点是，它们都是举止的规则；其次，将法律与在上位者可能给予的各种暂时命令（transient orders）区分开，不是臣民举止的永久性规则，便不是严格而言的法律。规则这一概念主要包括下述这两个东西，普遍性（universality）和永恒性（perpetuity）；并且这两个特点对于规则至关重要，一般认为有助于区别法律和主权者的任何其他特殊意志。

我补充说，法律是一条被制定的（prescribed）规则；因为一个封闭在主权者内心里的简单的决议，没有以一些外部标识表现出自己，永远不可能是一个法律。这个意志必须以适当的方式通知给臣民；以便使他们了解主权者对他们的要求，以及据此框范

① 参见格劳秀斯，《战争与和平法》，第 1 卷，第 1 章，第 9 节；和普芬道夫，《自然法与万民法》，第 1 卷，第 6 章，第 4 节。还可以参见巴贝拉克的注释。

他们举止的必要性。但以何种方式作出这个通知，无论是口头，或通过文字，或其他方式，并不具有太大差别。臣民被正确地指示有关立法者的意志便足够了。

5.（怎么理解主权者、主权及下达命令的权利） 让我们完成对包含在法律定义中的若干主要概念的解释。法律由主权者制定；这是使它区别于忠告的地方，后者来自于朋友或一个平等者；因为他们对我们不具有权力，所以他们的建议也便既不具有与法律同样的效力，也不和法律一样产生义务，因为法律来自一个主权者，拥有一个上级的命令和权威作为支撑。[①] 忠告被遵循的原因，完全从事物的性质中得出；法律得到遵守，不仅是因为它们建立在理智之上，同样也因为制定它们的主权者拥有权威。忠告产生的义务只是内部的；由法律而来的义务则同时是内部的和外部的。[②]

社会，正如我们已经观察到的，是基于某个特定目的的若干人的联合，从中某些共同利益会出现。这一目的，是明智的存在物向自己提出并愿意获致的效果或利益。若干人的联合，是他们在达成大家共同欲求的目的这一意愿上达成了一致。但是，虽然我们使社会的概念进入到法律的定义之中，但不能从中推断，社会是颁布法律绝对基本和必要的条件。若准确地考虑这件事，当主权者只有一个人臣服于他的权威时，我们或许也能很好地形成一个有关法律的概念；只是为了深入到事物的实际状态中，我们才假设一个主权者命令整个社会的人。然而，我们必须观察到，

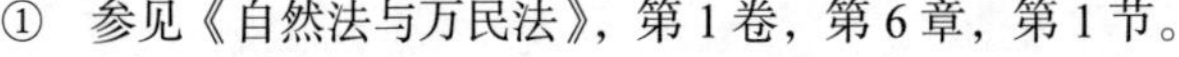

① 参见《自然法与万民法》，第1卷，第6章，第1节。

② 参见本书上卷，第一部分，第六章，第13节。

这里的关系是在主权者和臣民之间，并且在他们之间形成了一个社会，但是是一种特殊的社会，我们或许可以称之为不平等的社会（society of inequality），其中主权者下达命令而臣民则服从。

因此，主权者是那个有权利下达命令的作为最终手段（in the last resort）的人。下达命令，是根据我们自己的意志，指挥那些臣服于我们的人的各项行为，并拥有施加约束的权威或力量。我说主权者下达命令时作为最终手段，意在表明既然他在社会上具有最高一级的位置，他的意志优于任何其他人，并使社会的所有成员都处于臣服中。总之，下达命令的权利便只是具有权威并有能力指挥别人的各项行为。而且，由于行使自己力量和自由的能力，若非得到理智的批准和授权，便不再是一种权利；正是基于理智的这一批准，作为最后的手段，下达命令的权利才得以确立。

6. 这引领我们更加具体地询问统治权（empire）或主权的自然基础；或者，换句话说，是什么赋予或构成了对另一人施加义务并要求他臣服和顺从的权利。就其本身而言，这就是一个非常重要的问题；它的各种效果也同样重要。因为我们对这些在一方确立了权威、在另一方确立了依赖的原因越是信服，我们便越倾向于向那些我们依赖的人展现真实和自愿的臣服。此外，与奠定主权的方式相联系而表现出的情绪的多样性，是一个充分的证据表明这个问题需要得到小心和细致的处理。

第九章　论主权或下达命令的权利的基础

1.（第一个评论　问题是关于一个必要的主权）在这里探寻下达命令的权利的基础，我们只是以一般性的和形而上的方式来考虑这件事。问题是要知道一个必要的主权和依赖的基础；也就是说，建立在事物的本质上，并且是其所由来的那些存在物的构造的自然结果。因此，让我们把与某一特定种类的主权相联系的任何东西都放到一边，以便上升到各种一般性的概念，从中可以得出各项首要的原理。但是作为一般原理，若它们是公正和有根据地建立起来的，便很容易适用于特定情况；因此，主权的首要基础或其确立的原因，应该以这种方式提出，以便很容易地应用到我们所知的若干种类。通过这种方式，正如我们之前所观察到的，我们可以对这些原理的正确性完全满意，或是识别出它们是否有缺陷。

2.（第二个评论　在完全平等的存在物之间，既不存在主权，也不存在必然的依赖）另一个一般性的和初步的评论是，如果若干存在物根据其本性、官能和状态，拥有完全的平等，以至没有什么归之于其一的特性不能同样适用于另一个，那么在他们之间既不存在主权，也不存在自然的和必然的依赖。事实上，在这种假设下，便没有理由为什么其中一个人竟僭取一种对于其余人的

权威，并使他们处于一种依赖状态，而后者竟不能同样地以彼之道还施彼身。故而，由于这将事情置于一种荒谬境地，因此若干存在物之间的平等排除了所有的臣服、所有的统治权和一个人对另一个人必要的依赖；正如两个相等的砝码将这些保持在一个完美的平衡线上。因此，如果在若干存在物中预设了一者臣服于另一者，那么在他们的本性中，各项性质必须存在一种本质上的差异，在其上可以建立优越与劣等的关系。正是在确定这些性质是什么时，划分出了各个作家的不同观点。

3.（有关主权之起源和基础的不同观点）①一些人声称，单单体力（strength）上的优势，或者像他们所表达的，一种不可抗拒的力量（power），是施加义务和制定法律的权利的真正和首要的基础。“这种力量上的优越性，据他们所说，赋予他一种统治的权利，因为对其他人来说，面对一个相较他们而言具有如此大优势的人，便不存在反抗的可能性。”[①]

②其他人认为，主权的根源和基础源自本性上的显赫和卓越；“这不仅使他独立于所有那些本性较为低劣的人；而且使得后者被认为是为前者所创设。关于这一点，他们说，我们在人的构造中便有一个证据，其中灵魂作为最高贵的部分进行统治；同样在这个基础上，也确立了人对于野兽的统治权。”[②]

③值得我们注意的第三种意见，来自巴贝拉克。[③]根据这位明

---

① 参见霍布斯（Hobbes），《论公民》（*De Cive*），第 15 章，第 5 节。

② 参见普芬道夫，《自然法与万民法》，第 1 卷，第 6 章，第 11 节。

③ 这出现在对普芬道夫《自然法与万民法》第 1 卷第 6 章第 12 节的注释 2 中，以及对《人与公民的义务》第 1 卷第 2 章第 5 节的注释 3 中。

智的作者，“恰当地说，只存在一个普遍的义务的基础，所有其他的都被归之于它，这也即我们对上帝的自然依赖，因为他赋予了我们存在，并因此有权利要求我们按照他创设各项官能的意图来应用它们。像这样的一个艺术家”，他继续说，“是他自己的作品的主宰，并以他喜欢的方式来处置它。如果一个雕塑家能够制作动态的雕像，仅仅这一点便使他有权利声称，这块他用自己的手加以铸造并赋予它理解能力的大理石，应该臣服于他的意志。但是，上帝是构成我们存在的各部分的质料和形式的作者，并且他赋予它们所有的官能。因此，对于这些官能，他有权利规定什么界限是为他所喜欢的，并要求人以这样那样的方式使用它们，如此等等”。

4.（对这些观点的检视　Ⅰ.单纯力量上的优势不足以成为下达命令的权利的基础）这些便是有关主权和依赖的起源与基础的若干主要体系。让我们彻底检查一下，而且为了作出正确的判断，让我们注意不要忘记物理和道德必然性的区别，也不要忘记权利和义务的原始概念，正如上面已经解释的那样。①

（1）将以上所述作为前提，我确认，那些将制定法律的权利奠基在单纯体力上的优势或是一种不可抗拒的力量，确立了一个不充分的原理，而且经过严格考虑，它是完全错误的。事实上，因为我无法反抗一个人，并不导致他因此有权利命令我，或者说，我注定因为一项事关义务的原则向他表示臣服，并将他的意志视作我的举止的普遍规则。权利不是别的，只是为理智所赞成的东

① 参见本书上卷，第一部分，第六章和第七章。

西，只有理智给予下达命令的人这种赞许，他方能够确立他的权利，并且由于必然的结果，产生了那种我们以义务这个名字加以区别的内在情感，并使我们自发地倾向于服从。因此，每一项义务都假定某些特定的原因影响了良心并使意志屈服，以至根据我们自己的理智，即使有能力反抗，我们竟也认为反抗它是罪恶的，并且得出结论说我们并没有权利去反抗。现在一个人没有其他理由，单凭强力上的优越性，便没有提出一个足以使意志负有义务的动机。例如，力量可能会存在于一个邪恶的存在物那里，但并未赋予他任何下达命令的权利，或给我们施加服从的义务；因为这显然与有关权利和义务的观念大相径庭。相反，关于这个邪恶的力量，理智给予我们的首要忠告是抵抗，并且如果可能的话，毁灭他。现在，如果我们有权抗拒，这一权利就会与服从的义务不相一致，那么服从的义务便显然被排除了。这一点虽然真确，但如果我们清楚地看到，我们所有的努力都将无用，而我们的抵抗必将只能让我们受制于更大的邪恶；那么尽管不情不愿，我们应该选择臣服，而不是将我们暴露于邪恶力量的攻击和暴力之下。在这种情况下，我们应该受到限制（be constrained），尽管不是处于义务之下。我们迫不得已忍受一个更具优势的强力的各种后果，并且与此同时我们作出外在的臣服，而我们内在地感受到我们本性的汹涌和对它的抗议。这使我们永远有充分的权利试图以各种办法摆脱不公正的和压迫性的枷锁。因此，在这种情况下，严格说来，并不存在义务；而义务的缺失也表明了权利的缺失。[①] 对于

① 参见本书上卷，第一部分，第八章，第 6 节。

这个体系的危险后果，我们在这里略过不提，就目前来说，用各项原理对其加以驳斥便足够了；或许我们以后会有机会注意这些后果。

5.（Ⅱ.单纯本性上的卓越或优越也不行）其他两种意见具有可信的甚至真实的东西；但它们对我来说似乎并不完全足够。它们确立的原理太模糊，而且需要被归结到更确定的观点。

（2）并且，我确实看不到，单纯本性上的卓越就足以奠定关于主权的权利。如果你愿意的话，我会承认这种卓越性，并全然信服这是一个真理：这便是从这种假设中必定自然产生的全部效果。但在这里，我作出停顿；因为我所拥有的关于某个更优越的存在物的卓越性的认识，并不足以给我提供一个足够的动机，让我臣服于他，并诱使我放弃自己的意志，以便采取他的意志作为我的规则。只要我仍局限于这些一般性的判断，并且不知晓其他事情，我不觉得自己会因某个内在的动机而倾向于臣服；并且在不受到任何良心的谴责的情况下，我或许会真诚地判断，我自身之内的明智的原理足以指导我的举止。到目前为止，我们只是将自己局限于思虑之中。但是如果你竟试图向我要求更多的东西，那么问题就会被归结到这一点：这个你认为在卓越性上优于我的存在物，在面对我时，将如何并以何种方式操持它自己；以及这种优越或卓越性会以什么效果显示出来？它愿意对我好还是伤害我，还是，对于我，它处于漠不关心的状态？对这些疑问，必须给出一些确定的答案；根据所选择的答案，我或许会同意，这个存在物有权利命令我，而我则有义务遵守。但是，如果我没有说错的话，这些反思本身便是一个明证性的证据，表明单纯地宣称

一个更优越的存在物的卓越性，并不足以确立主权的基础。

6.（Ⅲ.单纯造物主的特性也不行） 或许在第三种假说中有某种更准确的东西。“上帝”，他们说，“是人的造物主；人正是从他那里接受和拥有他的生命、他的理智和他所有的官能，因此他是他的作品的主人，并且当然可以规定为他所喜的各种规则。因此我们的依赖，上帝对我们的绝对统治权，自然地产生了；而这是所有权威的起源或首要基础”。

这里为了确立上帝对人的统治权所说的一切，都可以被归结到他至高无上的力量。但是，仅仅从这里就可以马上得出——并且是作为一个直接的和必然的后果——他有权利对我们制定法律？这是问题所在。上帝的至上力量使他能够处置人，向人要求任何为他所喜的东西，并将他置于服从的绝对必然性之中：因为造物不能抵抗造物主，并且因其本性和状态，它发现自己处于完全的依赖之中，而且如果他愿意的话，造物主甚至可能消灭和毁灭它。我们的处境确实是这样的；但它似乎不足以确立造物主的权利。需要某些比这更多的东西以便为单纯的力量形成一种道德特质，并把它转化为权利。[①] 简言之，正如我们不止一次观察到的，力量应该得到理智的批准；以便人或许可以自愿地服从，并借由内在感官产生义务。

在这里，我请求离题并作出一个假设，以便使事情更为明朗。如果造物主给予造物存在只是为了使它不幸福，造物主和造物之间的关系或许仍然存在，然而我们不可能在这种假设中构想权利

① 参见本书上卷，第一部分，第七章，第3节。

或义务。造物主不可抗拒的力量可能确实约束着造物；但这种约束从来不会形成一个合理的义务，一种道德关系；因为这种性质的义务总是假定意志的一致，并且假定来自人这一方面的同意或默许，从中自愿的臣服会产生。现在，这种默许将永远不会赋予这样一个存在物，他施加他至高无上的力量只为压迫他的造物并使它不幸福。

因此，造物主的特质，单独来看或者就其本身不足以建立下达命令的权利和遵守的义务。

7.（主权的真正基础：力量、智慧和良善结合在一起） 但是如果对有关造物主的概念，我们加上（巴贝拉克或许假设了这一点，虽然他没有明确表达它）一个完全明智和绝对善的存在物的概念，除了为了他的造物的善和利益之外，他便没有行使他的力量的欲望；如此我们便拥有了奠定一个合法的权威所必要的一切东西。

让我们仅仅转向自己进行反思，并且假设，我们不仅从一个在力量上无限优于我们的存在物那里得到我们的存在、生命和所有的官能；而且，我们完全相信，这个存在物，其智慧程度也与其强大相匹，他创造我们没有其他目的，只是为了让我们幸福，并且正是着眼于此，他愿意使我们服从法律：在这种情况下，确定的是，我们不可避免的会允准这种力量，以及它对于我们的应用。既然这种允准是承认了在上位者的权利；因此，理智给予我们的第一个忠告是，将我们自己献身于这样一个主人的指导，使自己臣服于他，并使我们所有的行为符合我们有关他的意志所知的东西。为什么这样？因为对我们来说，从事物的本性来看，很明显这是达到幸福最可靠和最便捷的方式，是所有人类渴望的目的。从我们形成的方式而言，这种知识将必然伴随着我们的意志的同意，伴随着我们的默许和臣服；如果我们竟违背这些原理行动，而不幸竟在之后降临在我们身上，我们将不可避免地谴责自己，并承认我们所遭受的邪恶恰恰是我们自己加诸自身的。现在，这就是构成我们恰当地称其为义务的真实性质的东西。

8.（我们观点的阐释）　如果我们现在想全盘欣然接受，以便形成一个完整的定义，我们必须说，主权权利来自力量上的优越性，并伴随着智慧和良善（goodness）。

首先，我说，力量的优越性；因为正如我们在一开始就观察到的，力量的平等排除了所有统治权、所有自然的和必要的服从；此外，如果没有足够的力量来支持，主权和命令就会变得毫无意义，并且没有任何效果。除非他拥有有效的方法来执行他的命令并且使他得到服从，否则有什么东西会有助于一个个体成为主权者呢？

但是这还不够；因此我说，其次，这个权力应该是明智和仁慈的：明智的，即知道并选择最合适的手段让我们幸福；而仁慈，即一般倾向于使用那些会促进我们的幸福的手段。

为了使人们信服这一点，在这里讨论三种情形便足够了，它们是在这里可以假设的所有情况了。对于我们来说，他或者是一个漠不关心的力量，也就是说，一个既不愿意对我们好也不愿意伤害我们的力量，因为在与我们相关的事情上没有什么能激发他的兴趣；或者，他是一个恶毒的力量；或者，最后，他是一个吉祥和仁慈的力量。

在第一种情况下，我们的问题不会产生。只要他不关心我，让我放任自处，那么任凭他对于我而言是一个多么优越的存在物；我对他而言，保持着完全的自由，好像他不为我所知，或好像他根本不存在一样。[①] 因此，在他这一方，他没有权威，在我这方则没有义务。

但是如果我们假设一个恶毒的力量；理智远非批准，而是会反对他，就像反对一个敌人那样，而他只会更加危险，因为他具备更大的力量。人们不能承认这样一种力量拥有权利；相反，他发现自己被授权不放弃尝试任何措施来摆脱如此可畏的一个主人，以便避免他可能被不公正地施加的各种罪恶。

但让我们假设一个同等聪明和友善的存在物。人们无法拒绝将他们的赞许给予他，并会感到自己内在地并自然地倾向于完全服从和默许这个存在物的意志，这个存在物具有将他带到最终目的所需要的一切特质。借由他的力量，他完全能够获致那些臣服于他的人的利益，并且消除可能伤害他们的任何东西。通过他的智慧，他完全熟悉他对之施加法律的那些人的本性和构成，并知道他们的官能和气力，以及他们真正利益之所在。因此，他不可能出错，无论是他为他们的利益而提出的计划，还是为实现它们所采用的手段。总之，良善这种品质将使这样一个主权者真正愿

① 因此，尽管伊壁鸠鲁派的这种观点是最无意义和最不虔敬的，因为他们将众神描述为在最高的平静和宁静中享受自己的快乐，因而远离了十分烦恼的对人类事务的关照，既不对人的善行微笑，也不因人的恶行皱眉；但他们正确地推断出，在这种假设下，所有的宗教和所有对神圣力量的恐惧都是徒劳和无用的。参见普芬道夫，《自然法与万民法》，第1卷，第6章，第11节。参见西塞罗（Cicero），《论神性》（*De Nat. Deor.*），第1卷，第2节。

意使他的臣民们幸福，并且不断地将他智慧和力量的运作导向这个目的。因此，这些特质的组合，通过在最大的程度上结合所有能够得到理智批准的东西，便包含了所有能够决定人的东西，并使他置于外部、更是内部的臣服和服从的义务中。因此，这就是主权权利的真正基础。

9.（我们绝不能将形成主权权利的各项特质分离） 为了使自由和理性的造物结合并且臣服，准确说来，没有必要在一种统治权和权威之外要求更多的东西，只要它们的智慧和大度将强有力地获得理智的赞同，并独立于由对力量的恐惧而激发的动机。但是，很容易发生的是，以人形成的方式而言，无论是由于轻率和忽视，还是因为激情和恶意，他们并没有如他们所应该的那样，被立法者的智慧和他的法律的优良所震慑；因此，这里应该有一种有效的动机，例如对惩罚的恐惧，以便对意志产生更强的影响。由于这个原因，主权者有必要具备力量和强力，以便更好地维持其权威。因此，让我们不要将这些不同的特质分开，因为正是借由它们的协调一致形成了主权权利。正如单独的力量，若不伴有仁慈，不能构成任何权利；而仁慈，若缺乏力量和智慧，同样不足以达到这种效果。因为仅从一个人希望另一个人生活得好这一点，并不足以得出他便是他的主人：若干特定的仁慈的行为同样不足以达到这个目的。一项恩惠所求的不过是感激和致谢；为了证明我们的感激，我们没有必要竟使自己臣服于我们恩人的力量。但让我们把这些想法结合在一起，并假设在同一时刻，有一个至上的力量（sovereign power），每个人都实际且真正地依赖它；一种至上的智慧，指挥着这种力量；以及至上的善良，由此

给它注入蓬勃生机。为了在一方面建立最非凡的权威，在另一方面建立最大程度的服从，还有我们能够希求的更多的东西吗？经由我们自己的理智——在这里并不需要多少理智，以至我们无法否认——我们将被迫承认，这样一个优越的存在物被赋予了下达命令的真正权利，而我们则被置于服从的实际义务之下。[①]

10.（臣服的定义　依赖的基础）　主权者和主权的概念一旦确立，便很容易理解臣服和依赖这两个概念。

臣民因此是具有服从之义务的个体。并且正如是力量、智慧和仁慈构成了主权；我们必须假设，与之相反，正是从臣民的虚弱和贫乏中，依赖产生了。

因此，普芬道夫作出如下评论便是正确的[②]，使人易于接受一项外部原理所产生的义务的原因，是他自然地便依赖于某个更优越的存在物，而且作为一个自由和聪明的造物，他能够理解给予他的规则，并选择根据它们来框范自己的行为。但是，这些更多的是必然被预设的各项条件，并且它们本身就被理解为臣服，而非构成臣服的准确的和直接的原因。更重要的是要观察到，约束

① 或许确实可以说，外部义务的基础是一个在上位者的意志（参见本书上卷，第一部分，第六章，第 13 节），只要这个一般性论断在之后借由如我们已经阐发的那些细节加以补充说明。但是当有人补充说，强力与这项义务的基础无关，而且它只是为了使这个在上位者能够行使他的权利（参看巴贝拉克对普芬道夫《自然法与万民法》第 1 卷第 6 章第 9 节的注释 1），这个观念在我看来并不准确；并且我认为这一考虑事物的抽象方式颠覆了这里所讨论义务的基础。没有一个在上位者便没有外在的义务，没有强力——或者，没有力量，这是同一回事——也便没有在上位者：因此，力量或强力是构成义务之基础的必要组成部分。

② 参见《人与公民的义务》，第 1 卷，第 2 章，第 4 节；以及《自然法与万民法》，第 1 卷，第 6 章，第 6、8 节。

一个理性的造物的力量是建立在这样一种能力和意志上，即如果他服从的话，便使他幸福；如果他不服从，便使他不幸福；这假设这个造物能够经受善和恶，对快乐和痛苦敏感，此外他幸福或痛苦的状态可能增加或减少。否则的话，他可能确实被某个强大的力量强迫以某种方式行动，但他则不可能处于恰当的义务之下。

11.（由法律产生的义务是能想象得到的最完善的义务） 这是主权和依赖的真正基础；通过将这些一般原理应用于已知的主权或统治权的特定类型，例如上帝对于人类，一个君主对于他的臣民，以及父亲对他们的孩子的权力，这一基础或许还可以得到更好的确立。我们因此应该相信，所有这些种类的权威最初均建立在上述确立的各项原理上；而且它们将为这些原理的真理提供新的证明。[①] 但是，在这里对这一评论大概地加以暗示便足够了；各种细节我们留待另一个地方处理。

在这样一个基础上建立的一种权威，同时包含了任何可以想象得到的最有效和最能够约束人的东西，并且使他倾向于为某些行为规则所稳定地引导，这无疑构成了最完整和最强有力的义务。因为没有比这更完善的义务了，它产生于能够决定意志的最强烈的动机，它们也最能够借由它们的优势而压制所有相反的理由。[②] 现在所有事都在这里达成一致并形成了这样的结果：为主权者所制定的各项规则具有这样一种性质，它们本身是最适合于促进我们的完善和幸福的规则；他被赋予的力量和权威，从而使

---

① 参见本书上卷，第一部分，第九章，第 1 节。

② 参见本书上卷，第一部分，第六章，第 10 节。

他能够决定我们的幸福或痛苦；并且，最后，基于他的力量、智慧和良善，我们对他具有完全的信心。为了俘获人的意志，赢取他的衷心，对他施加义务，并在他的内部产生最高程度的道德必然性——而这正构成了最完善的义务，我们还能幻想更多的东西吗？我说，道德必然性；因为我们不要去破坏人的本性；他将始终如其所是，是一个自由和智性的存在物；因此，主权者着手通过他的法律来引导他。因此，即使最严苛的义务也不会对意志构成强迫；但是，严格地说，人总是可以自由地选择遵守或不遵守，虽然，正如我们通常所说的，他将冒着风险和危险。但如果他咨询理智，并愿意遵循其命令，他将特别注意避免行使这种超然的权力，反对他的主权者的各种意见；因为这种反对必将以他自己的痛苦和毁灭而告终。

12.（义务同时是内在的和外在的） 我们已经观察到，存在两种义务：[①] 一种是内在的，它是理智单独带来的结果，建立在我们对事物本质的善或恶的感知之上；另一种是外部的，它来自于我们承认为我们的在上位者和主人的那个人的意志。现在由法律所产生的义务，将这两种纽带结合在一起，借由这种共鸣它们彼此得到了加强，从而形成了可以想象得到的最完整的义务。可能是因为这个原因，大多数民法学家并不承认有其他东西可被恰当地称之为义务，除了那种是法律的效果并且被某个在上位者施加的义务。这是真的，如果我们仅仅意指某种外部义务，这的确是人类最强有力的纽带。但不能从此推断，我们不应该承认其他种类

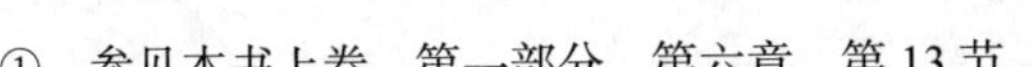

① 参见本书上卷，第一部分，第六章，第 13 节。

的义务。我们在探寻一般而言的义务的首要起源和性质时所确定的原理，以及我们刚才对于从法律中产生的义务所作的若干特定评论，便足以——如果我没有弄错的话——证明，存在一种原初的、原始的、内部的义务，它与理智不可分割，并且必须与外部义务协调一致，以便向后者传递所有必要的力量，以便决定和塑造人的意志，并有效影响人的内心。

通过正确地区分这些观念，我们会发现，或许，这是一种调和各种观点的方法，它们看似彼此大相径庭，其实是没有得到正确的理解。[①] 至少这一点是确定的，我们解释主权和依赖的基础的方式，大体上与普芬道夫的体系相吻合，通过将它与这位作者在他的大部头著作或是节选中说过的话加以比较，便会很容易发现这一点。[②]

① 参见本书上卷，第二部分，第七章。

② 参见《自然法与万民法》，第1卷，第6章，第5、6、8、9节；以及《人与公民的义务》，第1卷，第2章，第3、4、5节。

第十章　论法律的目的，它们的各种特征及若干不同之处

1.（法律的目的，或者是相对于臣民，或者是相对于主权者）有些人可能会抱怨，我们在主权的性质和基础上已经停留太久了。但是，这一主题的重要性要求我们小心对待，并且妥善地澄清其原理。此外，我们认识到，没有什么可以更好地促进对法律之性质的正确理解；而且我们现在将会看到，在这个主题上，所有留待我们继续加以阐发的东西，都是从我们刚刚确立的各项原理中推断出来的。

首先，有人可能会问，法律的目的（end）和意图（design）是什么？

这个问题展现于两个不同的处境之下；即关于臣民和关于主权者：这个区别必须仔细遵守。

主权者与他的臣民的关系在他们之间形成了一种社会，主权者根据他建立的法律来加以指导。[①] 但是，由于社会自然地要求，应该为了那些作为其组成部分的人的善而制定若干规定，我们必须根据这一原理，来判断法律的目的：而相对于主权者加以考虑

① 参见本书上卷，第一部分，第八章，第 3 节。

的目的，不应该包含任何与那些相对于臣民加以考虑的法律的目的相对立的东西。

2. 相对于臣民法律的目的是，他应该据此来框范他的行为，并且由此获得幸福。至于相对于主权者的，即主权者通过给他的臣民提供法律而追求的关乎他自身的目的，是他为了那些臣服于他权威的人的保存和幸福而提出的睿智方案被执行而产生的满足和荣耀。法律的这两个目的永远不应该分开，一个与另一个自然地相连接；因为正是臣民的幸福构成了主权者的满足和荣耀。

3.（法律的目的并不是给自由施加限制，而是以一种恰当的方式指导它） 因此，我们应该注意，不要认为法律被特意制造出来是为了把人置于枷锁之下。如此无稽的一个目的同一个主权者格格不入，他的良善理应与他的力量和智慧相匹，而他也理应总是以这些完美的特质为标的来行动。不妨让我们说，法律被制造出来是为了约束臣民去追求他的真正利益，并且选择最确定和最佳的方式来实现他为之而生的目的，即幸福。凭借这种视角，主权者愿意指导他的人民，他能比他们自己指导得更好，并且对他们的自由施加限制，以免他们竟然错误地使用它，而与自己和公共的善相违背。总之，主权者命令理性的存在物；他是在这个基础上对待他们；他的所有训令都带有理智的印记；他愿意在统治时赢得我们的心；并且如果在任何时候他诉诸强力，这是为了使那些不幸地偏离理智，从而违背他们自己的和社会的善的人回归理智。

4.（检讨普芬道夫在这个主题上的观点） 因此，我认为，普芬道夫在他关于法律和忠告所作的比较中，说得有些不太精确，在那里他说：“忠告朝向的目的，是被给予忠告的那些人自己提出

的，并且他们自己可以对这些目的作出判断，以便批准或是不批准它们。——然而法律只专注于那些制定它的人的目的，而且如果有时候它考虑到了那些法律之下的被治者，检查法律也不关这些人的事——这完全取决于立法者的决定。”[①] 我认为，在表达这件事时有一个更公正的方式，即认为法律相对于主权者和臣民具有双重目的；主权者建立它们的意图，是通过使他的臣民们幸福来增益他自己的满足和荣耀；这两件事是不可分割的；并且如果认为主权者仅仅考虑自己，而毫不顾及那些依赖他的人的善，便是对主权者作出了不公正的对待。普芬道夫似乎在这里，以及在一些别的地方，过多地陷入了霍布斯的原理之中。

5.（将法律区分为强制性的和简单许可） 我们将法律定义为一条规则，这条规则给臣民们确立了做或者不做某些特定事情的义务，而在其余事项中则使他们处于行动或不行动的自由状态中，根据他们自己判断合适与否。这是我们在这里必须更为具体地解释的。

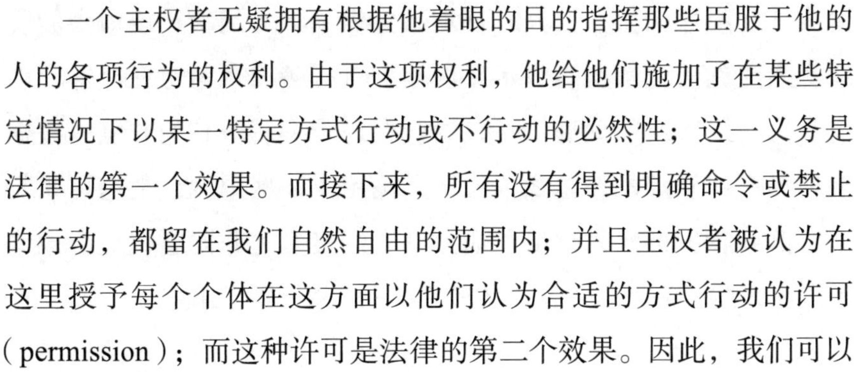

一个主权者无疑拥有根据他着眼的目的指挥那些臣服于他的人的各项行为的权利。由于这项权利，他给他们施加了在某些特定情况下以某一特定方式行动或不行动的必然性；这一义务是法律的第一个效果。而接下来，所有没有得到明确命令或禁止的行动，都留在我们自然自由的范围内；并且主权者被认为在这里授予每个个体在这方面以他们认为合适的方式行动的许可（permission）；而这种许可是法律的第二个效果。因此，我们可以

① 参见《自然法与万民法》，第 1 卷，第 6 章，第 1 节。

将全部法律区分为强制性法律和简单许可。

6.（格劳秀斯和普芬道夫在这一主题上的观点） 格劳秀斯[①]以及他之后的普芬道夫，持有如下观念是正确的，许可恰当来说，并就其自身而言，并不是法律的效果或后果，而只是立法者的无作为（inaction）。[②]普芬道夫说，法律许可的不论什么事情，都是它既不命令也未禁止，因此实际上法律关于这些事便无所作为。

但是，尽管这种考虑事情的不同方式可能不会带来任何重大的后果，但是巴贝拉克的意见——如他在对以上所引篇章所做的笔记中解释的——似乎更加确切。立法者的沉默所产生的许可不能被认为是简单的不作为。立法者做任何事情时都伴随着慎思和智慧。如果他满意于只在某些情况下，施加以某种特定方式采取行动的不可或缺的必然性，而不进一步扩展这种必然性，那是因为他认为，使臣民在某些情况下能按其喜好自由行动，吻合他希冀的目的。因此，立法者的沉默导入了一个对于所有他没有禁止也未命令的事情的明确但缄默的许可，尽管如果他认为合适的话，他或许已经这样做了，并且肯定已经做了。受到禁止或命令的各项行为受到法律的明确规定，而被许可的各项行为也在同等程度上为同一法律所明确确定了，尽管在逻辑上后于它们并且是根据事物的性质确定的。总之，无论谁确定了某些限度，他声称我们不应该逾越，也同时指出了他允许我们走多远并同意我们应该这样走。因此，许可作为法律的效果，与义务同样明确。

① 参见《战争与和平法》，第1卷，第1章，第9节。

② 参见《自然法与万民法》，第1卷，第6章，第15节。

7.（人们在社会中享有的各项权利建立在这一许可之上） 如果我们考虑到下述情形，这将更加明显：一旦我们假设我们都依赖于一个在上位者，他的意志应该是我们举止的普遍规则，在这种状态下赋予人的各项权利——凭此他能够安全地行动而免于责罚——都建立在从主权者或法律处获得的明确或缄默的许可。此外，每一个个体都同意，法律给予的许可以及由此产生的权利，使其他人有义务不抵抗那个使用他的权利的人，并且更要在这方面协助他，而不是对他做出伤害。因此，义务和许可自然地相互联系；而这是法律的效果，它同样授权那些在行使其权利时受到干扰的人，使用强力或诉诸主权者以消除这些障碍。因此，在法律的定义中我们曾提到，它使我们在某些情况下处于行动或不行动的自由中，现在我们补充说，它确保臣民们充分享有他们的各项权利。[①]

8.（法律的材料） 法律的性质和目的向我们表明了它们的材料（matter）和对象。法律的材料大体上是所有人类内部的和外部的行为；不只是各种举动，同样也包括各种想法和各式言语；那些牵涉其他人的，以及那些完结于这个人本身的；只要对这些行为的指挥至少或许基本上会促进每个人特定的善，社会一般性的善以及主权者的荣耀。

9.（法律的内在条件：即它是可能的、有用的和公正的） 这自然地预设下述三项条件。①法律命令的各项事情能够被完成；因为，在惩罚的威吓下，要求任何人完成那些不仅现在而且始终

① 参见本书上卷，第一部分，第八章，第 3 节。

超出他能力范围的事项，将不仅是愚蠢的，而且甚至是残忍的。②法律必须具备一些功用（utility）；如果仅仅是为约束本身之故，而不会对臣民带来任何利益或好处，那么理智将永远不会允许任何这类约束被施加到臣民的自由之上。③最后，法律必须自身是公正的（just）；即与各项事物的秩序和性质，以及人的构造相吻合：这是为规则这个观念本身所要求的，而且正如我们已经观察到的，也是为法律这个观念所要求的。

10.（法律的外在条件：即它被知晓；并伴有一种约束力） 对于这三个条件，我们或许可以称之为法律的内部特征，即，它是可能的、公正的和有用的；我们可以添加另外两个条件，这些条件在某种程度上是外部的。一方面，使法律被充分知悉；另一方面，它应伴随着一种适当的约束力。

（1）有必要向臣民充分地通报法律；[①] 如果他从来不知道这些法律，他如何能够通过这些法律来规范他的行为和举动？因此，主权者应该以庄严、清晰和突出的方式公告他的法律。但是，在那之后，熟悉主权者的意志便是臣民的事务了；并且，他在这方面可能存在的无知或错误，一般来说，不能成为对他有利的合法借口。这便是民法学家确定下述准则时所意指的，[②] 在法律方面的无知或错误是可以加以责备和惩罚的。如果不是这样，法律就将没有效果，并且有可能总是以无知为借口而被规避从而免于惩罚。

---

① 参见本书上卷，第一部分，第八章，第 4 节。

② “规则是，对法律的无知并不能免除行为的法律后果”（*Regula est, juris quidem ignorantiam cuique nocere.*）。《学说汇纂》，第 22 卷，第 7 节，第 9 题，序条（*Digest*. lib. 22. tit. 6. leg. 9. pr.）。

11.（2）下一个必需的事项是，法律伴随着一种适当的约束力。

约束是法律的这样一个部分，它包含针对那些逾越它的人而制定的处罚（penalty）。关于处罚，它是主权者用以威胁那些竟然违反他的法律的臣民的一种恶，并且是他实际上会施加的恶，每当他们违反法律时都是如此：这样做的目的是为了获致一些好处；例如纠正已经犯错的人，同时劝诫其他人；但最终是为了他的法律得到尊重和遵守，而社会享有一种安全、平静和幸福的状态。

因此，所有法律都有两个基本部分：第一个部分是法律的部署，它表明了各项命令或禁令；第二个部分是约束，它宣布惩罚，并且正是约束给予了法律适当和特定的效力。因为如果主权者仅仅满足于规定或禁止若干特定事项，而不增加任何威胁；这将不再是一份由权威所规定的法律，而只是一种审慎的忠告。

然而，绝对不需要在法律中正式地明确规定惩罚的性质或特征；主权者只要宣布他会惩罚便足够了，而将惩罚的若干种类和程度保留给自己根据明智德性来作出。[①]

我们还必须观察到，构成适当地称之为的惩罚的恶，不应该是那些应该受到惩罚的行为的自然产物或必要后果。它应该在某种程度上是一种偶然的恶（an occasional evil），并由主权者的意志施加。因为无论行为本身具有什么坏处，或者是危险的效果和不可避免的后果，这都不能被认为是源自法律，因为没有法律这

① “从这里我们或许也可以明白，每一条民法都附有一条处罚，或者是明言的，或者是默示的；在那些处罚没有借由文字或是借由过往逾越法律而招致惩罚的例证加以明确的地方，处罚被理解为是任意的，也即取决于那个立法者——也即至上的统帅——的意志。”霍布斯，《论公民》，第14章，第8节。

些后果同样也会发生。因此，主权者的威胁为了具有一定的分量，施加的惩罚必须不同于必然从事物的性质中产生的恶。①

12.（奖赏的许诺在构成法律约束力方面，是否与惩罚的威胁同等有用） 最后，有人可能会问，正如法律的约束存在于惩罚的威胁之中，它能否同样存在于奖赏的许诺之中呢？我回答，一般而言，这依赖于主权者的意志，他或许会使用这些方法中的某一种；或者根据他的明智德性的指导，甚至采用它们两者。但是既然这里的问题是想知道，为了强制达成对其法律的服从，主权者能运用的最有效的方法是什么；而且既然人自然地更易受到恶而非善的显著影响，将法律的约束建立在惩罚的威胁而非奖赏的许诺之中便似乎更合适。民众很少被引诱去破坏法律，除非是怀有至少获取一些表面上的善的企图。因此，预防这种盲目行为的最好方式，便是移除那个诱惑他们的诱饵，并且，与之相反，给不服从附加上一种实际的和不可避免的恶。例如，假设有两个立法者意图建立相同的法律，其中一个提出了丰厚的奖赏，另一个则标举了严厉的惩罚，后者无疑将比前者更有效地使人导向顺从。各类最为华而不实的许诺通常并不能决定意志，而目睹某个严厉的惩罚则会使其蹒跚，受到恫吓。② 但是，如果主权者，借由他的恩惠和智慧的某个特定效果，愿意将这两种方式结合起来，并以双重的服从的动机来施加法律；这时，为了使法律的效力完善，便不缺任

---

① 参见洛克（Locke），《人类理解论》（*An Essay Concerning Human Understanding*），第 2 卷，第 28 章，第 6 节。

② 参见普芬道夫，《自然法与万民法》，第 1 卷，第 6 章，第 14 节，以及巴贝拉克的注释。

何东西了，因为从每个方面来说，这都是一个完美的约束。

13.（法律向谁施加义务　论豁免）法律规定的义务，具有的广泛程度与主权者的权利相同；所以一般来说，所有依赖立法者的人，便都臣服于这个义务。但是，每项法律单独来说仅使那些其主体部分可以适用的臣民负有义务；这都很容易从每个法律的性质中得出，其中立法者的意图得到了充分地表达。

然而，有时会发生这种情况，特定人员被免除了遵守法律的义务；这就是我们所说的豁免（dispensation），对之我们作出以下评论。

①如果立法者能够彻底废除法律，那么他有更强的理由可以对任何特定的人暂停其效力。

②但是，我们也必须承认，只有立法者本人而非别的人被赋予了这项能力。

③他从来不应该在没有很好的理由的情况下使用它，如果使用，他应该谨慎行事，并依照公平和明智德性的各种规则。如果他不是出于审慎抉择，对太多人亲善并进行豁免，他将使法律的权威变得衰弱；或者他在完全类似的案例中却拒绝给予豁免，如此不合理的偏见肯定会招致嫉妒和不满。

14.（论法律的存续期以及它们如何被废止）关于法律的存续期（duration）和它们被废止的方式，我们要遵循下述原则。

①大体而言，法律的存续期和它们最初的确立，依赖于主权者的自由意志和喜好，依情理而言，主权者不能在这方面束缚住他自己的双手。

②然而，每一项法律，如果在它的安排和相伴随的环境中不

包含任何明确预示了立法者相反意图的内容，或者可能导致我们合理地假设它只是一个临时的命令，那么就其本身及其性质而言，它都被假定是永久的。法律是一种规则；而每个规则本身都是永久的；而且，一般来说，当主权者确立法律时，并不伴有废除它的意图。

③但是，由于事物的状态可能会以这样一种方式发生变化，以至法律变得无用或有害，而不能再被执行了；在这种情况下，主权者可以而且也应该废除和废止它。假设法律一旦制定就应该永远存在，而不论它会产生何种不便，这对社会是荒谬和有害的。

④这种废除可以以两种不同的方式进行，或者是明确的，或者是默示的。因为当主权者非常熟悉事物的状态，但却长时间地忽视了敦促对法律的遵守，或者正式许可与之相关的事务被按照与他的安排相反的方式加以规定；从中，关于这项法律已被废止的强烈的推断便产生了；它是自己倒下的，尽管立法者没有明确地废除这一法律。

很显然我们在这里仅仅浏览了若干一般性原理。至于将它们应用到每个类型的法律，我们都要根据法律的不同性质进行若干修正。但在这里深入这些细节不是我们要做的。

15.（有多少种法律）　法律可以被分为，①神法（divine）或人法（human），根据它拥有上帝或是人作为它的作者。

②神法或许可以被再度细分为两种，即自然的（natural），以及实证的（positive）或启示的（revealed）。

自然法是如此必然地与人的性质和状态相一致，以至如果不遵循它的准则，便永远不能保持社会的和平与幸福。由于这项法律与人类性质的构成具有本质上的一致性，所以只凭理智之光或许便能获得关于它的知识；由此它被称为自然的。

实证或启示法不是建立在人类性质的一般构造的基础上，而只是基于上帝的意志；虽然在其他方面，这项法律是凭借非常好的理由而确立的，并且增益了那些接受这一法律的人的好处。

我们在上帝以前给犹太人的各种指令中见到这两种法律的例子。很容易便能把自然法从如下法律中区别出来，即那些仅仅是仪式性的或政治的，它们除了上帝的特定意志便没有别的基础，并且适应于那个民族的实际状况。

至于人法，以如下方式来严格考虑的话，即最初是从一个统领社会的人那里来的，那么它们都是实证的。不过虽然有些自然法被转变成了人法的内容，但是它们并不是从人类立法者那里获得强制性的力量；因为即使没有来自人类立法者这一方面的干预，它们依然能同等地施加义务，因为它们来自上帝。

在我们放下这些定义之前，我们不能忘记观察、制定和解释法律并且将其应用于人类行为的科学或技艺，以法理学这一一般名义命名。

第十一章　论人类行为的道德[①]

1.（行为的道德属性在于什么）法律作为人类行为的规则，从一种比较的视角来看，我们观察到后者与前者是相符的或是背离的，而我们行为达到法律设定的这一资格线便被称为道德（morality）。

道德这一术语来自“mores”（风俗）或“manners”（行为方式）。行为方式，正如我们已经观察到的，是人的自由行为，被认为容许指导和规则。因此，我们把道德称为人的各种行为与指导它们的法律之间的关系；我们把那些用来规范我们各种行为的规则的集合命名为道德规范。

2.（行为　Ⅰ.或者是被命令的，或是被禁止的，或是被允许的）行为的道德或许可以从两个角度来加以考虑：①关于法律处理它们的方式；或者，②同样这些行为与法律相符或背离的关系。

在第一种考虑方式中，人类行为或者是被命令的（commanded），或是被禁止的（forbidden），或是被允许的（permitted）。

由于我们不可避免地有义务做那些为一个合法的在上位者所

① 参见《自然法与万民法》，第1卷；第7章；以及《人与公民的义务》，第1卷，第2章，第11节。

命令的，并且抽身于那些被禁止的事项，民法学家把被命令的行为视作必然的，并把被禁止的行为视为不可能的。并不是那个人被剥夺了以违反法律的方式行动的物理力量，或者是不能够——如果他有头脑的话——行使这种力量。但由于他以这种方式行动将与正确的理智相反，并与他实际的依赖状态不一致；一个理智和具备美德并且将持续这般行动的人，可以假设不会对自由造成如此糟糕的使用；这个假设就其自身而言对人类来说太合理并且光荣了，从而不得不得到批准。无论什么（如罗马法律家所说的[①]），只要对虔敬、名誉或谦逊有害，并且一般而言对好的行为方式有害，都应该被假设为是不可能的。

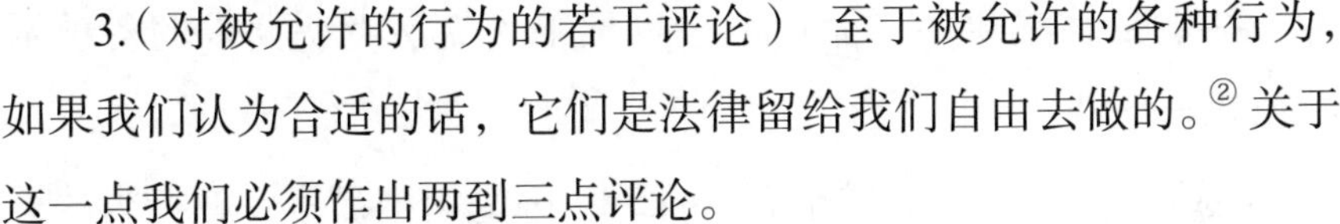

3.（对被允许的行为的若干评论） 至于被允许的各种行为，如果我们认为合适的话，它们是法律留给我们自由去做的。[②] 关于这一点我们必须作出两到三点评论。

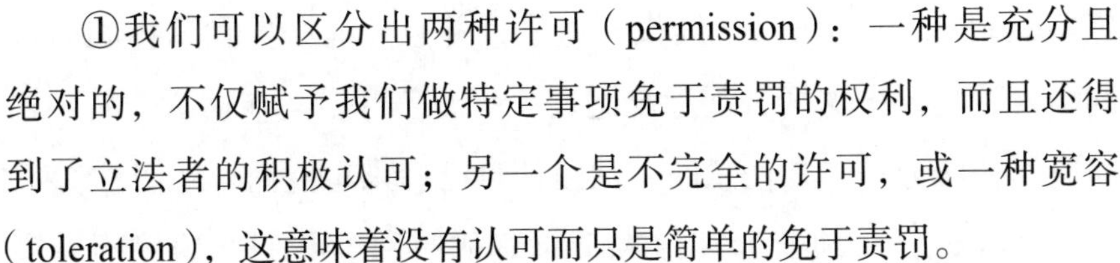

①我们可以区分出两种许可（permission）：一种是充分且绝对的，不仅赋予我们做特定事项免于责罚的权利，而且还得到了立法者的积极认可；另一个是不完全的许可，或一种宽容（toleration），这意味着没有认可而只是简单的免于责罚。

②自然法的允许总是意味着立法者的积极认可；并且因此无论发生什么事情，都是无辜地造成的，并不伴有任何对我们职责的违反。因为显而易见的是，上帝不可能积极地允许那些即使微不足道但在本质上是坏的东西。

① 《学说汇纂》，第 28 卷，第 7 节“制度的条件”，第 15 题（L. 15. D. de Condit. Institus.）。

② 参见本书上卷，第一部分，第十章，第 5 节。

③另一方面，则有关于人法的许可。确实，我们或许可以合理地并且确切地推断，一个主权者并不认为禁止或惩罚某些特定的事情是合适的；但并不总是可以从此继续推论出，他真的赞同这些事情，更不用说或许在无辜地做了这些事后，并不伴有任何对职责的违反。

4.（Ⅱ.行为是好的或正义的、坏的或不正义的，以及中性的）我们考察人类各项行为之道德的另一种方式，是看它们与法律相符还是背离。在这一方面，各种行为被分为好的或正义的、坏的或不正义的以及中性的（indifferent）。

一个道德上好的或正义的行为，是那些就其本身而言完全符合一些强制性法律的，而且也注意到了为立法者所要求的各项情况和若干条件。

我说，①一个好的或正义的行动；因为恰当而言，在行为的善好（goodness）与正义之间没有差别；并且没有必要在这里偏离共同语言，它便把这两种观念混同在一起。普芬道夫在这两个品质之间所作的区分是非常任意的，甚至他自己后来也混淆了他们。[①]

②我说，一项行为在道德上是好的；因为我们在这里不考虑行为内在的和自然的善好，凭借这些，它们增益了人物理上的好处；但是只有它们与法律之间符合与否的关系，构成了它们道德上的善好。并且虽然这两种善好总是在为自然法所规定的事物上不可分割地团结在一起，但我们不能混淆这两种不同的关系。

5.（使一个行为成为道德上好的行为所必需的若干条件）最

---

① 比较他在《自然法与万民法》第1卷第7章第7节开头所述和同一章第4节。

后，为了辨别出那些一般性条件，对行动者来说，它们的一致出现对于使某项行为成为道德上好的是必要的；我补充道，这个行为就其本身而言应该完全符合法律，而且还要遵循为立法者所要求的各项情况和条件。首先，这一行为及其方方面面必须完全符合法律规定的要旨。因为正如一条直线的两个端点对应于尺子而没有丝毫偏离；相似的是，严格来说，一项行为不可能是正义的、好的或正确的，除非它与法律上完全一致，并且在各方面都是一致的。但即使这样还不够；该行为也必须按照立法者所要求和意图的方式进行。所以，首先，在进行这样的行为时有必要具备完备的知识，即我们必须知道我们所做的是符合法律的，否则立法者就不会认可这个行为，而我们的辛劳也将完全丧失。接下来，我们要以正直的意图并为一个好的目的而行动，即履行立法者的观点，并且对法律表示应有的服从：因为如果行动者的意图不好，行为可能被认为是恶毒的而不被视作好的。最后，我们应该以良好的动机行事，我的意思是一种尊重主权者，臣服于法律，并且出自我们对职责的爱的原则。显而易见的是，所有这些条件都是为立法者所要求的。

6.（论坏的或不正义行为的性质）　上述有关各种好的行为的断言，向我们充分地展示了那些坏的或不正义的行为的性质。一般而言，这些都是它们自身，或者由于相伴随的各种情况，违反了一项强制性法律的安排，或者违反了立法者的意图。

因此，在人类行为中有两个一般性的不正义的泉源：一个来自于就其本身加以考虑的行为，来自于对法律命令或禁止的东西的明显的背离。例如，谋杀一个无辜的人。而所有这些内在地坏的行为永远不可能成为好的，无论在其他方面行动者的意图或动机如何。我们不能采用一个犯罪的行为作为一种合法的手段，来达成一个就其本身而言好的目的；并且因此我们要明白如下共同准则，必须不能作恶，即使好处或许可以从中产生。但是，一个内在的并且就其实质而言好的行为，如果伴随着直接违反立法者意图的情况，可能会变坏；例如，如果是以不好的态度和恶毒的动机去做的。对我们的公民同胞宽宏、慷慨，就其自身而言是一件好的而且值得赞扬的事情；但是，如果这种慷慨仅仅是伴以野心抱负来实行的，以便在不知不觉中成为共和国的主人，并且压制公共自由；邪恶的动机和不正义的目的，使这一行为变成违法的。

7.（所有正义的行为，都是同等正义的；但是不正义的行为，其不正义程度则不同）所有正义的行为，严格来说，都是同等正义的；因为它们都与法律完全吻合。不正义的或坏的行为则不是这样的；根据它们与法律背离程度是更多或较少，它们的恶劣程度也会更多或者较少；在这方面它类似于曲线，鉴于它们与尺子偏离的程度，其弯曲程度也或多或少。因此，我们可能有若干种未履行我们职责的方式。有时候，人们有意违反法律，并且带有预谋过的恶意（malice prepense）；这无疑是最高程度的不义（iniquity），因为这种行为显然表明对立法者和他的命令正式且省思过的蔑视；但有时候，我们则是由于忽视和无意而容易犯错，这更多会是一个过失（fault）而非罪行。此外，很明显，这种忽视有若干不同的程度，可能更大或更小，因而值得更多或更少的谴责。而且正如对于每一件不可能确定一个数学上那样精确尺度的事情，我们或许总是至少区分出三个程度，即两个极端和一个中间程度：因此，民法学家区分出三个程度的过失或疏忽；一个严重的过失，一个轻微的过失，以及一个非常轻微的过失。提到这些原则便足够了，当我们遇到与它们有关的具体问题时，对它们的解释和明确的说明自然会产生。

8.（不正义行为的本质特征） 但我们必须认真观察到，本质上构成了一个不正义行为之性质的，是它与法律的安排或者立法者的意图径直相悖；这在行为的形式或内容中产生了一种内在的缺陷。因为尽管为了使一项行为在道德上是好的，正如我们已经观察到的那样，有必要使它完全符合法律，不仅在方式和各项条件方面，同时也在实质方面；但是我们不能由此得出结论说，其中一些条件的缺失总是使行动绝对地坏或是罪恶。为了产生这种效果，行为与法律之间必须有直接的反对或正式的矛盾；一种简单的相符性的缺失不足以达到这个目的。事实上，这个缺失足以使一个行动不是绝对的好或正义；然而，它并没有由此变得坏，而只是变得中性。例如，如果我们完成了一个就其自身而言好的行为，而不知道是出于什么原因，或者甚至不知道它是为法律所命令的；或者我们以与法律规定的不同的动机行事，但本身是无辜而不是恶毒的；这种行为被认为既不好也不坏，而只是中性的。

9.（论中性行为） 因而存在各种中性的行为这样一种事物，它好似在正义的与不正义的之间占据一个中间位置。这些便是法律既没有命令也未禁止，而是使我们处于做或是不做的自由之中，只要我们认为合适。也即，这些行为关涉给予简单许可的法律，而不是强制性法律。

现在存在这类行为，是没有人能够合理地加以质疑的。因为对于那些既没有被法律——无论是神法还是人法——命令，也没有被禁止，因而在它们的性质中不带有任何强制性的东西，而是使我们处于做或是不做的自由之中，只要我们认为合适的话，若不是中性的行为又是什么呢？因此，经院哲学家认为一项行为不可能是中性的，除非它处于抽象的思虑中，被剥去了所有关于人、时间、地点、意图和方式的特定条件，便只是一种无稽之谈。一个剥离了所有这些条件的行为，只是一个理性的存在（Ens rationis）；并且如果确实存在任何中性的行为——毫无疑问是存在的，它们一定与人、时间、地点等特定条件相关。

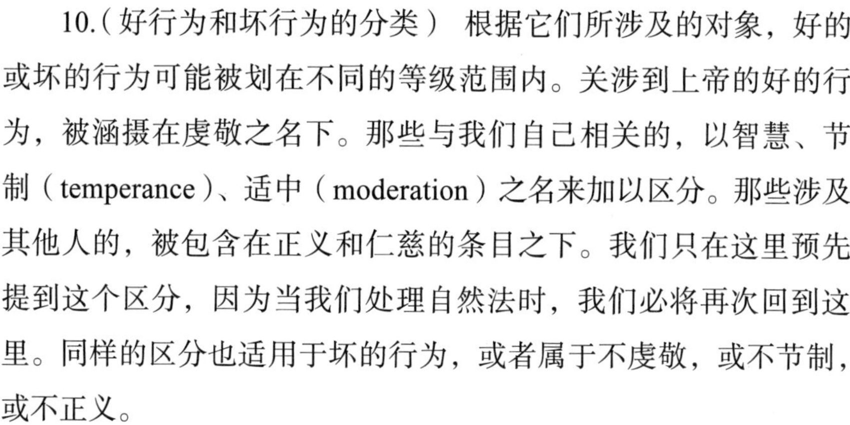

10.（好行为和坏行为的分类） 根据它们所涉及的对象，好的或坏的行为可能被划在不同的等级范围内。关涉到上帝的好的行为，被涵摄在虔敬之名下。那些与我们自己相关的，以智慧、节制（temperance）、适中（moderation）之名来加以区分。那些涉及其他人的，被包含在正义和仁慈的条目之下。我们只在这里预先提到这个区分，因为当我们处理自然法时，我们必将再次回到这里。同样的区分也适用于坏的行为，或者属于不虔敬，或不节制，或不正义。

11.（论正义及其不同类别） 对正义提出若干区分是很普遍的。为了使我们不致在这一问题上保持沉默，我们谨作出如下观察。

①一般来说，正义可以被分为完美的或严格的，以及不完美的或不严格的。前者指的是，我们朝向邻居的行为，都是为了满足所有那些凭借一个完美的或严格的权利而归属于我们邻居的东西，也即，除非我们自由地并带有善意地满足他，否则他能以强制手段要求它们得到执行；正义这个词通常正是在这种严格意义

上加以理解的。后者指的是我们对别人履行的职责，只是凭借一个不完美的或不严格的义务而归之于他，这是不能用暴力手段坚持的；但对它们的满足是由每个人的荣誉和良知决定的。[①] 这些种类的职责一般在人道、慈善或仁慈的名义下得到理解，与严格的正义或恰当所称的正义相对。这种对正义的区分与格劳秀斯将正义区分为交换（expletive）正义和分配（attributive）正义相当。

②我们可以将严格的正义进一步细分为平等者之间行使的正义，和在上位者和下位者之间发生的正义。[②] 前者包含的许多不同种类与存在的各种不同种类的职责一样多，在这种情况下，凭借这种职责一个人可能严格地要求所有其他人，一个公民要求所有公民同胞。后者包括与不同的社会（societies）一样多的种类，在社会中一些人下达命令而其他人遵守。[③]

③还有其他对正义的区分，但似乎没有用处，而且还远远不够准确。例如，按照普芬道夫的阐释方式而采取的普遍正义和特殊正义的区分，看来是不正确的，因为这一区分中的一个成员被包括在另一个之中。[④] 将特殊正义再度细分为分配（distributive）和交换（commutative），是不完整的；因为它只包含通过某些契约或约定而应归属于另一方的，而我们的邻人有很多事情要严格要

---

① 参见本书上卷，第一部分，第七章，第 8 节。

② 这非常近似于格劳秀斯在《战争与和平法》第 1 卷第 1 章第 3 节所说的“不平等者间的正义”（*Jus rectorium*）和“平等者间的正义”（*aequatorium*）。

③ 参看布德乌斯（Buddaeus），《实践哲学基础》（*Elementa philos. pract.*），第二部分，第 2 章，第 46 节。

④ 《自然法与万民法》，第 1 卷，第 7 章，第 8 节；和《人与公民的义务》，第 1 卷，第 2 章，第 14 节及巴贝拉克的注释。

求于我们，它们与契约或合约无关。而且我们或许可以一般性地观察到，通过阅读格劳秀斯和普芬道夫在这个问题上所写的内容，他们自己似乎迷失了，不能对这些不同种类的正义给出清晰和准确的观点。因此，显而易见的是，我们最好摒别所有这些经院哲学的区分，而试着仿效亚里士多德的区分，并谨守我们的第一种区分。事实上，仅仅是出于对流俗观点的尊重，我们才提及了这些。[①]

12.（论对道德行为的相对评判） 除了我们或许可以称之为的各种道德行为的性质（quality），它们同样具有一种分量（quantity），通过把各种好的行为相互比较，坏的行为也以同样的方式相互比较，会使我们得出一种相对的估计，以便标识在各个行为中发现的更大程度或更小程度的恶。我们在这里将给出为这种估计所必需的若干原则。

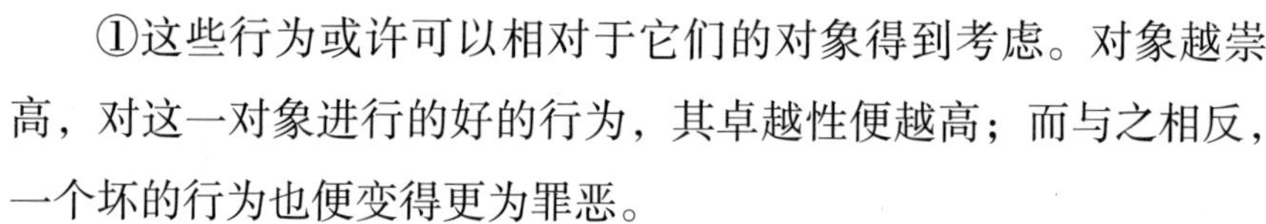

①这些行为或许可以相对于它们的对象得到考虑。对象越崇高，对这一对象进行的好的行为，其卓越性便越高；而与之相反，一个坏的行为也便变得更为罪恶。

②相对于行动者的性质和状态。因此，得之于一个敌人的善意和好处，便超逾了那些由一个朋友加诸我们的。而与之相反，一个朋友对我们造成的伤害，较之一个敌人施加的伤害，将更为切肤和残忍。

③考虑行为自身的性质，根据执行这一行为的困难是多是少。一项好的行为愈加困难——假设其他事项都相同，则它愈发值得

① 参见格劳秀斯，《战争与和平法》，第1卷，第1章，第8节；以及普芬道夫，《自然法与万民法》，第1卷，第7章，第9、10、11、12节以及巴贝拉克的注释。

称赞和钦佩。但是如果愈容易从一项坏的行为中抽身而出，那么与其他同一种类的行为相比，前者将过失更大、更为错误。

④关系到行为的各种效果和结果。根据我们的预见，一项行为的后果是更为有益或有害，相应地，这项行为本身便更为有利或有害。

⑤我们或许可以补充道，时间、地点等条件同样能够使好的或坏的行为在卓越性或恶劣程度方面超过彼此。我们的这些评论援引自巴贝拉克关于普芬道夫的笔记。[①]

13.（道德不仅适用于行为，也适用于人） 让我们最后观察到，道德不仅被赋予了各项行为，也被赋予了人（persons）；并且正如各种行为是好的或坏的、正义的或不正义的，我们也以同样的方式谈论人，即他们是好的或坏的、有美德的或邪恶的。

一个有美德的人是有遵照法律和他的职责来行动的习惯的人。一个邪恶的人是有相反习惯的人。

美德因此存在于按照法律来行动的习惯之中；而恶行（vice）则是相反的习惯。

我说美德和恶行是各种习惯。因此，为了正确地判断这两个特征，我们不应该局限于某些特定的行为；我们应该考虑人的整个生命过程和一般举止。因此，对于那些由于软弱或别的原因而有时被诱导作出一项坏的行为的人，我们不应该将其置于邪恶之人的数目中；正如另一方面，那些做过少量具有美德的行为的人，也不应当得到正直的人这一称号。在这个世界上没有这样的事情，

① 参见《自然法与万民法》，第1卷，第8章，第5节，注释1。

即美德在每一个方面都是完整的；与人不可分离的软弱，要求我们不要以极为严格的标准来评判他。既然一个有美德的人被容许，由于软弱和惊奇，犯下一些不正义的行为；所以我们也应该同样容许一个感染了好几种恶习的人，在某些情况下，依然可能会做一些好的行为，得到承认并如此执行。让我们不要把人预设得比他们的实际情况更糟糕，但要细致区分出不同程度的不义和恶行以及诚实和美德。

第二部分

论自然法则

第一章　自然法包括什么，以及它确实存在；从上帝的存在和他对我们的权威得来的首要思考

1.（第二部分的主题） 在确立了法的一般原理之后，我们现在的任务是将它们特别应用到自然法。我们在这第二部分将要考察的问题也具有同等的重要性，我们将探讨，人——根据他的性质和构造——是否真正地服从如此称呼的法律？这些法律是什么？谁是那个施加它们的在上位者？借由何种方法或是途径能够知晓它们？服从它们的义务是从哪里产生的？我们在这一方面的忽视会带来什么后果？以及，最后，与之相反，服从这些法律将产生何种好处？

2. 让我们从对术语的恰当定义开始。自然法，我们指的是上帝施加于所有人的一种法律，它们单单借由理智之光并且专注地考虑他们的状态和性质便能发现和知晓它。

自然法（Natural law）同样用来表示自然法则（laws of nature）的体系、集合和主体。

自然法学是获得关于自然法的认识，并将它们运用到人类行为的技艺。

3.（自然法是否存在） 但是自然法是否确实存在，是我们的探究在这里将要面对的首要问题。为了得出一个恰切的答案，我们必须上升至自然神学的各项原理，它们是自然法则首要的和真正的基础。因为当我们被问及，自然法是否存在，除了检视下述三项条款，这个问题将不能得到解答。①上帝是否存在？②如果上帝存在，他是否拥有给人施加法律的权利？③上帝是否在这一方面确实行使了他的权利，即通过确实赋予我们法律并要求我们应该据此框范我们的各项行为？这三个要点要将构成这一章和以下诸章的主体内容。

4.（论上帝的存在） 上帝——也即，一个最初的、智性的和自存的（self-existent）的存在物，所有事物依赖他作为它们的初始因，而他自己则不仰赖任何人——的存在；我说，这样一个存在物的存在，是那些一目了然的若干真理中的一个。我们只需要注意到那些似乎是从所有方面都向我们加以呈现的明显可感的证据。

各种原因自身之间构成的链条和从属关系，必然地要求我们应该确定一个初始的原因；承认一个最初的推动者（a first mover）的必要性；宇宙令人赞叹的结构和秩序：有关上帝之存在如此之多的论据，凭借每种能力都能把握。让我们对其略微加以展开。

5.（第一个证据　一个自存的且智性的存在物的必要性）（1）我们看到无穷数量的物体，它们组合在一起构成了我们称之为宇宙的集合。因此，有一些事物必须一直存在。因为如果我们假设有一个时期，任何东西都绝对不存在，那么显然也就没有什么东西可以存在了；因为那些所有具备一个开端的事物，必须有一个它存在的动因（cause）；因为无只能产生无。因此，必须承认有一些永恒的存在物，他必然存在并且自发存在；因为他的起源不能归于任何别的人；这意味着这样的一个存在物不存在将是矛盾的。

此外，这个永恒的存在物，必然地和自发地存在，被赋予了理智和理解能力。因为遵循相同的论辩方式，如果我们假设有这样一个时期，除了无生命的存在物之外便不存在别的东西，那么对于我们现在所看到的那种智性的存在物，是不可能存在的。智性不可能来自一个盲目和欠缺智性的动因，正如任何种类的存在物都不能从无中来一样。因此，必须永远存在一个精神存在物的父亲，一个永恒的心灵，一个所有其他人获得他们存在的源头。不论关于灵魂的性质和起源，人们会采取何种体系，我们的证据始终具备全部的效力。如果有人甚至假设人进行思虑的部分仅仅源自质料某种运动或改进而带来的效果；但我们还是应该想知道质料是如何获得这项活动的，因为这种活动对于它而言并非其基本构成部分，以及它是如何获得这种特定的并广受称誉的结构的，它不可能自己把这种结构施与自身。我们应该探寻，是谁以这种方式改进了身体使之适于作出如智性活动等这般精彩的各种运作，例如能反思，能在这个身体之上行动并加以指挥，调查大地，衡量天域，回忆过去的交往，并将其视野延伸到未来。这样的一项杰作必须来自一个智性动因的手；因此，绝对有必要承认一个首

要的、永恒的和智性的存在物。

6.（我们必然不能在这个宇宙中寻找这种存在物） 一个永恒的精神，在他自身之内拥有自己的存在以及他所有官能的原理，不能被改变也不会被毁灭；既无所依赖也不受限制；他甚至应该被赋予无限的完善，足以使他成为所有事物唯一的和首要的动因，使我们没有机会寻求任何其他的动因。

但是，（有些人会问）这种永恒和智性存在物的品质（quality）不是属于质料本身，属于可见世界，或是其中的某些部分吗？

我回答说，这个假设完全违背了我们所有的观念。质料本质上并且就其自身而言不是智性的；也不应该假设除了从某个极为智性的动因那里获得特定的改进之外，它能获得智性。既然这个首要动因不能从任何其他存在物那里得到这种改进；因为他的思考是本质性的并且思考自身；所以他不能是一种物质存在物。此外，由于宇宙的所有部分都是可变的和有所依赖的，那么如何将其与无限的和绝对完美的存在物这一观念相协调呢？

至于与人相关的是，他的依赖和弱点比其他造物更加明显可感。既然他不具有自己的生命，那么他不能成为别人存在的动力因。他不熟悉自己的身体结构以及生命的原则；不能发现运动与观念是以何种方式联系起来的，以及哪个才是意志领域的适当泉源。因此，我们必须超越人类链条——无论它被假设得有多么长——来寻求一种关于人类的有效的、原始的和原初的动因；对于这个世界的每个部分，我们必须将其动因追溯至这个物质的和可见的世界之外。

7.（第二个证据　一个最初的推动者的必要性）（2）在从一

个首要的、永恒的和智性的并与质料不同的存在物的必要性中，得出第一个证据后；我们朝第二个证据进发，它将上帝以更加可感，更在我们共同的能力范围内的方式展示给我们。我所指的证据，是对这个可见世界的沉思，从中我们觉察到一种质料自身并不具有的运动和秩序，因而必须是从其他一些存在物那里获得的。

运动或主动力量并不是物体的基本特质：广延（extention）本身是一种被动的存在物；它很容易便被认为是处于静止，并且如果它拥有任何运动的话，我们可以很好地设想，它失去这一运动时或许并不会被剥夺自己的存在；这是一种转瞬即逝的特质或状态，并且是偶然地从一个身体传递到另一个身体的。因此，最初的印象必须来自于一个外在的动因；并且正如亚里士多德所表达的那样[①]，实体的最初的推动者必须自身不能被推动，并且必须不能是一个实体。霍布斯也同意这一点。[②]他说，但是承认一个永存、无限和全能的上帝这一点却会更容易从人类想知道自然物体的原因及其各种不同的性质与作用的欲望中导引出来，而不容易从人们对未来将降临在自己身上的事情的恐惧中导引出来。因为一个人如果见到任何结果发生，便从这结果开始推论紧接在它前面的原因、接着再推论原因的原因，以至深深地卷入对原因的探求中，最后他就会得出一个连异教的哲学家也承认的结论，认为必然有一个原始的推动者存在；也就是说，有一个万物的初始和永恒的原因存在，这就是人们所谓的上帝这一名称的意义。

① 亚里士多德，《形而上学》（*Metaphys*）。

② 《利维坦》（*Leviathan*），第七章，1651 年版，第 53 页。

8.（第三个证据　宇宙的结构、秩序和美）（3）但是，如果质料本身无法推动自身，那么它将更难以推动自身到达精确的程度，并同时伴以所有的决断，而这都是构成如我们所见的这样一个世界而不是一种混乱的混沌所必需的。

其实，只要让我们把眼睛放在这个宇宙上，我们将在每个地方，恐怕第一眼就会发现，一个令人赞叹的美丽、规范和秩序；这种赞叹将会随着我们更密切地探索自然，深入到关于各个部分的结构、比例和用途的特殊情况，而相应地增益。因为那时我们就会清楚地看到，每一件事情都与某个特定的目的相关，而这些特定的目的，虽然就其自身而言无限纷繁，但却被非常精巧地管理和结合了，以至于都筹谋着一个普遍的计划。尽管有这种惊人的造物方面的多样性，但并不存在混乱；我们看到几千种不同的物种，它们保持着其独特的形式和各种特质。宇宙的各个部分是均衡和平衡的，以便保持一个整体的和谐；而这些部分的每一个都准确地具有的其特定的形状、比例、状况和动作，或者是产生其特定的效果，或是形成一个美丽的整体。

因此，显然有一种计划、一种选择、一个可见的理由存在于自然所有的杰作之后；因此，这里存在智慧和理解能力的标识，而它们甚至对我们的各种感官都显而易见。

9.（世界不是机缘的产物）　虽然有一些哲学家将所有这些现象归因于机缘（chance），但这是一个非常可笑的想法，以至我怀疑是否曾有一个更加荒诞不经的想法进入过人的心灵。任何一个人有可能严肃地说服自己，质料的不同部分被以一些莫可名状的方式带入到运动中，并且可以自行产生了天空、繁星、地球、各种植物，甚至各类动物和人，以及所有那些就其组织而言最规范的东西吗？一个对那些最不起眼的建筑、一本书或一张图片发表同样判断的人，将被视为一个疯狂和夸诞之人。而把一个如此宏大的作品，一个如这个宇宙般精妙的造物归之于机缘的人，对常识而言，又将产生怎样更为骇人听闻的效果呢？

10.（它不是永恒的） 通过宣称世界的永恒，以便排除一个首要的、智性的动因，将是同样轻率的。除了我们在人类历史上发现的各种新奇的标识外，如各个民族和各种统治的起源，以及各类艺术和科学的发明，诸如此类；除了我们从最普遍和最古老的传统（对于像这样的事实问题，这个传统具有足够的分量）所得到的世界曾经有一个起始这一确证外；我说，在所有这些之外，事物自身的性质不允许我们承认这个假设，正如我们不会承认前述关于机缘的假设。因为问题仍然在于解释这个美丽的秩序、这个规范的结构和设计是从何而来的，简言之，就是那些在宇宙的各个方面都明白显现出来的理智和智慧的标识是从何而来的。断言事情一直都是这样的，并没有一个智性的动因加以干预，将无法解释这个事情，并将我们置于同样的尴尬境地之中，就像此前不久对我们谈论机缘的人一样展现了其荒谬之处。因为他们实际上是在告诉我们，无论我们在宇宙中看到什么，都是盲目安排的，没有设计、选择、动因、理智或理解能力。因此，机缘假说中主要的荒谬性，在这个体系中同样表现出来了；其中两者只有这个差异存在，通过确立世界的永恒性，他们假设有一个来自永恒之中的机缘偶然带来了秩序；而那些将世界的形成归因于其各个部分偶然结合的人，假设机缘只是在一段时间之后才成功，当它经

过无数次的试验和无结果的组合之后，终于与秩序吻合。因此，两者除了机缘之外不承认其他动因，或者确切地说，他们根本不承认任何动因；因为机缘不是真正的动因，它是一个无法解释，例如宇宙的安排，这类真实效果的词。

将这些证据铺展得更加充分，或者甚至增加一些额外的例证，将不是件困难的事情。但是对于眼下这部作品来说，这样做可能就足够了。我们所说的这一小部分，我想，足以使我们将一个第一因或一个创造者的存在确立为一个无可争辩的真理，而这将在此之后作为我们所有推理的基础。

11.（上帝拥有向人类制定法律的权利）　一旦我们承认一个创造者的存在，很显然，他拥有对人下达各项命令，对他规定各项行为的规则，并使他臣服于法律的至高权利；而且同样显见的是，在人这一方面，他发现自己由于自身天然的构造，便处于一种使自己的行为臣服于这个至上的存在物的意志的义务之下。

我们已经看到[①]，主权基于主权者人格的真正基础，是力量与智慧和良善的结合；另一方面，臣民之中的虚弱和匮乏是依赖的自然原因。因此，我们只需要看，主权者的所有这些特质是否都能在上帝身上找到；以及，在人类这一方面，是否处于虚弱和匮乏的状态，以至必然地依赖他来获取他们的幸福。

12.（这是他的力量、智慧和良善的结果）　毫无疑问的是，那个必然存在和自发存在，并且创造了宇宙的人，必然被赋予了无限的力量。由于他凭借自己的意志将存在给予所有事物，所以他

① 参见本书上卷，第一部分，第九章。

或许也可以按照自己的意愿保存、毁灭或改变他们。

但他的智慧与他的权力是等同的。在制作了一切事物之后，他必须知道每一件事物，以及从中产生这些效果的各种原因。我们在他所有的作品之外，还看到了各种最卓越的目标，并且选择了最适当的手段来实现它们；简而言之，它们似乎都承载了智慧的印记。

13. 理智告诉我们，上帝是一个本质上好的存在物；这种完美似乎从他的智慧和力量中自然地得出。因为对于一个具有无限智慧和无限强大本性的存在物，他怎么可能具备任何作出伤害的倾向呢？显然，没有任何理由可以支配他那样做。恶意、残忍和不正义始终是无知或软弱的后果。因此，让人考虑一下那些围绕在他身边的事物，并反思他自己的构造，他将会在自身之内和之外都发现他的造物主仁慈的手，他就像一个父亲一样对待他。正是来自上帝，我们拥有了我们的生命和理智；正是他最充裕地供给了我们的需求，在必要的事物上增加有用的事物，在有用的事物上又增益令人愉悦的事物。哲学家们观察到，无论什么有助于我们保存的事物，都被搭配了若干令人愉悦的特质。[1] 营养、休息、行动、热、冷，简言之，无论什么对我们有用，反过来也将使我们愉悦，只要它仍对我们有用。如果事物被带入一个危险的过度状态而不再是这样时，我们因一种相反的感受而有所察觉。在事物为我们的欲望所必需的时候，愉悦产生引诱力邀请我们去使用

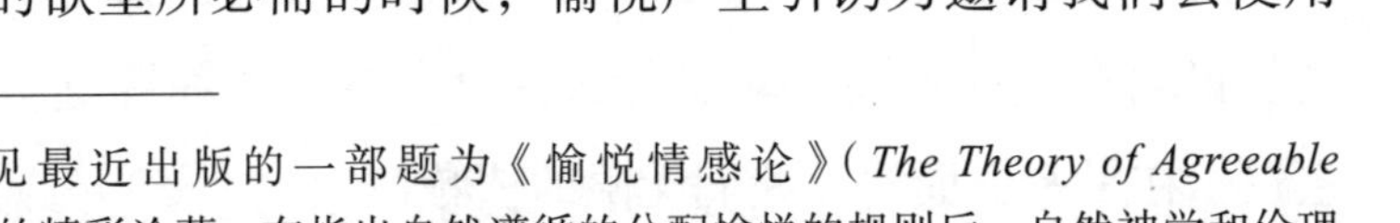

① 参见最近出版的一部题为《愉悦情感论》(*The Theory of Agreeable Sensations*)的精彩论著；在指出自然遵循的分配愉悦的规则后，自然神学和伦理学的各项原理得到了确立。

它们；当它们有可能伤害我们的时候，嫌恶和倦怠则诱使我们远离它们。这便是自然、幸福、甜蜜的家政学，它在我们各种感官和官能的温和运作中附加了一种愉悦，因为当我们知道如何审慎使用它们的时候，所有围绕在我们身边的事物都成为了满足的源泉。比起我们生活其中的世界这个伟大的剧院，天空与大地都拥有闪闪发光的装饰，并陈列着令我们赏心悦目的千般对象，还有什么会更为恢弘吗？心灵通过在科学中训练、增益和提升，有何种满足是它无法从中得到的吗？什么是我们从人类的劳作中无法获取的便利？我们从与平等对象的交往中获得了多少好处啊！他们的谈话中具备多少魅力啊！友谊以及其他与内心相连的东西又是多么甜蜜！当我们避免事物的过度和滥用时，人类生活中的最大部分就会充盈着令人愉悦的感觉。如果在此之上我们补充说，上帝所赐给我们的法律，倾向于如下面所看到的那样，完善我们的本性，制止所有的滥用，并将我们限制在对生命中美好事物的适度使用中，人的保存、卓越，以及公共的和私人的幸福都依赖于此；那么，还缺少什么才能使我们信服，上帝的良善不逊于他的智慧或力量？

因此，我们拥有这样一个在上位者，毫无疑问地具备所有为确立一个最合法和最广泛的权威所必需的特质：并且，由于在我们这一方，经验已经表明我们虚弱并受制于种种欲望；既然我们拥有的每一件东西，都得之于他，而他能够增进或削弱我们的享受；很明显，这里便不缺少什么，可以在一方面确立上帝的绝对主权，在另一方面建立我们无限的依赖。

第二章　上帝凭借他对我们的权威，确实认为为我们制定举止的法律和规则是合适的

1.（上帝通过给我们制定法律，运用他对于我们的权威）证明上帝的存在和我们对他的依赖，是确立了他拥有给人制定法律的权利。但这还不足够；问题在于，他是否确实认为运用这项权利是合适的。毫无疑问他能够向我们施加法律；但是，他真的这样做了吗？并且尽管我们的生命和各项物理官能依赖于他，但是难道他没有使我们在这些官能的道德运用方面处于一种独立的状态吗？这是我们仍有待考察的第三个重要问题。

2.（第一个证据，得之于我们已经谈论过的各种关系）（1）我们在这项研究中已经取得了一些进展，即发现建立一个实际的立法机构所需的一切情形。一方面，我们找到一个在上位者，他凭借其本性便拥有为建立一个合法权威所必需的所有达到了最高程度的条件；另一方面，我们看到作为上帝之造物的人，具有理解能力和自由，能够伴随着知识和选择而行事，对快乐和痛苦有感知，容易受到善与恶、奖赏和惩罚的影响。这种给予和接受法律的天然倾向不可能是无用的。这些关系和情况的共同出现无疑

标示着某个目的，而且必然会有一定的效果；就像眼睛的特定组织，表明我们注定要看到光。如果上帝无意于赋予我们任何法律，那么他为什么要使我们完全适合于接受法律呢？这将造成如此多懒散和无用的官能。因此，我们的这种一般性的目的不仅是可能的，而且是极为可能发生的，除非对立面能产生更强的理由。现在既然不存在任何理由破坏这个首要的预设，我们将看到每一件事情都倾向于证实它。

3.（第二个证据，得之于上帝对他自己提出的关于人的目的；以及为达成这一目的，道德法的必要性）（2）当我们考虑到至上智慧在物质世界中建立的美好秩序时，就不可能说服自己，他已经将精神上或道德上的世界抛弃给机缘和混乱。与之相反，理智告诉我们，一个智慧的存在物在他做的每件事情上都向他自己提出了一个合理的目的，并且他用一切必要的手段来实现它。上帝对他的造物，特别是对人类构想的目的，将不可能是别的什么，而必然一方面是他的荣耀；另一方面，是他的造物的完善和幸福，达到为他们的性质和构造所容许的程度。这两个想法，如此配得上造物者的身份，被完美地结合在一起。因为上帝的荣耀在于显现了他的完美，他的能力，他的良善、智慧和正义；而这些美德只不过是对秩序和全体的善的爱。因此，一个绝对完美和无上幸福的存在者，如果愿意把人导引至符合其性质的秩序和幸福，也将不得不愿意同时采用所有为这一目的所必要的东西；因此，他必须赞成那些适当的手段，而不同意那些不适于达成这一目的的手段。如果人的构造只是物理的或机械的，上帝自己会做任何有利于他的作品的事情：但人是一个自由和智性的生物，能够辨别

和选择；神用来导引他达成其目的的手段，应该与他的性质相一致，就是说，人或许可以通过自己的行为来参与并表示一致。

现在，既然不是所有的手段都同等地适合将我们导引至一个特定的目的，所以人类的行为不可能都是中性的。显见的是，与上帝所提出的目的相反的每一个行为，都不为神圣的王权所喜；相反，他赞成那些就其自身而言适于促进他的目的的行为。既然有选择留待去做，那么谁能质疑我们的创造者意愿我们应该走正确的道路；而且，我们应该表现得像个理性的造物一样，而不是轻率冒失地行动，以最适合我们状态和目的的方式，来运用我们的自由和他赋予我们的其他官能，以便推进他的构想，并且与我们的同类一起促进我们自己的以及他们的幸福。

4.（对前述证据的确认） 当我们考虑到相反体系的自然后果时，上述观点便获得了一种新的力量。如果每一个人都完全是他各项行为的主人，以至于他在做任何事情时除了反复无常的激情外并不存在任何别的行动的原则，人和社会会变得如何呢？让我们假设，上帝放弃了我们，没有实际规定任何生活的规则，也不使我们臣服于法律；我们大部分的天赋和官能对我们来说都没有用处。如果人只跟随本能的冲动，而不注意他的举止，那么人拥有理智之光是出于什么意图呢？如果人愚蠢地屈服于各种最初的印象，他拥有的悬搁判断的能力又能使他获得什么呢？以及，如果他从不选择或是慎思，不听取明智德性的忠告而是被盲目的倾向所摆布，反思又能提供何种服务呢？这些构成了我们本质之卓越和尊严的官能不仅在这里变得完全无所事事，而且甚至会因其卓越而变得有害；一个官能更为高级、高贵，对它的滥用也被证明更为危险。

这不仅在人单独得到考虑并对他自身而言时，是一个巨大的不幸；而且，置身于社会状态来看，这将证明对他是更大的恶。因为这一状态比任何其他状态都更需要法律，以便每个人都可以对他的主张设定限制，从而不侵犯另一个人的权利。否则，放肆将会是独立的结果。使人被放逐给他们自己，便是给激情打开了一个开阔的领域，并为不正义、暴力、背叛和残酷铺平了道路。拿走自然法和在整个国家中支撑正义与诚实，并且或者在家庭中、或者在其他生活关系中规定特定职责的道德纽带；那么人就将是最野蛮和最凶猛的动物。他愈加灵巧多艺，他对自己的同伴也便证明更危险；他的灵巧会退化成诡计，他的技艺变成恶意。那么我们也将被剥夺社会的一切优点和甜蜜，并被投入到战争和放纵的状态。

5.（第三个证据，得之于上帝的良善）（3）如果有人说，通过在社会中建立法律，人本身不会疏于补救这些无序；（如果不是建立在良知各项原理的基础之上，人类法律将只有很少的效力，除开这一点不谈）；一般而言这个说法显示出了法律的必要性，凭此我们达到了我们的目标。因为如果下述这一点是与理智的命令相吻合的，即人们应该在他们之间建立一种生活的规则，以便避免他们可能从彼此那里领受到的各种恶，并且获致那种能够形成他们私人的和公共的幸福的优势；单凭这一点就应该使我们信服，比我们无限睿智和优越的造物主，必然毫无疑问地追求了同样的方法。一个费心借由他的权威和忠告来指导孩子的好父母，能够在他的家庭中维持和平与秩序；难道我们应该认为，人类的共同父亲竟然忘记了给我们相似的帮助？如果一个明智的主权者在内心考虑最多的事项，莫过于通过有益的法规防止闲逸；人们又怎么会相信，比起作为其朋友的同类，作为人更伟大的朋友的上帝，即使是在我们幸福之所系的最重要的事情上，竟未曾给予人类任何引导和指导？这样的一个体系与上帝的良善相悖的程度，不亚于与他的智慧相悖的程度。因此，我们必须诉诸其他想法，并得出结论说，造物主纯粹出于他的慷慨之举，创造人是为了使他们获得幸福；并且既然给他植入了一个对于幸福的不可抑制的倾向，并让他同时生活在社会中，他也必然给了他若干能够激励他爱上秩序的原则，以及那些指出了获致和实现它的手段的规则。

6.（第四个证据，得之于我们实际上在自身之内发现的关于举止的若干原理）（4）但是让我们反观自身，而我们实际上会发现，我们在这方面应该从神圣的智慧和良善所期待的东西，是为上帝给予我们的正确理智和我们心中刻有的原理所决定的。

如果存在任何显见的思辨真理，或者存在某些确切的公理作为各种科学的基础；那么为了引导我们的举止并作为道德基础而制定的一些原理，也存在同等程度的确定性。例如，全能的和慷慨的造物主值得造物的尊重、人应该寻求自己的幸福、我们应该偏好更小的而非更大的恶、一项好处值得感激的承认、有序状态优于无序状态，等等。这些准则以及那些属于同一类型的，在显见性上与下述这些相差甚少，例如全体大于部分，或者原因先于效果，等等。两者都是由纯粹理智决定的，因此，我们感觉自己似乎是被迫给予它们同意一样。这些一般原理很少有争议；如果有任何争议，它只涉及它们的应用和各种后果。但是，一旦这些原理的真实性被发现，它们的后果，不论近或远，假使是很好地衔接起来的，将完全地同等确切；所有的任务只在于通过一系列紧密和确凿的论证来推导出它们。

7.（这些原理就其自身而言具有强制性） 为了明确这些原则及其合理的后果应该对我们的行为所具有的影响，我们只需要回忆一下在这部著作的第一部分[①]已经说过的东西，即关于我们根据理智的命令而应遵循的义务。正如在思辨性的事务上，说话和判断时不根据那些能够使我们从虚假中辨识出真理的光亮，将是荒谬的；同样，使我们的举止偏离那些能够使我们从恶中辨别出善的特定准则，也将同等荒唐。一旦一种特定的行为方式适合我们的本性和我们所着眼的最终目标这一点变得显而易见；而相反，另一行为方式不适合我们的构造或幸福；因此，人作为一个自由和理性的生物，对这种差异应该非常关切，并相应地作出他的决定。他根据事情的本质有义务如此；因为当一个人欲求某种目的，便绝对必然地也欲求其手段；并且他有义务如此，也因为他不能在这方面误解他的在上位者的意图和意志。

8.（它们因神圣意志而具有强制性，并由此成为实际的法律） 实际上，上帝作为各种事物的性质和我们的构造的作者，如果由于这种性质和构造，我们被合理地决定以特定方式来作出判断，并按照我们的判断来行动，那么造物主便充分地显示了他的意图，以至于我们不能够再忽略他的意志。因此，理智的语言就是上帝本人的语言。当我们的理智无比清晰地告诉我们，我们绝

① 参见本书上卷，第二部分，第六章。

不能以恶报善，正是上帝本人，借由这个内在的神谕使我们明白什么是善的和正义的，什么使他愉悦并且适合我们自己。我们说绝对不可能的是，善良和睿智的造物主竟使人放任自流，没有对他行为的指导和引导。我们在这里有一个来自于他的指导，而且，正如我们已经观察到的那样，由于他具备确立一个合法的优越者所需要的最高程度的完满，谁能假装质疑这样一个在上位者的意志即是我们的法律呢？我假设读者并没有忘记那些构成一项法律的条件；所有这些条件在当前情况下都得到了满足。①存在一条规则。②这个规则是正义的和有用的。③它来自一个我们完全依赖的在上位者。④最后，借由铭刻在我们心灵上的原则，甚至是借由我们自己的理智，这个法律被我们充分地知晓。因此，这便是恰当所言的法律，我们确实有义务遵守。但是让我们进一步询问，这个自然法是通过什么方式发现的，或者——仍是同一件事——我们必须从什么来源得出它。迄今为止，我们以一般性的方式加以证明的，将进一步得到说明并为我们现在将要加以扩展的细节所确认。因为若我们切中了正确的原理，将没有比下述这一点更坚实的证据了，即当展开并考虑它们不同的分支时，我们发现它们始终与事物的性质相吻合。

第三章　我们分辨什么是正义的和不正义的，或者什么是自然法命令的东西的方式；也即道德本能和理智

1.（分辨道德的善和恶的第一种方式，即本能或是内在感觉） 在前一章中所说的内容已经表明，上帝已经赋予我们两种方式来觉察或是分辨道德的善和恶；第一种方式只是一种本能；第二种则是理智或是判断。

我将道德本能称之为那种在独立于反思的情况下，推动我们赞许特定事项为善的和可嘉许的，并谴责其他一些事项为坏的和可责备的那种自然的癖好或倾向。或者如果有任何人有意使用道德感（moral sense）这个名字来对这项本能加以标识，正如哈钦森先生（Mr. Hutchinson）所做的，我想说的是，这是一种心灵的官能，在特定情况下借由一种感觉和品味，从而独立于理智和反思，即时地分辨出道德的善与恶。

2.（例证） 因此，看到一个处于苦楚或是痛苦的人，我们立刻感到一种同情的感觉，而这促使我们救济他。在获得一项好处后，那种首先冲击着我们的情绪就是承认这个恩惠，并感谢我们的恩人。抽离掉他或许基于任何特定理由而拥有的仇恨或是畏惧，

一个人对另一个人的首要倾向，是一种仁慈的感觉，就像对于他的同胞，他发现自己和他借由本性和意愿的一致性而相互连接。我们同样观察到，在不具备任何宏大的想法或推理的情况下，一个孩子或淳朴的农民，能够感觉到忘恩负义是一种恶行，并惊呼背信弃义是一种肮脏的和不正义的行为，这种行为使他极为震惊并且绝对地使他从本性上感到厌恶。相反，信守承诺、对一项恩惠表示感激、付给每一个人他应得的、尊荣我们的父母、安慰困境之中或是遭受苦难的人，都是那些我们不得不表示赞许并视之为正义、善、正直、仁慈并有益于人类的行为。因此，心灵很高兴看到或听到这类公平、真诚、人道和善良的行为，内心被触动和感动；在历史上读到它们，我们便充满钦佩之情，并且以如此高贵的事例脱颖而出的年代、民族或家庭，我们称颂它们的幸福。对于罪恶的事例，我们在看到或听到它们被提及时，无不充满蔑视或愤慨。

3.（这种感觉从何而来） 如果有任何一个人竟然问到，内心的这种情感来自何处，它促使我们几乎在没有任何推理或探究的情况下，爱上一些行为而憎恶另一些行为；我唯一可以给出的答案就是，它来自于我们的存在的作者，他就是以这样的方式塑造了我们，并且他对我们的本性或构造感到高兴，因为道德上善和恶的差别在某些情况下，竟像我们身体上的善与恶一样地影响我们。因此，这是一种本能，就像自然给予我们的其他几种本能一样，都是为了使我们更为迅捷、更具活力，在这种情况下反思太过迟缓了。因此，我们从内在的感觉那里获知了我们身体上的意愿；而我们的外部感觉让我们知悉了可能对我们有用或有害的物品的性质，以便可以说是机械地引领我们抵达了为我们的保存所需的任何东西。这也是让我们依恋生命的本能，是对幸福的欲望和我们所有行为的原动力。这同样也像父母对子女几乎是盲目的但也是必要的柔情。人的迫切的和须臾不离的欲望要求他应该通过感觉来被引导，因为它总是比理智更加迅捷和利落。

4.（它们对我们有什么用） 因此，上帝认为在人的道德举止方面使用这种方法是恰当的，通过在我们内心中印刻一种关于美德和正义的感觉或品味，它在某种程度上先于我们的理智决定了我们最初的运动，并且对于大多数人则完善地补救了他们注意力或是反思的缺乏。因为有多少数量的人将永远不会用他们的头脑加以反思？有多少人则是愚蠢的可怜蛋，只过着一种动物的生活，并且很难区分三四个想法，以形成所谓的推理逻辑？因此，我们特别的优势便在于，造物者竟借由一种迅捷和生动的官能赋予了我们一种对善和恶的分辨，使我们爱上其一并憎恶另一个，从而没有必要等待心灵进行各种思辨。

5.（反对意见：这些感觉并不能在所有人那里都发现。回答：Ⅰ. 我们在最野蛮的民族那里能发现它们的若干痕迹） 如果任何人竟对这些感觉的现实存在提出异议，说它们并不是在所有人身上都能找到，因为野蛮人（savage people）似乎根本不具备这些；而且甚至在各个文明的民族中，我们也遇见如此愚蠢和固执的心灵，以至于似乎不具备任何关于美德的观念或意识。我回答说，（1）最野蛮的人依然拥有上面提到的那些首要的想法；而如果有些人似乎没有表现出外部的迹象或呈现，那是因为我们没有充分熟悉他们的行为方式；或者是因为他们是全然愚蠢的，由此扼杀了几乎所有人道的情感；或者，最后，因为在某些方面他们陷入了对这些原则的滥用，而这并不是通过正面地拒绝这些原则，而是由于若干凌驾在他们良好的意识和自然的正直之上的偏见，使他们倾向于对这些原则作出不好的应用。例如，我们看到野蛮人吞食他们的敌人，他们把这想象成是战争的权利，因为他们既然能自由地去杀死他们，所以也便没有什么可以阻止他们享有他们的血肉，因为这是他们专属的战利品。但是，同样这些野蛮人不会以这种方式对待他们的朋友或同胞：在他们之间存在法律和各种规则；真诚和率直的交易在这里同在其他地方一样受到尊重，而感激之心在他们之中和在我们这里一样受到赞美。

6.（Ⅱ. 我们必须区分人的自然状态和他的堕落状态）（2）对于那些在最开明和文明的国家中却似乎全然不具备羞耻感、人道或正义的人，我们必须注意区分人的自然状态，以及因为滥用而可能导致的堕落（depravation），并由此出现的无规律和淫逸。例如，有什么会比慈父的柔情更自然？然而，我们看到有人似乎因为激情的狂暴或现时诱惑的强力扼杀了这种情感，将这种自然的感情加以悬搁。什么能比我们对自己的爱和对我们自我保存的爱更强大？然而，无论是因为愤怒，还是其他使灵魂脱离其自然位置的运作，一个人都会撕裂自己的四肢，挥霍自己的身体，或者对自己造成很大的不公，就好像他一心置自己于痛苦和毁灭之中。

7.（Ⅲ. 如果在道德秩序中有任何怪物，他们非常罕见，而且也不能从他们那里得出什么结论）（3）最后，如果有人，他们冷酷且没有任何心灵的躁动，似乎使自身脱离了所有对美德的爱和尊重（我希望，像这样的怪物是罕见的，在物质世界和道德世界都这样）；我们因此只能看到堕落后的各种剧烈且根深蒂固的效果。因为人不是生来就如此腐败的；但是他在排除和缓和他的恶行上表现出的兴趣，他染上的习惯，以及他诉诸的各种诡辩的论据，或许会最终扼杀或是腐蚀我们一直在说的道德观念；正如我们看到的那样，灵魂或身体的每一个其他的官能可能为长期的滥用所改变或是腐蚀。然而令人高兴的是，我们观察到，我们的精神上的感官比我们的物质感官更不易遭受堕落和腐蚀。原理几乎总是得到了维持；这是一束火光，当它似乎甚至快熄灭时，有可能被再次点燃并释放出一些闪烁的光芒，正如我们在恣意放荡的人那里于某些特定关头时常看到的例子。

8.（分辨道德的善和恶的第二种方式；它是理智） 但是，尽管上帝已经把这种本能或意识植入了我们，作为辨别道德善恶的首要手段，但是他并没有止步在这里；他认为同样合适的是，那些在其他每一件事情上都指引我们的同一束光亮，也即理智，应该帮助我们，以使我们更好地辨别和理解举止的各项真实规则。

我将理智称之为比较各种观念，调查事物之间的相互关系，并且从中推断出恰当结果的官能。这项高贵的官能是心灵的指导者，用于阐明、证明、延伸和应用我们的自然意识已经使我们理解的涉及正义与不正义的东西。由于反思并不会减少慈父的柔情，而是倾向于加强它，使我们观察到它是多么适宜于父子之间的关系，并且不仅与一个家庭而且与整个物种的利益相吻合；以同样的方式，我们对美德之美丽和卓越所拥有的自然意识，通过理智教导我们进行的反思而得到了显著的提升，这种反思涉及这同一个美德——这个我们第一眼便觉得无比优美的美德——的各项基础、各类动机、各种相互关系以及各种一般性的以及特定的运用。

9.（理智相对于本能的第一个优势；它用来验证后者） 我们或许甚至可以确证，理智之光较之于本能或是意识，具有三个优势。

（1）它有助于证明它的真实性和准确性，其方式有如下述；正如我们在其他事情中观察到的，研究和各种规则被用来验证品味的确切性，向我们表明它既不是盲目的，也不是任意的，而是建立在理智上，并以各项原理为指导：或者像那些眼睛尖的人，在他们绰有余暇进行比较、检视和测量之后，较之完全依靠第一眼，能更具准确性地判断出对象的距离或是形象。我们也发现，有些意见和习俗，在我们的心灵中留下了如此强烈和普遍的印象，以至只通过它们激发的情绪来作出判断，我们就有把偏见错当真相的危险。纠正这个错误的判断，并且通过把我们应该借以判断各项事物的真正原理展现在我们面前，以便抵消教习造成的这种效果，正隶属于理智的职权范围内。

10.（第二个优势：它将各项原理展开，并从中推断出恰当的后果）（2）理智相对简单本能的第二个优势是，它更好地把各种观念展开，考虑它们的各种关系和全部后果。因为我们经常看到，那些只有最初的概念的人，当他们将它应用于甚至是最少精细或最不复杂的情况时，也会感到尴尬和犯错。他们确实知悉各种一般性的原理，但他们不知道如何跟进它们不同的分支，作出必要的区分或是破例处事，或者根据时间和地点对之加以修正。这是理智要做的，而且在运用和提升它时越细致，它的工作也便完成得更好。

11.（第三个优势：理智是一项普遍的方式，能应用于所有情况）（3）在各项原理的展开和应用方面，相较于本能，理智不仅将其观点带得更远；而且对于它发现的同一个原理以及它涵括的对象，也具备更广泛的范围。因为本能被给予我们，只是应用于一些与我们的自然状态相关并且需要作出快速决定的简单情况。在这些简单的情况下，人根据最初的动议来决定是适当的；但有些情况具备更复杂的性质，它来自于人的不同状态，来自于若干特定情况的结合以及每个人的特殊情形；在所有这些情况下，除了通过反思，通过仔细观察每件事情的关系和一致性，否则便不可能形成任何规则。

这便是上帝赋予我们的两项官能，以使我们能够辨别善与恶。这些官能幸福地叠加到一起，并使一个服从另一个，一致产生相同的效果。一个给出最初通知，另一个验证并证明它；一个使我们认识到各项原理，另一个则对之加以应用和展开；一个在最紧迫和必要的情况下作为指导，另一个则区分出各种亲和性或关系，并为最特殊的情况制定规则。

因此，我们能够辨别什么是善的、正义的，或者换一种说法，知道在我们要遵守的道德行为方面什么是神圣的意志。现在让我们把这两种手段联合起来，以便找到自然法的各项原理。

第四章　论若干理智可以从中推导出自然法的原理[①]

1.（我们要从哪里推导出自然法的各项原理呢？）如果我们之后被问到，理智应该利用什么原理，以便判断什么与自然法相关，并且能够推导或展开它呢？我们的答案是一般性的，即我们只需要关注人的性质、他的各种状态或是各种关系；而且由于这些关系是不同的，所以同样可能存在各种不同的原理，引领我们了解我们的各种职责（duties）。

但在我们进入这一点之前，就我们所说的自然法的各项原理作一些初步的评论是适当的；以便防止歧义或模棱两可，它们是经常纠缠于这个主题的。

2.（若干初步评论　什么是我们理解的自然法的原理）①当我们在这里询问，哪些是自然法的首要原理时，我们的问题是，哪些是那样的若干真理或者原始规则，凭借它们我们可以有效地了解有关于人的神圣意志；并因此通过正当的后果，到达上帝凭借正确的理智施加给我们的对于特定法律和职责的知识？

---

① 关于这章及下一章，参见普芬道夫，《自然法与万民法》，第 2 卷，第 3 章。

②因此，我们不能将这个问题中涉及的原理，同自然法的动力因和产生性的原因或是其强制性原则混淆起来。不可否认的是，至上存在者的意志是自然法的动力因，也是从中产生的义务的根源。但是在这被视作理所应当之后，我们还是要探寻人如何了解这个意志，并且发现那些原理，它们使我们认识到神圣意图，并使我们能够从中推断出我们所有的特定职责，只要它们能够单凭理智就被发现。例如，一个人问自然法是否要求我们补救伤害或是忠于我们的约定？如果我们仅仅满足于回答他，这件事是无可争议的，因为它是为神圣意志所规定的；很明显，这不足以解决他的问题；而他可以合理地坚持应该指出某种特定的原则，凭此能够真正说服他同意这实际上便是神的意志；因为他在寻找的正是这一点。

3.（这些原理的特性） 让我们随后观察，自然法的各项首要原理不仅应该是真实的，而且对那些法律来说，同样是简单、明确、充分和恰当的。

它们应该是真实的；也就是说，它们应该源于事物的本质和状态。虚假或假设的原则必定产生相同性质的后果；因为一个坚实的大厦永远不会矗立在腐烂的基础上。它们就其性质而言应该是简单和明确的，或者至少是容易理解和展开的。由于自然法对全人类而言都是义务性的，所以它们的首要原理应该在每一个人的能力范围内，以至任何具备常识的人都可以很容易地了解它们。因此，不信赖那些太过玄虚，或者具备一种太过微妙和形而上学性质的原理便是合理的。

我补充说，这些原理应该是充分的和普遍的。它们应该是那样一种原理，人们可以经由直接的和自然的后果，便推断出所有的自然法以及从中产生的若干职责；因为这些细节的阐述，恰当而言，只是对原理的阐发；完全类似或是非常近似于一株植物的生长或成长只是其种子的展开。

而且由于大多数自然法都会遇到各种各样的例外情况，这些原理便同样有必要将例外情况的原因涵括在内；由此我们不仅可以从中得出道德的一般规则，并且还能根据地点、时间和场合的需要来限制这些规则。

总之，这些首要原理应该以这样一种方式被确立起来，以便真正成为自然法所有职责适当和直接的基础；因为无论我们是从原理下降以推论出结果，还是从结果上升到原理，我们的推导过程应该始终是紧密联系在一起的，而它们的线索可以说永远不会被打断。

4.（我们是否应该将全体归结为一个单一的原理） 但是，一般来说，无论我们把全体归结为一个单一的原理，还是建立各种不同的原理，这是一个无关紧要的问题。我们在这方面必须咨询和遵循一种明智且准确的方法。在这一点上我们可以说的是，整个体系的坚实或完美完全不需要所有的自然法都必须从一个单一的和根本原理中推断出来：而且，这件事情也许根本就是不可能的。无论如何，努力将全体化约为这种统一性是毫无意义的。

这便是我们必须提出的一般性评论。如果它们被证明是正确的，我们应该从它们那里获得如下双重优势，它们将教导我们为了建立自然法的各项真实原理而应该遵循的方法；并且同时，它们将使我们能够对有关这个问题的不同体系作出坚实的判断。那么现在正是进入这一点的时候了。

5.（除了通过审视他自己的本性、构成和状态，人无法获得关于自然法的知识） 获得有关自然法的知识的唯一途径，就是要认真考虑到人的本性和构成、他与围绕他的存在物的各种关系以及从此而产生的各种状态。事实上，自然法的这个术语，以及我们赋予它的概念，表明这门科学的各项原理必须从人的本性和构成中得出。因此，我们将把两个一般性命题确定为整个自然法体系的基础。

命题一：

无论什么处于人的本性和原始构成之中，并且表现为这种本性和构成的必然后果，肯定表明了上帝关于人的意图或意志，并因此使我们了解自然法。

命题二：

但为了拥有完整的自然法体系，我们不仅要考虑人本身的性质，也有必要考虑到他和其他存在物的各种关系，以及由此产生的各种不同状态：否则，很显然我们将只有一个不完善和有缺陷的体系。

因此，我们或许可以肯定，自然法体系的一般基础，是人在若干种情形下的性质，这些情形与人相关，上帝本人将人置于这些情形之下则是出于各种特定目的；因为这样，我们可能会认识神的意志。简而言之，既然人是从上帝手中获得了他现在掌握的一切，这不仅包括他的存在，而且也包括他的存在方式；只有通过研究人的性质，才能使我们充分领会上帝在给予我们存在时向他自己提出的观点，并由此教导我们那些我们应该遵循的规则，以便完成创造者的各种意图。

6.（人的三种状态） 为此，我们必须回顾一下我们已经说过的内容，即可以在三个不同的方面或状态之下——这包括了他所有特殊的关系——考察人的方式。首先，我们可以认为他是上帝的造物，从上帝这里他得到了他的生命、他的理智，以及他所享有的一切优势。其次，人就其自身而言可以被认为是一种由身体和灵魂组成，并具有许多不同的官能的存在物；可以被认为是一个自然地爱自己，并必然地欲求自己的幸福的存在物。最后，我们可以认为他构成了物种的一部分，被置于大地上并靠近具备相似本性的其他若干存在物，而他由于他的自然条件，便倾向于有义务和他们一起生活在社会中。事实上，这便是人道体系，从中产生了我们各项职责最一般和最自然的区分，它们都源自我们在这里提到的三个不同的状态；对上帝的职责、对我们自己的职责、对人类的其他人的职责。[①]

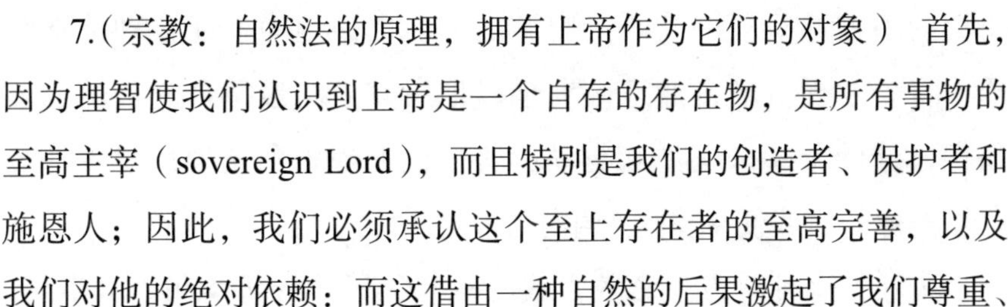

7.（宗教：自然法的原理，拥有上帝作为它们的对象） 首先，因为理智使我们认识到上帝是一个自存的存在物，是所有事物的至高主宰（sovereign Lord），而且特别是我们的创造者、保护者和施恩人；因此，我们必须承认这个至上存在者的至高完善，以及我们对他的绝对依赖：而这借由一种自然的后果激起了我们尊重、

① 我们已经在西塞罗那里见过这种区分。他说，哲学首先教导我们对神的崇拜；其次，人们彼此的职责，建立在人类社会上；以及最后，节制和心灵的宽宏［*Haec* (*philosophia*) *nos primum ad illorum* (*deorum*) *cultum*, *deinde ad jus hominum*, *quod situm est in generis humani societate*, *tum ad modestiam magnitudinemque animi erudivit*.］。西塞罗，《图斯库卢姆辩论》，第 1 卷，第 26 节（Cic. *Tusc. quaest*. lib. 1. cap. 26.）。

爱和恐惧的情感，以及对他的意志的完全臣服。因为，上帝为什么要以这种方式对人类表现他自己呢，如果不是因为他们的理智会教导他们要以符合上帝卓越本性的方式表达他们的情感，即他们应该尊重、爱戴、崇拜和遵守他？

8.（这一原理的若干后果） 无限的尊重是我们展望所有神圣完善性所获得的印象的自然后果。我们不能拒绝向一个无上仁慈的存在物给予爱戴和感激。我们因为使他不悦或是冒犯他而感到恐惧，是我们怀抱关于他的正义和力量的观念的自然效果，而服从会不可避免地从关于他对我们的合法权威、他的恩赐和至上智慧的认识中产生，它们一定会以最适宜于我们本性和幸福的方式来导引我们。这些深深印刻在心中的情感的集合，便被称为“虔敬”（Piety）。

虔敬，如果是真实的，将会以两种不同的方式外在地表现出来，通过我们的道德品行（morals）和外在的崇拜。我说，①通过我们的道德品行，因为一个虔诚的人，真诚地为上述各种情感浸透，将会发现自己自然地倾向于以他所知道的最符合神圣的意志和完善性的方式来言说和行动：这是他的规则和模型；对各种最卓越美德的实践便从这里产生了。

②除了这种尊重上帝的方式——它无疑是最必要和最真实的，一个宗教人士会认为，在这些虔敬的情感中强化自身并在其他方面激发它们，是一种快乐和职责。

因此，外在的崇拜，不论是公共的还是私人的，便衍生出来了。因为不论我们是否将这种崇拜视为激起、怀抱并提升心灵中宗教和虔诚情感的首要的以至唯一的方式；或者无论我们把它视为一种敬意，人被各种个别的或私人的社会联合起来，向神共同表达这种敬意；或者最后，不论这两种观点是否被统合起来，理智将它作为具备不可或缺的必要性的职责展现给我们。

这种崇拜在形式上可能有所不同；但是有一个决定其本质，并将其从所有轻率的和迷信的做法中保全下来的自然原理；即它包括教导人类，使他们虔诚并具备美德，并给予他们关于上帝之本质以及什么是他对他的造物所要求的东西的恰当观念。

这里指出的不同职责，构成了我们以宗教这一名称加以区分的东西。我们可以将它定义为一种将人同神以及同对他的法律的遵守联系在一起的联结，它以尊重、爱戴、臣服和畏惧这几种情感来维系，至上存在者的完美和我们对他作为一个无限智慧且无限慷慨的造物主的完全的依赖会非常容易在人的心灵中激发这些情感。

因此，通过研究我们的本性和状态，我们发现了在我们与神的关系中适当的原理，而那些以上帝作为它们对象的自然法的各项职责也便立即从中得出。

9.（自爱：那些关乎我们自身的自然法原理） 如果我们之后探求关于我们自身的那些职责的原理，通过检查人的内在构造，并且探寻造物主对他的看法，以便知道是为了什么目的，造物主才赋予了他那些构成其本性的心灵和身体方面的各种官能，那么这些职责将很容易发现。

现在很明显，上帝通过创造我们，意欲我们的保存、完善和幸福。通过人被寄予的各项官能，这很明显地被表现出来了，它们都倾向于相同的目的；正如借由一股强烈的意愿，促使我们追求善而回避恶。因此，上帝非常乐意，每一个人都应该为他自己的保存和完善而努力，以便获取他根据其本性和状态所能拥有的一切幸福。

这被确定为前提之后，我们或许可以断言，自爱（我意指对我们自己的开明的和理性的爱）可以作为有关人对自己各项职责的首要原理；因为这种感觉与人性不可分离，并以上帝作为它的作者，这便使我们在这方面清楚地理解了至上存在者的意志。

但我们应该特别注意到，除非它根据我们本性和状态的紧迫性或必要性而接受正确理智的指导，否则对我们自己的爱便不能充当一种原理和规则。

因为唯其如此，它才成为造物主有关我们的意志的阐释；也即，它应该以这样的方式被加以管理，以免冒犯宗教或社会的法律。否则，这种自爱就会成为一千种不义的根源；而且它非但不能提供任何帮助，对我们来说，由于我们必定从这些不义中获得侵害，它将被证明是一个圈套。

10.（得之于这一原理的自然法） 根据由此确立的这一原理，很容易推断出直接关系到我们的自然法和各项义务。首先，对幸福的渴望伴以对我们保存的关心。接下来（其他事情都同等的情况下）对灵魂的关心应该优于对身体的关心。我们不应该忽视去提升我们的理智，通过学习辨别真理和虚假、有用的和有害的，以获得对与我们相关的事物的确切知识，并且形成对它们的正确判断。理解能力或智慧的完善正在于这个方面。其后，我们应该坚定不移，并依靠这束光亮坚定地行事，不用考虑所有相反的建议和激情。因为正是灵魂通过遵循智慧的忠告而获得的这种活力或毅力，构成了美德，并形成了意志的完善，没有它的话，理解能力的光亮将全无用处。

从这个原则中涌现了所有的特殊规则。例如，你问，对各种激情加以节制是否是自然法加诸我们的一种职责？为了给你一个答案，我转过来询问，它是否对我们的保存、完善和幸福是必须的？如果是这样的话——毫无疑问，它确实也是这样的，这个问题便得到了回答。你想知道，对消遣的爱好，对被允许的和被禁止的享乐加以辨别，对那些被允许的享乐加以节制的使用，最后耐心、坚定、果决这类品质，是否是自然的职责；我将总是用同样的原理来回答；而且如果我很好地运用了它，我的答案将只会是正确和准确的；因为这个原理通过使我认识到上帝的意志，肯定会把我导引至我的目的。

11.（人为社会而造） 还有一个核心问题有待研究，也即，我们可以从中推断出如下自然法的那一原理，这些自然法关系到我们相互之间的义务并将社会作为它们的对象。让我们看看我们是否能通过采取同样的方法来发现这个原理。我们应该总是参考事物的实际状态，以便接受它们带来的结果。

我并不是世界上唯一的个体；我发现自己在无数的其他人中间，他们在各方面都与我相像；而且由于这一神意之举，甚至是从我诞生起，我便受制于这个状态。这自然引发我去想，上帝的意图并不是使每个人都应该单独生活并与其他人分开；恰恰相反，他们应该共同生活并在社会联合，这正是他的意志。造物主或许当然可以同时创造所有的人，使他们彼此分离，并给他们每个人都赋予恰当的和充分的特质，以便适合于这种孤独的生活。如果他没有遵循这个计划，那很可能是因为他的意志恰恰是，血缘关系和生育关系应该开始形成一个更广泛的联合，而他则很乐于在人们之间建立这种联合。

我检视得越多，这个想法便越发得到确证。人的大多数官能，他的各种自然倾向、他的弱点和贫乏，都构成了造物主这个意图的如此之多的不可抗拒的证明。

12.（Ⅰ. 社会对人是绝对必要的） 人的本性和构造实际上是这样的，即在社会之外他将既不能维持自己的生命，也不能表现和完善他的各项官能和才能，更不能获得真正的和坚实的幸福。一个婴儿将会遭遇什么，如果没有一些仁慈和协助的手来满足他的需求？如果没有人照顾他，他必灭亡；而这种虚弱和无知的状态甚至需要一种长期和持续的援助。当他长大到成年时，你发现他粗鲁、无知，并且只具备一些他几乎无法加以表达的混乱的想法；将他完全委诸自身，你会看到一个野蛮人，或者是一个凶猛的动物；对生活的一切便利完全不了解，沉陷于懒惰之中，饱受暴躁和忧郁困扰，并且几乎无法应对其本性的各种首要的需求。如果他到达老年阶段，你会看到他重新陷入衰弱状态，就像和婴儿时期一样完全依赖外部援助。这种依赖在各种意外事件和各项疾病方面表现得更为显著。如果人处于一种孤独状态中，他将会成为什么样子啊？只有我们同伴的帮助，才能保护我们免受各种邪恶或是有效应对它们，使生活不论在何种阶段或是状态都变得舒适和幸福。

我们有一幅关于社会之用处的绝佳图画，由塞涅卡描绘。[①] 我

① 参见塞涅卡，《论恩惠》，第 4 卷，第 18 节。

们的安全，他说，如果不是依赖于我们向彼此提供的服务，那依赖于什么呢？正是这种各项好处之间的交流使生活变得容易，使我们能够防御任何突然的侮辱或攻击。如果每个人都分开生活，人类的命运将会是什么样？这么多的人，这么多其他动物的受害者，一个无自卫能力的猎物，简而言之，就是虚弱本身。事实上，其他动物有足够的力量来保护自己：那些在野外游荡，它们的凶猛无法让它们聚集在一起的动物，可谓生来便拥有武器；而人在各个方面都为虚弱所包裹，既没有武器，也没有利齿，也没有爪子使他变得强大。但当他和与他平等的人联合在一起时，他自身所缺乏的力量便会找到。自然，为了作出一些修补，给予了他两件事，从而给了他很大的力量和优势，否则的话他将格外逊色；我指的是理智和社会性（sociability），凭借于此，在早前，只有人无法组织任何抵抗，但现在他却成了全体的主宰。社会赋予他对于其他动物的统治；社会也是如下事项的原因，对他出生之地的构成要素不满意，他把他的支配延伸到了海上。正是这同样的一种结合，为他的疾病提供解救，在他老年时给予帮助，并安抚他的痛苦和焦虑；正是这可以使他能够蔑视命运无常。带走社会，你就会摧毁人类的联合，而生命的保存和全部幸福都有赖于此。

13.（Ⅱ.人凭借他的构造非常适合社会） 因为社会对人来说是如此必要，所以上帝给了他一种构造、若干能力以及多项才能，从而使他非常适合这种状态。例如，言说这种官能，它使我们能够便利、快捷地传达我们的各种想法，而它在社会之外将全无用处。关于我们模仿的倾向或许同样可以这样说，而且还有那种令人惊奇的机制，它使灵魂的一切激情和印象如此易于传达。为了打动和软化别人，一个人表现得被打动了就足够了。[①] 如果一个人用自己的脸上的喜悦来招呼我们，他便激起了我们同样喜悦的情绪。一个陌生人的眼泪会感染我们，甚至是在我们知道其原因之前；[②] 一个人的哭喊只是经由人道的共同纽带才与我们相关，使我们不假思索机械一般飞奔他并给予援助。

这不是全部。我们看到，自然认为在人们之间有所区别地分配她的才能是合适的，她给予某些人执行若干特定事项的天资，它们对其他人来说则是不可能完成的；而后者反过来也获得了一些未曾给予前者的能力。因此，如果人的自然欲求使他们互相依赖，才能的多样性便使他们能够互相帮助，从而将他们联结和团结起来。这些是如此之多的迹象，表明人类是为社会而生的。

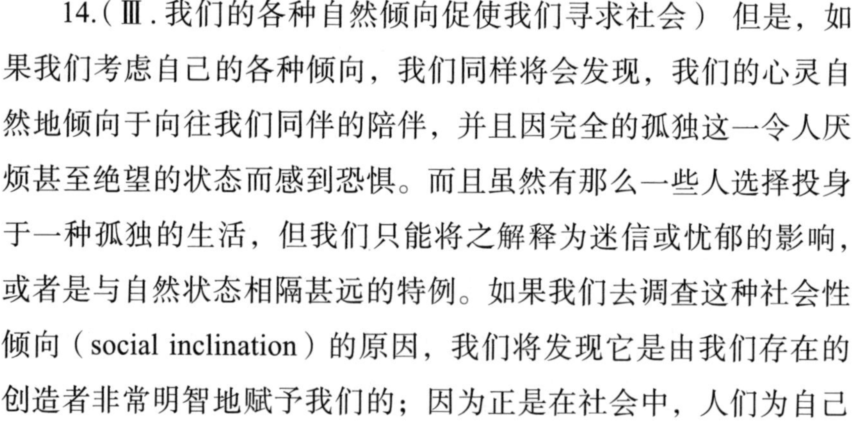

14.（Ⅲ. 我们的各种自然倾向促使我们寻求社会） 但是，如果我们考虑自己的各种倾向，我们同样将会发现，我们的心灵自然地倾向于向往我们同伴的陪伴，并且因完全的孤独这一令人厌烦甚至绝望的状态而感到恐惧。而且虽然有那么一些人选择投身于一种孤独的生活，但我们只能将之解释为迷信或忧郁的影响，或者是与自然状态相隔甚远的特例。如果我们去调查这种社会性倾向（social inclination）的原因，我们将发现它是由我们存在的创造者非常明智地赋予我们的；因为正是在社会中，人们为自己

① “我是人，凡属人的没有什么与我无关。”特伦斯，《自我惩罚者》（*Homo sum; humani nihil a me alienum puto*. Ter. Heauton.）。

② “人的面容，正如他们对微笑的人微笑，所以他们与哭泣的人一起哭泣。”贺拉斯，《诗艺》，第 101 行（*Ut ridentibus adrident, ita flentibus adflent / Humani vultus*.—Hor. de *Arte poet*. v. 101.）。

的绝大部分欲求找到了补救办法，为他的大多数官能找到了运用的机会；正是在社会中，他有能力感受和展示那些自然注入了如此之多的满足和乐趣的各种感觉；我指的是仁慈、友谊、同情和慷慨的感觉。因为这些社会性情感的魅力就在于，从中涌现出我们最为纯粹的乐趣。当想到自己值得别人的尊重和友谊时，事实上，没有什么将使人更加志得意满。当科学能够外在地展示出来时，它便获得了一种额外的价值；而我们的快乐也会变得更加明显，当我们有机会在公开场合证实它，或者把它倾倒在朋友的怀抱里时：通过交流，它得到了加倍；因为当想到我们也给我们的朋友们带去了乐趣并将它们更稳固地确立在我们的利益中时，我们自己的满足也便得到了增加。相反，焦虑，因为与我们的邻居加以分享而得到缓解和软化；正如一个天性善良的人帮我们搭一把手时，一个重负也便得到了缓解。

所以，每件事都邀请我们进入到社会状态中；需求使它对我们必要，倾向使它成为一种乐事，以及我们自然拥有的为之而设的性情，充分体现了社会正是为我们的创造者所真正意欲的。

15.（社会性　相关于其他人的自然法的原理）但是，除非人类对彼此都有喜爱和仁慈的感情，否则人类社会将既不能存在，也不能产生上帝建立它时所追求的幸福的结果；因此，我们的创造者和共同的父亲意欲，每一个个体都应该被这些情感激活，并在他们能力范围之内做任何事，以把这个社会维持在一个愉悦的和有益的状态，而且通过互惠的服务和好处来把这群人联系得更加紧密。

这便是自然法为我们规定的相对于他人的若干职责的真正原

理。伦理学作家给了它“社会性”这样一个名字，他们理解的是这样一种性情，使我们倾向于对同胞们仁慈，在我们的能力范围内尽可能地对他们行善，调和我们自己的与他人的幸福，使我们个别的好处从属于共同和一般的善。

我们对自己的本性研究得越多，我们就越发确信，这种社会性与上帝的意志是吻合的。因为，在这项原理的必要性之外，我们发现它印刻在我们心中；在那里，如果创造者一方面植入了我们对自己的爱，而同样的手在另一方面也植入了我们对同胞的仁慈情感。这两个倾向虽然彼此不同，但在它们的性质上没有什么相反的。而上帝将它们赐予我们，便意欲它们应该一致行动，以便帮助而不是摧毁彼此。因此，天性善良和慷慨的心灵在对人类做好事时感受到最明显的满足，因为在这里他们遵循了他们得之于自然的倾向。

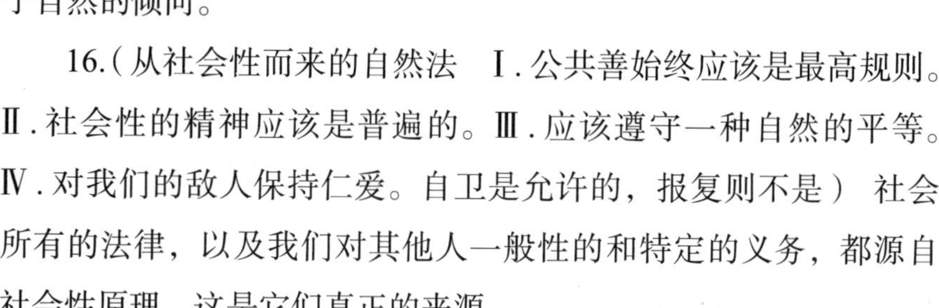

16.（从社会性而来的自然法　Ⅰ.公共善始终应该是最高规则。Ⅱ.社会性的精神应该是普遍的。Ⅲ.应该遵守一种自然的平等。Ⅳ.对我们的敌人保持仁爱。自卫是允许的，报复则不是）社会所有的法律，以及我们对其他人一般性的和特定的义务，都源自社会性原理，这是它们真正的来源。

①上帝在人们之间建立的这个联合要求，在与社会有关的每一件事上，公共善都应该是他们举止的最高规则，而且在源自明智德性的忠告的指导下，他们绝不应该损害公共利益来追求自己的私人利益：因为这是为他们的状态所要求的，并且因此是他们共同父亲的意志。

②社会性的精神应该是普遍的。人类社会拥抱所有那些我们

有可能与之沟通的人；因为由于他们的本性和状态，它建立在他们所有人的相互关系之上。[①]

③理智之后告诉我们，同一层级和种类的造物，因为生来便具备各种同样的官能以生活在社会中并分享同样的利益，所以他们一般拥有平等的和共同的权利。因此，我们有义务将自己视为自然的平等的，并且如此表现出来；并且如果不承认这一平等原理［民法学家称之为衡平法（*aequabilitas juris*）］是社会的首要基础之一，将会是蔑视自然。正是在此基础上，报复法（*lex talionis*）被确立为又一个简单的但却普遍的和有用的规则，我们应该以同样的性情对待其他人，就像我们希望他们如此对待我们一样；并以同样的方式对他们行事，正如我们意愿在同样的情况下他们应该这样对我们行事。

④社会性作为人们之间的互惠的义务，如通过恶意或不正义打破了社会的纽带，便不能合理地抱怨说，那些他们伤害了的人不把他们当成朋友，或者甚至是采取强制手段来对待他们。

但是，虽然我们有权利对一个敌人悬搁各种仁慈的行为，但我们绝不被允许去扼杀其原理。除了必要性之外，没有什么能授权我们对一个不公正的侵略者诉诸强力，但这同一个必要性也应该是我们对他伤害的规则和限度；而且一旦他对我们施行正义，并且我们没有可以进一步感到忧惧的东西，我们便应该始终意欲和解。

因此，我们必须仔细区分对自己人身正当的防卫和报复。前

① 参见普芬道夫，《自然法与万民法》，第2卷，第3章，第15节。

者仅仅是因为必要性，所以在一段时间内悬搁了对仁慈的运用，并且与社会性没有任何对立。但后者扼杀了仁慈这一原理本身，还反过来引入了仇恨和敌对的情绪，这是一种本身邪恶的情绪，与公共善相违背，并且为自然法所明确谴责。

17.（若干特定的后果） 这些一般规则会产出非常多的后果。

无论是在言语还是在行动中，我们都不应该伤害任何一个人；而且我们应该修补所有为我们所造成的损害；如果各种不正义的行为被容忍，社会将不会存在。

我们在我们的话语中应该是真诚的，而与人打交道时应该是可靠的；如果破坏已经许下的誓言是合法的，那么人如何向彼此寄予信任，他们在商业生活中又有什么安全感呢？

我们不仅要为每个人做他应得的好事，而且应该按照他的财产和等级，给他应得的尊重和荣誉；因为臣服是社会的连接纽带，如果没有它，家庭中或是公民政府中就不可能有秩序。

但是，如果公共善要求在下者服从，它也要求在上者应该保护那些臣服于他们的人的各种权利，并且只是为了使他们幸福才去管理他们的人民。

让我再说一次：人们是被真心和善意所俘获的；现在没有什么比同情、宽恕、善良和慷慨更与人道相吻合，对社会更有用。这便诱发西塞罗说[①]，没有什么比柏拉图的出色格言更真实了，即我们并不是只为我们自己而生，同样是为了我们的国家和朋友而出生的：而且，按照斯多葛派所说，如果世界上的各种产物是为

① 参见西塞罗，《论义务》（*De Offic.*），第1卷，第7节。

了人，而人自己是为了彼此的善和协助；在这方面，我们绝对应该遵照大自然的计划并推进她的意图，这是通过在公共利益中贡献我们的份额，通过给予并接受彼此的好意，通过调动我们所有的关心和能力，甚至是我们的实际物品，来加强应该在人类社会中永远盛行的爱与友谊。

因此，由于正义和良善的各种不同情感和行为，是将人们结合在一起的唯一的真正的纽带，并且能够促进社会的稳定、和平和繁荣；我们必须要把这些美德视为上帝加诸我们的许多职责，这是因为，任何对他的计划来说是必要的东西，便必定符合他的意志。

18.（这三种原理具备所有必需的特性） 因此，我们拥有三条自然法的一般原理，与上述人的三种状态相关：而这些是：①宗教，②自爱，③社会性或对我们同胞的仁爱。

这些原理具有所有之前要求的特性。它们是真实的，因为它们是从人的性质、人的构造以及上帝将之置于其中的状态得出的。它们简洁并且在每一个人的能力范围内，而这是重要的一点；因为在各项职责方面，一旦各项原理对每个人来说都显而易见，那么便万事俱备。如果心灵中某些深奥微妙的东西将我们导向各种独特和新颖的方式，这将始终是危险的。最后，这些原理是充分的，并且非常多产；借由理智的推断，它们将涵括我们所有职责的目标，并使我们认识到各种状态和人际关系中上帝的意志。

19.（对普芬道夫体系的评论） 通过仅仅将社会性确立为所有自然法的基础，普芬道夫确实把事情化约到一个更狭窄的范围内。但是如已经公正观察到的那样，这种方法是有缺陷的。因为社会性的原理并没有为我们所有的职责提供恰当的和直接的基础。那些以上帝作为它们的对象和那些相关于人本身的职责，并不直接和立即来自于这个源头，而是具有它们恰切的和特定的原理。让我们假设人处于孤独之中：他仍然有几项职责要履行，如爱和尊重上帝、保存自己、尽可能地培养他的各项官能，等等。我承认，社会性的原理是最广泛的，而另外两种则与它具有自然的联系；但我们不应该混淆它们，就好像它们没有独立于社会性的自己特定的力量。这是三种不同的泉源，它们为人道体系提供运作和行动；泉源彼此不同，但却是同时依照造物主的观念而行动。

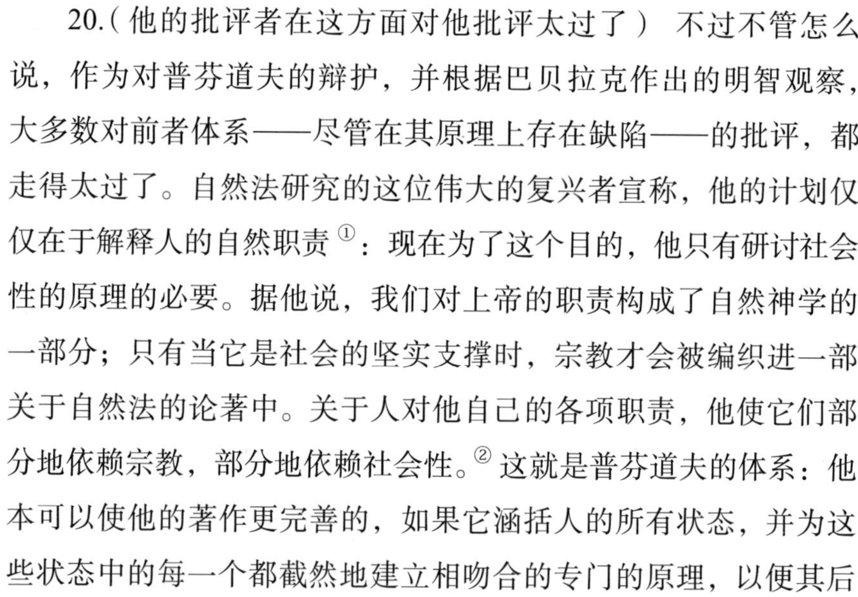

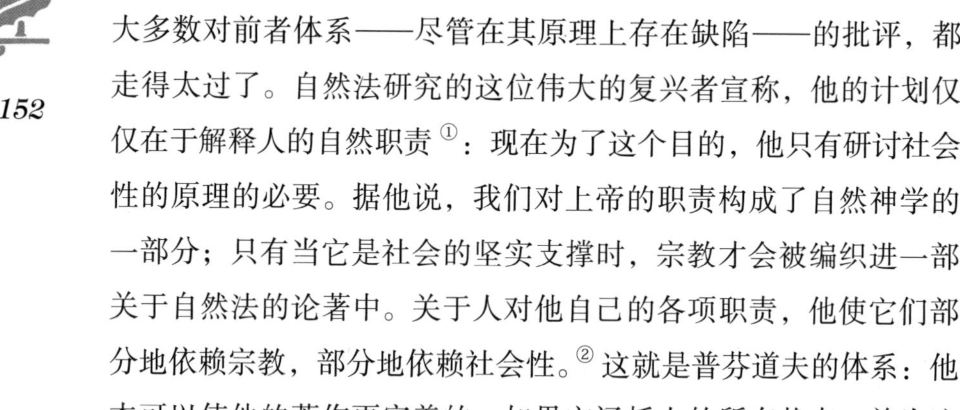

20.（他的批评者在这方面对他批评太过了） 不过不管怎么说，作为对普芬道夫的辩护，并根据巴贝拉克作出的明智观察，大多数对前者体系——尽管在其原理上存在缺陷——的批评，都走得太过了。自然法研究的这位伟大的复兴者宣称，他的计划仅仅在于解释人的自然职责[①]：现在为了这个目的，他只有研讨社会性的原理的必要。据他说，我们对上帝的职责构成了自然神学的一部分；只有当它是社会的坚实支撑时，宗教才会被编织进一部关于自然法的论著中。关于人对他自己的各项职责，他使它们部分地依赖宗教，部分地依赖社会性。[②]这就是普芬道夫的体系：他本可以使他的著作更完善的，如果它涵括人的所有状态，并为这些状态中的每一个都截然地建立相吻合的专门的原理，以便其后

① 参见《自然法与万民法》，第 2 卷，第 3 章，第 19 节；《争鸣个案》（*Specim.controvers.*），第 5 章，第 25 节；《争鸣集要》（*Spicilegium controversiarum*），第 1 章，第 14 节。

② 参见《人与公民的义务》，第 1 卷，第 3 章，第 15 节。

从中推断出我们所有的特定职责：因为这正是我们在研讨自然法时应该达到的恰当程度。

21.（论我们各项自然职责之间的联系）这将变得更加必要，因为尽管我们的职责针对不同的对象，并且是从不同的原理中推断出来的，但是正如我们已经暗示过的，它们拥有一种自然的联系；因为它们好像是彼此编织在一起，并且借由相互的协助，遵守其中一些职责会使得践行其他一些职责变得更为轻易和确定。例如，可以肯定的是，对上帝的敬畏，并且伴以对他的意志的完全臣服，是一种非常有效的动机，使人们去履行那些直接关系到自己的职责，并为他们的邻居和社会做任何为自然法所要求的事情。同样可以肯定的是，与我们自己有关的各项职责，在指导我们如何对待他人方面提供了不小的帮助。因为如果他不关心提高自己的理智，或者是为了智慧和美德来塑造自己的心灵和内心，社会将从这样一个人那里期待什么好处呢？相反，对于那些不懈地完善他们的官能和才智，要么是出于让自己幸福的愿望，要么是为了使别人获得幸福而被推向这个崇高目的的人，我们有什么不能期待的呢？因此，无论谁忽视了他对上帝的职责，并且在与他自己相关的事情上偏离了美德的规则，就因此对其他人施行了不正义，因为他使共同的幸福减少了许多。相反，一个遵照宗教和社会性的要求，为虔诚、正义和仁爱的感情所渗透的人，会努力使自己幸福；因为根据上帝的计划，每个人的个人幸福，在一方面与宗教，在另一方面与他作为其中一员的社会的一般幸福，是不可分离地联系在一起的；要走某条单独的幸福之路，便是把事情弄错了，而且远远偏离了正途。这是令人赞叹的和谐，是神

圣的智慧在人道体系的不同部分之间建立的。如果他总是注意到这些有益的教导，想要完善人的幸福还会有什么欠缺呢？

22.（论偶尔在这些职责之间出现的冲突） 但是，由于我们各项职责的三大原理是相互关联的，所以当它们之间存在冲突或对立而不允许我们同时践行它们时，它们之间同样具有一种自然的从属关系，有助于确定哪些职责在特定情况或情形中应该具有优先地位。

正确地判断这种从属地位的一般原理是，更强有力的义务应该总是优先于更弱的义务。但是接下来要知道何者是更强有力的义务，我们只需要关照到我们各项职责的本质、它们不同程度的必要性和效用；因为这是在这种情况下知道上帝的意志的正确方法。根据这些想法，我们将在此给出有关上述情形的若干一般规则。

①人对上帝的职责应该始终胜过其他任何职责。因为在所有的义务之中，那些使我们与我们全知和全能的创造者联系在一起的，毫无疑问是最切近和最强有力的。

②一般而言，如果我们对自己应做的与我们对社会的职责相竞争，社会应该具有优先地位。否则，我们就会颠倒事物的秩序，摧毁社会的基础，并直接违背上帝的意志，因为他通过使部分从属于整体，为我们奠定了这样一条必不可少的义务，即从不偏离关于共同善的至高法律。

③但是如果，在其他事情都相等的情况下，在自爱的职责和社会性的职责之间出现了对立，自爱应该占上风。因为人既然直接地且主要地负有关怀自己的保存和幸福的责任，所以在一种不

均衡的情况下，对我们自己的关怀应该优先于对其他人的关怀。

④但是如果，最终，对立出现在与自己有关的职责之间，或是在两种社会性职责之间，我们应该偏好伴随着最大效用的那个，因为它也是最重要的。[①]

23.（强制性自然法；单纯许可的自然法。许可法的一般原理） 我们迄今为止所阐发的，恰当而言都是关于被称为强制性（obligatory）的自然法，也即，在关于它的对象的各种行动中，我们发现了与人的性质和状态相关的某种必然的一致性或不一致性，这因此使我们处于以一种特定方式行动或不行动的不可避免的义务之下。但是根据上面已经谈到的[②]，我们必须承认，同样有一种简单许可的法律（a law of simple permission），使我们在特定情况下可以自由选择行动或是不行动；并且使其他人背负不阻挠或是骚然我们的必然性，从而在这方面保证了我们自由的行使和效果。

这种许可法的一般原理是，我们可以合理地，并按照我们认为合适的判断，做或是不做所有那些与人的性质和状态没有绝对的和本质的一致性或不一致性的事情；除非某些实证法明确地规定或禁止了它们，因为我们也服从实证法。

这个原理的真实性是显而易见的。造物主赋予了人若干官能，在其中便包括根据他自己认为合适与否来修正他的行为的能力；很明显，在每件事情上，若是并没有通过明确的命令或是实证的

① 参见巴贝拉克对《自然法与万民法》第2卷第3章第15节的注释5。

② 参见本书上卷，第一部分，第十章，第5、6节。

禁令来限制他使用这些官能，上帝便使人有自由根据他自己的裁量来行使它们。正是在这一许可法的基础上确立了所有这些权利，它们都具备这样一种性质，即我们可以自由运用或是不运用它们，保留或是放弃它们的全部或是一部分；由于这种放弃，某些自身是被允许的行为，有时被主权者的权威所命令或禁止，从而通过这种途径成为了强制性的。

24.（自然法的两个种类：一种是基本的，另一种是次要的）这便是正确的理智在人的性质和构造中，在人的最初的和原始的状态中发现的东西。但是，由于人自己或许可以在原始状态下进行各种各样的修正，并进入几个偶生的状态中；对这些新状态的考虑同样属于自然法——就其最充分的程度而言——的对象；而我们所确立的各项原理，也应该在人们通过自己的行为和行动所产生的各种状态中充当规则。

因此，我们要区分两种自然法；一种是基本的（primary），另一种是次要的（secondary）。

基本的或原始的自然法是从人的原始构造中立即产生的，就像是上帝本身确立了它，而与人类行为无关。

次要的自然法则是那些预设了某些人类行为或建制的；例如，一种社会状态、对货物的财产权，等等。

很容易理解，这种次要自然法只是前者的结果；或者说，它是将自然法的一般准则正确应用于人类的特定状态，以及他们通过自己的行动使自己置身其中的不同环境；当我们考察若干特定职责时，这些事实便会自然浮现。

有些人会感到吃惊，因为在确立自然法的各项原理时，我们没有涉及作者们对这个主题的不同看法。[①] 但是，我们认为对这种性质的著作而言，指出可以得出这些原理的真正源泉，并在之后确立这些原理本身，较之一种可能将我们带得太远的讨论，将更为可取。如果我们碰到了真正的原理，这足以使我们能够判断其余的事情；如果有人想要一种更充分和更专门的指导，他可以通过查阅普芬道夫便很容易地找到它，普芬道夫叙述了民法学家的不同意见，并伴以非常明智的反思。[②]

① 参见格劳秀斯，《战争与和平法》，第 1 卷，第 1 章，第 10 节；以及普芬道夫，《自然法与万民法》，第 2 卷，第 3 章，第 22 节。

② 参见普芬道夫，《自然法与万民法》，第 2 卷，第 3 章，第 1—14 节。

第五章　自然法得到了充分的昭示；它们专有的特征和它们产生的义务

1.（上帝向人充分昭示了自然法） 到目前为止，在已经就自然法的原理和我们认识它们的方式进行了讨论之后，没有必要去问上帝是否已经把这些法律充分地昭示给人。很明显，凭借那种没有拒绝任何人的自然之光，我们可以发现它们的所有原理，并从中推断出我们的若干职责。正是在这个意义上，我们理解通常所说的，这个法律是为全人类自然知晓的。因为像某些人那样，认为自然法好像是天生就存在于我们心灵中，并且从我们存在的第一刻起实际上就印刻在我们的灵魂上；这是在假设一件并非必要的事情，而且更是与经验相矛盾的。在这个问题上可以说的就是，自然法的最一般和最重要的各项准则是如此清楚和显见，并且与我们的观念如此相称，与我们的性质如此吻合，以至一旦它们被提供给我们，我们便会立即赞同它们；由于我们从婴儿期便倾向于和习惯于感受到这些真理，我们便认为它们是与我们一起诞生的。

2.（人在这方面或许能够互相帮助） 但我们必须注意，当我们说人可以通过使用他的理智，获得自然法的知识时；我们不排除他可能从其他地方获得的帮助。有些人特别注意培养他们的心

灵，从而有资格去启蒙他人，并以他们的教导来补救平庸的那部分人类的粗野和无知。这是符合上帝的计划的。上帝将人设计得适合于社会，并给了他一个相关于这个目的的构造，因此人们从彼此接受的不同的帮助，应该同样被视作自然的手段，正如人在自身之内发现的并能从他自己的储备中调用的那样。

实际上，所有的人凭借他们自身都没有能力有条不紊地展开自然法的各项原理，以及从中得到的各项结果。具备中等能力的人，当向他们解释这些原理的时候，至少能够理解这些原理，并且通过将从中得出的各项职责与自己性质的构造进行比较，而感受到它们的真实性和必要性，这就足够了。但是，如果有一些能力更为逊色的人，他们通常为事例、习俗、权威或一些现存的和可感的效用造成的印象所引导。无论如何，每件事都得到正确考虑后，可以认为自然法确实得到了充分的昭示，这使我们能够断言，任何人在到了具备了判断能力的年纪且具备正确的理智时，都不能找到任何理由来为自己对这些条款的无知进行开脱。

3.（确立自然法各项原理的方式，是这些法律实在性的一项鲜活证据）让我们作出一个反思，它在这里显得水到渠成。任何人若是严肃对待我们确立自然法的各项原理的方式，将马上发现，我们遵循的方法构成了这些法律之确定和实在的鲜活证据。我们回避了所有抽象的和形而上的玄思，以便关照显明的事实以及事物的性质和状态。正是从人的自然构造，从他拥有的和其他事项的关系，我们得出了我们的各项原理；而其后得出的体系，与人的这种性质和状态具备如此严格和必然的联系，以至它们是绝对不可分的。如果在所有这些之上，更添加我们在此前的章节所观察到的，我认为，若非弃绝理智最纯粹的光亮，并一头扎进皮浪主义（pyrrhonism），我们便不可能弄错自然法，或是怀疑它们的实在性。

4.（自然法是神圣良善的效果） 但是，由于自然法的各项原理，借由造物主的智慧，很容易便能发现，对于它们加诸我们的各项职责的认识，具备最普通能力的人也力所能及；同样确切的是，这些法律远非无法践履。相反，它们与正确理智的光亮和我们最自然的各种倾向是如此相称；它们同样与我们的完善和幸福具备这样一种关系；以至它们只能被视作是神圣良善对人产生的效果，而非其他。因为只有行善这一动机，能够推动一个自存的且无上幸福的存在物去构造被赋予了理解能力和感官的造物；必定是由于这同一种良善，使他最初允诺借由法律来指导他们。他的想法并非仅仅是限制他们的自由；他认为合适的是让他们知道什么与他们最为吻合，什么最适宜于他们的完善和幸福；同时，为了给这些将要支配他们的合理的动机增添更具分量的权重，他在其中加入了他的各种命令的权威。[①]

这便使我们能够明白自然法如其所是的原因。根据全能者的观念，他对人类规定的法律必然是适合他们的性质和状态的；它们应该自发地具备了一种获致个体的以及整个物种的、特定个人的以及整个社会的完善和益处的倾向。简而言之，对目的的选择决定了手段的性质。

5.（自然法并不依赖一种任意的创设） 事实上，人类的各种

① 参见本书上卷，第一部分，第十章，第3节。

行为及其产生的各种影响有自然而必要的差异。它们有些与人的性质和状态一致，而有些则不一致，甚至极为相反；有些有助于秩序的产生和维持，其他的则倾向于颠覆它；有些获致人类的完善和幸福，其他的则伴有耻辱和苦楚。拒绝承认这些差异，是面对光亮时闭上眼睛，并把它与黑暗混在一起。这些是最明确可感的差异；无论一个人可能会说什么与之相反的话，感觉和经验将总是反驳这些虚假和无用的狡辩。

因此，让我们不要在任何其他的地方，而是在人类行为的性质、在它们各种本质上的差异和结果那里，寻找自然法的真正基础，并探明为什么上帝会禁止一些事并命令其他一些事。这些不是任意的法律，就好像上帝有可能本不会给予它们，或者本会给予别人具备完全不同性质的法律。正如至上的权力一样，至上的智慧不可能做任何荒谬和矛盾的事情。正是事物的性质，始终充当着他作各种决定的规则。毫无疑问，上帝可以自由地创造或是不创造人；像他现在这样的创造他，或是给他相当不同的性质。但是，在已经决定创造一个理性的和社会性的存在物之后，他便不能规定任何不适合这样一种创造物的事情。我们甚至可以肯定，那种认为自然法的各项原理和规则都取决于上帝任意意志的假设，倾向于颠覆和破坏自然法这个观念本身。因为如果这些法律不是人的性质、构造和状态的必然结果，我们便不可能对它们有一定的了解，除非基于非常明确的启示，或是借由上帝以某些其他方式所做的正式颁布。但是，没有异议的是，自然法是并且应该是借由纯粹的理智之光而被认识的。所以将它视作取决于某个任意的意志，将是试图颠覆它，或者至少会把事情变成一种皮浪主义；

因为我们将没有某种自然的手段来确定上帝命令或是禁止了某件事而不是另一件事。因此，如果自然法初始时依赖于神圣的创设，对这一点不存在疑问；我们也必须同意，这并非仅仅是一个任意的创设，而是一方面依据人的性质和构造；而另一方面，则有赖上帝的智慧，他不可能欲求某个目的，却没有同时欲求那种适合于达成这一目的的仅有的手段。

6.（我们的观点与格劳秀斯的观点相差不大） 在这里我们不难看出，我们确立自然法基础的方式，在其主要方面与格劳秀斯的各项原理没有区别。或许这个伟大的人物本可以更好地阐释他的想法。但我们必须承认他的评论者，甚至包括普芬道夫，并没有正确地理解他的意思，也便因此对他作出了错误的指责，他们声称，他建立自然法基础的方式，可以被归结到一个恶性的循环中。如果我们问，普芬道夫说[1]，什么是构成自然法的实质的事情？答案是，它们是那些就其本质而言正直或不正直的东西。如果我们接着询问，那些就其本质而言正直或不正直的东西又是什么？便没有其他的答案，只说它们是构成自然法实质的东西。这便是批评家们放在格劳秀斯嘴里的东西。

但是让我们看看格劳秀斯是否真的说过这样的话。他说[2]，自然法包括正当理智的若干原理，它们告诉我们，一项行为是道德上正直的或不正直的，是根据它与一种理性的和社会性的本性具备必然的一致或不一致；由此，作为自然创造者的上帝，命令或

① 参见普芬道夫，《自然法与万民法》，第2卷，第3章，第3节；以及《辩护》（*Apol.*），第19节。

② 参见格劳秀斯，《战争与和平法》，第1卷，第1章，第10节。

禁止这样的行为。在这里我看不到任何循环：如果提出下述问题，即命令的或禁止的行为的自然的正直或卑劣是从何而来的，格劳秀斯并未以他的批评者强使他回答的方式来回答；恰恰相反，他表示这种正直或卑劣是从我们的行为与一种理性的和社会性的本性所拥有的必然的一致性或不一致中来的。[①]

7.（自然法的效果，是一种使我们的举止符合这些法律的义务）在见识到自然法就其自身而言可以践行，明显有用，与正确理智给予我们的关于上帝的观念高度一致，适合于人的性质和状态，与秩序完美地吻合，并且最后，被充分地昭示；这里便不再存在疑问的空间，具备这些特征的法律是强制性的，并使人处于一种使他们的举止符合这些法律的必不可少的义务之下。甚至可以确定，上帝以这种方式加诸我们的义务，是所有义务中最为强大的，因为它是由各种最强大的动机一致结合而产生的，因此也便最适于决定人的意志。事实上，理智的各种忠告和准则使我们负有义务，并不只是因为它们就其自身而言非常宜人，并且建立在各种事物的性质和不可转移的关系之上；更是因为至上存在者的权威，他在这里的干预是通过使我们清楚地了解到，他意欲我们遵守这些忠告和准则，因为他正是各种事物的性质，以及它们之间各种相互关系的创造者。总之，自然法同时借由一种内在的和一种外在的义务来约束我们；这产生了最高程度的道德必然性，并使自由受制于最强的服从，但并没有毁灭它。[②]

① 参见巴贝拉克对《自然法与万民法》第 2 卷第 3 章第 4 节的注释 5。

② 参见本书上卷，第一部分，第六章，第 13 节。

因此，对自然法的服从是一种真诚的服从，并因此应该源自一种诚意的原理。这些法律的首要效果就是指导我们心灵的各种情感，以及内心的各种运作。我们若是不践行它们要求我们的事项，我们或许能外在地免于它们的谴责，但一定是伴随着悔恨并且违背了我们自己的意志。而且，既然欲求那些我们不被允许享有的东西是不被许可的；那么我们的职责便不仅在于履行我们被命令的东西，而且同时将我们的赞许给予它，并承认它的效用和正义。

8.（自然法对所有人都是强制性的） 自然法的另一个本质特征是，它们是普遍适用的，也即它们应该没有例外地向所有人施加义务。因为人不仅都同等地受制于上帝的命令；而且，既然自然法的基础在于人的构造和状态，并且借由理智向他昭示，很显然它们便与全体人类具有本质上的一致性，并不加区别地使他们负有义务；不论事实上他们之间有何差异，并且不论他们处于何种状态中。这是使自然法区别于实证法的地方；因为一种实证法只与某些特定的民族和社会相关。

9.（格劳秀斯关于神圣的、实证的和普遍的法律的观点） 确实，格劳秀斯[①] 以及他之后的若干神学家和民法学家，宣称存在神圣的、实证的和普遍的法律，它们给所有人施加义务，并且从它们创造的那一刻便为人们充分知晓。但是，首先，如果存在这类法律，因为它们不能单凭理智之光就被发现，那么它们必然已经被明确地展示给全人类；而这件事并不能被完全证实。而如果有

① 参见《战争与和平法》，第 1 卷，第 1 章，第 15 节以及巴贝拉克的注释。

人竟说，它们只给那些知晓了它们的人施加义务；这便破坏了归之于它们的普遍性，因为这些法律假定是为所有人创设的。其次，神圣的、实证的和普遍的法律，应该就其自身而言在所有时代、所有地方，对所有人都是有益的；而这是为上帝的智慧和良善所要求的。但是为了吻合这一目标，这些法律应该是建立在人的性质的一般构造之上，而这样一来它们就将是真正的自然法。[①]

10.（自然法不可改变且不容许任何豁免） 我们已经观察到，自然法尽管是由神圣意志所确立的，但却不是某种任意的安排的结果，而是在事物的性质和相互关系中具有其基础。因此，自然法是不可改变的，并且不容许任何豁免。这同样作为这些法律的一个专有的特征，将它们与所有实证法——不论是神圣的，还是人类的——区别开来。

自然法之不可改变并不与绝对完美存在者的独立、至上权力或自由相冲突。既然他自己便是我们构造的创造者，他便只能够规定或是禁止那些与这种构造具备必然的一致性或不一致的事物；也因此，对于自然法，他便不能造成任何改变或是给予任何豁免。[②] 不使自己自相矛盾，对他而言是一种光荣的必然性；这种被人们错误地称呼的无能（impotency），远没有限制或是减少他的完满性，而是给它们增添了外在的特征，并指出了它们全部的卓越性。

① 参见巴贝拉克对普芬道夫《自然法与万民法》第1卷第6章第18节的注释6。

② 参见普芬道夫，《自然法与万民法》，第2卷，第3章，第6节；以及格劳秀斯，《战争与和平法》，第1卷，第1章，第10节。

11.（论自然法的永恒性） 考虑到至此已经谈及的事情，我们或许可以说——如果我们愿意的话，自然法是永恒的；尽管——说实话，这个表述就其自身而言非常不正确，而且更容易使我们的观念变得模糊而非明晰。那些最开始注意到自然法永恒性的人，或许是出于对民法之新异和时常变动的反对。他们意指的只是，自然法先于摩西、所罗门或是任何其他立法者的法律，因为它是与人类同时期出现的；到此为止，他们所说的都是对的。但是，像很多神学家和道德学家所做的那样，断言自然法同上帝一样永存，便是提出了一个就其确切价值而言并不完全真实的论断；因为自然法是为人而创设的，它的实际存在预设了人类的存在。仅仅根据上帝拥有的观念的永恒性来理解自然法的永恒性，那么我们归之于自然法的，其实不过是可以同样归之于一切存在的事物的。[①]

拉克坦提乌斯（Lactantius）保留的西塞罗的一篇优美的文章，将使我们最好地结束这里的讨论。[②] 这位哲学家说道，正确的理智确实是一种真正的法律，它与自然相吻合，并且对所有人都是共同的，它持存、不可改变且永恒。通过它的各种命令，它推动人履行职责；借由各项禁令，它则拦阻人们于邪恶。——不允许裁撤这部法律的任何部分，或在其中进行任何改动，更不用说完全

① 自然法之不可变易性为所有细致思索的人承认。参见《法学阶梯》，第1卷，第2章，第11节（*Instit.* lib. 1. tit. 2. § 11.）；诺特（Noodt.），《法学意见》（*Probabil. Juris*），第2卷，第11章。

② 参见西塞罗，《国家篇》，第3卷，转引自拉克坦提乌斯，《神圣原理》（*Institutiones Divinae*），第6卷，第8章。

废除它。元老院和人民都不能抛弃它；它也不需要任何阐释，因为它自己就是明晰的和易理解的。在罗马和雅典，它都是相同的；在今天和明天也都一样。它是同一个永恒的和不可变更的法律，被给予了所有时代、所有地方和所有民族；因为作为它的作者并且亲自发布了它的上帝，永远是人类唯一的主人和主权者。无论谁违反这一法律，便是放弃了他自己的本性，剥夺了自己的人性，并将因为不服从而被严惩，尽管他或许可以逃避人们通常称之为的那种惩罚。

关于作为个体规则的自然法，以上所述应该就足够了。为了涵括全部人道体系，并且全面展开我们的各项原理，我们同样必须讨论各个国家之间应该遵守的各项规则，它们通常被称之为万民法。

第六章　论万民法

1.（公民社会是如何形成的）在人的各种建制之中，最可观的无疑是公民社会，或政治体，它被正确地视为所有社会中最完美的，并且基于优先地位获得了国家这个名字。

人类社会就其自身而言是简单的，对于那些组成它的人而言，则是一个平等和独立的状态。它只臣属于上帝；没有人具有一种自然的和原初的权利来下达命令；每个人或许都可以按他自己认为合适的方式来操持自身以及他拥有的东西，而限制，只是他始终要在自然法的限制之内，并且不对任何人造成损害或伤害。

公民社会则在这一原初社会之上造成了很大的改变。主权的确立颠覆了人们原本彼此之间的独立；相反，臣服被建立了。主权者好似成为了每个个体意志和力量的受托人，他们在他的人格中得到了统一，社会的所有其他成员变成了臣民，并发现自己处于这样一种义务之下，即服从主权者加诸他们的法律，并且按照这些法律来操持自己。

2.（公民状态没有毁灭而是改善了自然状态）但是，不论统治和主权在自然状态中造成的改变有多大，我们绝不应该认为公民社会彻底地颠覆了自然社会，或者它毁灭了人们彼此之间的基本关系，或者上帝和人之间的关系。这在物理和道德上都将是不可能的；相反，公民社会预设了那种为造物主所型塑的人的本性；它预设了原初的联合和结合的状态，以及这一状态包括的各种关系；最后，它预设了人对于上帝和他的法律的天然的依赖。统治远非颠覆了这一首要的秩序，而是着眼于赋予它一种新的程度的效力和连贯性。它意在能使我们更好地履行自然法所规定的各项职责，并更加稳妥地获得那个我们为之而生的目的。

3.（关于公民社会的正确观念） 为了形成一个关于公民社会的恰当观念，我们必须说，它仅仅对自然社会以如下方式加以修正，以便拥有一个发布命令的主权者，而有关社会幸福的所有东西都最终仰赖于他的意志；其目的是在他的保护和关怀之下，人类或许能够确定地获得他们天然向往的幸福。

4.（国家在道德人格这一观念下得到理解） 所有的社会都是由若干人意志的一致或联合而形成的，并着眼于获得一些益处。因此各个社会都被视作各种主体，并获得了道德人格这种称呼；因为这些主体事实上被一个单一的意志赋予了生命力，这个意志管辖着它们所有的运动。这尤其吻合于政治体或国家体。主权者是首领或是头颅，而臣民则是身体各个部位；他们所有与社会有关的行为，都为首领的意志所指导。在这里，一旦国家得以形成，它们便获得了一种人格属性：而由此我们或许可以在恰当的限度内，将特别符合于人的各种东西也归之于它们；例如专属于他们的若干特定行动和权利，他们有义务去履行的若干特定职责，等等。

5.（什么是万民法） 提出这以后，各个国家的建立在它们之间引入了一种社会，与那种人与人之间天然的社会相似；而那些引导人们在他们之间维持联合的同样的原因，同样也应该推动各个国家或它们的主权者保持一种对彼此的良好的理解。

因此，在国家之间应该存在一些法律这一点便是必要的，它们能够作为相互交往的规则。这项法律不可能是别的，而只能是自然法本身，它这时候用万民法这个名字加以区别。自然法，霍布斯非常恰当地说道[①]，被分为有关人的自然法和国家间的自然法，而后者正是我们称之为的万民法。因此，自然法和万民法实际上是同一回事，只是因一个外在命名而有所区别。因此我们必须说，恰当而言的万民法，并且考虑到它是一种得之于某个在上者的法律，便不是什么别的，而是自然法本身，它并不应用于得到单独考虑的个体，而是应用于各个民族、各个国家或是他们的首领共同拥有的关系，以及它们在彼此之间必须加以应对的若干种利益。

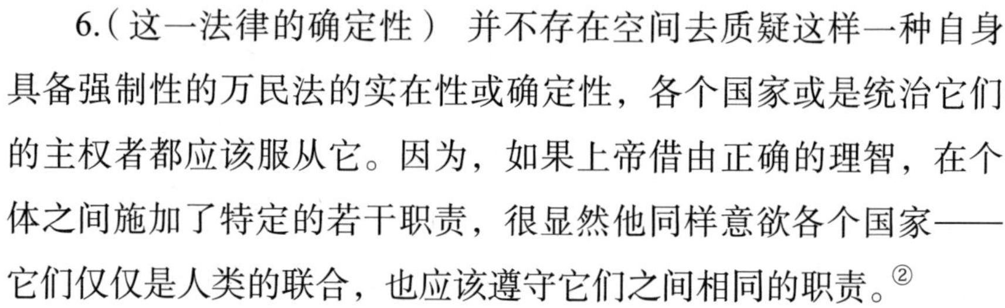

6.（这一法律的确定性） 并不存在空间去质疑这样一种自身具备强制性的万民法的实在性或确定性，各个国家或是统治它们的主权者都应该服从它。因为，如果上帝借由正确的理智，在个体之间施加了特定的若干职责，很显然他同样意欲各个国家——它们仅仅是人类的联合，也应该遵守它们之间相同的职责。[②]

7.（万民法的一般原理；政治包括什么） 但是为了谈谈与这个主题更为相关的特定内容，我们可以看到，国家之间相对于彼此的自然状态，是一种社会状态和和平状态。这个社会同样是一个平等和独立的状态，在它们之间建立了均等的权利；并让它们

---

① 《论公民》，第 14 章，第 4 节。

② 参见本书上卷，第二部分，第五章，第 8 节。

对彼此怀有相同的敬意和尊重。因此，万民法的一般原则只不过是社会性的一般法律，它使所有相互交往的国家都负有义务履行那些个人天然地便服从的职责。

这些评论或许可以使我们对如下技艺形成一个恰当的想法，这种技艺对国家的管理者来说尤为必要，并通常以“政治”（polity）这一名字加以表达。相对于外国而考虑的政治，是一个主权者通过尊重正义和人道的法律，为了他统治的国家的保存、安全、繁荣和荣耀而展示的能力和举措；也就是说，没有对其他国家造成任何伤害，而是通过在理智预期的范围内获取它们的益处。因此，主权者的政治便与私人的明智德性相同；而正如我们谴责后者之中的任何狡计或奸诈，这使他们以别人的利益为代价来追求他们自己的益处，所以君主那里相同的狡计也将会被谴责，如果他们倾向于通过伤害其他国家来获取他们自己人民的利益。“国家理由”，经常被宣称可以为君主们的行动或是事业给予辩护，但是却只有在它与各个国家的共同利益相调和，或者——这是同一回事——与诚信、正义和人道不可更易的规则相调和时，才能出于这一目的被接受。

8.（对格劳秀斯有关万民法观点的检讨）　格劳秀斯事实上承认自然法对所有国家都是相同的；然而他确立了一种实证万民法，与自然法相区别；并把这种万民法归结为一种人法，它是因为全部或者绝大多数国家的意志和同意而获得一种强制性力量的。[①] 他

① 参见格劳秀斯，《战争与和平法》，绪论，第 18 节，以及第 1 卷，第 1 章，第 14 节。

补充道，这种万民法的各项准则为人们的长期实践和史学家的证词所证明。

但人们已经恰当地认识到，这种宣称的区别于自然法，且不论人们是否同意它，仍被赋予了一种强制力的万民法，是一种全无根基的假设。[①]

因为，①所有国家就彼此而言都处于一种自然的独立和平等。如果在它们之间有任何共同的法律，它一定是来自它们共同的主权者——上帝。

②至于那些各个国家之间通过明示的或默示的同意而建立起来的习俗，它们既不是自存的，也不是普遍适用的，更不具强制性。若是仅有若干国家在一个相当长的时间内、在某些特定情形下、以某种特定的方式，对待彼此，它们并不由此使自己身负在未来时期始终以同样的方式行事的必然性，更未由此使其他国家有义务遵照这些习俗。

③再有：这些习俗就其自身而言远不能够成为一种强制性的规则，因为它们可能是坏的或是不正义的。海盗或海贼这种职业，在没有通过联盟或是条约联合起来的国家之间，基于一种同意，长期被视作是合法的。同样，有些国家允许自己在战争时期使用有毒武器。[②] 我们应该说这些习俗是被万民法授权的吗？或者，我们不是应该将它们视作野蛮的惯例，每个正义的和管理良好的国

① 参见普芬道夫，《自然法与万民法》，第2卷，第3章，第23节，以及巴贝拉克的注释。

② 参见维吉尔（Virgil），《埃涅阿斯纪》（*Aeneid*），第10卷，第139行，以及皮尔·德方丹（Abbè des Fontaines）的注释15。

家都应该避免它们？每当我们试图判断国家之间建立的习俗是否具备强制效果时，我们便不可避免地要经常诉诸于自然法，这个唯一普遍适用的法律。

④在这个主题上可以说的是，当在国家之间引入了具备无害性质的习俗；只要它们没有作出任何相反的声明，有理由认为每个国家都会服从这些习俗。这是能够给予那些被接受的习俗的全部效力或效果；但这与恰当所称的法律的效果完全不同。

9.（两种类型的万民法：一种自身便具备必然性和强制力；另一种则是任意的和基于惯例的） 这些评论使我们有空间总结道，所有这些或许能通过区分两个种类的万民法来加以调和。必然存在一种普遍适用的、必然的和自发强制性的万民法，它与自然法无甚区别，因此是不可更易的，即使是民族或主权者借由一致同意来免除万民法的义务，也必然侵越了他们的职责。此外，还存在另一种万民法，我们或许可以称之为任意的或是自由的，因为它仅仅是建立在明示的或默示的惯例之上；它的效果就其自身而言并非普遍适用的；只对那些自发地表示了服从，并且只在他们愿意时，才具有强制性，因为他们始终可以自由地改变或是废除它。对之我们还必须补充道，这种万民法的全部效力最终仍依赖于自然法，自然法要求我们对于作出的约定要真心实意。无论什么若实际上属于万民法，或许都可以被归之为这两种中的任意一种，而这种区分的用处在我们将之应用于若干特定问题时，将会轻易地展现，例如关于战争、关于大使、关于公共条约、关于有时在主权者之间产生的相关问题之争议的

决断。[①]

10.（对前述评论的运用） 对万民法的起源和性质加以关注是非常重要的，对之我们已经谈及。而此外，对事物形成恰当的观念是始终有利的，这在实践和道德方面更为必要。或许是由于我们将万民法与自然法区别开来，我们已经不自觉地使自己习惯于对主权者的行为和私人的行为作出不同的判断。没有什么比下述情况更常见了，那些使个人经常得到谴责的事项，发生在君主们身上时，却会使我们称赞他们或至少加以开脱。然而正如我们已经展示的，确切无疑的是，万民法的准则与自然法的准则具备同等的权威，并且是受到同等的尊重和同样神圣的，因为它们都共同拥有上帝作为它们的作者。简言之，对所有人类来说，仅存在一条单独的且相同的正义规则。那些违背了万民法的君主，同违反了自然法的私人一样，都犯了一个巨大的罪行：如果在这两种

① 让我们在这里顺便讨论一下，古罗马律师们关于万民法的观点并不总是一致的；这造成了一些混淆。有些人将万民法理解为对所有人都相同的权利规则，这些规则是根据理智之光建立起来的，与每个民族的特定法律相对（参见《学说汇纂》，第 1 卷，第 1 节，“正义与法”，第 9 题）。因而万民法也便昭示了自然法。其他人在这两者之间有所区别，正如乌尔比安在刚才提到的那一节第 1 题所做的那样。他们将万民法的名字给予那种与人之为人相匹的东西；区别于那些适合人的动物方面的东西（参见普芬道夫，《自然法与万民法》，第 2 卷，第 3 章，第 3 节，注释 10）。最后还有些人将两者都囊括在自然法这一概念之下（参看《学说汇纂》，第 1 卷，第 1 节，“正义与法”，第 11 题）。因此，拉丁作家中更优秀的那些人未加分别地使用自然法和万民法的名字。我们在西塞罗的下面这段话中便发现了这一点。他说，按照自然法，也就是说，按照万民法，一个人不允许以另一个人为代价追求自己的利益（参见《论义务》，第 3 卷，第 5 节）。参见诺特先生（Mr.Noodt）对《学说汇纂》第 1 卷第 1 节的评注，这位优秀的律师根据古代民法学家的不同论述，很好地解释了区别自然法和万民法的含糊性。

情况下有任何区别的话，君主的罪行无疑更严重[①]，因为他的不正义的举动较之私人的举动，始终伴随着更为致命的后果。[②]

① 参见本书上卷，第一部分，第十一章，第 12 节。

② 伯纳德先生（Monsieur Bernard）为我们提供了这些反思：如果某个人无故伤害具备同等地位的另一个人，他的行为就是不正义的；但是如果一个君主毫无理由地攻击另一个君主，如果侵入他的领土并且蹂躏他的城镇和省份，这就叫作发动战争，如果认为这是不正义的便是鲁莽的。打破或违反合同或协议，在个体间被视为犯罪；但是在君主中间，违反最庄严的条约，则是具备明智德性，是理解统治的技艺。诚然，一些借口总是会被提出来，但那些捏造这些借口的人，从不会使自己忧心于自己被认为正义与否。参见《文学共和国新闻》（*Nouvelles de la republique des lettres*），1704 年 5 月，第 340、341 页。

第七章　关于如下问题的短文：在自然法之前并且独立于立法者这一概念，是否存在各种行为的道德、任何义务或职责？

1.（伦理学家关于道德的首要原理的不同观点）　正如我们在第一部分的第十一章中所阐述的那样，人类行为的道德总的来说，是建立在这些行为与法律符合或不符合的关系上的。一旦我们承认了自然法，将没有任何困难去宣称，行为的道德取决于它们是符合或是背离这些法律。这是所有民法学家和伦理学家都同意的一个观点。但是，对于义务和道德的首要原理或原初动因，他们就并不如此一致了。

有很多人认为，除了表现为自然法的神圣意志，便没有别的道德原理。他们说，道德的观念必然包括了义务的观念；义务预设了法律；而法律则预设了立法者。因此，如果我们从所有的法律中抽离出来，并因此从一个立法者中抽离出来，我们就不会有严格所说的诸如权利、义务、职责或道德这类事情。[①]

---

① 参见普芬道夫，《自然法与万民法》，第1卷，第2章，第6节。

还有些人确实承认，神圣的意志确实是义务的一项原理，并因此是人类各项行为道德的一项原理；但他们不会停在这里。他们辩称，先于所有法律并独立于一个立法者，有些事情就其自身而言并凭借它们的本性，便是正直或不正直的；而理智一旦发现人类各项行为的这个根本的和具体的差异，它便强加给人执行一个而放弃另一个的必然性；而这是义务的首要基础，也是道德和职责的原初来源。

2.（相关于这一问题的若干原理） 我们关于人类行为的原初规则、义务的性质和起源所谈的东西[①]，或许会有助于弄明白当前的问题。但是为了更好地阐发它，让我们回过头从事物的若干首要原理重新开始，通过以一种自然的次序尽力地在这里聚拢那些主要的观念，它们或许可以使我们抵达一个恰切的结论。

①我首先观察到，所有那些就其自身而言纯粹且单纯地被视为心灵或身体的自然运作的行为，都是绝对中性的，并且不能在这方面声称与道德相涉。

事情显然便表现为这样；因为同样的自然的行为，有时被视作合法的和好的，而在其他时候则是不合法的和坏的。例如，杀一个人，在一个劫匪那里是一个坏的行为；但对一个执法者来说，或是对在遭到不正义的攻击时防卫自己生命或祖国的公民或战士来说，则是合法的和好的：这清晰地表明了，一个就其自身得到考虑的行为，并且作为若干自然官能的单纯运作，是绝对中性的并且不具任何道德性质。

① 参见本书上卷，第一部分，第五、六章。

②我们在这里应该仔细区分物理的和道德的考虑。无疑，在行为中存在一种自然的善或恶，这是根据它们自己独有的和内在的性质是有利还是有害，并因此在人那里产生物理上的善或恶。但是这种行为及其效果之间的关系是单单物理上的；而如果我们停留在这里，我们还未到达道德领域。很遗憾我们经常被迫使用相同的术语来描述物理和道德观念，这会很容易产生一些混乱。我们只能期盼，各种语言在用不同的名字区分事物的性质和不同的关系时，能够具有更大的准确性。

③如果我们更进一步，并且假设存在关于人类行为的若干规则，并在之后将这些行为与规则加以比较；由这种比较而得来的关系便是恰当来说在本质上构成道德的东西。[①]

④从这里随之而来的是，为了知道哪一个构成了人类各项行为的道德的主要原因或动力因，我们必须首先熟悉它们的规则。

⑤最后让我们补充道，人类行为的这项规则或许总体上有两类，或者是内在的，或者是外在的；也即，或许能够在人自身之中发现，或许必须在他自身之外发现。让我们现在就来运用这些原则。

3.（人类行为的三条规则：Ⅰ. 道德意识；Ⅱ. 理智；Ⅲ. 神圣意志）我们已经看到[②]，人在自身之内发现了一些辨别善与恶的原理，而这些原理是他的举止的若干规则。

我们自身之内发现的第一个指导性原理是一种本能，通常

① 参见本书上卷，第一部分，第十一章，第 1 节。

② 参见本书上卷，第一部分，第五章，和第二部分，第三章。

称为道德意识；它即时地指出——虽然是稀里糊涂和未加反思地——善与恶之间最显著和最引人注目的差别，借由一种自然的情感，使我们爱上一个，并让我们厌恶另一个。

第二个原理是理智，或者是我们对事物的性质、各种关系和后果的反思；这使我们在所有可能的情况下，通过若干原理和规则，具备了一种关于善与恶之区别的更为清晰的知识。

但是对于这两个内在的原理，我们必须加入第三个，即神圣的意志。因为人是上帝的手工作品，从造物主获得他的存在、他的理智和他所有的官能；他因此发现自己是绝对依赖于这个至上的存在者的，并不得不承认他是他的主人和主权者。因此，一旦他熟悉上帝有关他的造物的意图，他的主人的这个意志就成为他的至上规则，并应该绝对地决定他的举止。

4.（这三项原理应该被联合在一起） 让我们不要将这三个原理分开。它们确实是彼此不同的，并且每一个都具备它们独特的效力；但在人的实际状态下，它们必然是联合在一起的。是意识给了我们最初的提示；我们的理智增加了更多光亮；而上帝——他构成了正直本身——的意志则使它的确定性达到一个新的程度；增加了他的权威的重量。正是在所有这些联合起来的基础之上，我们应该树立起自然法或是道德体系的大厦。

因此，既然人是神的造物，创造他时伴有神的意图和智慧，并且被赋予了感官和理智；人类各项行为的规则，或者道德的真正基础，恰是至上存在者的意志，借由道德意识或是理智加以展现和阐释。这两种自然的手段，通过教导我们区分人类各项行为与我们构造——或者是同一件事情，创造者的目的——的关系，使我们知悉什么是道德上的善的或恶的、正直的或不正直的、被命令的或被禁止的。

5.（论义务的原初原因） 能感受到并且知晓善与恶，已经是一件大事了；但这仍不足够；我们必须同样在这种意识和认识之上，加入践行其中一个而摒弃另外一个的义务。正是这种义务构成了职责，而没有职责便将没有道德实践，并使一切都结束于单纯的玄思。但是，什么是义务和职责的原因和原理？是理智发现的各种事物的性质吗？亦或是神圣的意志？这是我们在这里要努力加以确定的。

6.（所有的规则就其自身而言是强制性的） 我们在这里产生的第一个反思就是有关人类各项行为的每一条规则都带有一种随之遵从它们的道德必要性，并由此产生了一种义务。而对之我认为很少有人表示了充分的注意。让我们来说明这一点。

规则的一般概念提供给我们的是这样一种观念，即一个确定和迅速达到特定目的的方法。因此，每一项规则都预设了达到某种目的的意图或是意愿，例如我们想要产生的效果，或者我们打算获致的对象。而且非常明显的是，如果一个人只是为了行动而行动，没有任何特定的意图或是确定的目的；他不应该烦扰于要以某种方式而非其他方式来指导自己的行为；他应该从不介意忠告或是规则。确定这一点之后，我断言，凡是给自己提出一个特定目的，知道能够将他导向这一目的的手段或规则，并且使自己掌握所期望的东西的人，他会发现自己处于遵循这个规则的必要性之中，并让他的行动与之相吻合。否则他将会自相矛盾；他意愿又同时不意愿；他欲求这个目的，却忽视了凭借自己的供述能将自己导引至这一目的的唯一手段。因此，我得出结论说，每一个规则，若被承认为是达成所提出的目的的一种确定而且唯一的手段，它便随之带有一种使人们就此被指导的义务。因为一旦有一种合理的必然性去偏好一种行为方式甚于另外一种，每一个理智的人并且意图这样行动的人，都会发现自己由此似乎被卷入和捆缚到这种方式中了，他的理智阻止他以相反的方式行动。也即，换句话说，他确实被强制；因为义务，就其原始含义而言，只不过是因理智产生的对自由的限制，因为理智给予我们的忠告是决定我们偏好以某种特定方式行事的动机。因此，所有规则都是强制性的，便是真实的。

7.（义务或许强烈程度不同） 实际上，这种强制 / 义务或许强烈程度不同，严格程度也有异，这是根据它们建基于其上的理智是否充沛，以及它们自身具备多少力量和效力来决定意志。

如果某种特定的行为方式对我来说显然比其他任何方式都更适合我的保存和完善，更适合获致我身体的健康和灵魂的福祉；单单这个动机便会强制我按照它来行动：因此我们拥有了第一种程度的义务。如果我之后发现，除了现在提到的益处之外，这样的举止将确保我与之交谈的人的尊重和赞许；这是加强上述义务的一种新的动力，并在对我的约束中增加了更多的东西。但是，如果通过将我的反思推进得更远，我最终发现，这种行为方式完全符合我的造物主的意图，他意愿并且打算我应该遵循理智给我的各种忠告，正如他亲自给我规定了许多实际的法律；可以看出，这个新的考虑加强对我的约束，将这个结系得更紧，并使我处于以这样或那样的方式行事的不可或缺的必要性之下。因为，除了通过按照造物主的意愿和命令来行动，以便确保获得在上位者的认可和仁爱；并且逃避他的震怒，而这必然会分毫不爽地降临到那些反叛的造物的身上：有什么东西会更适合于使一个理性的存在物最终确定他的行动呢？

8.（单纯理智便足以给人施加若干义务） 现在让我们来追随从这些原理中产生的若干结果。

如果每条规则就其自身而言都具强制性，且理智是人类各项行为的原初规则，这一点是真实的；那么，理智单独并且独立于法律，便足以给人施加若干义务，并由此给道德与职责、嘉许和责难营造空间。

如果我们从那些具备优越地位的人和法律中短暂抽离，首先仅仅检视被视为一个理性存在物的人的状态，那么对这个问题便不会留下任何疑问。人向自己举出有益于自己的事物，也即他身体和灵魂的福祉。他之后便搜寻获致这些益处的手段；而一旦他发现了它们，他便赞同了一些特定的行动，而谴责了另一些；而由此他也会赞许或是谴责自己，根据的是他的行为方式与他理智的规定是相符，还是相反。这一切不是明显展示出理智对自由施加了限制，并将我们置于做或是不做特定事项的义务之下？

让我们继续。假设上述状态中的人成为一个家庭的父亲，并且计划理智地行动；照顾或忽视他的孩子，为他们的生活和教育提供保障或是对这两件事置之不理，对他而言，这难道是一个中性的事情吗？或者恰恰相反，很明显，不同的举止必然会给他的家庭带来善或是恶；理智给予的认可或是谴责，难道不会使其成为道德上好的或是坏的，值得称赞或是值得责备的？

推进这种论证方式并把它应用于人的所有状态，将是一件容易的事。但是，我们已经说过的足以表明，可以将人视作理性的，并且可以使我们确信理智指出了这样一条道路，单凭此就能引导一个人达成他的目的，并使他背负了遵循这条道路的必要性，而且由此对他的举止进行规范：因此，单凭理智便足以建立起一种道德、义务和职责的体系；因为一旦我们认为做或是不做特定事项是合理的，这便是在实际上认可了我们担负的义务。

9.（反对意见。没有人能强制自身）“但是义务这个概念”，有些人将会说，“必然包含了一个施加义务的存在者，而他应该与那个被施加义务的人迥然有别。假设施加义务的人和那个被施加义务的人，是同一个人，是在假设一个人或许能和自己订立契约（contract）；而这是相当荒谬的。实际上，正确的理智不过是那个被施加义务的人的一种特质；它因此不能是一种义务的原理；没有人能够给自己施加一种以这样或那样的方式行动或不行动的不可避免的必然性。因为预设某种必然性，它便绝对不能随着臣服于这种必然性的人的意志和喜好而更易；否则它便毫无效果。因此，如果那个被施加了义务的人，与施加义务的人是同一个人，每当他愿意时，他便能够使自己解除这种约束；或者，这里不存在义务；因为正如当一个债务人继承了他的债权人的财产和各项权利，债务便不存在了。既然职责是一种债务，那么它们便都只能在不同的人之间才能存在”。[①]

10.（回答） 这个反对意见其实华而不实。事实上，那些声称

① 参见塞涅卡，《论恩惠》，第5卷，第8节。

如果没有在上位者或法律，便实际上没有义务或道德的人，必然是预设了下述两件事之一：①或者是除了法律之外，人类的各项行为便没有其他的规则；②或者是如果有任何其他规则的话，只有法律才是强制性的规则。

这些假设中的第一个显然是毫无根据：就这个问题已经谈了这么多之后，我们认为在此停顿对其加以反驳是毫无用处的。或者理智是处于懈怠并且在被赋予人时不带有任何意图，不然我们就必须承认它是人的各项行为和举止的一般的和原始的规则。有什么比一个理性的存在物应该为理智所引导更自然的呢？如果我们竟试图尽量回避这个论点，而声称虽然理智是人类各项行为的规则，但有且只有法律才是强制性的规则；除非在某个在上位者的意志和命令对自由产生的限制之外，我们同意将义务这个名称给予若干种其他对自由的限制，那么这个命题将是难以维系的；而这将只是一个关于语词的争论。或者我们必须假设，若不存在某个在上位者的意志的干预，实际上根本不存在，甚至根本无法设想有任何义务存在；这远不是正确的。

整个错误的根源或是歧义的原因，是我们没有上升到最初的原理，以便确定义务的原初观念。我们已经说过，而我们要再一次说，每一个由正确的理智产生或允准的对自由的限制，都形成了一个实际的义务。那些能够恰当地且正式地施加义务的，是我们良知的命令，或是我们对这种或那种规则所作的内部判断，对它们的遵守便对我们显得正义，也即符合正确理智之光。

11.（一个新的反对意见。回答）“但是这种论证方式”，有些人将回应道，“不是与若干最清晰的概念相矛盾，并颠覆了一些通常接受的观念吗，它们使义务和职责依赖于某个在上位者的干预，他的意志将表现为法律。理智施加的义务，或者是人向自己施加的义务到底是一种什么东西呢？当他有摆脱它的想法时，不是始终能摆脱它吗；而且如果债权人和债务人是同一个人，正如我们已经观察到的，能够恰切地说这里甚至存在债务这种东西吗？”

这个回应基于某种歧义之上，或者说它将有疑问的事情假设为前提了。它一直都假设，除了来自某个在上位者或法律的义务，便既不存在也不可能有任何其他的义务。我同意，这是民法学家们的共同语言；但这并不会改变事物的性质。而之后的论证则不能证明任何东西。确实，如果他有了这种想法，人当然可以放弃理智施加给他的义务；但如果他这样做，是使自己陷于危险境地，而且他是强迫自己承认，这样一种举止是非常不理智的。但是从这里就作出结论说，单纯靠理智不能对我们施加义务，则是走得太远了；因为这种行为也会同等地使在上位者施加的义务失效。因为法律所产生的义务并不会颠覆自由；我们始终有能力去臣服或是不臣服于它，并承担相应后果的危害。简而言之，问题并不在于强力或是限制，而只是与一种道德束缚有关，它不论被设想为何种形式，都是理智的产物。

12.（职责或许有或宽泛或严格的含义）诚然，职责，根据其适当和严格的含义，是一种债务；而当我们这样考虑它的时候，它提出了一种有人有权利要求我们作出某种行动的观念。我同样同意，这种考虑职责的方式就其本身而言是恰当的。人构成了一个体系或整体的一部分；因此他与其他存在物有各种必然的联系；而人的各项行为从这个角度来看，由于始终与其他人有若干联系，那么职责这个观念，一般而言，便包括这一关系。然而，正如在道德问题上经常发生的，对于同一个术语，有时候我们给予更广泛的定义，而在其他时候则是更有限的含义，没有什么阻碍我们对职责这个词赋予更广泛的含义，将它一般性地视为符合正确理智的行为。那么之后便可以说，人即使作为一个单独的和孤立的存在物，也都有若干特定的职责去履行。而为了这一目的，理智允准一些行为而谴责另一些行为便足够了。这些不同的想法就其自身而言并不是对立的；相反，它们能被完全调和在一起，并在彼此那获得力量和协助。

13.（此前讨论的结果） 我们至此一直在谈论的东西所达成的结果如下：

①理智作为人的首要规则，也是道德的首要原理和所有原初义务的直接原因。

②由于其性质和状态，人处于对造物主的必然的依赖之中，而造物主则是怀有意图和智慧型塑了他，并且在创造他的时候筹谋了若干特定的愿景；上帝的意志是人类各项行为的另一条规则，是道德、义务以及职责的另一个原理。

③因此，我们或许可以说，总体上存在两种道德或是义务；一种先于法律，是理智的成果；另一种后于法律，并且恰当而言正是从中产生的结果；此前提到的内在和外在义务的区分正是建立在这一基础上。[①]

④诚然，这些不同种类的义务并不都具备相同的效力。那种

① 参见本书上卷，第一部分，第六章，第 13 节。

从法律中产生的，毫无疑问是最完善的；它给自由施加了最强的限制，并因此值得优先获得义务这一名称。但我们并不能从这里推断，这就是唯一的选项，而且不可能存在其他种类的义务。一种义务或许仍是实际存在的，即使它有别于并弱于另一种。

⑤更加有必要承认这两种义务和道德的原因在于，正是将这两个种类的义务结合在一起，才使法律的义务最为完善；它同时成为内在的和外在的义务。[①] 因为如果没有对法律的本质加以注意，它们命令或禁止的事情并不值得理智赞美或谴责；那么立法者的权威除了力量之外，便没有别的基础；而法律就不过是某种任意的意志的结果，它们将会产生一种约束，而非任何真正的义务。

⑥这些评论尤其并且能以最准确的方式适用于自然法。这些法律产生的义务是所有义务中最有效的和最广泛的；因为一方面，这些法律的安排本身是非常合理的，是建立在各项行为的性质、它们的具体差异以及它们同特定目的的关系之上。另一方面，神圣的权威命令我们将这些规则作为他为我们规定的法律来遵守，从而使它们自身产生的义务增添了新的效力，并将我们置于一种使我们的各项行为吻合这些规则的不可避免的必然性之中。

⑦从这些评论中可以继续得出，建立道德的两种方式——一种将理智，另一种将上帝的意志标举为它的原理，不应该被置于对立状态，视为两个不兼容的体系，任何一个若不破坏或排斥另一个便无法存在。相反，我们应该将这两种方式联系在一起，联合这两个原理，以便建立一个完整的道德体系，使之真正建立在

① 参见本书上卷，第一部分，第九章，第 12 节。

人的性质和状态的基础上。因为人，作为一个理性的存在物，服从于理智；同时作为上帝的造物，服从这个至上存在者的意志。由于这两种特性在其本性之中并无对立或不兼容之处，所以这两条规则，理智与神圣的意志，便可以完美地调和在一起；它们甚至是天然相通，并被它们的汇流而加强。事实上不可能是其他的情况；因为，毕竟，上帝本人是各项事物的性质和相互关系的作者；特别的，是人的性质，他的构造、状态、理智和各种官能的作者：全体都是上帝的成果，最终仰赖于他的意志和设定。

14.（这种确立道德的方式并未削弱自然法体系） 这种确立义务和职责之基础的方式，远没有削弱自然法或道德的体系，我们或许可以声称，它反而使这一体系更为稳固、更具效力。这是将事物追溯至其源头；是给整个建筑确立基础。我承认，为了在道德问题上作出好的论证，我们应该如其所是地看待事物，不进行各种抽象；也即，我们应该关照到人的性质和实际状态，统一和合并所有本质上进入人道体系的要件。但这并不妨碍我们同样也从各个细节方面来考察人的体系，例如其各个部分，以便到达这一目的，也即对这些部分的准确认识或许会有助于我们更好地理解总体。这是我们为了达到这一目的能够采取的唯一方法。

15.（对格劳秀斯观点的检讨） 迄今为止已经提出的，可能有助于解释并同时证明格劳秀斯在他最初的论著第 11 节中的一个观点。这位作者以他的方式将自然法的各项原理和基础建立在人性的构造之上，之后他补充说，他所说的一切都会在某种程度上发生，即使我们承认上帝不存在；或者说他不关心人类的事务。很明显，借由他表达自己的方式，便表明他不打算将神圣意志排除在自然法体系之外。否则便是误会了他的意思；因为他自己将造物主的意志确定为权利的另一个来源。他的全部意思是，独立于被认为是一个立法者的上帝的干预，自然法的各项原理在各项事物的性质和人的构造中便具有它们的根基；单单理智便已经对人追随这些原理施加了必要性，并使他有义务使他的举止与之相吻合。事实上，不能否认的是，秩序、一致性、正直和与正确理智相吻合，这些观念在任何时候都至少在一定程度上给人以及某种程度的文明国家留下印象。人的想法是以这样的方式形成的，即使是那些没有完全准确和充分理解这些想法的人，仍拥有一个比较模糊的概念，一旦它们被提出便会得到默许。

16.（为了拥有一个完善的道德体系，我们应该将它与宗教连接起来） 尽管我们承认这些原理的实在性和确定性，我们同样应该坦诚，如果我们不再继续探寻，那么我们的旅程还只走了一半；独立于宗教来建立一种道德的体系，将会极度困难。因为即使我们承认，这样一种体系并非全无基础；然而确定无疑的是，仅凭它自己将永远无法产生那种伴有了神圣意志之后，才会出现的非常有效的义务。由于至上存在者的权威，恰当而言，给予了理智的各项准则以法律的效力，这些准则便由此获得了它们可能获得的最高程度的力量，约束意志使之服从，并将我们置于最严格的义务之下。但是（我们再重复一次）因此便宣称，理智的各项准则和忠告，若就其自身加以考量，并且假如与上帝命令分离，便全然不是强制性的，则是推论得太过了；这个结论逸出了我们的各项前提之外，并且仅仅承认一个单一种类的义务。这不仅与各项事物的性质不相符合，而且正如我们已经观察到的，它甚至会削弱从立法者的意志所得来的义务。因为神圣的法令愈是为理智所允准——这是由于就其自身而言，它们与我们的性质完美相匹，并与我们的构造和状态极端相符——它们便会在心灵中留下愈强烈的印象，并在意志之中得到更大的服从。

第八章　前一章的若干结果：对正义的、正直的和有用的之区分的反思

1.（在这个主题上存在着大量的歧义和错误） 前一章中的反思让我们明白，关于道德或自然法的基础，各个作者的不同观点存在着大量的歧义和错误。他们并不总是追溯到最初的各项原理，他们在下定义和进行区分时也不完全准确；他们在可以调和甚至应该结合在一起的观念之间，假设了一种对立。有些在面对人道体系时以一种太过抽象的方式加以推理；并且只因循他们自己的各种形而上学的玄思，从未充分关照到各项事物的实际状况和人的天然依赖状态。其他人则主要考虑这种依赖，把全体都归结为主权者的意志和各项命令，从而似乎忽视了人的本性和内在构造，而这些恰是不可分割的。这些不同的想法就其自身而言是正确的；但我们不能只择其一，排除其他，或者偏袒其中某一个。相反，理智要求我们将它们联合起来，以找到人道体系的各项真正原则，而这一体系的基础必须要在人的性质和状态中寻求。

2.（论正义、正直、有用、秩序和合宜） 效用、正义、正直、秩序和合宜这些词被经常使用，但是这些不同的概念很少以精确

的方式加以定义，其中一些常常被混淆。精确性的缺乏一定会产生歧义和混乱；由此，如果我们打算把事情弄清楚，我们必须小心地定义并正确地区分它们。

一个有用的行为，我认为或许可以定义为，那些本身倾向于人的保存和完善的行为。

一个正义的行为，是那些被认为符合某个发布命令的在上位者的意志的行为。

一个行为被称为正直的，是当它被认为符合正确理智的各项准则，吻合我们本性的尊严，值得人们的认可，并且这样做的人因此获致尊重和荣誉。

秩序我们理解为，若干事物相对于某个特定目的的情势，并与我们打算产生的效果相匹。

最后，对于合宜或者适宜，它与秩序有很大的亲和性。它是若干事物之间的一致性关系，其中一个就其自身而言就适合于另一个的保存和完善，并有助于使它保持在一个良好和有利的状态。

3.（正义的、正直的、有用的是迥异的事情，必须不能被混同） 因此，我们绝对不能混淆正义的、有用的和正直的这几个词；因为它们是三个迥异的观念。但是尽管它们彼此相异，却不存在对立；它们作为三种关系，或许都能适宜以及被应用于从不同的方面加以考虑的同一个行为。而且如果我们尽力上升至最初的起源，我们将发现它们都是起源于一个共同的源头，或是来自同一个原理，是同一个储水池的三个分支。这一总的原理便是理智的允准。理智必然赞同无论什么能将我们导向实际的幸福的东西：那些适宜于人的保存和完善的东西；那些吻合他所仰赖的主宰者的意志的东西；那些能为他获致同侪的敬重和尊重的东西；我说，由于所有这些都有助于他的幸福，当这些事情分别加以考量时，理智便不得不赞同它们每一个；而当一个行为从不同方面来看，联合了所有这些特性时，理智更不会吝惜其赞同。

4.（但是尽管它们是迥异的，它们还是天然联结在一起）因为这便是事物的状态，正义、正直和有用的观念，尽管是分立的，但却是天然地联结在一起的；至少当我们——而这也是我们应做的——关照到实际的、普遍的和持久的效用时，便是如此。我们或许可以说，这样一种效用便成为了一种特征，可以用来区分什么是真正的正义的或正直的，以及那些只在人们错误的观念中是如此这般的东西。这是由西塞罗作出的一个优美且明智的评论。[①] 他说，人们的语言和各种观念，在区分正直的和有用的，以及说服他们自己有些正直的事情并不是有用、有些有用的事情则并非正直时，远离真理和正确理智。这是对人类生活有危险的观念。——所以我们看见苏格拉底厌恶那些智者，是他们首先在观念中把这两件事区分开来，而它们实际在性质上是联合在一起的。

事实上，我们越是探究上帝的神圣计划，我们就越会发现神认为把道德上的善与恶与物理上的善与恶联系在一起——或者是同一件事，把正义的和有用的联系在一起，是合适的。尽管在某些特殊情况下，事情似乎并非如此，这只是一种偶发的无序，这不是这一体系的自然后果，而是人的无知或恶意带来的后果。我

① 参见西塞罗，《论义务》，第 2 卷，第 3 节，第 3 卷，第 13 节。同时参见格劳秀斯，《战争与和平法》，绪论，第 17 节及之后；以及普芬道夫，《自然法与万民法》，第 2 卷，第 3 章，第 10、11 节。

们必须补充一点，以便我们不是停留在最初的印象，而是全面考虑人道体系，我们会发现，每件事得到妥善考虑且所有补偿都作出之后，这些不规则将在某天得到纠正，当我们讨论自然法的各种约束力时，我们将对此作出更加充分的展示。

5.（一个行为是正义的，是因为上帝命令了它吗？） 这里有一个时常被提出的问题：一件事情是正义的，是因为上帝命令了它；还是，上帝命令了它，是因为它是正义的？

根据我们的各项原理，这个问题根本不难解答。一件事情是正义的，因为上帝命令了它；这已经为我们给出的关于正义的定义所暗含了。但是上帝命令这些或那些事，是因为这些事情自身就是合理的、符合秩序和他在创造人类时给自己提出的各项目的，并且与人的性质和状态适宜。这些观念，尽管就其自身而言彼此迥异，但却是必然地联系在一起的，而且只能为一种形而上学的抽象所分开。

6.（道德之美和人的完善包括什么） 让我们最后好好观察一下，这种和谐或是令人惊讶的一致，它自然地发生在正义、正直和有用的观念之间，构成了美德的全部美丽之处，并在同时告诉我们人的完善包括什么。

由于上述提及的不同体系，道德主义者们关于后面这一点存在分歧。有些人认为人的完善在于对他的各项官能的使用适合他存在的性质。其他人则认为在于对各项官能的使用符合我们创造者的意图。最后还有些人声称，只有人的思维方式和行为方式适宜于将他导向他所追求的目标，即他的幸福，人才是完善的。

但我们上面所说的充分展示了这三种考虑人的完善的方法，

几乎没有什么不同，也不应该彼此对立。由于它们是相互交织在一起的，我们应该把它们合并和结合在一起。人的完善实际上在于拥有自然的或是后天的各项官能，它们使我们能够获得并实际上使我们拥有坚实的幸福；这符合我们造物主的意图，印刻在我们的本性之上，并且通过他将我们置身其中的状态而清楚地表现出来。[①]

一个现代作家明智地说道，只是因为惧怕权威或是怀有回报的希望才服从，而没有因为美德自身的卓越而尊崇或热爱它；这是狭隘和势利的。相反，在实践美德时伴有对其合宜性和自然之美的抽象观点，却丝毫没有想到宇宙的创造者和指挥者；则是未能履行我们对这个首要的且最伟大的存在者的职责。只有那些在行动时共同伴有一种理智的原理、虔诚的动机，并关照到他的首要利益的人，才是正直的、明智的和虔诚的；这构成了最有价值和最完善的，同时也是他者难以望其项背的各项特征。

① 参见《愉悦情感论》，第8章。

第九章　论自然法应用于人类行为；首论良知[①]

1.（将法律应用到人类行为指的是什么）　一旦我们已经发现了我们各项职责的基础和规则，我们只需回忆起这部作品第一部分第十一章关于各项行为的道德已经说过的东西，以便发现自然法是以怎样的方式被应用于人类的各项行为，以及从中会产生怎样的效果。

将法律应用于人类行为，只不过是我们通过将它们与法律相比较，来判断它们合乎道德的程度；从这个判断中我们发现这些行为是好的、坏的或是中性的，我们有义务执行或是忽略它们，抑或我们可以在这方面运用我们的自由：而根据我们选取的立场，我们值得称赞或是责备、赞许或是谴责。

这是以两种不同的方式完成的。因为我们或者是在这一基础上判断我们自己的各项行为，或者是另一个人的行为。在第一种情况下，我们的判断被称为良知，而我们对其他人的行为的判断被称为归责。在道德领域，这些无疑是非常重要并具备广泛用处

---

① 参见《自然法与万民法》，第1卷，第3章，第4节，及后续文段；和《人与公民的义务》，第1卷，第1章，第5、6节。

的主题，因此它们值得认真、谨慎地对待。

2.（良知是什么） 良知恰当而言不过是理智本身，被视为接受了我们应该遵循的规则或自然法的指导；并且通过比较我们的各项行为和这一规则，根据我们从中得出的结论，判断行为的道德以及我们在这方面的义务。

良知常常也被当作是我们对各项行为之道德的判断；这一判断是完美推理的结果，或者是我们从两个明示的或默认的前提中推断出来的结果。一个人比较两个命题，其中一个包含法律，另一个包含行动；从中他推断出第三个命题，这就是他对自己行为的特质的判断。犹大就进行了这样的推论：无论谁宣判一个无辜的人死刑，便是犯了一宗罪；这是法律。而现在我做了这件事；这是行动。我因此犯了一桩罪；这便是结果，或者说是他的良知对他所采取的行动所作的判断。

3.（良知预设了对法律的认识） 良知因此预设对法律的认识；而且特别是对自然法的认识，因为它是正义的原初根源，同样也是举止的至上规则。并且由于法律除非为我们所知晓，它们便不能为我们充当各种规则，因此良知便成为了我们各项行为的即时的规则：因为很显然，只有当我们获得对这些法律的提示之后，才能去遵从它们。

4.（第一条规则） 确立这一前提后，关于这件事我们必须作出的第一条规则是，在咨询良知并遵循它的忠告的同时，我们更必须启蒙我们的良知。

我们必须启蒙我们的良知；也即，我们必须不遗余力地力求在有关立法者的意志以及他的法律的安排方面获得准确的指导，以便获得任何涉及被命令、禁止或许可的东西的正确观念。因为显而易见的是，如果我们在这方面是无知或错误的，那么我们应该形成的关于我们各项行为的判断将必然是邪恶的，从而导致我们误入歧途。但这还不够。我们必须在这种首要的知识之外，还加入关于行为的知识。为此，不仅必须检视这个行为本身；而且我们也应该注意到伴随着它的各项特殊情况，以及或许会随之而来的各项后果。否则，我们便是冒着错误应用法律的风险，因为根据我们行为所伴随的不同情况，法律的一般决定会允许几项修正；这必然会影响到它们的道德，也必然会影响到我们的各项职责。因此，法官在宣布判决之前，非常熟悉法律的要旨和意涵仍是不足够的；他也应该对事实以及所有不同的情况具备准确的认识。

但是这不仅仅是为了启蒙我们的理智，我们才应该掌握所有这些知识；这主要是为了不时地将它应用于去指导我们的举止。因此，当我们无论何时采取行动时，我们应该首先咨询我们的良知，并由其各项忠告所指导。这实际上是一项不可或缺的义务。因为，最后，良知作为立法者意志的执行者和解释者，它给予我们的忠告，具备一项法律所拥有的全部效力和权威，所以也应该对我们产生同样的效果。

5.（第二条和第三条规则） 因此，只有通过启蒙我们的良知，它才能成为一种确定的行为规则，在遵循它的各项指令时，我们会完全自信地感到已经准确履行了我们的职责。因为如果在良知是我们各项行为的即时规则这一概念之下，我们便相信每个人或许都可以合法地做任何他认为是为法律所命令或许可的事情，便是犯了一个严重的错误。我们应该首先弄清楚这个概念或是说法是否是正当确立的。因为正如普芬道夫[①]观察到的，良心只有在得到法律的指导之后——因为法律的恰当作用就是指导我们的各项行为——才会参与对人类的各项行为进行指导。因此，如果我们希望能安全地作出决定和行动，我们必须在每一个特定时刻都遵守以下两条规则，这些规则自身很简单，易于实践，并且是自然延伸于我们的第一条规则，它们只不过是对它的一种澄清。[②]

第二条规则。在我们确定要遵循良心的各项命令（dictates）之前，我们应该彻底检查我们是否具备必要的光亮和协助来判断我们面前的事物。如果我们竟然缺乏这些光亮和协助，那么我们在决定或是从事任何事项时，便不会不伴有一种不可原谅的和危险的莽撞。然而，没有什么比对这条规则的逾越更为普遍的了。例如，大众在宗教纷争或是关于道德和政治的艰涩问题上，作了多少决定啊，尽管他们并不具备判断或推理这些问题的能力。

第三条规则。一般来说，假设我们具备必要的光亮和协助来判断我们面前的事情，之后我们必须确保我们是否真的运用了它们；因为，在不展开新的调查的情况下，我们或许会遵循我们的良知所暗示的东西。每天都在发生的是，由于没有注意到这一规则，我们让自己被悄悄地主导着做了许多事情，而我们可以很容易地发现这些事情是不正义的，只要我们注意到了一些明确的原理，它们的正义和必要性是得到了普遍承认的。

当我们运用了这里规定的几条规则，我们便做了我们能而且

① 参见《自然法与万民法》，第1卷，第3章，第4节。

② 参见巴贝拉克对《人与公民的义务》第1卷第1章第5节的注释1。

应该做的一切；而且在道德上确定无疑的是，借由这样的行事方式，我们既不会在我们的判断中犯错，也不会在我们的各项决定中做错。但是，尽管有这些预防措施，如果我们竟出现了错误——这并非绝对不可能；这将是一种与人性无法剥离的软弱（infirmity），它携着其辩解一起被至上立法者看在眼里。

6.（在先的和嗣后的良知。第四条规则） 我们或者是在行动之前，或者是在已经行动之后来判断我们的各项行为；因此存在一种在先的良知和一种嗣后的良知。

这一区分使我们有机会确立第四条规则；也即，一个具备明智德性的人应该在他行动之前和已经行动之后咨询他的良知。

在决定去行动时却没有提前检查我们将要做的是善的还是恶的，很显然表明了对我们职责的无动于衷，而这对于人来说是最危险的一种状态；一种能够将他置于最致命的过度行为之中的状态。但是，由于在这一最初的判断中，我们或许为激情所主导，冲动行事，或者未加详细考量；因此，这就需要我们在已经行动之后再加以反思，或者是为了确认我们处在正确的一方，如果我们已经拥抱它了的话；或者是，如果可能的话便更改我们的错误，并且提防未来类似的过错。鉴于下述情况，这变得更为重要，因为经验告诉我们，在过去和未来的一段间隔之后，我们常常作出迥异的判断；而且那些在我们作抉择时，或许会将我们带入歧途的各种偏见或是激情，常常在这个行为已经结束之后，全部地或部分地消失；这便使我们能更加自由地正确判断这个行为的性质和各种后果。

展开这种双重检验的习惯，是一个正直的人的基本特征；而且实际上，没有什么比这一习惯能更好地证明我们倾向于严肃履行我们的各项职责了。

7.（嗣后的良知或者是平静的，或者是不安的） 对我们举止的重估所带来的效果，是非常不同的，这是基于我们对行为作出的判断，或许会宣判我们无罪，或许会谴责我们。在前一种情况下，我们发现自己处于一种满足和平静的状态之中，这是对美德最确定和最甜美的回报。一种纯粹而不受玷污的乐趣总是伴随着那些为理智所允许的行为；而反思以及对它们的回忆，则再续了我们已经品尝过的甜美。而且事实上，相较于内在的满足，以及能够正当地笃信我们已经给自己允诺了所仰赖的至高主宰的赞许和仁爱，还有什么会是更大的幸福吗？相反，如果良知谴责我们，这种谴责必然伴随着不安、焦灼、责备、恐惧和悔恨；这是一种如此沮丧的状态，以致古人将之与一个受到暴怒折磨的人的状态相比。每项罪行，这个讽刺作家说，都为犯下它的那个人所不允；而这个罪犯感受到的最初的惩罚，便是他会不可避免地自我谴责，即使他甚至能够找到方法在执法官的法庭前被开释。

> 凡是树立恶的榜样的行为都会带来不悦
> 给行为人自己。首要的惩罚：没有一个有罪的
> 人能在良心的羁绊面前被宣告无罪，尽管
> 他已经贿赂了法官以回报给自己一个不正当的判决。

尤维纳利斯，《讽刺诗集》，第13卷，1–4行。

那个犯了一桩罪的人，将马上发现
袭来的负罪感重压在他的心灵之上；
尽管贿赂或是恩惠或许会保全他的事业，
宣告他无罪，并规避法律：
没有什么能开释他本身；他自己的公正的想法
将施加谴责，而良心将会记录这一过错。

托马斯·克里奇（Thomas Creech）

由此嗣后的良知被称为安静的或焦虑的、好的或坏的。

8.（果断的和犹疑的良知。第五、六、七条规则） 我们对自己各项行为的道德程度所作出的判断，同样受制于若干种不同的修正，这产生了对良知的新的区分，对之我们应该在这里指出。这些区分，大体而言，或许同样可以被应用于我们在上面提到的良知最初的两个种类；但它们似乎更经常且特定地被用于在先的良知。

因此，根据一个人关于其行为的品质可能拥有的说服力的程度，良知或者是果断的，或者是犹疑的。

当我们果断地且不带任何犹豫地宣称，一项行为与法律相吻合或是相背离，或者它为法律所允许，并且由此我们应该做出或是不做这项行为，抑或我们在这方面能自由抉择；这便被称为一个果断的良知。相反，如果想法处于悬搁之中，我们看见两边的理由相互冲突并对我们具备同等的分量，以至我们无法决定我们应该倾向于哪一方；这被称为一个犹疑的良知。这便是哥林多人（Corinthians）的犹疑，他们不知道他们是否能吃献祭给偶像的东西，或者他们是否应当对之保持克制。一方面，基督教自由似乎允许它；另一方面，他们又因为担心这样做似乎便是同意了一种偶像崇拜行为而畏葸不前。不知道应该作出哪种决策，他们便给圣保罗写信来解除疑惧。

这一区分又给一些规则提供了空间。

第五条规则。当我们在做为果断的良知所决定的事情时，却伴有一种怨言和不情愿，便是没有完全地履行我们的职责。我们应该欣然地、乐意地和高兴地从事它。[①] 相反，在决定反对这种良心的动议时，不带任何犹豫或反感，则是表明了最高程度的堕落和恶意，这比他是被凶猛的激情或诱惑而推动时更加罪恶。[②]

第六条规则。对于一个犹疑的良知，我们应该尽全力摆脱我们的不确定，并且只要我们不知道我们是在行善还是作恶，就应该放弃行动。以其他方式行事，便是自发地将自己暴露在违背法律的危险之中，而这表明了一种对法律的间接藐视，是一个非常坏的行为。在牵涉重大事项时，现在提到的这个规则应该加以特别注意。

第七条规则。但是，如果我们发现自己处于这样的情况下，即必然地要求我们决定采取行动，那么我们必须，伴随新的专注去努力区分最安全和最可能的一方，并且它们的各项后果是最不危险的。这通常是激情相反的一面；它作为最安全的方式，并不过多地听从我们的各种倾向。同样地，通过遵循仁爱的各项命令而非自爱的各种建议，在犹疑的情况下，我们犯错的风险会很小。

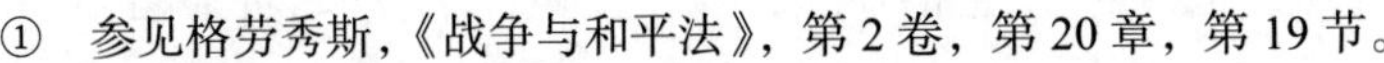

① 参见格劳秀斯，《战争与和平法》，第 2 卷，第 20 章，第 19 节。

② 参见本书上卷，第二部分，第五章，第 7 节。

9.（过虑的良知。第八条规则） 在我们恰当称之为的犹疑的良知——我们或许同样也可以用“踌躇的”这一名称来区别它——之外，还存在一种过虑的良知，它是由心灵中种种细微琐碎的纠葛产生的，而且并未看到任何值得犹疑的坚实理由。

第八条规则。这些顾虑，如果是必要的话，也不应该阻碍我们去行动；而由于它们一般来自于良知中某种毫无根据的敏感，甚或是粗俗的迷信，一旦我们去认真检视这件事，我们便应该马上摆脱它们。

10.（正确的和错误的良知。第九条规则） 让我们继续观察，果断的良知，根据其作出的决定是好还是坏，或者是正确的，或者是错误的。

例如，那些认为尽管自然法允许一种合法的防御，但我们还是应该放弃严苛的报复，便是拥有正确的良知。另一方面，那些认为要求我们忠实于我们承诺的法律，在面对异端时并不是强制性的，因此面对他们时我们便可以合法地违反承诺，便是具有错误的良知。

但是，在一个错误良知的情况下，我们必须做什么呢？

第九条规则。我回答，我们应该始终遵循良知的各项命令，即使当它是错误的，而且不论这个错误是可以被克服的还是不能被克服的。

初看起来，这条规则似乎显得奇怪，因为它似乎在劝行邪恶；一个根据错误的良知在行动的人，是拥抱了一种坏的事业，这是毫无疑问的。但是与下述情况相比，它却没有那么坏，也即当某件事与法律的决定相违背这一点，已经具备坚实的说服力时，我们仍决定去做它；因为这意味着对立法者和他的命令的一种直接蔑视，这是最为罪恶的倾向。而前面提到的那一抉择，虽然它本身是坏的，但仍是一种值得称赞的倾向的结果，即服从立法者并遵从他的意志。

但这并不由此意味着，当我们为一种错误良知的各项命令所引导时，始终可被谅解；仅当错误不能被克服时，这一陈述才是正确的。相反，如果这一错误可被超越，而我们在关于什么东西被命令或禁止方面判断错误，无论我们是根据还是违反良知的各项决定来行事，我们都犯了罪。这表明（再提到一次）启蒙我们的良知是一种多么重要的关切，因为在刚刚提到的情况下，无论他选择哪一面，那个具备错误良知的人实际上是处于一种做坏事的凄凉的必然性之中。但是如果我们竟然在某件中性的事情上判断错误，我们错误地认为它是一件被命令或是被禁止的事情，在这一情况下当且仅当我们违背自己良知的光亮而行动时，才犯了罪。

11.（明证性的和或然的良知。第十条规则） 最后，存在两种正确的理智；一种是清晰的和明证性的，而另一种仅仅是或然的。

清晰和明证性的良知，建立在为道德事物的性质所能允许的若干确定的原理和明证性的理由之上；因为一个人或许能清晰明确地证明，他对这种或那种行为作出的判断是公正的。相反，虽然我们能确信一项判断的真实性，但如果它只是建立在或然性之上，而我们不能以一种有条理的方式或是通过若干无可争辩的原理来表明其确定性，那么这就只是一个或然的良知。

或然良知的基础一般是权威和例证，由一种关于自然合宜性的混乱概念所支撑，而有时则受到一些似乎是从事物本质中得到的大众理由支持。人类的绝大部分正是凭着这种良知来操持自己的，因为很少有人能知道他们自己各项职责的不可避免的必要性，而这是通过从最初的源头并借由规律性的后果推断出来的；特别是当牵涉各项道德规范时，因为它们远离最初的原理，而需要一个更长的推理链。这种举止远非毫无道理。因为对于那些自身不具备足够的光亮以便对各项事物的性质作出妥善判断的人，最好的方法便是求助于已受启蒙的人的判断；这是能使他们安全采取行动的唯一资源。在这方面，我们或许可以将以上提到的人与年轻人相比拟，因为他们的判断尚未获得完全的成熟，因而应该听取和遵守他们长辈的各种忠告。由此，权威以及圣人和已启蒙的人的例证，或许在某些情况下，因为我们自己光亮的缺乏，可被证明是一种在作出决定和行为举止方面合理的原理。

但最后，由于那些或然良知的基础不是那么坚固，以至可以允许我们绝对地依赖它们，所以我们必须建立第十条规则，也即我们应该用我们所有的努力来增加自己各种意见的真实程度，以便尽可能地去接近清晰和明证的良知；除非我们不能做到更好，否则便绝不能对或然性感到满意。

第十章　论人类各项行为的功绩和过失；以及它们相关于自然法的归责[①]

1.（可归责性和归责的区分。论一种道德因的性质）　在从权利方面解释人类各项行为的性质时[②]，我们观察到，这些行为的一项基本特征就是容许归责；也即，行动者或许能合理地被视为这一行为的真正作者，将这一行为划归他的责任范围内，并使他对之负责；因为从这一行为中产生的好的或坏的结果，或许可以被正当地归属给或归之于他，就像归之于它的动力因，对之我们已经确立了这样一条原理，也即每个自愿的行为都具有一种可被归责的性质。

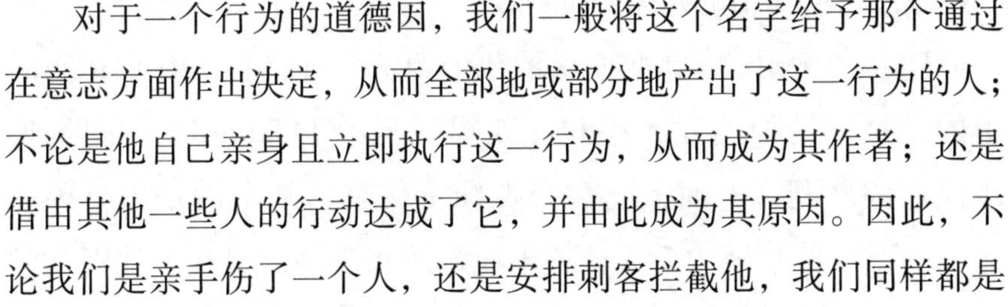

对于一个行为的道德因，我们一般将这个名字给予那个通过在意志方面作出决定，从而全部地或部分地产出了这一行为的人；不论是他自己亲身且立即执行这一行为，从而成为其作者；还是借由其他一些人的行动达成了它，并由此成为其原因。因此，不论我们是亲手伤了一个人，还是安排刺客拦截他，我们同样都是

① 这一章及下一章参见普芬道夫，《自然法与万民法》，第1卷，第5章和第10章。

② 参见本书上卷，第一部分，第三章。

从中产生的恶的道德因。

同时，我们必须观察到，我们必须不能将人类各项行为的可归责性混同于它们实际上的归责。前者，正如刚刚提到的，是行为的一种特质；后者是立法者或法官的一项行动，是他们对于一项具备可被归责性质的行为，而向某个人问责。

2.（论归责的性质。它预设了对法律及事实的认识） 因此，归责恰当而言是我们宣告的这样一个判断，某个人作为一项为法律命令或禁止的行为的作者或是道德因，从这一行动中产生的各种好的或坏的结果，应该在事实上被归之于他；而由此他应该对它们负责，并因此值得称赞或责备、报答或惩罚。

正如良知的判断一样，这种归责的判断是通过将法律应用于行为，两相比较，从而之后决定事实的是非曲直，并使作者由此感受到善与恶，以及法律所附加的惩罚或报答。所有这些都必然预设了对法律及其正确意涵，以及或许会影响法律决定的各项事实和环境因素的准确认识。这一知识的缺乏一定会使得这一应用变得虚假，使作出的判断变得错误。

3.（几个例子） 让我们展示几个例子。荷拉斯兄弟（Horatii）中的一员，是他们三兄弟和库亚提三兄弟（Curiatii）之间的搏斗仅存的胜利者，而他的一个姊妹不仅哀悼某个库亚提兄弟之死——因为他是她的爱人，还由此严厉指责她的兄长。他因此勃然大怒，亲手杀戮了他的姊妹。在罗马统治者前，他被控告；而问题在于，惩办谋杀者的法律是否应该适用于本案，以使他受到惩罚？这是法官的意见，他实际上对这个罗马年轻人作了判处。但是，向民众上诉后，他们却作出了不同的判断。他们的观念是，法律不应该适用于本案的情节；因为这位罗马女性，由于似乎更关心她自己的特定利益，而对祖国的善缺乏感知，或许可以在某种程度上被视作敌人并以此加以对待；因此，他们宣布年轻人无罪。让我们再补充一个有利的归责，或者说是给予报答的判断。西塞罗，在其执政官任期的初期，发现了喀提林（Catiline）的阴谋，这一阴谋对共和国构成了毁灭的威胁。在这一微妙的关头，他表现得非常审慎，通过判处一些罪犯死刑解决了这一阴谋，使之不带任何噪音或是骚动便被扼杀了。然而，恺撒，还有西塞罗的其他一些敌人，在人民面前指控他，认为他以违反规则的方式，并且在元老院或是人民对罪犯作出判决之前便处死了他们。但是，民众通过注意到案情的各项情况，注意到共和国避免的危险，以及西塞罗所做的重要事务，远没有判处他是侵犯法律的人，反而向他授予了祖国之父的光荣称号。

4.（原理：Ⅰ.我们不应该仅仅从可归责性便推导出实际的归责） 为了确立这一问题的若干原理和基础，我们必须观察到，我们不应该仅仅从一项行为的可归责性便推导出它实际的归责。一项行为，如果值得实际的归责，下面这两个条件必须同时具备：首先，它具备一种可被归责的性质，其次，行为者具有做或不做这一行为的某种义务。一个例子将使事情变得清晰。让我们假设两个年轻人具备同样的能力和便利条件，但没有义务去研习代数；他们中的一个投身于这门学科，而另一个则没有；尽管他们之中一个人的作为和另一个人的不作为，就其自身而言都具备一种可被归责的性质；但是，在这一情况下，它们既不是好的，也不是坏的。但是，如果我们假设这两个年轻人，其中一个被他们的君主安排去做一些行政工作，另一个则从事一项军事职务；在这一情况下，他们投身于或是忽视了对自己进行例如法学或是数学方面的教导，这种作为或不作为便可以正当地被归责给他们。原因在于，对于他们被征召从事的工作或职务，两人都不可避免地有义务去获取相关的知识。因此，显而易见，可归责性预设了行动或不行动的能力；而实际的归责，则在此之外仍要求一个人处于做这件事或那件事的必要性之下。

5.（Ⅱ.归责预设了行为及其结果之间的联系） 当我们将一项行为归责给一个人时，就像我们已经观察到的，我们让他对自己所作所为的各种好或坏的后果负责。随之而来的是，为了作出一个公正的归责，在做或未做的事情，和这种作为或不作为的各种好或坏的后果之间，必须存在一些必然或偶然的联系；此外，行动者必须对这种联系有一些认识，或者至少他必须能够对其行为的各种影响有一个大致的远见。否则，正如下述几个例子所示，归责便不可能发生。一个修枪匠向一个有着明智、镇静外表，而且似乎不怀有任何坏的意图的人出售武器。然而这个人立刻就对另一个人进行了不公正的攻击，并杀死了他。在这里，修枪匠根本就没有责任，他只是做了他有权利去做的事；此外，他既不可能也不应该预见到会发生什么。但是，如果一个人粗心大意地在一张桌子上留下了一把已经上膛的手枪，这个位置暴露在每个人面前，而一个全然不知其中危险的小孩竟伤了或是杀了自己；那么这个人肯定要为这件不幸负责：因为这是他的所作所为带来的明确且直接的后果，而且他可以也应该预见到。

我们必须以同样的方式对那种产生了一些善的行为进行推理。

这种善不能归给那个尽管是其原因但却没有想到这一点的人。但为了得到感谢和肯定，我们也没有必要完全确定自己能够成功；只要有足够的空间能够合理地进行推定就足够了，即使在最后其结果绝对会失败，意图也依然值得同等地加以赞扬。

6.（Ⅲ.功绩和过失的基础）　但为了上升至这个理论的若干首要原理，我们必须注意到，由于人因为其性质和状态而被假设有义务遵守某些行为规则，遵守这些规则构成了他的性质和状态的完善；相反，对它们的违反构成了两者的退化。既然我们被造就为这样一种形式，即完善和秩序让我们自己愉悦；而不完善和无序，以及无论与之相关的什么东西，都自然地使我们不满。因此，我们承认，那些对于他们被造就所要达成的目的负责的人，是在履行他们的职责，并因此为人道体系的善和完美作出了贡献，他们值得我们的赞赏、尊重和善待；他们或许可以合理地期待这些偏向他们的情绪，并且对于从中自然产生的各种有利结果，他们也拥有某种权利加以享用。相反，我们会不可避免地谴责那些拙于利用他们的各项官能，从而使他们自己的状态和性质退化了的人；我们承认他们值得非难和责怪，而且理所当然的是，他们行为的不良影响应该落在他们自己的身上。这是功绩和过失（merit and demerit）的基础。

7.（功绩和过失包括什么）　因此，功绩是一种使我们有资格获得我们的在上位者或平等者的赞许、尊重和善待以及从中产生的各种好处的品质。过失是一种相反的品质，它使我们值得与我们交往的人的谴责和责备，并且可以说要求我们承认，他们对我们采取的这些态度是合理的；而且我们处于这样一种凄凉的义务

之下，即承担从中产生的不利后果。

因此，很显然，这种功绩和过失的概念，以事物的性质作为它们的基础，而且与常识和普遍接受的概念完全吻合。要合理地对事项作出判断，赞美和指责总是应该依循行为的品质，也即根据它们是道德上好还是坏。对于立法者来说，这是很清楚的：如果他不允准与他的法律相吻合的，谴责与他的法律相背离的，必然会是最大程度的自相矛盾。而对于那些依赖他的人来说，这种依赖使他们有义务规范他们对这个问题的判断。

8.（Ⅳ.功绩和过失具备不同的程度；归责也一样） 我们已经[①]观察到，一些行为比其他行为更好，而坏的行为同样或许更坏或是不那么坏，这是根据伴随着它们的不同情况，以及那个从事它们的人的性情。因此，功绩和过失具有不同的程度；它们可能更大或是更小。所以当我们要准确地确定一个行为应该在多大程度上被归责于一个人的时候，我们应该考虑到这些差异；而赞美或责备、报答或惩罚，也应该具有与功绩和过失成比例的程度。因此，根据从一项行为中产生的善与恶的可观程度；根据履行或回避这项行为的容易或困难程度；根据在行动时伴有的反思和自由的程度；最后，根据使我们下定决心去做或是改变想法的理由的强弱程度，以及意图和动机是否高尚、慷慨：归责便以一种或多或少有效的方式进行，其效果则不同程度的有利或有害。

9.（Ⅴ.归责是简单或是有效的） 归责，正如我们已经暗示的，可能由不同的人作出；而且很容易理解，在这些不同的情况

① 参见本书上卷，第一部分，第十一章，第 12 节。

下，其效果并不总是相同的；根据人的品质以及他们在这方面拥有的不同权利，从而必然具有不同程度的重要性。有时候，归责仅仅局限于赞美或是责备；而在其他时候，它走得更远。这给了我们区分两种归责的空间，一种是简单的，另一种是有效的（efficacious）。第一个仅限于赞成或是不赞成这项行为；因此，对于行动者并不会产生其他效果。但第二种并不局限于责备或赞美；它对于行动者产生了一些好或坏的效果；也就是会降临到他身上的一些真正的和实际的善或恶。

10.（Ⅵ.两者的各种效果） 每个人都可以无差别地进行简单归责，无论对于该项行为的作为或不作为，他们具有或是不具有特定的和私人的利益在其中：他们只要拥有一般的和间接的利益就足够了。而且正如我们可以肯定的是，对自然法的适当遵守关乎所有社会成员的利益，所以根据它们是符合还是违反这些法律，他们都有权利赞美或谴责另一个人的各项行为。他们在这方面甚至有一种义务。他们对立法者和他的法律的尊重，也要求他们这样做；如果他们没有至少通过他们的认可或谴责来证明他们对诚实和美德的尊重，以及反之，对不义和罪恶的厌恶，便是没有尽到他们对社会和其他个体的职责。

但是，对于有效的归责，为了使其合法，我们则应该对一项行为的作为或不作为具有特殊和直接的利益。现在具备这种利益的人，首先是那些规范这些行为的人；其次是那些作为行为目标的人，也即我们的行动所指向的人，他们的益处或是不利与之相关。因此，一个已经颁布法律的主权者，他命令特定事项并许以回报，禁止其他事项而伴以惩罚的威吓，他毫无疑问会关心自己的法律是否得到遵守，因此有权利以一种有效的方式——也就是奖励或惩罚他们——将这些行为归责于他的臣民。这也适用于因另一个人的行为而受到伤害或损害的人：这一情况使他有权利将这一行为有效地归责给其作者，以获得公正的满足和合理的赔偿。

11.（Ⅶ.若所有相关方都不对一项行为进行归责，这个行为便被假设从未实施过） 因此，可能会出现有几个人有权利从各自的角度，将同一个行为归责给它的作者；因为这个行为可能会在不同的方面关系到他们的利益。在这种情况下，如果相关方中有一个人有意放弃自己的权利，在牵涉自己的方面不将这个行为归责给行动者；但这并不妨碍其他人的权利，因为这不在他的能力范围内。当一个人对我造成伤害时，我或许确实可以在关系到我自己的那些方面原谅他；但这并不会削弱主权者或许拥有的对这一伤害加以审判，并将其作者作为法律的违反者以及民事秩序和政府的干扰者加以惩罚的权利。但是，如果与这一行为利益相关的人，都愿意不对之进行归责，并共同原谅这种伤害和犯罪行为；在这种情况下，这个行为便应该在道德上被视为从未被实施过的，因为它没有附带任何道德后果。

12.（Ⅷ.好行为和坏行为的归责的区别） 让我们最后注意到，好的行为和坏的行为的归责有一些区别。当立法者已经为一项好的行为确定了一定的回报时，他便使自己有义务给予这种回报，并且给予了那些通过其臣服和顺从使得自己值得这种回报的人，要求获得这种回报的权利。但是，对于加诸各种不良行为的处罚，立法者如果有意施加的话，他或许确实可以施加这种惩罚，并且他具有无可争辩的权利去这样做；因为罪犯没有理由抱怨他会遭受的恶，因为他正是因自己的不服从而惹祸上身的。但我们并不由此认定，主权者有义务施以最严格的惩罚；在选择行使他的权利或是展示其恩惠，选择彻底地放弃惩罚或是减少惩罚时，主权者始终是这些行为的主宰；他或许有很好的理由来任择其一。

第十一章　将这些原理应用于不同种类的行为，以便判断它们应以何种方式被归责

1.（何种行为事实上被归责？关于那些没有运用理智的行为。论在醉酒状态下作出的行为） 若不是要将上述一般原理加以运用，并且特别指出对于哪些行为或是事件，我们需对之负责或是无需负责，我们或许本可以对上面的论述感到满意了。

216 （1）而首先，从已经说过的东西可以得出，我们或许可以将每个行为或是不作为都归责给一个人，他是其作者或动因，而且他本可以或本应该做或是不做。

（2）那些无法运用理智的人的各项行为，例如婴儿、傻瓜或疯子的行为，不应该被归责给他们。在这些情况下，知识的缺乏阻碍了归责。因为这些人不知道他们在做什么，或是将行为与法律相比较；他们的行为严格来说便不是人类的各项行为，它们也并不具备任何道德。如果我们指责或是教训一个孩子，这绝不是惩罚；这只是一种简单的纠正，我们主要是为了防止他染上一种坏的习惯。

（3）对于在醉酒状态下作出的行为，如果这一状态是自愿进

入的，则并不阻碍对一项坏的行为进行归责。

2.（论那些不可能的事情。论机会的缺乏）（4）我们不会对那些实在是超出了一个人力量的事情进行归责；对于被命令的事情的不作为，如果确实不存在机会去做它们，我们也不会对这种不作为进行归责。对于一种不作为的归责显然假设了下面这两件事：首先，一个人有足够的力量和手段去行动；其次，他本可以在运用这些手段时，不损及其他一些更不可或缺的职责，或是惹上某个相当大的且自己没有任何义务要遭受的恶。然而，必须明白的是，这个人并不是借由自己的过错而使自己丧失了作出某种行动的能力；因为，立法者可以合法地惩罚那些使自己退化到这种无能力的境地的人，将他们与那些有能力顺从时却拒绝行动的人等量齐观。在罗马，那些通过切断拇指使自己无法操持武器从而被免除军役的人，便是这种情况。同样，如果债务人是因为自己的不当行为而使自己无法偿还债务时，他便也不是可被谅解的。对于一件就其自身而言不可能的事，如果我们已经知道，或者或许可以轻易地知道它超出了我们的能力，而我们仍然去做它，并且有任何人因此竟受到伤害，那么我们变得有责任也便理所当然了。

3.（论各项天然品质。论外部动因产生的事件）（5）身体或心灵的各项天然品质本身不能被归责为善或是恶。但是，当通过个体的运用和关切，这些品质得到完善，或者这些缺陷得到修补，那么他便值得赞美；而相反，对于由于不良举止或忽视而产生的各种不完善或是衰弱，则当然应该被问责。

（6）各种外部动因和事件产生的不论何种类型的效果，都不能被归因于某个个体，视其为善或恶；除了下述这种情况，也即他能够且应该去获致、阻碍或是导引这些效果，而他在这方面则或许是细致的，或许是漫不经心的。因此，我们会将一个好的或坏的收成归责给一个庄稼汉，根据他的地是犁得好还是糟糕，因为土地的打理是托付给他来关照的。

4.（论因为谬误或无知所做的事情）（7）对于因为谬误或无知所做的事情，我们大体上或许可以断言，因为无法克服的无知——特别是那些其起源和动因是非自发的——所做的事情，一个人并不对之负责。如果一位君主在穿越自己的领土时加以伪装从而无法被认出，他的臣民们不能因为没有给予他应有的尊敬和尊荣而受到责备。但是，我们应该合理地将一项不公正的判决归责给一个竟然缺乏必要的知识以作出公正决断的法官，因为他忽视了在事实或法律层面上对自己加以指导。但是，在一般的日常生活中，获得指导的可能性，以及我们为了这一目的而必须费的心思，并没有被严格地考虑；我们只关心在道德层面上是可能的或不可能的东西，并适当考虑到人类的实际状况。

在法律和职责方面的无知或错误，一般都是自发的，因而并不妨碍对由此产生的行为或是不作为进行归责。这是已经确立的各项原理[①]的结果。但是，也可能会发生一些特殊情形，在这些情形之下，事物的本性就其自身而言难以探明，而它碰上的人则具备如下特征和状态，他的各项官能是天然受限的，同时也因为缺乏教育或是协助而显得未加开化，这些情况使得错误难以逾越，并由此值得被宽恕。它关涉立法者的明智德性来权衡这些情况，

① 参见本书上卷，第一部分，第一章，第 12 节。

并在这一基础上对归责进行修正。

5.（论性情、习惯和激情的效果）（8）虽然性情、习惯和激情自身便具有决定一些行为的巨大力量；但这个力量却不会完全阻碍我们运用理智和自由，至少是在执行它们激发的坏的意图方面。这是所有立法者都承认的；而且他们有很好的理由承认这一点。[①] 自然的性格、习惯和激情并不能无从改变地促使人去违反自然法。灵魂的这些无序不是无法治愈的；根据西塞罗的观察，伴随着痛苦和勤勉，人有可能设法消除它们，他为此目的列举了苏格拉底的例子。[②]

但是，如果不是努力去纠正这些邪恶的性情，我们反而通过习惯加强了它们，这并不会使我们可以被原谅。习惯的力量其实是非常大的；它甚至似乎是通过某种必然性在驱使我们。但是，经验告诉我们，当我们严肃地决心去努力掌控它时，也并不是不可能做到。而且，假使某些根深蒂固的习惯甚至比理智对我们都更具掌控力；但是由于不去沾染它们仍在我们的能力范围内，那么它们根本不会减少各种坏行为的不道德程度，并且因而不能阻止它们被归责。相反，由于一种具备美德的习惯使得行动更值得称道；所以邪恶的习惯便只会增加它的责难和过失。简而言之，如果各种倾向、激情或习惯竟能够阻挠法律的效果，我们便没有必要使自己再费心于对各种人类行为加以指导了；因为法律的主要目的一般而言便是纠正各种不良的倾向，防止各种邪恶的习惯，

① 参见本书上卷，第一部分，第二章，第16节。

② 参见《图斯库卢姆辩论》，第4卷，第37节。

阻断它们的影响，并且消除各种激情；或至少将它们限定在合适的限度内。

6.（论各种被迫的行为）（9）到此为止讨论过的不同情形，并不包含什么特别困难或是迷惑的东西。不过还存在一些更为复杂的情形，它们需要特别的讨论。

第一个问题是，我们如何看待被迫的行为；它们是否具备一种可被归责的性质，并且实际上应被归责？

我回答道，①一种绝对的无法抵抗的物理上的暴力，产生的一种非自愿的行为，不仅在实际上远远不应该被归责，甚至不具备一种可被归责的性质。[①] 在这一情况下，这种暴力的作者才是这项行为的真正的和唯一的动因，并且因此是唯一要对之负责的人；而那个直接的行动者由于只是被动的，罪行便不能被归责给他，就像不能将之归结给产生这种打击或伤害的剑、棍或是别的任何武器一样。

②但是，如果强制产生于对某些巨大的恶的恐惧或畏惧，而某个比我们自己更为强大的人正是以这种恶来威胁我们，并且他能够立即地施加这种恶；那么，因为这种恐惧所作的行为，便并非不是自愿的，并且因此一般而言，具备一种可被归责的性质。[②]

继而，为了知道它在实际上是否应被归责，我们有必要询问，那个被施加了这一强制的人，即冒着承受被用来威胁他的恶的风险的人，是否处于严格的义务之下去做或是不做某件事。如果是

① 参见本书上卷，第二部分，第十一章，第 1 节。

② 参见本书上卷，第一部分，第二章，第 12 节。

处于义务之下，而且他决定背离他的职责，那么这种强制便不是一个充分的理由使他能够绝对地被免除这种归责。因为一般而言，无可置疑的是，一个合法的在上位者能将我们置于服从他的各项命令的无可避免的义务之下，而这通常也是以肉体上的痛楚甚至是我们的生命为威胁的。

7.（被迫的行为就其自身而言是好的、坏的或是中性的） 根据这些原理，我们必须区分那些中性的行为和道德上必要的行为。一个在性质上是中性，并且是由强力所逼迫的行为，不能被归责给那个受到强制的人；因为，既然他（即受到强制的人）在这方面不处于任何义务之下，那么那种暴力的作者也便没有权利向他要求任何事情。而且，由于自然法明确禁止各种类型的暴力，所以便不可能同时又加以授权，使那个遭受暴力的人，处于执行他只是被迫做出同意的某件事的必然性之下。因此，每一个强制的承诺或合约，本身都是无效的，并且丝毫不具备一种承诺或是合约所拥有的约束性；相反，它可能并且应该作为一种罪行被归责给暴力的始作俑者。但是如果我们假设，使用这种强制并追求其执行的人，在这方面是在行使自己的权利；那么由此带来的行为，虽然是被迫的，但仍然是有效的，并伴有它所有的道德后果。因此，一个胸无半分诚实原则的债务人，如果只是出于对监禁或对他的货物进行强制处理这种迫切的恐惧才向他的债权人偿还了债务，便不能抱怨他是因为强制和暴力才作出这种偿付。因为既然处于偿债的义务之下，他本应该自愿而且自发地作出了这一行为，而不是因为强力而被强制执行。

对于各种好的行为，一个人是因为强力，或者说是因为害怕

受到打击或惩罚而决定做出这一行为，这些好的行为也便不值一提，不值得称赞或是报答。其原因很明显。为法律所要求的顺从应该是真诚的；我们在履行自己的各项职责时，应该秉持一种谨严的原则，应该是自愿的，伴以我们自己的同意和自由意志。

最后，对于那些显然是坏的或是犯罪的行为，一个人因为惧怕一些巨大的恶，特别是死亡而被迫做出它们；我们必须确立如下这样一个一般性原理，那种个体在其中挣扎的严酷环境，或许确实可以减少一个与这种磨难不对等的人的罪行，尽管是他自己做出了这样一个坏的行为，并且违反了他自己内在的信念；但这一行为在本质上仍是邪恶的，并值得谴责；因此，它或许可以，并且事实上会被归责，除非这个人能够宣称这一行为是基于必然性，因为这一例外情形会支持他免受归责。

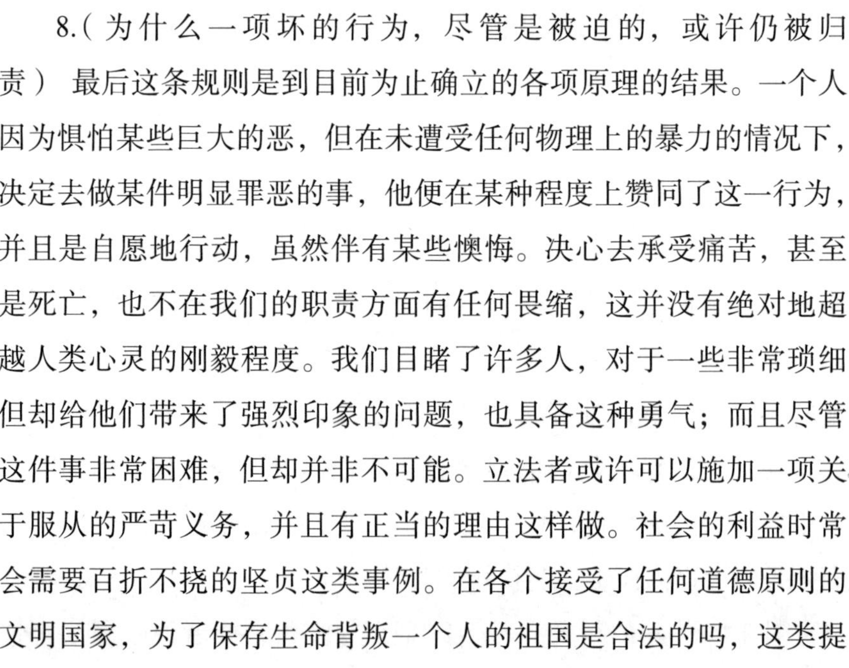

8.（为什么一项坏的行为，尽管是被迫的，或许仍被归责） 最后这条规则是到目前为止确立的各项原理的结果。一个人因为惧怕某些巨大的恶，但在未遭受任何物理上的暴力的情况下，决定去做某件明显罪恶的事，他便在某种程度上赞同了这一行为，并且是自愿地行动，虽然伴有某些懊悔。决心去承受痛苦，甚至是死亡，也不在我们的职责方面有任何畏缩，这并没有绝对地超越人类心灵的刚毅程度。我们目睹了许多人，对于一些非常琐细但却给他们带来了强烈印象的问题，也具备这种勇气；而且尽管这件事非常困难，但却并非不可能。立法者或许可以施加一项关于服从的严苛义务，并且有正当的理由这样做。社会的利益时常会需要百折不挠的坚贞这类事例。在各个接受了任何道德原则的文明国家，为了保存生命背叛一个人的祖国是合法的吗，这类提问便从来不构成一个问题。众所周知，相反的原则在希腊人和罗马人中间堪称定论。一些异教的道德学家强烈地灌输了这个教义，即对痛苦和折磨的恐惧不应该劝诱任何人使他做出违反宗教或正义的事情。一位拉丁诗人说，如果你作为证人被传召面对一个可疑和模棱两可的事情，说实话，并且不要害怕；说出真相，哪怕法拉里斯（Phalaris）要用他的公牛威胁你，除非你作出虚假的见证。把它固定为你心灵中的一个准则，也即喜欢生命胜过荣誉是最大的恶；并且永远不要试图以那种使生命唯一可欲的事情为代价来保存它。

如果你作为证人被传召至一些含混的
和可疑的官司中，尽管法拉里斯竟命令你
撒谎——并且在口授你的伪证时转动他的公牛——
最严重的罪过仍是把生存看得比荣誉更重要，
通过选择生命而丢失了一个人的立身之基。

尤维纳利斯，《讽刺诗集》，第 8 卷，80—84 行

如果一个证人处于一件葫芦案中，
那里有一个受贿的法官试图规避法律；
即使法拉里斯的公牛在那里，
而他将要指定你的誓言；
不要那般放浪，而是选择
去护卫你的荣誉，而且即使丢失生命，
也不要让你的美德被辜负，

美德！你生而为人所追求的最高贵的东西。

乔治·斯特普尼（George Stepney）

这条规则便是如此。正如我们已经指出的那样，仍然可能会发生的是，一个人置身其中的必然性，可能会提供一个有利的例外情形，阻止这个行为被归责。为了解释这个问题，我们将被迫进入一些属于另一个地方的一些细枝末节的讨论。在这里作出如下观察便足够了，一个人置身其中的情形，给予我们充分的空间来形成一个合理的假设，也即立法者本人会免除他被威胁的那种邪恶，并且因此允许他偏离法律的决定；而这一点，当一个人为了使自己从纠葛中解脱出来，作出的行动包括一种比用来威胁他的恶更小的恶时，或许总是能被假定。

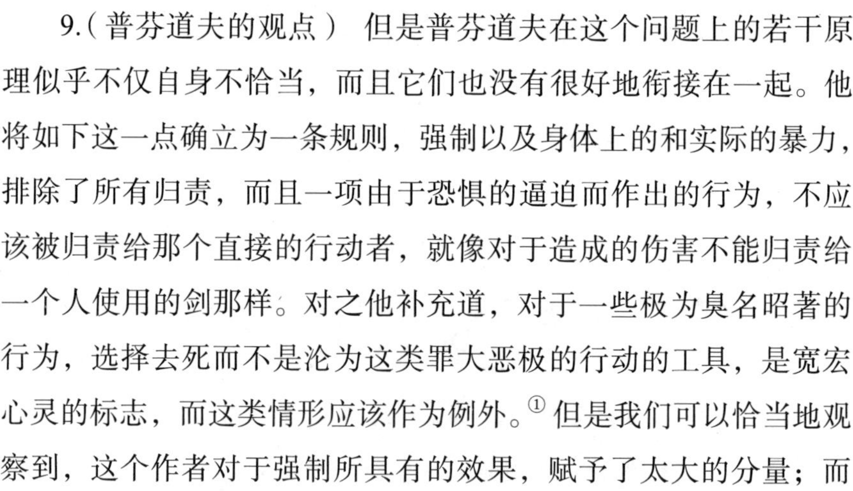

9.（普芬道夫的观点） 但是普芬道夫在这个问题上的若干原理似乎不仅自身不恰当，而且它们也没有很好地衔接在一起。他将如下这一点确立为一条规则，强制以及身体上的和实际的暴力，排除了所有归责，而且一项由于恐惧的逼迫而作出的行为，不应该被归责给那个直接的行动者，就像对于造成的伤害不能归责给一个人使用的剑那样。对之他补充道，对于一些极为臭名昭著的行为，选择去死而不是沦为这类罪大恶极的行动的工具，是宽宏心灵的标志，而这类情形应该作为例外。[①] 但是我们可以恰当地观察到，这个作者对于强制所具有的效果，赋予了太大的分量；而

① 参见《人与公民的义务》，第1卷，第1章，第24节；以及《自然法与万民法》，第1卷，第5章，第9节及巴贝拉克的注释。

斧头或是剑的例子，它们仅仅是被动的工具，不能证明任何事情。此外，如果这个一般性原理是坚实的，我们不明白他为什么会使一些特定情形成为例外；或者他至少应该给予我们一些规则以便确切地区别出这些例外情形。

10.（论那些不是一个人，而是许多人牵涉其中的行为）（10）但是如果那个由于恐惧而做出一项坏的行为的人，通常要对之负责，那么那个强制的作者也同等地要对之负责；而且我们或许可以对他在其中所占的份额加以问责。

这给我们提供了一个机会，对那些若干人一致做出了同一个行为的情形略加反思；并且确立这样一些原理，借之或许可以使我们决定在何种情形下，一个人的行为可以被归责到另一个人身上。这个问题具有极大的用处和重要性，值得被准确地对待。

①每个人，严格而言，都只能对他自己的各项行为负责，也即对那些他自己做或未做的事情负责：因为对于另一个人的各项行为，它们不能被归责到我们身上，除非我们对之表示了赞同，并且我们可以而且应该以特定的方式促成、阻止或是至少指导了它们。事情不言自明。因为将某个人的各项行为归责给另一个人，便是在宣称后者构成了其中的动力因，尽管不是唯一的动因；并且因此，这项行为在某种程度上取决于他的意志，或者是这项行为的原理，或者是其执行。

②确立这一点后，我们或许可以坚称，每个人都处于这样一项普遍的义务之下，也即尽其所能去引导其他所有人履行他们的职责，并阻止他们做出某项坏的行为，因此在这一情况下他自己不能推波助澜，不论是直接的还是间接的，并伴以某种蓄意的意

图和意志。

③有更强的理由使我们对这样一些人的行为负责，即我们对这些人有某种特别的监察，而且指导他们的任务被托付给我们关照；因此，这些人造成的善或恶，不仅可以被归责到他们自身，而且同样可以被归责到那些给予他们指导的人；根据后者是采取或是忽视了道德上必要——也即为他们的任务和能力的性质及程度所要求的——的关照。正是根据这一点，例如，我们将孩子的好的或坏的举止归责给这个家庭的父亲。

④同样，让我们注意到，为了合理地被视作赞同了另一个人的行为，如下条件是完全不必要的，即我们通过做或不做特定的事项，从而能够完全确信我们促成或是阻碍了这一行为；在这方面，我们具有一些或然性，或者是可能性便足够了。从而，在一方面，确定性的缺失并不会开脱我们的不作为；另一方面，如果我们已经做了所有我们应该做的，功败垂成也不能归责到我们身上；在这种情况下，责难会完全落在这项行为的直接作者身上。

⑤最后，作出这些评论也是合适的，对于现在在我们面前的这个问题，我们并不是在深究这个行为本身具备的美德或是恶毒程度，并使它更好或是更坏，增强它的赞誉或是责难、回报或是惩罚。我们全部想要做的，是对一个人对于另一个人的行为具有的影响程度，作一个恰当的估量，以便知道他能否被视作这一行为的道德因，以及这一动因的有效程度。在这一点上作出适当的程度区分，是非常重要的。

11.（三类道德动因：主要的；附属的；和协同的） 为了衡量这种影响的程度——它决定了我们能将一个人的行为归责到另一

个人的方式，有若干条件和区分必须遵守，若没有它们，我们就会对事物形成一个错误的判断。例如，一个单纯的认可，大体而言，较之一种强烈的说服或是特定的唆使，在引导一个人去行动时具备的效力更少。不过，我们对某个人形成的很高的评价，以及随之而来的信赖，或许会使得一个单纯的认可在某些时候与来自另一个人的最急切的说服或是最强烈的唆使，对一个人的行为，具备同等重大甚至更为重大的影响。

我们或许可以将影响另一个人行为的若干道德因，归入三个不同的类别。有时候它是一个主要动因，而那个执行这一行为的人只是一个附属的行动者；有时候，与之相反，直接的行动者是主要动因，而另一个人仅仅是附属的；而在另一些时候，他们是协同的动因，对行为具备同等的影响。

12. 一个人在如下情况中应被视为主要动因：他通过做或不做一些事情，以这样一种方式影响了另一个人的作为或是不作为，也即要不是因为他的话，这种作为或是不作为本不会发生，尽管直接的行动者也心照不宣地促成了这一行为。一个军官，根据他的将军或是君主的明确命令，做出了一项明显坏的行为：在这一情况下，这个君主或是将军便是主要动因，而这个军官只是附属因。大卫才是乌利亚（Urias）之死的主要动因，虽然约押（Joab）因为充分尊重大卫王的意图而促成了乌利亚之死。同样地，耶洗别（Jezebel）是拿伯（Naboth）之死的主要动因。[1]

我提到，直接的行动者必须心照不宣地促成了这一行为。因

① 参见《圣经·撒母耳记下》，第 11 章；和《圣经·列王纪上》，第 21 章。

为要是假设他不可能知道这项行为是好还是坏，那么他将只能被视为一个单纯的工具；而那个下达命令的人，在这一情况下作为这项行为唯一的和绝对的动因，也是唯一要对之负责的人。这一情况便是那些在一场不正义的战争中，服从他们主权者命令的臣民的境况。

但是，一个在上位者之所以被视为那些依赖他的人的行为的主要动因，严格来说并不是因为他们依赖他；而是因为他给他们下达的命令，可以预料的是，如果没有这种命令，他们自己本不会尝试作出那些行为。从这里我们可以得出，那些对于他的同侪甚至是他的在上位者的行为也具有这种影响力的人，或许可以出于相同的原因，被视为主要动因。这一点我们能很好地适用于君主们的顾问，或是那些对君主的头脑具备某种掌控力的牧师，牧师们有时候会错误地运用这种掌控力，从而劝诱君主们去做他们自己本不会下定决心去做的事情。在这种情况下，称誉或是责备便主要地落在那些意见或忠告的作者身上。[1]

① 我们应该怀着愉悦在此转录伯纳德先生的明智反思（《文学共和国新闻》，1702 年 8 月，第 291 页）。“在英格兰，把君主的过失归给大臣们是很常见的；我承认，这种归责通常是公正的。但大臣们的罪行并不能总是开脱主权者的错误；毕竟，他们和其他人一样有理智和理解能力，并且是他们自己意欲的主宰。如果他们让自己受到那些可以自由接近他们的人的太多支配，那就是他们的错。他们应该不时亲自求证，不要被一个邪恶和贪婪的朝臣引领。但是，如果他们自己不能妥善处理事情，并且不能区分善与恶，他们便应该把对政府的统治交给有能力的人：因为我不知道，为什么我们不可以向那些统治得差的君主们，适用查尔斯 · 博罗米（Charles Borromeus）向那些没有妥善关切他们信众的主教们所说的话：如果他们没有能力做这份工作，为什么怀抱这么多的野心？如果他们有能力，为什么产生这么多轻忽？”

13. 一种协同的动因是指，一个人通过做或是不做某些特定事项，充分并且尽可能地赞同了另一个人的行为；以至他被认为是同另一个人合作行动；尽管我们不能绝对地预设，没有他的赞同这项行为便不会被作出。这里包括那些给直接行动者提供援助的人；或者是那些庇护和保护他的人；例如，那些在另一个人破门而入的时候，提防通往这间房屋的所有路途，以便促成劫掠的人，诸如此类。若干人一起实施的阴谋，通常使他们全都同样地有罪。他们因为都勾连着相同的犯罪情节，并且在利益和意志方面是统一的，便都被假设为平等的和协同的动因。而且尽管他们每个人在执行上并没有同等参与，但是他们的行为或许仍然能恰当地被算到彼此的账上。

14. 最后，一个附属的动因是指，他对于另一个人的行为，仅具有很小的影响或份额，对于促成其执行，也只提供了一个很微小的机缘；可以说那个行动者，因为已经完全下定决心去行动，并且具备所有为行动所需的手段，只是得到鼓励去执行他的决定；例如，一个人告诉他着手的方式、有利的时机、逃逸的道路，等等，或者一个人称赞了他的意图并激发他去追寻它。

一个法官认为是错误的一种意见，却被多数投票所支持，因而他本人出于畏惧或是殷勤，没有反对这种意见而是默许了它，我们不是能把这个法官的这种行为也归入到附属动因这种类别吗？坏的榜样必须同样被列入附属动因之中。因为一般而言，这种性质的榜样只会对那些借由别的途径已经倾向于恶或是会轻易被带入歧途的人产生影响；因而那些树立了这类榜样的人，只不过是非常微弱地促成了那些因为模仿而作的恶。不过也有一些榜样非常有效力，既是因为那些树立它们的人的特征，也是因为遵循它们的那些人的性情，以至如果前者避免了作恶的话，后者便本不会有为恶的想法。这便包括在上位者树立的坏的榜样，或是那些因为他们的知识和名望而对其他人具备支配地位的人树立的坏的榜样；这些人对于那些因为模仿他们的行为而造成的恶便尤为难辞其咎。我们或许可以以同样的方式来分析若干其他情形。根据环境的不同，相同的事情对其他人行为的影响有大有小，而那些借此赞美这些行为的人，有时候应被视作主要动因，有时候是协同动因，还有些时候则是附属动因。

15.（对这些区分的运用） 这些区分和原理的应用也很浅易。假设在其他条件相同的情况下，协同的动因应被给予相同的判断。但是，毫无疑问，主要动因较之附属动因，值得更多的称赞或是责备，以及一种更大程度的回报或是惩罚。我说，假设其他条件相同；因为可能会发生的是，由于若干条件的变更可能会增强或是减少某项行为的优点或过失，而附属动因在行动时较之主要动因伴有一种更大程度的恶意，因此对于附属动因的归责便相应加重。例如，让我们假设，一个人由于受到另一个人的煽动而冷血地刺杀了某个人。这个煽动者自己是因为受到了他的敌人的残酷伤害而被激发的。尽管煽动者是这场谋杀的主要动因，然而因为他的行为是为愤怒所裹挟，因而会被认为不如谋杀者那般恶毒，谋杀者表现得冷静、从容，是别人激情的卑鄙的工具。

我们将以若干评论来结束本章：①相对于另一个人的行为所区分的三类道德动因，尽管就其自身而言是具备充分理据的，然而我们必须承认，将它们应用到各个特定情形时，有时是困难的。

②在无把握的情形下，我们不应该轻易地将除了行为的直接行动者之外的任何人视作主要动因；我们应该将那些赞同了此行为的人，视作附属动因，或者至多是并行动因。③最后，可以恰当地观察到，我们遵循的来自普芬道夫的若干原理，非常恰切地处理了若干道德动因之间的区分；但是由于没有准确地定义这些不同的动因，在他提到的若干特定例证中，他有时将本属于某类动因的情况归入另一类。这一点没有逃过巴贝拉克先生的注意，他的审慎的评论在这里对我们格外有用。[①]

① 参见巴贝拉克对《人与公民的义务》第1卷第1章第27节的注释。

第十二章　论自然法的权威和约束力[①]，以及美德和恶行一般会自然带来的善与恶

1.（自然法的权威指的是什么） 自然法的权威，我们在这里理解为它们从理智的应允以及特别是上帝被视作它们的作者而得来的效力：这使我们处于一项严格的义务之下，使我们的举止吻合自然法，因为上帝对于他的造物拥有至上的权利。我想，就自然法的起源和性质、它的实在性和确定性已经阐述过的东西，足以使我们同样确立它们的权威。但是，关于这一主题，我们仍有若干小问题要加以探讨。我们恰当称之为的法律的效力，主要取决于它们的约束力（sanction）。[②] 这好似给它们的权威盖上印章的东西。因此，很重要且必要的一点是探讨，是否真的存在自然法的约束力这样一种东西，也即它们是否伴有威吓和许诺、惩罚和奖赏。

2.（对自然法的遵守构成了人和社会的幸福） 出现在我们头脑中的第一个想法便是，以自然法之名标识出来的举止的规则，

① 参见普芬道夫，《自然法与万民法》，第2卷，第3章，第21节。
② 参见本书上卷，第一部分，第十章，第11节。

与我们的本性、与我们灵魂的原初的倾向和自然的欲望、与我们的构造、与我们的欲求和生活中的实际处境都如此吻合，以至它看起来明显是为我们而造的。因为大体而言，并且充分考虑每件事之后，遵循这些法律是获致一种真切、坚实的个体幸福和公共幸福的唯一手段；而违背它们则会促使人们进入一种失序状态，这对每个个体和整个种族都同等有害。这便是自然法的首要约束力。

3.（对问题状态的澄清） 为了证明我们的观点，并且正确地确定问题的状态，我们必须注意：①当遵守自然法被认为是唯一能够构成人和社会的幸福时，我们并不意指这种幸福可以是完美的，或是超逾所有的期望；人性对任何此类事物都不抱有妄念；如果美德本身不能产生这种效果，那么恶行在这方面也不可能具备任何优势。

②当我们询问人应该遵循何种适当的规则时，我们的问题可以被简化为这一点，即无论是大体而言，或是对每件事加以考虑，遵守自然法是否是将人导向他的目的的最有利和最可靠的手段，并使他获得在这个世界上可能享有的最纯粹、最完整和最持久的幸福；而且不仅对一些人而言是这样，对全人类也是如此；不仅在特定情况下，而且在整个生命历程中。

在这个基础上，同时借助理智和经验，将不难证明美德专有的和通常的效果实际上就是为我们刚才已经提及的，而恶行或是激情的不规律，会产生一种完全相反的效果。

4.（理智提供的关于前述真理的证据） 在论述人的本性和状态时，我们已经表明，无论我们以何种方式或是眼光看待人道体系，若不借助于理智的帮助，人既不能回应自己的目的，也不能完善自己的各项才能和官能，不能获得任何坚实的幸福，或将自己的幸福与同伴的幸福协调起来；因此，他应该首先注意改善自己的理智，咨询这一理智，并遵循从中得出的忠告；而理智会告诉他，有些事情对他而言是合宜的，有些则不合宜；前者并不具备完全相同的合宜性，它们的方式也各不相同：因此，他应该对善与恶作出恰当的区分，以便规范他的举止；真正的幸福不可能存在于与他的本性和状态不相容的事物中；以及最后，既然未来应该同现在和过去一样是他观照的对象，那么为了获得确定的幸福，仅仅考虑每一个行为现在的善与恶是不够的；我们同样应该回忆过去的事物，并把我们的视野扩展到未来，以便把全体结合起来，并检视在我们整个存续期内应该会产生什么样的结果。这些是许多明显的和可证明的真理。由于自然法不过是这些原初真理的结果，因此它们必然地并且就其自身而言对我们的幸福有着重大的影响。这一点毋庸置疑，因为这本著作已经展示出，发现这些法律若干原理的唯一方法，是从研究人的本性和状态开始，之后则探寻与他的完善和幸福在根本上一致的东西是什么。

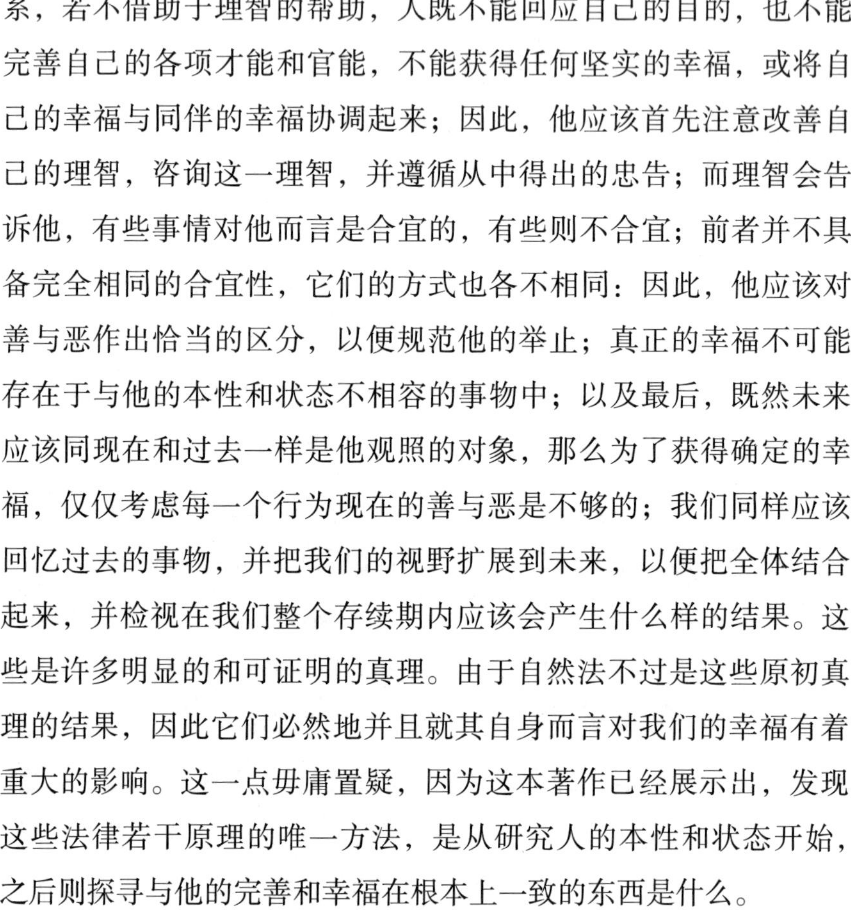

5.（经验提供的证据。美德自身便是一种内在满足的原理；而恶行则是不安和烦扰的原理） 但是那些借由理智显得非常清晰和充分的东西，会借由经验显得无可争辩。实际上，我们一般会观察到，美德，也即对自然法的遵守，本身就构成一种内在满足的源泉，而它的各种效果则是非常有利的，不论是对特定个人还是对整个人类社会，而恶行则伴有全然不同的各种后果。

无论什么，只要与理智和良知之光相悖，都不得不伴随着心灵里面一种暗中的不认可，并给我们带来烦恼和耻辱。内心被罪恶的念头折磨，而从中产生的回忆总是苦涩和悲伤的。相反，每一次对正确理智的顺从，都构成为心灵所认同的秩序和完善的状态；而且我们是以这样一种方式被型构的，一项好的行为似乎变成了一种隐秘的喜悦的种子；我们在回忆它时总是伴随着愉悦。事实上，最甜美或最令人慰藉的事情，莫过于能够对自己作出一种内在的见证，也即我们恰是我们所应该成为的，我们履行了属于我们的职责、最适宜我们的事项和最吻合我们的自然目的的事务。凡是自然的东西，都是令人愉悦的；凡是吻合秩序的，都是能带来满足和愉快的东西。

6.（论外在的善和恶，它们是美德和恶行的后果）除了这种伴随着对自然法的践行而来的内在愉悦的原理，我们发现它会外在地产生各种各样好的效果。它有利于保持我们的健康，延长我们的时日；它训练和完善心灵的各项官能；它使我们适宜于劳动，并能胜任家庭和公民生活中的各项职务；它确保我们能正确地使用和占有我们所有的物品和财产；它防止为数众多的罪恶，或者柔化那些它不能防止的；它使我们获得别人的信任、尊敬和钟爱；从中会产生社会生活中各种最伟大的慰藉，以及对我们各项事业的成功最有效的帮助。

试看公共的安全、家庭的宁静、国家的富强以及每个个体的绝对福祉都建立在什么上面。难道不是建立在宗教、节制、谦逊、仁慈、正义和真挚的原理上？与之相反，那些扰乱社会、打断人的幸福的绝大部分的无序和邪恶又是从哪里产生的呢？难道不正是因为忽视了这些原理吗？除了一般伴随着不规则和堕落而来的罪恶和耻辱之外，恶行也同样伴随着许多外在的恶，诸如身体和心灵虚弱，骚动和无妄之灾，经常性的贫困和痛苦，暴力和危险的派系，家庭中的嫌隙、敌对，持续的恐惧、耻辱、惩罚、蔑视、仇恨，以及我们所从事的每一件事情上的数千种阻遏和困难。有一位古人非常优雅地说道[①]，邪恶喝了她自己一半的毒药。

7.（美德和恶行的这些不同效果在那些被赋予了力量和权威的人那里更为重大）但是如果这些便是美德和恶行对于大多数人会产生的自然的结果，这些效果在那些因为他们的处境和等级而对社会的状态具有特别的影响，并且能决定他人命运的人那里会更强烈。如果主权者认为自己在规则之上并且独立于所有的法律；如果他们能够指导一切事务，并只听从自身的冲动和奇想，放任自己的不正义、野心、贪婪和残酷，还有什么灾难不会令他们的臣民感到忧虑呢？相反，在一个明智和有美德的君主的管理下，这个君主认为自己处于一种特别的义务之下，即不背离虔敬、正义、节制和仁慈的规则，在施行权力时，只着眼于维持内部的秩序和外在的安全，并认为自身的荣誉在于正直地统治其臣民并使他们智慧和幸福，从中有什么好处不会产生呢？我们只需诉诸历史并求诸经验，就可以确信这些都是实际的真理，明智的人不会抗辩。

8.（所有民族的证词都确认了这一真理）这是人们普遍承认的一项真理：人们为了共同善和共同利益在他们之间建立的所有

① “我的老师阿塔罗斯（Attalus）曾经说过：‘邪恶本人喝了她自己最大部分的毒药。’”塞涅卡，《道德书简》，第 82 封（Seneca,ep. 82.）。

制度，都是建立在对自然法的遵循之上；即使是为了确保这些制度的效果而采取的预防措施，如果不同样借助这些法律的权威，也将是徒劳无益的。一般来说，这是为人类所有法律所明确预设的；例如，为教育青年而设立的机构；倾向于促进技艺和商业的政治条例；以及各类公共的和私人的条约。如果我们不是率先将它们建立在正义、正直、真挚和誓言的神圣不可侵犯性上，就像是建立在它们真实的基础和根基之上，否则上面提到的这些事情有什么用处呢，或者我们从中又能获得什么好处？

9.（相反体系的荒谬确认了同一真理） 但为了使这一真理更为亲切可感，让任何人试着——如果他愿意的话，在与我们已经确立的原理截然相反的原理之上建立一个道德体系。让我们假设无知和偏见取代了知识和理智；冲动和激情替代了明智和美德；让我们将正义和仁爱逐出社会和人类的交往，以便为不正义的自爱——为自己算计每一件事，而不在意别人的利益或是公共利益——留出空间。让我们将这些原理拓展和运用到人类社会的特定情境中，而我们将会看见这一体系——如果它被接受并被确定为规则——必然会产生的结果。我们能想象到它将可以产生社会的幸福、家庭的好处、民族的利益和人类的福祉吗？还从未有人试图维持这样一个悖论；其中的荒谬之处是如此明显和刺眼。

10.（对若干特定诘难的回答） 我并非不知道不正义和激情在特定情况下能够获致一些愉悦和利益。但是如果暂且不谈美德能够更经常且更具确定性地产生相同的效果；理智和经验告诉我们，由不正义获致的好处不如美德的果实那般实际、持久和纯粹。这是因为前者与一个理智的和社会的存在物的状态不相一致，在其原理上就是有缺陷的，并且仅仅具有一个欺骗性的表象。[①] 它是一朵无根的花，一旦开放便立即凋谢和衰落。

对于粘连在人性上的这些恶和不幸，而且可以说，有美德的人同其他人一样暴露在这些恶和不幸面前；但确凿无疑的是，美德在这里仍具备许多优势。首先，它仅凭自身就能够阻止或是移除若干这样的恶；因此我们看到，明智和持重的人事实上避开了许多狂暴和思虑不周的人狂奔而去的悬崖和陷阱。其次，在智慧和明智也不能阻止这些恶的情况下，它却会给予灵魂足够的活力去支撑它们，并给灵魂带来甜蜜和安慰以便极大地平衡和减轻恶在灵魂中造成的印象。美德伴有一种须臾不离的满足感，任何东西都不能将它从我们这里剥夺；而且，我们最本质的幸福几乎不会被那些有时候打扰到我们的短暂的，并在某种程度上外在的事故所损害。

伊索克拉底说[②]，我很惊讶竟有人设想，那些时常保持虔敬和正义的人，必然预期较之那些不正直的人更不幸福，并且没有权利从神和世人那里为自己允诺更大的好处。在我看来，我认为只有那些有美德的人充分享有了所有那些值得我们追求的东西；相反，邪恶的人对他们的实际利益一无所知。那些偏爱不正义胜过正义，并使他的至上好处在于剥夺他人财产的人，在我看来，就像是被诱饵所蛊惑的野兽：不正义的攫取最初会使他的感官感到餍足，但他马上就会发现自己被卷入了非常重大的恶之中。相反，

---

① 参见本书上卷，第一部分，第六章，第 3 节。

② 伊索克拉底，《论联盟》(*Orat. de Permutatione*)，第 33—35 节。

那些在行事时保持正义和虔敬，不仅在当下是安全的，并且同样有理由为他们的余生畅想美好的希望。事实上，我承认这并不是经常发生；但它却大体为经验所证实。对于那些其成功与否不能被准确无误地预判的事项，一个明智之人的举动便在于拥抱那个一般而言会更有益于他的一面。有些人相信正义较之不正义就其自身而言更为优美，且更为神所喜，但却依然认为那些拥抱前者的人较之那些纵身后者的人会更不幸福；没有比这更不可理喻的观点了。

11.（优势总是使自己排布在美德一方；而这是自然法的首要约束力）因此在每件事都得到适当考虑之后，美德一方显然具有无可比拟的优势。很明显，神圣智慧的计划是在身体上的恶和道德上的恶之间建立一种自然的联系，就像在效果和原因之间那样；相反，也使身体上的好，或者人的幸福，依附于道德上的好，或者对美德的实践：以至一般说来，按照事物原初的设定，遵守自然法对于促进公众的和个体的幸福之适宜且必要，恰如节制和良好的生活方式自然地便有利于健康的保持。而且由于这些对美德和恶行的自然的回报和惩罚，是神圣构造所产生的结果；所以它们或许真的可以被认为是自然法的一种约束力，而这为正确理智的各项准则增加了一份颇具分量的权威。

12.（从例外情况得来的一般性困难，这使得这一首要约束力不充分。自然和运气的各种善与恶分配得不公平，而且也不是根据每个人的优点。不正义产生的恶既降临在有罪的人身上，也会降临在无辜的人身上。有时候甚至美德本身成为迫害的起因）然而我们必须承认，这种首要的约束力，并不足以赋予理智提供给我们的忠告那种实际的法律所具有的权威和分量。因为若是我们严格地对事情加以考察，我们将发现，因为人事的构造以及我们天然的彼此依赖，在上面提到的规则并不是全然固定和不可移转的，相反它允许一些例外情形，由此其效力和效果必然会被削弱。

①经验大体上已经告诉我们，每个人在这个世界上享有的幸福或是痛苦的程度，并不总是严格地与特定个体的美德和恶行成比例。因此，健康、好的运气、教育、生命的境况以及其他外在的好处，一般而言都依赖于许多种机缘的聚合，这使得它们的分配是非常不平等的；而且这些好处经常因为意外而失却，这一点对所有人都是相同的。上述情况虽然是真的，但是地位或是财富上的差异却不会完全地决定生命的幸福或痛苦；然而我们必须承认，极端的贫穷、被剥夺所有受教育的必要途径、过度的劳作、心灵的折磨和身体上的创痛，都是实际的恶，一些横祸或许会将它们带给有美德的人，就像其他的人也会遭遇它们一样。

②除却这种自然的善与恶不平等的分配，正直的人较之旁人也不会幸免于各种来自恶意、不正义、暴力和野心的恶。例如僭主们的迫害、战争造成的恐怖，以及许多其他好人和坏人都会无区别遭受的公共的和私人的灾祸。经常发生的情况甚至是，这些苦难的制造者是那些最不易感受到它们效果的人，这或者是由于他们极端的成功和好运，或者是由于他们不够敏感而不能抵达那种痛苦的境地，以至他们好像可以不具苦恼和悔恨地来享受他们不义行为的果实。

③再有，纯真反而遭到中伤，美德本身成为迫害的对象，这并非不常见。在某些特定情形下，如果正直的人可以说成为了他

自己美德的受害者，那么自然法还能被认为具有何种效力呢，它们的权威又怎么能得到支持呢？单单由一种好的良知的镜鉴而得来的内在的满足，就足以使人决定牺牲他的财产、他的恬静、他的荣誉，甚至是他的生命？然而这些微妙的机缘巧合确实经常发生；而随之采取的决定或许对社会的幸福和痛苦具有诸多重要且广泛的影响。

13.（为人类的明智德性用来补救这些无序的手段，同样是不充分的） 这确实是事物的实际状态。一方面我们看到，一般来说，单纯对自然法的遵守就足以在社会中确立一些秩序，并足以促成人的幸福；但另一方面我们看到，美德和恶行并不总是充分地借由其效果，借由它们各种共同的和自然的后果，使这种秩序在所有场合都畅行无阻。

因此，我们所建立的道德体系出现了一个相当大的困难。有些人会说，所有的法律都应该凭借它自身有关好处和利益的前景——它们始终是各种行动的最初动力——而具备足够的约束力，以确保一个理智的造物遵守它。现在，尽管你所说的道德体系，总的来说，给予它的追随者相较于忽略了它的人很大的优势；但是这个优势既不是那么大，也不是那么确定，以至可以在每一个具体情况下都能够充分补偿我们为履行我们的义务而作出的牺牲。因此，这个体系便还没有得到为达成上帝提出的目的而需要的所有权威和力量的支持；这个法律的特质，尤其是从一个全知的存在者那里得来的法律的特质，还需要一种更加明确、更为可靠和更加广泛的约束力。

立法者和政治家们都已经明白这一缺陷，这表现在他们努力以他们能做出的最好方式来对之加以补充。他们颁布了一部倾向于加强自然法的民法；他们宣布了对于恶行的惩罚，承诺了给予美德的回报，并建立了法庭。这无疑是正义的一种新的支撑，也是人类能够构想的防止前述不便的最佳方式。然而这种方式并不能防止每一种无序，在道德体系中仍然留有一个很大的真空。

这是因为①有一些恶，不论是自然的，还是来自于人类的不正义，对于它们，人的一切能力甚至都不能保全那些最具美德的人。②人类的法律并不总是按照正义和公平来制定的。③永远不要假定它们足够正义以至可以被运用到每种情况。④这些法律的执行有时被交给了虚弱、无知或腐败的人。⑤不论一个法官有多么廉正，仍然会有许多事情逃脱他的警惕；他无法看到和纠正每一处冤屈。⑥一个并非无前例的情况是，美德不仅没有在法官那里找到一个保护者，反而遇到了一个无情的敌人。在这种情况下，还有什么资源是留给清白之人的？如果那个应该担当起对她的保护和防卫的人，反而朝她举起了武器，那么她又该向谁求救呢？

14.（提出的困难具备重大的后果） 因此，困难仍然存在；这是一个具有非常重大后果的困难，因为一方面它背离了上帝的计划，另一方面它可能有助于证伪我们对美德的统治地位以及它与人的福祉所具备的必然联系所说的话。

在所有年代都被提出的具有如此分量的一个反对意见，值得我们谨慎地作出努力去消除它。但是这项反对越是重大、越是实际，我们或许越是可能认为它有一个合适的解决方案。因为人们怎么能想象，神圣智慧在物质世界中如此完善地管理好每一件事情之后，竟然会留下这样一种不完美，这样一种道德秩序中的谜团呢?

因此，让我们看看对人的本性和目的地的新的反思，是否会把我们带到与现时生活不同的地方，以便获得我们在这里寻求的解决方案。我们关于美德和恶行在尘世的自然后果所说的东西，已经使我们看到了自然法的半约束力（demi-sanction）：让我们尝试一下，我们是否能找到一个整全的和适当的约束力，其种类、程度、时间和方式依赖于立法者的善意，并足以作出为严格的正义所要求的一切补偿，并且在这里就像在其他方面一样，把神圣法律的体系置于人类制度之上。

第十三章　灵魂不朽的证据，以及自然法具有一种恰当所言的约束力

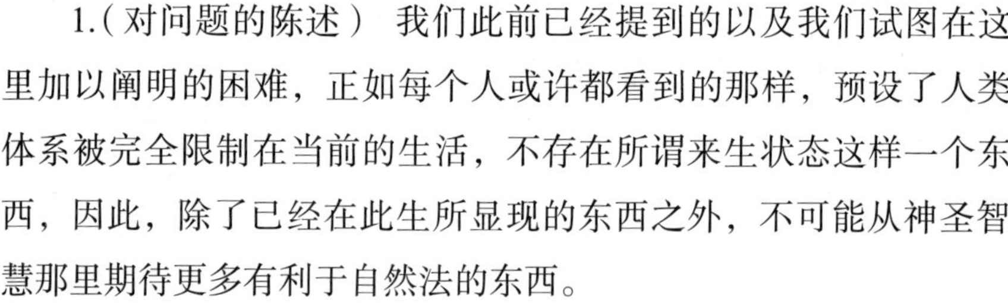

1.（对问题的陈述） 我们此前已经提到的以及我们试图在这里加以阐明的困难，正如每个人或许都看到的那样，预设了人类体系被完全限制在当前的生活，不存在所谓来生状态这样一个东西，因此，除了已经在此生所显现的东西之外，不可能从神圣智慧那里期待更多有利于自然法的东西。

244 相反，如果能够证明人的当前状态只是一个更广泛的体系的开端；而且，如果证明至上的存在者真的乐于将法律的所有权威都赋予理智给我们制定的举止的规则，通过一种可以恰当称之为约束力的东西来加强它们；我们或许最终可以得出结论说，对于完善这一道德体系，现在便不缺少任何东西了。

2.（观念的分歧。如何可能知晓上帝在这一方面的意志） 对于这些重要的问题，学者们的观点是有分歧的。有一些人坚持说，单单理智就能够提供清晰的和明证性的证据，表明存在一种来生的奖赏和惩罚，以及一种不朽的状态。相反，另一些人声称，单靠咨询理智，我们只会得到模糊和不确定的事情，而且通过这种方式我们不仅找不到任何有关来生的明证，甚至都无法获得一种或然性。

对双方来说，以这种方式进行推理，或许都是言过其实了。既然这个问题牵涉的重点，完全依赖于神的意志，那么知晓这一意志的最好方法毫无疑问就是上帝自己作出的明确表达。但是，让我们尝试着独立于这一首要的方法，而将我们自己局限在自然知识（natural knowledge）的范围内，试看单纯依靠理智能否给我们提供与这个主题相关的任何确切的光亮，或是给我们提供足够强的猜测和推测，使我们从中能够带有确定性地推断出上帝的旨意。有鉴于此，让我们更仔细地研究一下人的性质和当前状态，让我们咨询正确理智给予我们的有关至上存在者完善性以及他对于人类所形成的计划的观念；总之，以便了解他欣然制定的自然法的各种必然结果。

3.（灵魂是否是不朽的？第一个证据。灵魂的性质似乎与身体的性质全然不同） 关于人的性质，我们首先要询问的是，死亡是否真的是我们存在的最后一个阶段（term），而身体的解体必然伴随着灵魂的湮灭；或是，灵魂是否是不朽的，也即，它在身体死后是否继续存活？

既然灵魂的不朽就其自身而言并非完全不可能，而理智则为我们提供了最强有力的猜测，不朽实际上是灵魂被设计好的状态。

最具才智的哲学家作出的观察，把灵魂与身体绝对地区别开来，因为灵魂具备一种截然不同的性质。①事实上，我们并不认为心灵的各种官能，诸如理解能力、意志、自由，以及它们产生的一切运作，与那些属于物质的属性，诸如广延、形变和运动，具有任何关系。②在我们的观念中，一个拥有广延的实体纯粹是被动的，这似乎与那种使我们区别出一个思想的存在物所特有的和内在的活动是完全不相匹配的。身体不是自己使自己动起来的，但是心灵却内在地发现了自己运动的原理；它行动，它思考，它意图，它移动身体；它随心所欲地变换它的运作；它停止，继续，或者返回到先前的方式。③我们同样观察到，在我们之中思考的那部分是一个单纯的、单独的和不可分割的存在；因为它通过理解能力、感觉和比较等，把我们所有的想法和感受好像是收集到某一个点上，而这是不能靠一个由若干个部分组成在一起的存在物来完成的。

4.（因此死亡并不必然意味着灵魂的湮灭） 因此，灵魂似乎具备一种特殊的性质，与肉体的和物质的存在物毫无共同之处，而是一种纯粹的精神，在某种程度上分有至上存在者的本质。西塞罗已经非常优雅地表达了这一点，他说[①]：在尘世间我们找不到有关灵魂起源的一丝痕迹。因为心灵中没有任何混合物或复合物；似乎没有任何东西源自土地、水、空气或是火。这些元素不会产生记忆、理解能力和反思；不能回想过去，预见未来，拥抱现在。除了将它们追溯到上帝，我们将永远不会找到人类获得这些神圣特质的源泉。因此可以认为，灵魂被赋予了一种独一无二的性质，与那些我们已知和熟悉的元素没有任何共同之处。因此，就让一个具有感觉、理解能力、意志和生活原理的存在物成为它将要成为的，这一存在物无疑是属于天国的、神圣的，因此是不朽的。

这个结论是非常公正的。因为如果灵魂在本质上与身体有区别，那么一者的毁灭并不必然伴随着另一个的湮灭；而且目前看

① 西塞罗，《图斯库卢姆辩论》，第1卷，第27节。

来，即使灵魂脆弱的居所遭到了毁灭，也没有任何东西阻止它继续存在。

5.（反对意见。回答） 如果有人说，我们对各种实体的内在性质还不是十分了解，以至不能够断定上帝无法将思想传达给质料的某些部分；那么我会回答，在我们别无他法时，我们只能根据事物的表象和我们的观念来对事物作出判断；否则，任何不是建立在严格的明证的基础上的东西，都是不确定的，而这会终结于一种皮浪主义。理智所全部要求的只是，我们在可疑的、可能的和确定的事情之间进行适当的区分；既然为我们所知的与质料有关的一切东西，似乎与灵魂的各项官能不具任何亲缘性；而且由于我们甚至可以在它们中间发现一些似乎全不相容的特质；这便并不是对上帝的能力施加限制，而是遵循理智给我们提供的观念，断定人类的思想部分极有可能与身体具备本质上的区别。

6.（对前述真理的确认。自然中没有什么会湮灭） 但是，让我们暂且不论灵魂的性质，并且尽管这与所有的表象都相反，但仍然让我们假设它是物质的；但即使这样也无法得出，身体的死亡必然会带来灵魂的湮灭。因为我们没有找到任何可以恰当称之为湮灭的事例。身体本身，不论它与心灵相比是多么卑劣，也不会因为死亡而湮灭。它确实获得了很大的改变；但它的实体仍然基本上是同一个，只接纳了形态或是形式的变化。因此，灵魂为什么竟然会湮灭呢？如果你愿意的话，你可以说它会经历一个很大的变化；它将脱离将它联结到身体的纽带，并且将不能与它一道联合运作：但这能论证它不能单独存在，或是失去了它的本质特征，也即理解能力吗？这丝毫不会出现；因为前面的论点得不出后面的结论。

因此，假使我们不能确定灵魂的内在本质，但却认为死亡必然伴随着灵魂的彻底毁灭，则是走得太远，超出了我们根据事实能正当作出结论的范围。因此，问题可以归结为如下这一点：上帝是愿意彻底毁灭还是保存灵魂？但是，如果我们关于灵魂的本质所知道的东西，使我们并不倾向于认为它会因为死亡而陨灭；我们将同样看到，对它的卓越性的考虑会是一个支持其不朽的非常有力的推测。

7.（第二个证据。灵魂的卓越性） 事实上，对于这样一个智性的存在物（an intelligent being），它能够知道如此繁多的真理，能够作出如此多的发现，能在无限多的事物中间作出推理，辨别它们的关系、合宜性和美丽之处；能够沉思造物主的作品，将它们追溯到他那里，观察他的各项意图，钻研它们的动因；使自己超逾一切可感的事物，而上升到对精神的和神圣的事物的认识；有能力自由而明智地行事，用最美丽的各种美德来装点自己；我认为，一个具备如此多卓越特质，远远优于粗鲁的动物的存在物，全然不可能只是为了今生的短暂时空而创造出来的。这些考虑给古代哲学家们也留下了生动的印象。西塞罗说[①]，当我考虑到心灵令人惊异的活动，它对过去的记忆以及对未来的洞见；当我看到如此多的艺术和科学，以及从中产生的众多发现；我相信，而且我被说服，一个在其本性中包含如此多事物的东西，不可能是有朽的。

---

① 西塞罗，《论老年》，第 2 节。

8.（确认。我们的各项官能始终容许一种更大程度的完善性） 再有，人的心灵还具备如下性质，它始终能够改善，并且完善它的各项官能。尽管我们的认识实际上局限在一定的范围内，但是对于我们能够获取的知识，我们能够作出的发明，我们的判断、明智德性和美德能够取得的进步，我们却看不到边界。人在这方面始终容许一些新的程度的完善和成熟。死亡往往在人能够结束他的进步之前，在人能够前行得更远的时候，夺去了他的生命。一个有名的英国作家写道[①]，人们怎么能够设想，能够进行无限的完善，并且直到永恒都还在接受新的改进的灵魂，竟然会在它刚被创造不久便灰飞烟灭？这些能力被创造出来竟一无所用？兽类在到达某个完善的顶点后便不会超过这一点了，在若干年内它便具备了它能够拥有的所有禀赋；如果它再活一万年之久，它仍会像当下一样。如果人的灵魂在她的成就方面陷入停顿，如果她的各项官能已经充分展开并且不能再接受进一步的增益，我将会设想她或许会无知无觉地灰飞烟灭，立即坠入覆灭状态。但是，我们能设想一个思考的存在物，一个处于持续的改进过程中，从一处完善前往另一处完善的存在物，在对其创造者的各种作品略加观察，对他的无限的良善、智慧和能力作出一些发现之后，竟必须在她开始征程、在她进行探索的开端时刻陨灭？

9.（反对意见。回答） 确实存在的是，大多数人都在某种程度上将自己贬低到一种兽类的境地，对他们各项官能的改善没有丝毫的关切。但是如果这些人自发地贬抑自身，这不应该成为我

① 《观察者》（*Spectator*），第 2 卷，第 117 期。

们选择支持他们本性之崇高（dignity）的障碍；这也没有证伪我们关于灵魂之卓越性所说过的那些东西。因为为了对事物作出正确的判断，它们应该就其自身，并且是在它们最完善的状态下得到考虑。

10.（第三个证据，得之于我们的自然倾向和欲望）毫无疑问，正是出于我们对自己存在之崇高和我们意欲目的之高贵（grandeur）的自然意识，我们自然地便将我们的视野延伸到未来；我们对在我们死后将要发生的事情充满关切；我们寻求延续我们的令名和记忆，并且不会对后世的判断无动于衷。这些情感远不是自恋或偏见造成的幻觉。对不朽的渴望和希望是我们从自然中得到的印象。而这种欲望本身非常合理、非常有用，并与人道体系非常紧密地联系在一起，以至我们或许至少可以从中得出一个支持来生状态的极强的推断。无论这种欲望自身的活性或许有多么强烈，它仍会随着我们更加注意培养我们的理智，并且随着我们在真理的认识和美德的践行上的进步而增加。这种情感会成为各种高尚、慷慨和具备公共精神的行为的最可靠的原理；我们或许可以断定，如果不存在这个原理，所有人的视野都将变得浅陋、卑劣和肮脏。

这一切似乎都向我们清楚地指出，借由造物主的创制，灵魂和不朽之间有一种自然的比例和关系（proportion and relation）。因为至上智慧不是靠欺骗和幻觉来引导我们达成他为我们提出的目的的：这是一项如此合理和必要的原理；这个原理只能产生好的效果，使人精进增益，使他不仅能够做出最崇高的事业，而且能够超逾各种最精妙的诱惑，因而也是对美德最危险的事情；这样

一个原理，我说，不可能是虚构的。[①]

因此，所有事情都一致说服我们，灵魂必然在死后继续存在。我们对心灵之性质所具备的认识，其卓越性和各种官能永远都容许更高程度的完善，促使我们超越现今生活并渴望不朽的性情，都是如此多自然的标记，并构成了最强的推定，即灵魂不朽确实是造物主的意图。

11.（自然法的约束力将在来生显现） 这里第一个要点的清理对于我们的主要问题是非常重要的，而且已经部分解决了我们正在考察的困难。因为一旦我们假设灵魂在身体解体之后仍继续存在，如果这样做吻合神圣智慧，那么就没有什么能够阻止我们说，任何为了完善自然法的约束力而在此生状态缺乏的东西，都将在此生之后加以执行。

我们从人的身体方面开始考察，而这已经为我们打开了一条找到我们目前追求的对象的通道。现在让我们来看看，是否通过观察人的道德方面，即作为一个能够接受规则的存在物，并在行动时伴有知识和选择，并且在这之后将我们自己朝向上帝提升，我们能发现新的理由和更强的推定，以证明来生的存在以及它是

① 西塞罗描绘了一幅令人钦佩的画面，表现了对不朽的渴望和希望在各个时代所产生的影响，即激励人们采取伟大而高尚的举动。“任何人若不是怀抱对永垂不朽的巨大期望，那么都不会让自己为了国家而走向死亡。特弥斯托克勒斯本可以安静地生活，埃帕弥农得斯本可以安静地生活，还有——我不想再列举古往的、外邦的事例——我也本可以安静地生活，然而人的心智里不知怎么的有一种对未来时代的预感，并且一个人愈富有天赋，心境愈高远，这种预感便愈坚定，愈容易显现于眼前。如果不是这样，谁还愿意让自己经济忍受艰辛，经历危险？”西塞罗，《图斯库卢姆辩论》，第1卷，第15节（注释引号内中译文采用了王焕生先生的译文，参见西塞罗，《论灵魂》，王焕生译，西安出版社1998年版，第122页）。

一个存在奖励和惩罚的状态。

在这里，我们不可避免地要重复已经在这部作品中提到的一部分东西，因为我们已经到达了考虑它们全部后果的阶段；我们打算在这里建立的真理可以认为就是整个体系的结论。因此，一个画家在单独地处理了他作品的每个局部之后，认为有必要对整体进行润饰，以便产生所谓的总体效果及和谐（total effect and harmony）。

12.（第一个证据，得之于从道德角度考虑人的性质） 我们已经看到，人是一个理性和自由的行动者，他以正义和诚实为特征，他在自身之内发现良知的各项原理，他明白他依赖于造物主，并且是为履行特定的义务而生的。他最大的装饰是理智和美德；而他的主要任务就是拥抱所有提供的机会而在这条道路上前进、改善、反思和行善。他在这些值得赞美的事业上做得越多、越加笃定，他也就越能达成造物者的愿景，并证明自身值得他获得的存在。人们可以合理地要求他为自己的行为负责，并且他会根据他不同的行为方式赞许或者谴责自己。

从所有这些情况看来，人显然不像其他动物那样被限制在一种单纯的物理体系（physical oeconomy）中，而是被包含在一个道德的体系内，这使他存在的等次更高，但也伴有各种更为重大的后果。因而，一个每天都在智慧和美德方面进益不止的灵魂，竟会趋向于湮灭；上帝竟会认为在这束光亮最耀眼的时刻熄灭它是合适的，这存在什么可能性呢？认为我们对各项官能好的或坏的运用，伴随着来生的各种后果；认为我们应该对我们的造物主负责，并且最终获得我们应得的报应，这不是会更为合理吗？因此，既然上帝的审判在这个世界中并没有充分地显露，那么我们很自然地认为，神圣智慧关于我们的计划，囊括了一个更长久的存续期。

13.（第二个证据，得之于上帝的完善性） 让我们从人上升到上帝，而我们将更加确信，这（灵魂不朽）事实上就是他形成的计划。

如果上帝意欲人应该根据他的各项官能和他所处的环境来遵守正确理智的各项规则（这一点我们已经论证过了）；这一意愿必然是一种严肃和明确的意志。这是造物主、这个世界的统治者和所有事物最高主宰的意志。因此这是一个实际的命令，它使我们处于遵循它的义务之下。此外，它也是一个具备至上力量、智慧和良善的存在物的意志，他在经常给他自己和他的造物提出各种最为卓越的目的时，不可能疏于确立一些手段，这些手段为理智所调配并且与各种事物的性质和状态相吻合，为执行他的意图所必需。没有人能够合理地对这些原理提出抗辩；但让我们看一看从中可以得出什么结果。

①如果真的是至上智慧给予人法律，这同一个智慧会要求这些法律应该伴有各种必要的动机，以使理性和自由的行动者在所有情况下都遵循这些法律。否则我们将被迫说，或者上帝并不真正地并且严肃地意欲他创制的法律得到遵守，或者他缺乏力量或是智慧来达成这一点。

②如果出于他的良善，他认为使人生活在混乱中，或是将他们弃置于他们反复无常的激情中是不恰当的；如果他给予了他们一束光亮来指导他们；毫无疑问，这同一种良善必然促使他给所有妥善利用这一理智之光的人，附加一种完美的和持久的幸福。

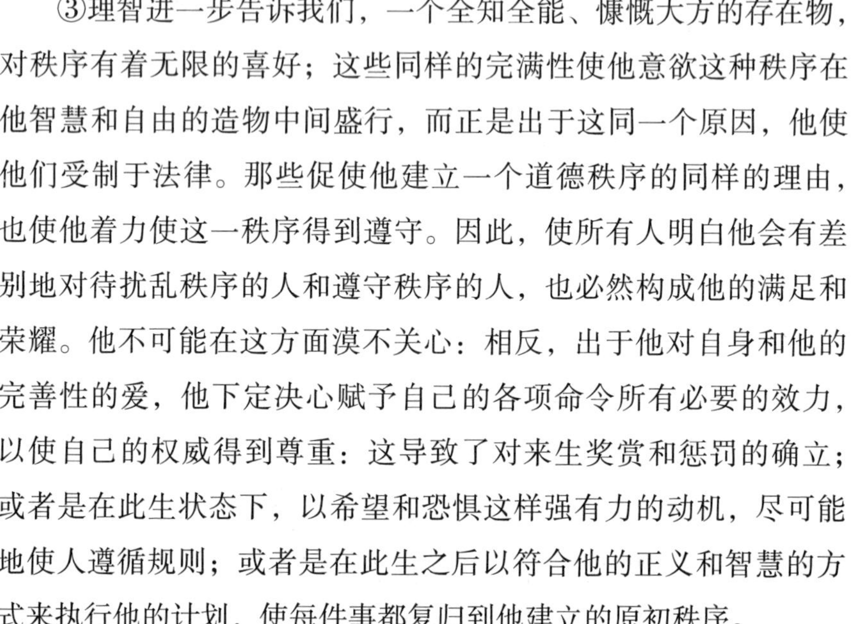

③理智进一步告诉我们，一个全知全能、慷慨大方的存在物，对秩序有着无限的喜好；这些同样的完满性使他意欲这种秩序在他智慧和自由的造物中间盛行，而正是出于这同一个原因，他使他们受制于法律。那些促使他建立一个道德秩序的同样的理由，也使他着力使这一秩序得到遵守。因此，使所有人明白他会有差别地对待扰乱秩序的人和遵守秩序的人，也必然构成他的满足和荣耀。他不可能在这方面漠不关心：相反，出于他对自身和他的完善性的爱，他下定决心赋予自己的各项命令所有必要的效力，以使自己的权威得到尊重：这导致了对来生奖赏和惩罚的确立；或者是在此生状态下，以希望和恐惧这样强有力的动机，尽可能地使人遵循规则；或者是在此生之后以符合他的正义和智慧的方式来执行他的计划，使每件事都复归到他建立的原初秩序。

④这同样的原理会让我们更进一步。因为如果上帝无限地欢喜他在道德世界中建立的秩序，他就不得不赞许那些出于对这一秩序真诚而持续的依赖，通过落实他的观念来努力取悦他的人；而他也将不得不非难那些遵循相反举止的人[①]：因为前者可以说是他的朋友，而后者宣称他们是他的敌人。但是神的赞许意味着他的保护、仁慈和爱；而他的非难则不得不伴有种种相反的效果。如果是这样，人们怎么能想象，上帝的朋友和敌人会被混淆，他们之间没有什么差别？或者，神圣正义最终将以某种方式展现他对待美德和恶行的重大差异，使那些通过臣服于他的意志和成为他的仁爱的对象的人获得最终和完全的幸福，另一方面使邪恶

① 参见本书上卷，第二部分，第十章，第7节。

的人感受到他正当的严厉和憎恨，这样想不是与理智更为协调一致吗？

14. 这就是我们关于至上存在者完满性的最清晰的概念促使我们对他的观念和他形成的计划作出的判断。如果美德不是确切地且不可避免地会遇见最后的回报，恶行则拥有最终的惩罚，而且这以一种普遍的和完全的方式，与每个人的功绩或是过失程度恰好相称；自然法的方案将永远无法回应我们对一个至上立法者的预期，他的先见、智慧、力量和良善是没有边界的。这将使法律被剥离其主要的效力，并将其降低到最简单的忠告的程度；总之，它将彻底颠覆智性存在物体系的根本部分，也即出于对幸福的关照和预期，促使他们合理地利用他们的各项官能。

简言之，道德体系会陷入一种不完美的状态，这种状态既不能与人的本性、不能与社会状态，也不能与神的道德完满性相协调。当我们承认来生存在时，情况便会不同。道德体系由此得到了支持、连接和完善，不再缺乏任何东西使之变得完满。这是一个真正与上帝相匹配，对人有用的计划。至上存在者面对自由且理性的存在物，做了所有他应做的事情，以促使他们按照应该行事的方式来行事；自然法由此建立在最坚实的基础之上；有了这类最适宜给人施加印象的动机，便不再缺乏别的东西来使人受到束缚了。

因此，如果这个计划无可比拟，是最美丽和最优越的；如果它同样是最与上帝相匹配的，而且与我们所了解的人的本性、欲望和状态最为相关；人们又怎么能怀疑，它就是为神圣智慧在实际上所选择的呢？

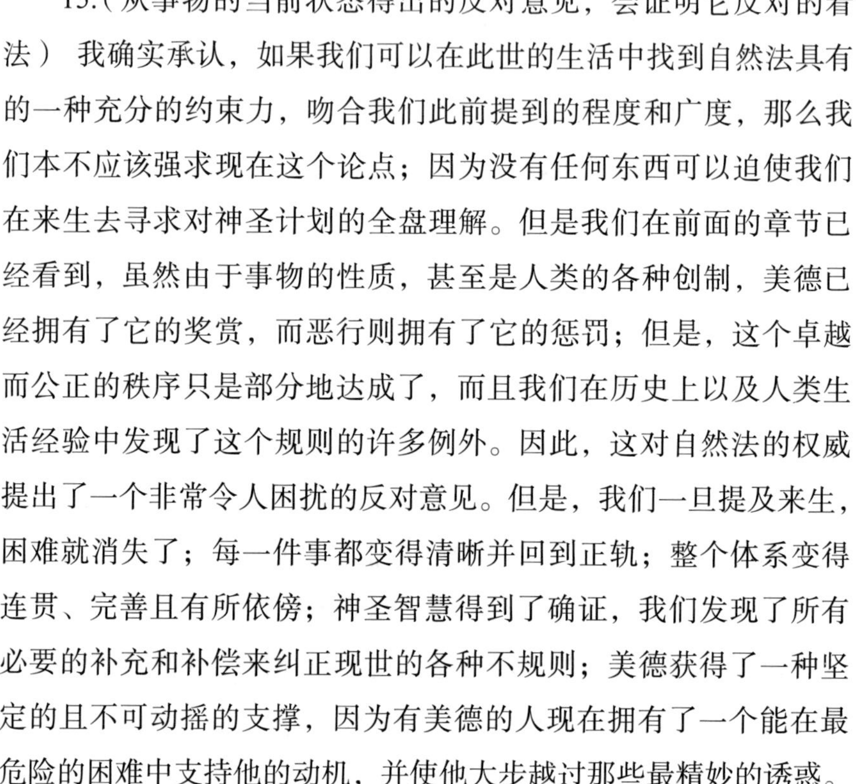

15.（从事物的当前状态得出的反对意见，会证明它反对的看法） 我确实承认，如果我们可以在此世的生活中找到自然法具有的一种充分的约束力，吻合我们此前提到的程度和广度，那么我们本不应该强求现在这个论点；因为没有任何东西可以迫使我们在来生去寻求对神圣计划的全盘理解。但是我们在前面的章节已经看到，虽然由于事物的性质，甚至是人类的各种创制，美德已经拥有了它的奖赏，而恶行则拥有了它的惩罚；但是，这个卓越而公正的秩序只是部分地达成了，而且我们在历史上以及人类生活经验中发现了这个规则的许多例外。因此，这对自然法的权威提出了一个非常令人困扰的反对意见。但是，我们一旦提及来生，困难就消失了；每一件事都变得清晰并回到正轨；整个体系变得连贯、完善且有所依傍；神圣智慧得到了确证，我们发现了所有必要的补充和补偿来纠正现世的各种不规则；美德获得了一种坚定的且不可动摇的支撑，因为有美德的人现在拥有了一个能在最危险的困难中支持他的动机，并使他大步越过那些最精妙的诱惑。

如果这只是一个简单的猜想，那么它可能被认为是一种便宜的而非坚实的结论。但是我们看到，它也是建立在灵魂的本性和卓越性之上的；建立在推动我们超逾现在的生活的本能上；以及建立在从道德方面所考虑的人的性质上，他是一个对其行为负责的造物，并且有义务遵守一定的规则。在此之外，当我们看到同样这些观念有助于支持整个自然法体系，并给它完美地加冕，那么它必须被承认为不仅美丽动人，而且是很可能发生的。

16.（对来生的信仰已被所有民族接受） 因此，相同的观念在所有时代都被所有民族或多或少接受了，根据理智得到培养的程度，以及人们对事物起源认识的深入程度。罗列纷繁的历史证据，并且从若干古代哲学家那里得出几篇优美的文章，以便表明那些震动我们的理由，在最明智的异教徒那里也留下了相同的印象，这并不是一件难事。但是我们将仅满足于观察到，这些由别的作家收集的证词，对这个主题并不是无关紧要的；因为这表明了，或者是一种原初传统的遗迹，或者是理智和自然的声音，或者两者皆有；而这给我们的论点增添了可观的分量。

第十四章　我们已经提出的证据具备相当的可能性和适宜性，使得它们足以稳固我们的信念并决定我们的举止

1.（我们关于自然法约束力已经给出的诸项证据是充分的） 我们已经看到，理智能够在多大程度上于灵魂的不朽、来生的奖赏和惩罚这些重要问题上指引我们。我们提出的每一项证据，毫无疑问，都具备它特定的效力；然而当它们彼此辅助，并且因其联合而获得一种更大的力量时，它们毫无疑问能够在每个专注且没有成见的心灵中留下印象，并且应该显得足够以我们欲求的最充分的程度确立自然法的权威和约束力。

2.（反对意见。这些证据只包含一种合宜的或合适的理由。一般性回答） 如果有人竟说，我们所有关于这个问题的推理都只是或然性和猜想，并且恰当来说可以被归结为一个或许为真的理由或适宜性，但这使得这件事离明证（demonstration）还有很远的距离；我会同意——如果这会使他高兴——我们在这里没有一种完全的证据；但是，我认为这种或然性如此之强，而且这种适宜性如此之巨大和稳固，这使它足以胜过相反的观点，并由此决定我们的举止。

因为如果每出现一个问题，我们都拒绝除了一种明证性论点之外的任何东西来决定我们的选择，那么我们将极为窘迫。在大多数情况下，我们不得不满足于一种或然性构成的集合体，将这些或然性连在一起考虑时，它们很少欺骗我们，而且在那些无法提出明证的问题中，它们应该替代证据的地位。因此，在自然哲学中，在物理、鉴赏、历史、政治、商业以及一般而言所有生活事务中，一个明智的人是根据诸多理由构成的协调一致而作出决定的，因为在认真考虑每件事之后，他认为它们优于那些相反的论点。

3.（合适的理由是什么意思） 为了使这种证据的效力更加明显，在这里首先解释一下我们所说的可信的理由（a plausible reason）或是适宜性（fitness）是什么意思，并非不恰当；之后则探寻这种推理建基其上的一般原理；特别注意当应用于自然法时，是什么构成了它的效力。这是了解我们论点的恰当价值，并且知道在我们的判断中它们应该具有多大分量的正确方法。

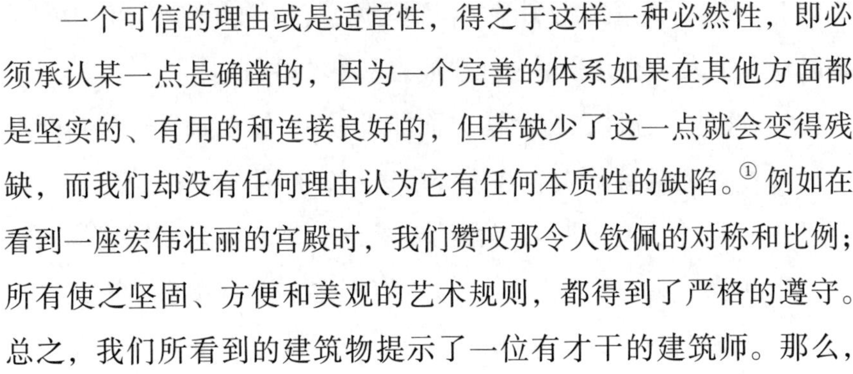

一个可信的理由或是适宜性，得之于这样一种必然性，即必须承认某一点是确凿的，因为一个完善的体系如果在其他方面都是坚实的、有用的和连接良好的，但若缺少了这一点就会变得残缺，而我们却没有任何理由认为它有任何本质性的缺陷。[①] 例如在看到一座宏伟壮丽的宫殿时，我们赞叹那令人钦佩的对称和比例；所有使之坚固、方便和美观的艺术规则，都得到了严格的遵守。总之，我们所看到的建筑物提示了一位有才干的建筑师。那么，

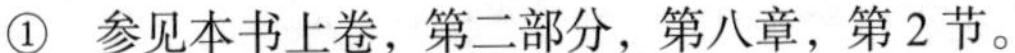

① 参见本书上卷，第二部分，第八章，第 2 节。

难道我们不可以合理地假设，我们看不到的地基同它所承载的巨大墙体一样坚实和匀称吗？难道可以想象，建筑师的能力和知识竟然在这么重要的一个方面抛弃了他？为了形成这样的假设，我们应该有关于这种不足的确凿证据，或者看到地基事实上是不完善的；否则我们便不能推定这样一件不可能的事情。有谁会仅仅基于建筑师或许忽略了打下地基这样一种纯粹玄想的可能性，就真的冒险下注说事情真的是这样？

4.（这种推理方式的一般性基础） 这就是适宜性的本质。这种推理方式的一般基础是，我们不能只考虑什么是可能的，而且要考虑什么是大概率会发生的。而且其自身的真理被很少知晓的事物，会因为与其他更为显见的真理的自然联系而获得一种更大的可能性。因此，当一个假设能够圆满地解释所有的现象时，自然哲学家从不会质疑他们已经发现了真相；而一个历史上鲜为人知的事件，当我们看到它为许多其他不可动摇的事件提供了一个关键和基础时，就变得不再可疑了。在很大程度上，道德确定性是建立在这一原理上[①]，除了在大多数科学中得到运用，它更被用到了生活中的举止以及对个人、家庭和整个社会最为重要的事务上。

5.（这种合宜性在自然法方面非常强） 但是如果这种判断和推理方式如此频繁地发生在人类事务中，而且一般都是建立在如此坚实的原理之上；那么当我们要推论上帝的作为、发现他的计划、判断他的观点和意图时，会更有把握。因为整个宇宙，以及

① 参见布里尔先生（M.Boullier）有关兽类灵魂的哲学论文；第二版（阿姆斯特丹，1737 年）添加了一篇关于作为道德确定性基础的真正原理的论文。

构成它的若干体系，尤其是人与社会的体系，是一种至上理解能力（a supreme understanding）的作品。没有任何事情是偶然造成的；没有什么依赖于盲目的、反复无常的或是虚弱无力的动因；每一件事情都以深刻的智慧来计算和衡量。因此，在这里较之在其他任何地方，我们有权利判断，如此强大和智慧的造物主，为了他的计划的完善，不会遗漏任何必要的东西；而且与他自己一致的是，他为提出的意图配备了所有必要的部件。如果对于一个能干的建筑师，我们都会合理地设想他具备这样一种细致的精神，而他只不过是一个易于犯错误的人；那么对于一个具备无限智慧的存在物，我们不是更应该推定他具备这份细心吗？

6.（这种合宜性具有不同的程度。评判它的诸原理） 我们现在所说的已经表明，这种适宜性并不总是具有相同的分量，而是可能或强或弱，这与它建基其上的必要性是大还是小成比例。为了在这个问题上确定几条规则，我们或许可以一般性地说：①我们越了解作者的观点和意图；②我们越是确信他的智慧和力量；③这种智慧和力量越是完美；④从对立体系中得出的不便越是可观；它们越是荒诞不经，而我们从这种考虑中得出的后果越是迫切。因为若是我们不能从对立面施加力量来抗衡它们，正确理智便决定了我们要选择这一边。

7.（这些原理运用于我们的主题） 这些原理本身就适用于我们的主题，而且是以如此公正而完整的方式，因此从可能性或是适宜性中得出的理由不能再进一步了。前面各章节已经对各种事项进行了讨论，若试图在这里证明所有的细节，我们将会陷入无用的重复，事情已经充分地证明了它自身。让我们满足于观察到，赞成自然法约束力的适宜性是如此强大和迫切，因为相反的观点会引起人类体系的模糊和混乱，它如果没有达到荒谬的境地，与之也只有咫尺之遥。因为，神圣智慧的计划在我们看来就会成为一个无从索解的谜团；我们无法再去解释任何事情；而且我们也不能说明，为什么一个在其他方面如此美妙、如此有用，并且如此完美地相互连接的计划，竟会缺失这样一种必要的东西。

8.（两种对立体系的比较） 让我们比较一下这两个体系，看哪一个与秩序最相吻合，与人的性质和状态最相适宜，简而言之，看哪一个最合理并与上帝最相匹配。

让我们假设，在一方面，造物主提出了他的造物的完善和幸福，并且特别是人类和社会的善。而为了这个目的，他在寄予了人理解能力和自由，并使他能够知晓自己的目的，能够发现并遵循那条可以将他导引至这一目的的唯一道路之后，他更使人处于这样一种严格的义务之下，即始终行走在这条道路上，并且始终遵循理智的光芒，这种光芒应该始终指引他的脚步。为了更好地引导他，上帝已经把所有可以充当一种规则的必要的判断和原理交给了他。来自一个强大的、智慧的和优异的在上位者的这种指引和这些原理，具有一种真正的法律的所有特点。这条法律即使在今生之中，便有奖赏与惩罚与之相伴；但是由于这种首要的约束力尚且不够充分，而上帝为了将一种完全程度的完满性赋予一个与他的智慧和善意相匹配的计划，为了在所有可能的情况下为人类提供必要的动机和帮助，于是进一步建立一种属于自然法的恰当的约束力，而这种约束力将在来生显现；由于密切注意人的举止，上帝拟使人对自己的各种行为担责，并且奖赏美德，惩罚恶行，这是通过对每个人的功绩或过失给予分毫不爽的报偿而达成的。

现在让我们来看一看与这第一个体系相对立的另一个体系，它假定有关于人的每一件事情都被局限于此生，而在这一生之外他没有任何希望或恐惧，上帝在创造了人并且建立社会后，便不再关心他们；在给予我们借助理性辨别善与恶的能力之后，他便不再注意我们如何运用它，使我们放任自流，可以绝对自由地按照自己的喜好行事。我们无需面对我们的创造者承担责任，并且即使此生中善与恶的分配不平等也无规律，即使人类的恶意或是不正义造成诸多无序，我们却从不会在上帝那里期待矫正或是补偿。

9.（自然法约束力的体系较之对立的体系更可取） 谁能说后面这个体系能与第一个体系相媲美？它将神圣完美性作了同第一个体系那样强的凸显吗？它与上帝的智慧、宽大和正义有那么相匹吗？在一个微妙而危险的环境中，它有那么适宜遏制恶行并维护美德吗？它能使社会结构变得坚实，赋予自然法以权威，并使两者达到为至上立法者的荣耀和人类的善所要求的程度吗？如果我们要在两个社会之间作出选择，一个承认前一个体系，而另一个只承认后一种体系，任何具备明智德性的人，不是都会极度偏好生活在这些社会中的第一个吗？

当然，在美和适宜性方面，这两种体系没有任何可比性：第一种是最完美的理性的作品；而第二个是有缺陷的，并且对许多失序没有提供补救方法。现在，即使只依凭这一点，也足以指出事情的真相；因为我们要做的是对神的意图和作品进行判断和推理，而他做的每件事都伴有无限的智慧。

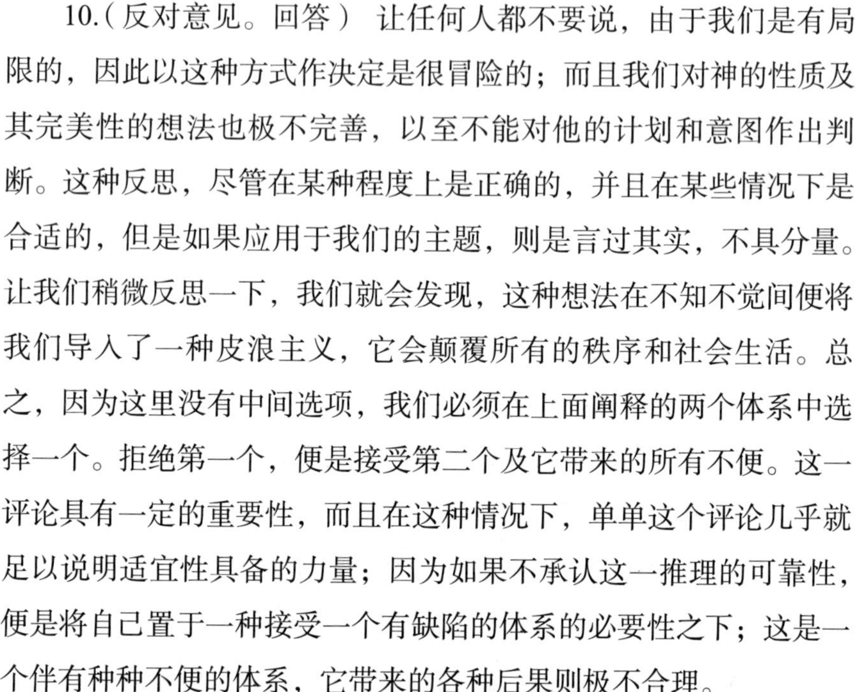

10.（反对意见。回答） 让任何人都不要说，由于我们是有局限的，因此以这种方式作决定是很冒险的；而且我们对神的性质及其完美性的想法也极不完善，以至不能对他的计划和意图作出判断。这种反思，尽管在某种程度上是正确的，并且在某些情况下是合适的，但是如果应用于我们的主题，则是言过其实，不具分量。让我们稍微反思一下，我们就会发现，这种想法在不知不觉间便将我们导入了一种皮浪主义，它会颠覆所有的秩序和社会生活。总之，因为这里没有中间选项，我们必须在上面阐释的两个体系中选择一个。拒绝第一个，便是接受第二个及它带来的所有不便。这一评论具有一定的重要性，而且在这种情况下，单单这个评论几乎就足以说明适宜性具备的力量；因为如果不承认这一推理的可靠性，便是将自己置于一种接受一个有缺陷的体系的必要性之下；这是一个伴有种种不便的体系，它带来的各种后果则极不合理。

11.（论这些证据对我们的举止应该拥有的影响。我们在这个世界的行为应该建立在对一种来生状态之信仰的基础上） 这便是适宜性具备的性质和效力，自然法约束力的证据便建立在它上面。留待探究的是，当这些证据被统合起来后，能在我们的心灵中留下何种印象，对我们的举止能施加何种影响。我们全部的讨论将结束于这一重要问题。

①首先我注意到，尽管所有支持自然法约束力的东西都已被谈及，但仍然使这个问题悬而未决；不过，即使伴有这种不确定性，但在采取行动时却好像它已经得到了肯定，这样做也是合理的。因为它显然是最安全的一面，即在这种情况下，可能失去的东西总是最少的，会获得的东西则是最多的。现在让我们假设来

生这件事情还存疑。那么如果存在来生，不仅不相信它是一种错误，而且在行动时好像没有这样一回事也是一种危险的无规律性。这种类型的错误会带来极为有害的后果；因为如果没有这回事，犯了相信它的错误，一般只会产生好的结果；它不会在以后使我们受制于什么不便，而且一般来说，在现时也不会给我们带来很大的困难。因此，假使情况对自然法尤为不利，一个具备明智德性的人在作出选择时，也即到底是遵守还是违反这些法律，也会毫不犹豫，因为美德将总是优于恶行。

②但如果假设存在怀疑和不确定，选择问题的这一面仍是最审慎和最可取的，那么当我们不可避免地承认这一意见较之它的对立面更具可能性时，选择这一面岂不是更为审慎和可取吗？对于每一个进行盘算和反思的人来说，一种最高程度的逼真性，或者一种简单、细微的可能性，会成为作出决定的合理动机。如果在日常生活中按照这个原理行事是明智的，明智德性难道允许我们在最重要的事情上——譬如在本质上关系到我们的幸福——偏离这条道路？

③但是，总之，如果再进一步，并把事情归结到其真实的一点，那么人们会同意，如果我们不拥有对来生的严格明证，我们实际上至少拥有一个以许多合理的推定为基础的或然性，以及一种非常强的以至非常接近确定性的适宜性；更为明显的是，在事物的当前状态下，我们应该在这个基础上采取行动，而不被合理地允许形成任何其他的行为规则。[①]

① 参见本书上卷，第一部分，第六章，第6节。

12.（它是我们性质和状态的必然结果）　事实上，对一个理性的存在物来说，在每一个主题上都寻求确证，并且只根据明确和确定的原理才作出决定——没有比这更值得做的事了。但是，由于并不是所有问题都能轻易找出确证，但我们却被迫要作出决定；如果我们总是等待一个完美的明证，我们将变成什么样子呢？在不具备最高程度的确定性的情况下，我们必须接受次于它的结果；在不存在相同的权重来反对它的情况下，一种极大的或然性便成为了行动的充分理由。如果问题的某一方面本身并不是明显确定的，那么如下这一点至少是一个明显而确定的规则，也即在事物的现状中，它应该具有优先地位。

这是我们性质和境况的必然结果。由于我们的知识有限，却处于作出决定和行动的必要性之中；如果为了这一目的需要有一种完美的确定性，如果我们拒绝接受或然性作为一种作出决定的原则；那么，我们或者被迫决定支持最不可能的那一方面，并且背离逼真性（我想，没有任何人会试图这样做），或者被迫在犹疑和不确定中荒废时日，在一种犹豫不决的状态中连续浮沉，永远处于悬搁状态，不采取行动，不解决任何事情，不拥有任何固定的行为规则；这将是对人道体系的彻底颠覆。

13.（理智将我们置于如此行为的义务之下）　但是，如果一般而言，在缺乏确证的情况下，将适宜性和或然性接受为行为的规则是合理的；那么，在特定情况下，正如我们已经观察到的，如果遵循这个规则不会带有风险，那么这一规则会变得更加必要和正当。如果我们弄错了，我们不会失去什么；如果我们是正确的，我们则会赢得很多东西；那么，难道我们还能期待一种更为理性的行动动机吗？特别是当相反的一面如果出错的话，向我们暴露了非常大的危险时；或者即使是对的，也并不给我们带来任何优势。在这种情况下，没有任何犹豫的余地；理智迫使我们拥抱最安全的一面；而且这一强迫（义务）是异常强大的，因为它是由各种最具分量和最坚定的动机所一致产生的。

总而言之，如果即使在完全不确定的情况下，拥抱这个方面也是合理的；那么，在有一些可能性存在并有利于它的情况下，则更为合理；如果这些可能性很有说服力而且数量众多，那么拥抱这个方面则变得完全必要了；而且，最后，如果在所有情形中这是最安全和最有利的一面，那么必要性仍会增加。根据我们已经确立的有关由理智所施加的内在义务的原理，为了产生一个真正的义务[①]，我们还能要求更多吗？

14.（它是上帝本人施加于我们的职责） 再有，这种内在和原初的义务是为神圣意志本身所确认的，由此使得这种义务格外强。实际上，正如我们所看到的那样，这种判断和行动的方式，正是我们构造的结果，而这种构造恰是造物主所型塑的；单独这一点便是一个确定的证据，证明正是上帝的意志要求我们应该被这些原理指导并将其视为一种职责。正如我们已经注意到的那样[②]，不论什么东西，只要它源自人的内在本性，是他的原初构造和状态的结果，便会使我们清楚明白地了解到造物主的意志，了解到他期望我们对我们的各项官能加以运用，并且了解到他认为适合约

① 参见本书上卷，第一部分，第六章，第 9 节和第 13 节。

② 参见本书上卷，第二部分，第四章，第 5 节。

束我们的各项义务。这是值得高度重视的一点。因为如果我们可以宣称——并且不担心出错，上帝实际上意欲人应该在怀有对来生的信念这一基础上操持他在此生的举止，并且根据自身行为的正义与否，他自己怀有很大的希望或恐惧；那么是不是由此产生了对这种状态的实际性，以及奖赏和惩罚之确定性的更为有力的证据？否则，我们将被迫说，上帝欺骗了我们，因为这个错误对于执行他的意图是必要的，是他在人性方面形成的计划的基本原理。但是，以这种方式来谈论最完美的存在物，谈论一个具备无限力量、智慧和善意的存在物，就将是在使用一种荒谬和粗俗的语言。正因为如此，并且正如上文提到的那种信念对人类是必要的，而且进入了造物主的视野，它便不可能是假的。无论神在我们面前将何种事项树立为一种职责，或者作为一种合理的行为原理，都必然是真实的。

15.（结论） 因此，每件事都汇聚于此，支持建立自然法的权威。①它们从理智中得到的认可。②上帝的明确命令。③遵守它们使我们能在这个世界中获致的真正好处；以及根据我们是遵守或是蔑视这些法律，而对来生抱有极大的希望或是正当的恐惧。因此，上帝通过如此强有力且为数众多的联系，把我们束缚在对美德的实践中，以至每一个咨询和聆听理智的人，都发现自己处于一个不可避免的义务之下，即使理性成为他的不可变更的行为规则。

16.（那些单单通过运用理智已经显得可能的事物，借由启示具备了完全的确证） 有些人可能会反对说，我们关于自然法约束力的讨论太过冗长了。确实，绝大多数讨论过自然法的作家在这个主题上都更为简洁，普芬道夫本人也没有过多地谈论这个问题。[①]这位作者，尽管没有将对来生的考虑从这门科学中完全排除出去，但似乎仍然把自然法限制在此生的范围之内，只意在使我们具有社会性。[②]然而他也承认，人天然地是渴望不朽的，而这就促使异教徒相信不朽的灵魂；这一信念同样得到了古代有关复仇女神传统的支持；他还补充说，事实上上帝很可能会惩罚违反自然法的行为；但是在这方面还是有一些含混之处，有且只有启示才能使这件事摆脱怀疑。[③]

但是，即使下面这一点是真的，也即理智关于这个问题只是给我们提供了可能性，然而我们也绝不能将对来生的考虑排除出自然法；特别是如果这些可能性如此之大，以至于接近确定性的边缘。上面这个问题无疑进入了这门科学的体系，而且因为下面这一点构成了其中愈发基本的一部分，也即若不存在来生，就像我们已经证明的那样，自然法的权威就会被削弱；试图在坚实的基础上确立几项重要的职责——别的问题先暂且不谈——也将变得困难重重，这些职责要求我们为了社会的利益，或者为了支持公平和正义，牺牲自己的最大利益。因此，有必要仔细研究一下，

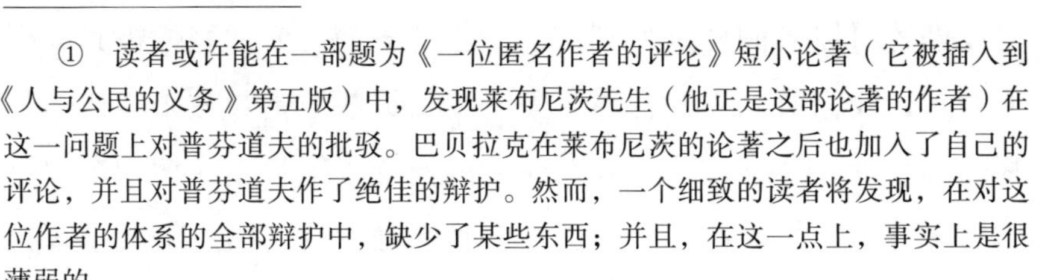

① 读者或许能在一部题为《一位匿名作者的评论》短小论著（它被插入到《人与公民的义务》第五版）中，发现莱布尼茨先生（他正是这部论著的作者）在这一问题上对普芬道夫的批驳。巴贝拉克在莱布尼茨的论著之后也加入了自己的评论，并且对普芬道夫作了绝佳的辩护。然而，一个细致的读者将发现，在对这位作者的体系的全部辩护中，缺少了某些东西；并且，在这一点上，事实上是很薄弱的。

② 参见普芬道夫，《人与公民的义务》，“导论”，第5、6节。

③ 参见《自然法与万民法》，第2卷，第3章，第21节。

我们的自然之光在这个问题上可能会带领我们前行多远，并且指出我们的理智给予我们的证据所具有的效力，以及这些证据对我们的举止应该产生的影响。

正如我们已经注意到的那样，在这方面知晓上帝意志的最好方法无疑是他作出的一个明确的宣告。但是，如果我们像纯粹的哲学家那样推理，我们便无法运用如此关键的一个证据，而作为基督教哲学家，则没有什么能够阻挡我们利用启示来加强我们的猜测。事实上，在我们已经作出推理并正确猜测的各种论据中，没有什么比神在这个问题上的正面宣告是更好的论据了。因为如果上帝事实上愿意在另一生中补偿美德并惩罚恶行，那么我们便不能再怀疑我们已经提出的东西，也即，这是与他的智慧、善良和正义高度符合的。我们从人的本性，从上帝于人有益的计划，从他统治整个世界的智慧和平等，以及从事物的现时状态中得出的证据，并不是某种想象的作用，或是某种虚妄的自爱；不，它们是为正确理智所决定的反思：而且当启示帮助它们时，它就使得已经单由自然之光而显得可能为真的东西具备了完全的确证。

但是，我们在这里所作的反思，不仅关乎到自然法的约束力，它或许还可以被同样延伸到这部著作的其他部分。我们极其高兴地看到，我们所确立的各项原理，正是那些被基督教采纳作为其基础的原理，并且这一宗教在此之上树立了宗教和道德的全部结构。一方面，如果这一评论通过使我们确信我们已经触及了真正的自然体系，从而使我们对于这些原理更为笃定；另一方面，它应该使我们对这样一种启示抱有无限的尊崇，这一启示完美证实了自然法，并把道德哲学转化为一种宗教和通俗的学说；这是一个建立在事实上的学说，神的权威和承诺以最适当的方式进行明确的干预，以便给人留下印象。这种自然之光与启示之光的愉快吻合，对两者而言都是同样光荣的。

下卷

政治法原理

第一部分

论政治社会的起源和性质，通论主权及其独有特征、限制和各基本部分

第一章　若干一般和初步的反思，作为此部分和后续几部分的概论

1. 迄今为止关于人的各项权利和义务所作出的所有解释，都与自然的和原初的社会相关，它是上帝本人建立的，因而独立于人类的创制：我们现在必须讨论政治社会或者政治体（body politic），它恰如其分地被视为所有社会中最完备的社会，“国家”这一名称也被优先给予了它。

2. 由此，我们将在这里重复前一卷中确立的一些原理的实质内容，而对于与这一主题相关的其他一些原理，我们会进一步加以解释。

①人类社会自身本来是一个平等和独立的状态；

②主权的建立破坏了这种独立；

③这一建制并没有颠覆自然社会；

④相反，它有助于强化和巩固它。

3. 因此，为了形成对政治社会的恰当观念，我们必须将它视为自然社会本身得到了某种方式的修改，即拥有一个主权者掌管着它，所有与社会幸福相关的事情都最终依赖于他的意志；要达到的目的则是，通过这些手段，人类或许在获得他们都天然渴望的幸福时伴有更大的确定性。

4. 各个政治社会的建立在人类之间产生了一些新的关系；我指的是那些存在于被称为国家或民族的不同政治体或共同体之间的关系，从中产生了万民法和公民政体。

5. 事实上，国家一旦成立，它们在某种程度上便获得各类人格属性；因此，我们或许可以将那些属于个人的权利和义务，同样归之于它们，并将它们视为社会的成员。事实上很明显，如果理性对个体施加了某些相对于彼此的职责，它同样给各个民族（它们仅仅由人构成）规定了它们可能在相互交往过程中应遵循的各种相同的行为规则。

6. 因此，我们或许可以将迄今为止所阐发的若干自然法准则应用到各个王国和民族；同样的法律，当谈到个人时被称为自然法，而当它应用到作为组成不同政治体——这被称为国家和民族——成员的人类时，则名之以万民法以示区别。

7. 为了进入这一主题，我们必须指出，各个民族相对于彼此的自然的状态，是社会与和平状态。这个社会同样是一个平等和独立的状态，它在它们之间建立了一种平等的权利，由此要求它们对彼此给予相同的尊重。因此，万民法的一般原理只不过是社会性的一般法律，它要求各个民族承担的各项职责，与那些给个体划定的职责是相同的。

8. 因此，那种禁止我们伤害任何人并且命令对已经造成的损害进行赔偿的自然平等的法律，还有保持善意的法律以及忠于我们约定的法律等，便构成了各个民族间的诸多法律，它们对人民和他们各自的主权者施加了那些与规定给个人的相同的各项职责。

9. 正如在这里已经解释过的，对万民法的性质和起源加以关注是至关重要的；因此，随之而来的是，万民法与自然法本身具有同等的权威，它构成了自然法的一部分，而且它们同等神圣和可敬，因为它们都拥有上帝作为它们的作者。

10. 甚至不可能有任何其他万民法是真正具有强迫性的，并且内在地被赋予了法律的效力。因为既然所有民族相对彼此都处于一种权利的平等状态，毋庸置疑的是，如果在它们之间存在任何共同的法律，它必然会以上帝——它们共同的主权者——为作者。

11. 至于那些涉及各民族间默示同意或是习俗的东西，有些博士据此建立了一种万民法，它们就其自身并不能产生一种真正的义务。因为，仅仅从若干民族相对彼此采取行动时，在相当长的一段时间以来都采取了某种特定的方式这一点，并不能得出它们将自己置于了在未来始终如此行动的必然性之下，更不能得出任何别的民族都有义务遵循这一习俗。

12. 我们只能说，当在频繁发生交往的民族之间引入了某种特定的惯例或习俗时，这些民族被设想，并且或许可以合理地被设想应该服从这种惯例，除非他们已经使用明确的条款，声明他们将不再遵循它；而这便是民族间的成例具有的全部效果了。

13. 在确立这一点之后，我们或许可以区分两种自然法，一种是必然的，它本身就是强制性的，而且与自然法没有任何区别；另一种任意的和自由的，只是建立在一种默示的习惯上，并且从自然法中取得其全部效力，因为自然法命令我们忠于我们的各项约定。

14. 关于万民法所说的东西，为君主们提供了几个重要的反思；其中，由于万民法实际上只不过是自然法本身，而对全人类而言只有同一条正义的规则，由此那些违反它们的君主便同任何私人个体一样负有严重的罪行，尤其是考虑到，他们的邪恶行为通常比那些私人作出的行为伴有各种更不幸福的后果。

15. 从我们建立的与自然法和万民法相关的各项原理中可以得出的另一个结果是，对各个民族的主导者尤为必要的那种科学——它被称为政策（policy）——必须形成一种恰当的概念。因此，政策指的是主权者的这样一种知识和能力，借由它为其所管辖的国家提供生存、安全、繁荣和荣耀，同时不对其他国家造成伤害，而是尽可能地考虑到他们的利益。

16. 简而言之，对私人而言称之为明智德性的东西，当应用于主权者时便以政策之名加以标识；而那种一个人以损害他人来寻求自身利益，被称为巧伪或是狡诈的恶意的能力，在个体之中值得谴责，对君主而言也同样如此，如若他们的政策致力于获取他们自身民族的利益，以至妨害了凭依人道和正义的法律他们对其他民族应尽的义务。

17. 根据对政治社会一般性质已经讨论过的东西，人们很容易理解，在所有人类的建制中，没有比它更可观的了；而且，因为它包含了所有与社会幸福相关的东西，它是一个外延广泛的主题，由此，对于君主和人民来说，在这一点上具备适当的指示都是很重要的。

18. 由于我们或许可以将有关这个问题的若干条目按照某种顺序加以呈现，我们将把我们的著作分为四个部分。

第一部分将讨论各种政治社会的起源和性质，国家形成的方式，对主权的概论，其独有特征、若干限制和各基本部分。

在第二部分中，我们将解释政府的不同形式，获得或失去主权的各种方式，以及主权者和臣民相互的职责。

第三部分将对主权中涉及国家内部管理的那些基本部分进行更具体的探究，例如立法权、关系到宗教的最高权力、施加惩罚的权利，也即主权者对他领地内的各个阶级和各类财物拥有的权力等。

最后，在第四部分中，我们将阐释主权者相对于外国人的各项权利，我们将在那里处理战争的权利，以及与该主题有关的任何事项，例如联盟和其他公共条约，以及大使的各项权利。

第二章　论各种政治社会的真正起源

1. 政治社会只不过是一群人的联合，他们同意生活在对一个主权者的臣服之下，以便通过他的保护和关照找到他们天然渴望的幸福。

2. 每当有关政治社会的起源这一问题被提出时，它或许可以从两种不同的方式加以考虑；要么我被问及有关各类政府在现实中和事实上的起源的看法；或者是关系到权利方面的一致与合宜；也即：是什么原因竟诱使人类放弃他们的自然自由，选择公民状态而非自然状态？让我们先看看关于事实能说些什么吧。

3. 由于社会和公民政府的建立几乎与这个世界是同时期出现的，而且那些最初的年代留存下来的记录很少；关于政治社会的真正起源，无法带有确定性地提出任何事情。政治作家们在这个主题上所说的全部内容，都被迫成为可能性或大或小的各种推测。

4. 有些人将政治社会的起源归因于父系权威。他们指出，所有古老的传统都告诉我们，第一代人生活了很长时间；因为这种长寿以及当时允许的多妻制，相当数量的家庭都团结在同一个祖父的权威下；由于一个社会或者任何数量众多的团体，在没有一个至上权威的情况下都很难维持自身，由此可以很自然地想象，他们的孩子从小就习惯于尊重和服从他们的父亲，一旦他们到达理智完全成熟的阶段，便自愿地将最高管辖权交到父亲手中。

5. 有些人认为，人类彼此之间的恐惧和猜疑是他们共同团结在一个首领之下的诱因，以便庇护他们免遭那些为他们所忧惧的不幸。他们说，从第一批人的不义行为中，战争便产生了，随之而来的便是他们臣服于各种主人的必要性，这些主人决定了他们的各项权利和特权。

6. 最后，还有些人声称，政治社会最初的起源应被归结为由武力或是能力支撑的野心。那些最灵巧、最强大，也最雄心勃勃的人首先将那些最单纯和最弱小的人置于臣服的境地；随后，这些不断扩张的国家便借由征服以及自愿加入这些社会的成员的同意而在不知不觉间加强了。

7. 这些是政治作家们关于社会起源的主要猜想；让我们对之进行一些反思。

①首先，在社会的创设中，人类很可能考虑的是纠正他们已经经历过的各种恶，而非谋求从法律、商业、艺术和科学以及从所有其他频繁提及的历史中的改良得来的各种利益。

②人类的自然倾向及其一般行为方式，绝不允许我们将所有政府的创立归因给一个一般的和统一的原理。认为不同的环境会产生不同的国家将更自然。

③毫无疑问，我们在民主社会或是家庭中看到政府的第一个形象；但是世界上仍有这样一种可能性，那就是野心在力量或能力的支持下，首先让若干家庭的父亲们受到某个首领的统治。这看起来与人类的自然倾向非常吻合，并且似乎进一步从圣经在谈及历史上提到的第一位国王——宁录（Nimrod）采取的方式那里

得到了支持。[1]

④在这样一个政治体形成后，其他一些人出于不同的动机在之后加入其中；而其他家庭的父亲们由于害怕来自那些正在成长中的国家的冒犯或压迫，决心将他们自己组织成类似的社会，并给自己挑选一个首领。

⑤尽管如此，我们不能比照我们这个时代存在的国家来想象那些最初的国家。人类的各种建制在它们开始时总是薄弱和不完善的，只有时间和经验可以逐渐使它们臻于完美。

最初的国家很可能非常小：当时的国王只是某种族长或是特定的官员，被任命来解决争端或是指挥军队。因此，我们在最古老的历史中发现，有时在同一个民族便有几位国王。

8. 但总而言之，根据我们已经说明的，关于最初政府的起源所说的任何内容都仅仅是猜想，也即只具有或多或少的可能性。此外，这是一个满足好奇而非有用的或是必要的问题；因为，重要之处，也是人类特别感兴趣的，是要知道政府和某个最高权威的建立是否真的是必要的，以及人类是否从中获得了任何可观的益处：这就是我们所说的权利的一致或合宜，也是我们马上要加以检视的内容。

---

① 参见《圣经·创世记》，第10章，第8节及之后（*Genesis*, c. x. v. 8, & seq.）。

第三章　论建立政治社会在权利方面的一致或合宜，以及一个最高权威的必要性；论公民自由，较之自然自由，它拥有更广阔的范围，国家是人类所有境况中最完善、最合理的状态，因而也是人的自然的状态

1. 我们在这里探寻，政治社会和某个最高权威的建立，是否对人类是绝对必要的，或者说是否没有它人类就不能幸福生活？以及，主权——其起源或许是源于篡夺、野心和暴力，是否包含了某种反对人的自然平等和独立的尝试？毫无疑问，这些是极为重要的问题，值得给予最大程度的关注。

2. 首先，我承认，自然在人类中建立起来的原初和原始的社会是一种平等和独立的状态；同样正确的是，所有人都有义务按照自然法来操持其各项行为；而且最后可以肯定的是，这一法律本身就是最完美的，也是最适合人类保存和幸福的法律。

3. 同样必须予以承认的是，如果人类在他们生活于自然社会中时，就完全遵守自然的法则，那么便不缺少任何东西使他们的

幸福走向完满，也不会有任何机会在地球上建立一个最高权威。他们将生活在充满爱与友善的相互交往中，生活在没有国家或浮华的素朴和没有嫉妒的平等中，对美德之外的各种优越性全然陌生，不具备无私和慷慨之外的任何别的野心。

4. 但是人类并没有被如此完美的规则长期指导；他们各项激情的活力很快就削弱了自然法的力量，使它现在不再构成一种充分的约束，如此一来，被各种激情削弱和蒙蔽的人类便不能被继续放任自流了。让我们对这一点更具体地解释一下。

5. 法律除非被充分知晓，否则便无法促进社会的幸福。除了正确使用他的理智之外，人类便不能了解自然法；但是人类的绝大部分，当被放任自流时，听取的是激情的偏见而非理智和真理，因此，在自然社会状态下，自然法只是被非常不完备地知晓了，由此在这种情况下，人便无法过上幸福的生活。

6. 此外，自然状态缺少另一种幸福和社会安宁所必需的东西，我指的是一个共同的法官，在得到认可后，他的事务是裁定每天在个体之间产生的各类分歧。

7. 在这一状态下，由于每个人都是他自己行为的最高仲裁者，并且拥有权利自行裁断自然法以及他应该适用它们的方式，这种独立和过度的自由只会产生无序和混乱，特别是在那些碰巧有任何利益或激情冲突的情况下。

8. 最后，由于在自然状态下没有人拥有执行法律的权力，也不具备惩罚违反法律行为的权威，这是原初社会状态的第三个不便，以至自然法的效力几乎被彻底毁灭了。因为人的构成方式决定了，法律是从强制力量中获取其最大的效力，它通过各种严厉的惩罚措施来震慑坏人，以平衡享乐和激情具备的强大力量。

9. 这就是伴随自然状态的诸种不便之处。人类享有的过度的自由和独立，使他们旋即陷入永久的困境中；因此，他们便处于放弃这种独立状态，并寻求应对其产生的各种恶的补救措施的绝对必然性之下；他们通过建立政治社会和一个主权权威而发现了这一补救办法。

10. 但这要求达成同等必要的两件事情：首先，通过一个更为特定的社会联合在一起；其次，这个社会的形成依赖一个具备最终命令权的人，其目的是他或许可以维持秩序与和平。

11. 通过这些手段，他们弥补了上述的诸种不便之处。主权者通过颁布他的法律，使他的臣民们了解他们应该遵循的规则。由此，我们不再充当我们自己案件的法官，我们的冲动和激情受到制约，并且我们有义务将自己限制在由我们对彼此的尊重和敬意所构成的界限内。

12. 这或许足以证明政府以及社会中一个最高权威的必要性，并且在这方面确立权利方面的一致或合宜；但由于这是一个至关重要的问题，由于人类对于熟识他们自己的状态怀有特别的兴趣，也由于他们对独立具有天然的热情，并且通常对于自由形成各种虚假的概念；我们对这个问题继续进行反思便并非不合适。

13. 因此，让我们检视自然自由和公民自由；并在后面尽力表明，公民自由远比自然自由更为可取，由此它所产生的状态，便是在人类所有境况中最完美的，并且，准确地说，是人的真正的自然状态。

14. 我们在这个问题上所作的反思至少具有如下重要性，它为君主和臣民们提供了有益的教导。人类的绝大部分对于政治社会的各种益处是陌生的，或者至少他们以这样一种方式生活，以至全然不关注这一有益建制的美丽或卓越。另一方面，君主们常常忽略了他们被任命的目的，他们没有设想最高权威的建立不是出于什么别的意图，而只是为了维护和保障人类的自由，也即让他们享有一种坚实的幸福；他们经常把这一权威导向一个不同的目的，即他们自己的私人利益。因此，没有什么比消除主权者和臣民们在这一问题上的各种偏见更为必要了。

15. 自然自由是自然赋予全人类以他们认为最便利于他们幸福的方式处置其人身和财产的权利，只要他们在自然法的限制范围内行事，并且不滥用它以至对其他人造成伤害。对于这种自由权利，存在一个相应的互惠的义务，通过这种义务，自然法约束全人类尊重其他人的自由，并且不打扰他们运用这一自由，只要他们没有加以滥用。

16. 因此，自然法构成了自由的规则和标准；在原初的自然状态下，人类仅仅具有自然法给予他们的自由；因此，在这里作出如下观察是恰当的，自然自由的状态并不是一种完全的独立。在这一状态下，人们相对彼此确实是独立的，但他们都处于对上帝和他的法律的依赖状态中。一般而言，独立并不是一个适合于人类的状态，因为人类的本性就得之于一个在上位者。

17. 自由与独立于任何在上位者，是两个截然不同的事物，绝对不能加以混淆。第一个在本质上属于人，另一个则不适合他。认为人类自由本身与依赖一个主权者、臣服于他的法律不相一致，是极不正确的；相反，正是主权者的这种力量以及人们从中得到的保护，构成了他们自由的最大保障。

18. 通过回忆我们在谈及自然自由时已经确立的东西，可以更好地理解这一点。我们已经表明，自然法对人类自由的诸种限制，远非削弱或颠覆它，反而构成了它的完善和保障。自然法的目的并不是为了限制人的自由，而是为了使他做出的行动符合他的真正利益；此外，由于这些法律构成了对人类自由可能对他人造成的各种恶劣后果的制约，它便通过这些手段向全人类确保了他们可以合理希冀的最高程度的自由，而这恰是对他们最有利的。

19. 因此，我们或许可以得出结论，在自然状态下，人无法享有自由的所有好处，因为这一自由必须臣服于理智，同时自然法构成了行使这一自由的规则和准绳。但如果以下所述是真实的，即自然状态伴随着前文提到的若干不便之处，它们几乎消除了自然法产生的影响和效力，那么明显的后果则是，自然自由必然由此受到极大损害，由于不被限制在自然法的界限之内，它将不得不堕落为放纵，并将人类置于最可怕和最凄凉的情势中。

20. 由于他们永远被各种纷争分裂，最强大的人压迫最弱小的人，他们没有任何宁静，也不享有任何安息。我们应特别观察到的是，所有这些恶主要便是源自那种人类相对彼此拥有的独立，它剥夺了他们在行使自由时所有的安全保障；因为过于自由，以至他们根本就不具自由；因为当自由不受制于法律的指示时，就没有自由。

21. 如果公民状态为自然法赋予了新的力量这一点是真实的，如果主权的确立以更为有效的方式确保了对这些法律的遵循，这一点也是真切的，我们必须得出结论说，人在这种状态下享有的自由，比起他在自然状态下拥有的自由，更加完美，更加稳固，也更适合于获致他的幸福。

22. 确实，政府和主权的确立是对自然自由的一种相当大的限制，因为人必须放弃处置自己人身和各项行为的独断的权力，也即他的独立。但是，通过放弃自由中对自己具有的每一种危险倾向，只保留为获得自己真切而坚实的幸福所必需的那部分，人类将能如何更好地利用自己的自由啊！

23. 因此，公民自由大体而言只不过是自然自由借助个体赋予其主权者的权威，剥去了其中构成个人独立性的那部分。

24. 这一自由还具有两个相当大的优点，这是自然自由没有的。首先，臣民有权利坚持他们的主权者应妥善利用他的权威，以便与他被委托这一权威所要达成的意图相吻合。其次，是明智德性要求的臣民应该为自己保留执行前一权利的保障，这是一项绝对必要的保障，没有它的话，人民就永远不会享有任何坚实的自由。

25. 因此，让我们总结一下，为了给予公民自由一个充分的定义，我们必须说，它是自然自由本身，借由个体赋予主权者的权威，剥去了构成个人独立性的那一部分，并且伴随着坚持主权者妥善运用自己的权威的权利，以及使这一权利具备实效的道德保障。

26. 因为公民自由远比自然自由更为可取，我们或许可以有把握地得出结论说，为人类获得这种自由的公民状态是人类所有状态中最完善、最合理的，而且当然是人真正的自然状态。

27. 事实上，因为人，就其本性而言，是一个自由和具备才智的人，能够自己发现自己的状态以及最终的目的，并采取必要的措施来实现它，恰当来说，我们必须从这个角度来考虑他的自然状态；也就是说，人的自然状态必须是与他的本性，他的构成、理智，他的各项官能的良好运用以及他的最终目的最为吻合的；所有这些情况都与公民状态完全一致。简言之，由于政府和最高权威的建立将人们带回到对自然法的遵守，并由此带回到幸福之路，它便使他们回归到他们的自然状态，在那里他们曾因为对自由的误用而迷失。

28. 我们在这里对人们从政府中获得的各项好处所作出的反思值得高度重视。

①它们非常适合消除大多数人在此问题上持有的各种错误观念；例如，公民状态如果不对他们的自然自由造成损害便无法建立，又如政府的发明只是为了满足他们中间那些大人物的野心，与共同体内其他人的利益相悖。

②它们激发人类对如此有益的创制怀有热爱和尊敬，使他们自愿服从政治社会对他们的要求，这源于他们坚信从中产生的各项益处是非常可观的。

③它们或许同样可以为增加对祖国的热爱作出巨大贡献，这种爱是大自然在人类心中植入的第一粒种子，以便最有效地促进社会的幸福。塞克斯图斯·恩丕里柯（Sextus Empiricus）说："古代波斯人具有这样一种习俗，在一个国王去世后便在无政府状态下度过五天，他们关于无政府状态各种不便的经验——许多谋杀、劫掠以及它孕育的其他各类灾祸，构成了对国王的继任者更为忠

诚的诱因。”[1]

29. 正如这些反思适于消除私人的各类偏见，因此它们同样包含甚至对于主权者若干最为卓越的教诲。对于君主们来说，除了严肃反思人们将他们的自由，也即对他们来说最宝贵的东西，委托给自己所要达成目的，反思他们在进入这项契约关系时被寄存的一项如此神圣的财物，还能有更好的事情适宜于使他们明了自身职责的全部意义吗？当人类通过给自己设立主人，放弃他们的独立和自然自由时，便是为了免遭他们的各项恶的折磨，并希望在他们的主权者的保护和关怀下，他们能够得到坚实的幸福。因此，我们看到，借由公民自由，人类获得了这样一种权利，即坚持要求他们的主权者在使用其权威时与他受托的意图相称，也即：使他们的臣民睿智和具备美德，从而促进他们真正的幸福。总而言之，所有我们谈及的公民状态较之自然状态的各项优势，都预设了这种状态达到了它应有的完善程度，并且臣民们和主权者都履行了他们相对彼此的各项职责。

① 《对抗数学家》（*Advers. Mathemat.*），第 2 卷，第 33 节。同时参见希罗多德（Herodotus），《历史》，第 1 卷，第 96 节及以下。

第四章　论国家的基本构成以及它们形成的方式

1. 在处理了政治社会的起源之后，我们主题的自然次序带领我们检视国家的基本构成，即它们形成的方式，以及那些令人惊叹的结构的内部框架。

2. 从前面章节的讨论可以得知，人类为了使自己免遭在自然状态下折磨自身的各种恶，并且为自己获致所有为他们的安全和幸福所必需的益处，能够采取的唯一有效的方法，必须来自人自身并来自社会的帮助。

3. 为此目的，一群人应该以这样一种特定方式联合起来，以至他们的保存必须依赖彼此，其目的是他们始终处于相互帮助的必然性下，并且通过这种力量和利益的结合，不仅能够抵御每个个体无法轻易防备的冒犯，也能遏制那些竟试图偏离其职责的人，同时更为有效地促进他们的共同利益。让我们更具体地阐释如何实现这一点。

4. 为此目的，有两件事是必要的。

①必须以这样一种方式永久联合社会所有成员的意志，即从那时起，对于任何涉及社会的目的和意图的事项，他们应抱有同一种欲求。②之后必须建立一个由全体力量支撑的最高权力（借

由这一途径他们或许能震慑那些竟然倾向于破坏和平的人），并且对试图违背公共善的行为施加某种现实的和可感的恶。

5. 正是这种意志与力量的结合，使政治体或国家得以产生，没有它我们将永远无法构想一个政治社会。因为假设联合的数量十分庞大，如果每个人都要在与公共利益有关的事情上遵循自己的私人判断，那么他们只会使彼此陷入困境，并且由于人的轻浮和恒心的缺乏而产生的倾向与判断的多样性，将迅速拆除所有的共识，而人类会重新陷入自然状态的诸多不便之中。此外，那种类型的社会，若是没有一个至上力量——他的任务是充当对人的反复无常和恶意的制约，迫使每个个体将其全部行为都导向公共效用——将永远无法长期一致地为了同一目的行动，也不能将自身维持在构成了其全部力量的那种和谐中。

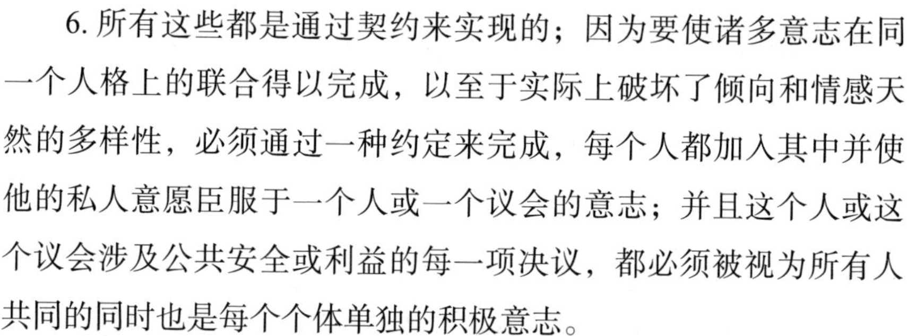

6. 所有这些都是通过契约来实现的；因为要使诸多意志在同一个人格上的联合得以完成，以至于实际上破坏了倾向和情感天然的多样性，必须通过一种约定来完成，每个人都加入其中并使他的私人意愿臣服于一个人或一个议会的意志；并且这个人或这个议会涉及公共安全或利益的每一项决议，都必须被视为所有人共同的同时也是每个个体单独的积极意志。

7. 至于产生主权者权力的力量的结合，它并不是通过每个人将自己的力量以物质性的方式传递给一个单一个体，以致使自身保持全然的虚弱和无能来实现的；它通过契约或约定，借此所有人共同的同时也是每个个体单独的，都使他们有义务只以这样一种方式来使用他们的力量，也即由那个他们经由一致同意授予了最高权威的人来加以规定。

8. 通过这种在同一个首领下的政治体的联合，每个个体都在某种程度上获得了与整个联合的社会同等的力量。例如，假设联合体有一百万人，每个人都能够抵抗这一百万人，因为他们服从于主权者，而主权者使他们保持敬畏并阻碍他们伤害彼此。政治体中力量的这种倍增类似于人体中每个肢体的力量；把它们分开，其活力便不复存在；但是通过它们的相互结合，每个肢体的力量都会增加，而且它们共同形成了一个强大而活跃的身体。

9. 国家或许可以被定义为，一群人联合在一起的一个社会，他们处在对一个主权者的依赖之下，以便通过他的保护和照料，找到他们自然渴望的幸福。西塞罗给出的定义与之非常接近，"一群人借由共同利益和他们一致臣服的共同法律联合起来"。

10. 因此，国家被视为一个躯体或是作为一个道德人格，其中主权者是首领或头，臣民是成员和肢体；由此，我们划归给这一人格若干特有的行为以及迥异于每个公民的某些权利、特权和财产；对于后者，每个公民或是他们许多人，甚至所有人一起都不能觊觎，而只属于主权者。

11. 此外，这种若干人在一个躯体中的联合，它产生自每个个体的意志和力量在同一个人格那里的一致结合，使得国家和一个集合体区别开来。因为集合体只是若干人的集合，每个人都有他自己的私人意志，对于任何提议给他的事项，都可以根据自己形成的观念来进行判断，并根据自己的喜好来作出决定；因此他们不能说只有一个意志。而国家则是一个躯体或一个社会，只由一个灵魂来激发并指导其所有的动向，同时使它的所有成员以一种恒常和统一的方式行事，并且着眼于同一个目的，即：公共利益。

12. 但是在这里会有人反对，如果社会中每个成员的意志和力量在主权者身上的结合，没有破坏每个个体的意志和自然力量；如果他们总是继续拥有它；而且如果事实上他们能够动用它来对抗主权者，那么国家的力量在哪里呢，是什么构成了这个社会的安全呢？我回答说，主要有两件事有助于维持国家以及作为其灵魂的主权者。

第一个是契约本身，每个个体借之使自己臣服于主权者的命令，这一契约从神圣权威和誓言的约束力中获得了一种相当可观的效力。但是，对于那些邪恶和居心不良的头脑，上述这类动机不会造成任何影响，政府的力量便主要在于这样一种恐惧，即主权者借由他被赋予的权力可能对他们施加惩罚。

13. 现在，既然主权者能够迫使反叛和顽固的人履行其职责的手段就是这些，其他臣民便为此目的向主权者加入了他们的力量（因为，若非如此，主权者的力量不会比他最低贱的臣民更多）。由此，正是那些好臣民的及时臣服赋予了主权者压制傲慢之人并保持他的权威的手段。

14. 但是，假使一个主权者对他的职责拥有最起码的关切，那么他总是会发现，很容易就能使他的更大那部分臣民拥护他的利益，由此理所当然地将国家的最大部分的力量掌握在自己手中并且维护政府的权威。经验总是表明，君主们只需要具备通常的美德，就能被他们的臣民崇拜。因此，我们或许可以确定，主权者能够从他自己那里获得支撑其权威所必需的手段，而且根据主权被构想的目的来对之审慎行使，这既构成了人民的幸福，同时作为一种必然的结果，也构成了作为主权者人格的政府最大的安全保障。

15. 通过追溯在这里确立的有关国家之形成的各项原理，如果我们假设迄今为止一直彼此独立的一群人想要建立一个政治社会，我们将发现若干不同契约和一个一般法令的必要性。

①第一个契约是每个人与所有其他人约定永久结合为一个团体，并且借由一致同意来规定任何与他们的保存和共同安全相关的事项。那些没有参与第一次约定的人，仍被排除在这一新社会之外。

②之后必须制定一项确定政府形式的法令；否则他们永远不会采取任何确切的措施来有效且一致地促进公共安全和福利。

③最后，一旦政府的形式得到解决，就必须有另一个契约，即在选定一个或多个人被赋予治理的权力之后，那些被授予这一最高权威的人，约定将最为小心谨慎地谋求公共安全和利益，其他人则承诺对主权者的忠诚和效忠。这个最后的契约包含了每个个体的力量和意志对社会首领的意志的臣服，只要这是为公共善所需的；由此，一个规则的国家和完善的政府就形成了。

16. 我们迄今为止表达的内容或许可以通过我们在历史上拥有的关于罗马国家奠基的记载进一步说明。起初，我们看到一群人聚集在一起，着眼在台伯河畔定居；之后他们商讨要建立何种形式的政府，由于赞成君主制的一派占上风，他们就赋予罗慕路斯最高权威。[①]

17. 虽然我们对大多数国家的起源都很陌生，但我们不能认为

① 参见狄奥尼西奥斯（Dionysius Halicarn.），第2卷开头。

这里所说的关于政治社会的形成方式仅仅是虚构的。因为既然可以肯定所有政治社会都有一个开端，所以不可能设想，在不假设上述契约的情况下，这些社会的成员如何能够同意生活在一起并且依赖一个最高权威。

18. 然而，并不是所有政治作家都按照我们的方式解释国家的起源。有些人[①]声称，国家仅仅是由臣民彼此之间的契约而形成的，其中每个人都与其余所有人约定不反抗主权者的意志，条件是其他人在他们那一方也臣服于同样的约定；但是他们声称主权者和臣民之间没有原始契约。

19. 这些作者之所以对这个问题给出这种解释，其原因是显而易见的。他们的目的是给予主权者专断和无限的权威，同时剥夺臣民们以任何借口撤销其效忠的一切手段，即使主权者可能对他的权威使用不当。为了这个目的，绝对有必要使国王们摆脱他们与臣民之间所有合约或契约的限制，它们毫无疑问是限制国王权力的主要工具。

20. 尽管支持国王的权威并且捍卫它不受骚动或叛逆精神的侵害对人类至关重要，但我们不能否认显见的真理或是拒绝承认有一个契约，在其中显然存在一种相互的承诺，即从事那些他们之前并没有义务去做的事情。

21. 当我自愿臣服于一个君主时，我向他保证效忠，条件是他会保护我；君主在他那一方承诺给我他的保护，条件是我会服从他。在这个承诺之前，我没有义务服从他，他也没有义务保护

① 参见霍布斯，《论公民》，第 5 章，第 7 节。

我——至少是没有任何完全的义务；因此很明显，这里必须存在相互的约定。

22. 但还有更多的东西值得关注；我们在这里批驳的这一体系，远没有加强最高权威并且使它免于臣民反复无常的侵扰；相反，对于主权者来说，没有什么比将他们的权利奠定在这一基础上会带来更危险的后果了。因为如果臣民们对他们君主的义务仅仅是建立在臣民之间的相互契约之上，每个人为了其他人的利益而服从主权者，只要其他人反过来为了他的利益而同样这样做；显而易见的是，按照这一标准，每个臣民都使他的约定的效力取决于其他每个臣民约定的执行情况；因此，如果任何人拒绝服从主权者，其余所有人都会从他们的效忠中解脱出来。由此，通过努力将主权者的权利扩展到超出其正常限度，没有加强反而是在无意中削弱了它们。

第五章　论主权者、主权和臣民

1. 一个国家的主权者，是那个拥有下达最终命令权利的人。

2. 关于主权，我们必须将其界定为，给政治社会下达最终命令的权利，这一权利由社会的成员们赋予了那同一个人格，着眼于维护共同体的秩序和安全，并且，一般来说在他的保护下以及通过他的照顾来获致他们自己真正的幸福，尤其是对他们自由的稳固行使。

3. 首先，我说，主权是给政治社会下达最终命令的权利，以表明主权的性质主要包括两件事。

第一，给社会的成员下达命令的权利，即在指导他们的各项行为时伴有权威或具备一种强迫性的力量。

第二，这种权利应该是下达最终命令的权利，即每个个体都有义务臣服，且任何人都不具备抵抗的力量。否则，若是这一权威并不优于同一土地上的其他人，它便不能在共同体中建立秩序或安全，尽管这些正是它得以建立的目的。

4. 其次，我说，这一权利赋予了一个“人格”而不是一个人，以表明这个人格或许不仅是一个人，而且也可能是一群人，他们通过多重的选举，联合在一个议会中并且仅仅形成一种意志，对之我们将在下文更具体地解释。

5. 再次，我说，“赋予那同一个人格”，以表明主权不能容许任何分享或是分裂，在有许多主权者时便根本就没有主权者，因为没有人能最终下达命令，而他们中的任何人都没有义务向别人屈服，他们的竞争必然会使每件事都陷入无序和混乱。

6. 最后，我补充说，是为了获得他们自己的幸福等，是为了指出主权的目的，也即人民的幸福。一旦主权者将这一目的抛诸脑后，只重视自己的私人利益或是任性妄为，主权就会堕落为僭政，并且不再构成一个合法的权威。这便是我们对于一个主权者和主权应该形成的观念。

7. 国家的所有其他成员都被称为臣民，也就是说，他们有义务服从主权者。

8. 一个人以两种方式成为国家的成员或臣民，即通过明示的或是默示的契约。

9. 如果是通过明示契约，那么事情则不存在任何困难。但是，关于默示契约，我们必须注意到，国家的第一批创始人和所有之后成为其成员的那些人，被料想约定了当他们的子女和后代进入世界时，应该有权利享有那些为国家所有成员普遍分享的利益，不过仍要满足如下条件，即这些后代当他们能够运用理智时，他们自身愿意服从政府并认可主权者的权威。

10. 我说，需要后代认可主权者的权威；因为父母的约定本身不具有使子女违背自身意愿服从某个他们自己本不会选择服从的权威的效力：因此，主权者对国家成员的子女拥有的权威，以及另一方面这些子女拥有的得到主权者的保护和政府的各项利益的权利，是建立在双方同意的基础上的。

11. 现在，如果国家成员的孩子在达到具备判断力的年岁后，愿意生活在他们父辈的地方，或者在他们的祖国生活，凭借这一行动，他们便被认为选择使自己服从统治这个国家的权力，并由此作为这个国家的成员，应该享有自然从中产生的各项好处。出于同样的原因，一旦主权者得到承认，他就没有必要对后来出生在他统治下的孩子们宣誓效忠。

12. 此外，如下这一准则向来被视为一条关于政府的一般性法律，即无论谁只要进入一个国家的领土，尤其是那些渴望享受在那里发现的各种利益的人，都被认为放弃了他们的自然自由，并服从业已确立的法律和政府，只要这是为公共和私人安全所需的。如果他们拒绝这样做，就可能被视为敌人，这至少是在这个意义上，即政府有权利将他们驱逐出国；这同样是一个默示默契，他们借之向政府作出了临时的臣服。

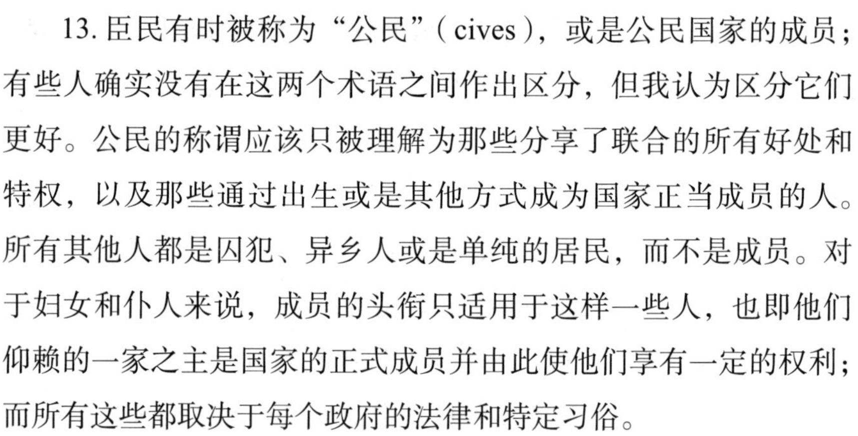

13. 臣民有时被称为“公民”（cives），或是公民国家的成员；有些人确实没有在这两个术语之间作出区分，但我认为区分它们更好。公民的称谓应该只被理解为那些分享了联合的所有好处和特权，以及那些通过出生或是其他方式成为国家正当成员的人。所有其他人都是囚犯、异乡人或是单纯的居民，而不是成员。对于妇女和仆人来说，成员的头衔只适用于这样一些人，也即他们仰赖的一家之主是国家的正式成员并由此使他们享有一定的权利；而所有这些都取决于每个政府的法律和特定习俗。

14. 让我们继续；成员，除了在同一政治社会中联合在一起这一一般关系之外，还有许多其他特殊的关系，它们可以被归结为两个主要门类。

第一，当私人组成特定的团体或法人时。

第二，当主权者委托特定人员分享某些行政职能时。

15. 这些特定团体被称为公司、商会、学院、社团、社区。但值得注意的是，所有这些特定社团最终都服从于主权者。

16. 此外，我们或许会认为有一些社团比公民国家的建立更为古老，而有一些则是在此之后形成的。

17. 后面这一种同样或者是公共的，例如由主权者的权威建立的，之后它们通常享有一些特定的特权，与他们的专利权相匹；或者是私人的，例如由私人组成的那些。

18. 最后，这些私人团体要么是合法的，要么是非法的。前者是那些就其性质而言不与良好秩序、良好习惯或是主权者的权威相悖，因而预料会得到国家的同意，即使它们没有得到任何正式的批准。关于非法的团体，我们不仅指那些其成员联合起来公开犯下任何罪行的，例如劫匪、盗贼、海盗、土匪团伙，同时还有臣民未经主权者允许并且背离政治社会的目的而进入的所有其他类型的联盟。这些活动被称为秘密组织、派系、阴谋。

19. 那些受主权者委托，并以他的名义、借由他的权威行使一部分行政事务的成员，由此与其他成员有特殊的关系，并且处于主权者更强的约束之下；这些人被称为臣僚、公职人员或是行政官。

20. 这些便是一个王国的统治者，试举一小部分，例如各个省和市的长官、军队的指挥官、财政部长、司法院长、大使或者是派赴外邦的使者，等等。由于所有这些人都被委以行政的一部分，他们代表主权者，正是他们被恰当地称之为公共臣僚。

21. 还有一些人只是协助执行公共事务，例如顾问——他们只是提供意见，秘书，国库收入的接收者，士兵，下属官员，等等。

第六章　论主权的直接来源和根基

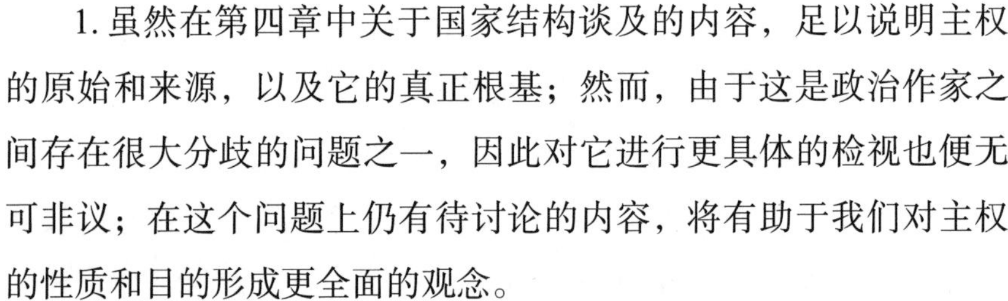

1. 虽然在第四章中关于国家结构谈及的内容，足以说明主权的原始和来源，以及它的真正根基；然而，由于这是政治作家之间存在很大分歧的问题之一，因此对它进行更具体的检视也便无可非议；在这个问题上仍有待讨论的内容，将有助于我们对主权的性质和目的形成更全面的观念。

2. 当我们在这里询问主权来源时，我们的意图是了解它最切近和直接的来源；现在可以肯定的是，最高权威以及这种权力得以建立并构成其权利的资格，都是直接从构成了政治社会并产生了政府的契约中得来的。

3. 事实上，在考虑人类的原初状态时，似乎最确定的是，主权者和臣民、主人和奴隶这些称谓对自然是全然陌生的。自然使我们都属于相同的物种，对彼此而言都是平等的、自由的和独立的；简而言之，她意欲那些她赋予了相同官能的人，应该拥有所有相同的权利。因此，毫无疑问，在这种原初的自然状态中，没有人凭借自身便拥有命令他人的原始权利或是对主权具备任何资格。

4. 没有任何人而只有上帝因其性质和完美，拥有赋予人法律和对他们行使绝对主权的自然的、本质的和固有的权利。人和人之间的情况则不同；他们就其性质而言是彼此独立的，因为他们依赖上帝。因此，这种自由和独立是一种自然地属于人类的权利，违背人的意志剥夺它们是不正义的。

5. 但如果情况是这样，人类之间依然存在着一种最高权威，那么这一权威除非来自于人们就这一问题在他们之间达成的协约或契约，否则又怎么会产生呢？因为我们有权利通过契约将我们的财产转让给另一个人；因此，通过自愿的臣服，一个人或许可以向另一个人转让他拥有的处置自身自由和自然力量的自然权利，而后者则接受了这种对权利的放弃。

6. 因此，人们必须同意，主权最初存在于人民之中，存在于每个人对于自身的关系之中；并且正是许多个体的若干权利转移和联合在主权者的人格中，才构成了主权者并且真正产生了主权。毫无争议的是，例如，当罗马人选择罗慕路斯和努玛作为他们的国王时，他们必须通过这一行为赋予他们主权，这些君主们此前并不拥有这一权利，而且除了从人民的选举中得来的那些权利，他们当然也没有其他权利。

7. 然而，虽然很显然，主权的直接来源是人类的契约，但没有任何东西可以妨碍我们以良好的理由断定它不仅具有人类权利，也具有神圣权利。

8. 事实上，正确理智已经表明，在人类繁衍增殖之后，政治社会和一个最高权威的建立对于种群的秩序、安宁和保存是绝对必要的，同样令人信服的证据是，这一建制与神启的意图是吻合的，就好像上帝本人通过积极的启示向人类宣告了这一点。而且既然上帝从本质上青睐秩序，他无疑愿意在尘世有一个最高权威，通过迫使人们遵守自然法，从而单凭这一权威就能在人类中获得并支撑这种秩序。

9. 关于这一点，西塞罗有一段优美的文字。[①] 对于统治这个宇宙的至上神祇，没有什么比合法建立的政治社会更令他满意的了。

10. 因此，当我们将上帝在尘世的代理人这一称号给予主权者时，这并不意味着他们是直接从上帝那里获得了权威；它只是表示，通过置于他们手中的权力——这是由人民赋予他们的，他们维持秩序和和平，并由此为人类获得了幸福，因而与神的意图是一致的。

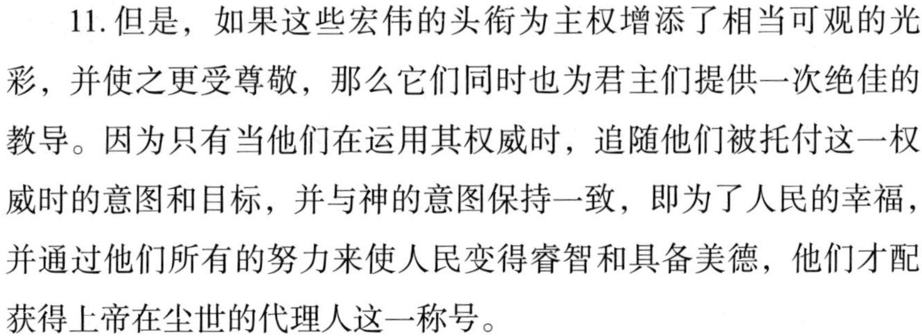

11. 但是，如果这些宏伟的头衔为主权增添了相当可观的光彩，并使之更受尊敬，那么它们同时也为君主们提供一次绝佳的教导。因为只有当他们在运用其权威时，追随他们被托付这一权威时的意图和目标，并与神的意图保持一致，即为了人民的幸福，并通过他们所有的努力来使人民变得睿智和具备美德，他们才配获得上帝在尘世的代理人这一称号。

12. 毫无疑问，这足以使我们将政府的起源视为神圣的，并诱使臣民们向主权者人格表示服从和尊重。但是，有些政治作家在这件事情上走得更远，并坚持认为正是上帝直接赋予了君主们至上权力，而不需要人们的任何干涉或是同意。

---

① “因为人间所做的一切事情，再没有比正义的人们的集合和汇聚即所谓的国家更能让统治整个宇宙的至上神感到愉悦的了。”《西庇阿之梦》，第 3 节（*Somn. Scip*. cap. 3.）（注释引号内中译文采用了沈叔平、苏力的译文，参见西塞罗，《国家篇 法律篇》，沈叔平、苏力译，商务印书馆 2002 年版，第 128 页）。

13. 为此，他们在国家的起因和主权的起因之间就作了区分。他们确实承认，国家是由契约形成的，但他们坚持认为上帝本身就是主权的直接原因。根据他们的观念，那些给他们自己选择一个国王的人民，没有通过这种行为赋予他最高权威，他们只是指出了上天将要委托这一权威的人。因此，人民对一个或多个人的统治的同意，或许可被视为最高权威流经的渠道，但不是其真正的来源。

14. 这些作家采取的主要论点是，由于不论是一些自由和独立人民中的每个个体，还是整个集合体，无论如何都不拥有最高权威，那么他们便无法将其赋予君主。但是这一论点没有证明任何东西：确实，无论是社会的每一个成员，还是整个群体集合在一起，都没有被正式赋予如我们在主权者那里看到的最高权威，但他们实质上（virtually）拥有它便足够了，也就是说，他们在自身之中拥有一切必要的东西，使他们能够通过自由意志和同意的共同作用，在主权者身上产生这种权威。

15. 既然每个人都有按照自己认为合适的方式处理自然自由的自然权利，那么为什么他没有权力将他拥有的指导自身的权利转移给另一个人呢？如果这个社会的所有成员同意将这一权利转移给他们中间的一个成员，那么这种让渡将是主权最切近和直接的起因，现在这一点难道不明显吗？因此，显而易见的是，在每个个体那里，可以说存在最高权力的种子。这里的情况与集合在一起的若干声音的情况非常接近，这些声音通过它们的结合产生了一种和谐，这种和谐未曾在每个声音那里被单独找到。

16. 但是在这里会有人反对说，圣经本身说到，每个人都应该臣服于最高权力，因为它们是由上帝建立的。[①]我和格劳秀斯一样回答说，人们建立政治社会，不是一项神圣法令的结果，而是出于他们的自愿动议，是为他们因为各个家庭的分离而导致的无法保护自己免受人类暴力的侮辱和攻击的经历所诱导的。从这里（他补充说），产生了公共权力，圣彼得出于这一原因将其称为人的制度[②]，虽然在《圣经》的其他部分它有一项神圣制度的名称[③]，因为上帝已经认可它是一个对人类有益的建制。[④]

17. 对于我们在这里反驳的意见，支持它的其他若干论点，甚至都不值得我们注意。总的来说，或许可以观察到，对于在这个问题上提出的那些极为拙劣的理由，读者通过阅读普芬道夫的《自然法与万民法》便能很容易地被说服，他在对应这章的章节中，详细给出了这些论点并完全地驳倒了它们。[⑤]

18. 因此，让我们总结说，那些认为上帝是主权直接起因的人，他们的意见除了奉承和谄媚之外便没有其他基础，为了使主权者的权威更加绝对，他们试图使它独立于所有人类契约，并且仅依赖于上帝。但是，假使我们甚至勉强承认说君主们掌握的权威直接来自上帝，一些政治作家想要推断出的后果，却并不能从这个原理中得出。

19. 因为可以完全肯定的是，上帝只会为了整个社会以及每个

① 《圣经·罗马书》，第 13 章（*Rom*. xiii.）。

② 《圣经·彼得前书》，第 2 章，第 13 节（*Ep. i.* chap. ii. v. 13.）。

③ 《圣经·罗马书》，第 13 章，第 1 节（*Rom*. xiii. 1.）。

④ 格劳秀斯，《战争与和平法》，第 1 卷，第 4 章，第 7 节，第 3 段、第 7 段及之后。

⑤ 参见《自然法与万民法》，第 7 卷，第 3 章。

个人的利益，才会将这一至上权威委托给君主们，这一权力的运用必然为神在将它转移给主权者时怀有的意图所限制；因为若君主不与神的愿景保持一致，相反通过使他的人民陷入悲惨境地，竭力反对和挫败了这一愿景，那么人民将仍然拥有那种拒绝服从君主的相同权利，对之我们将在后文更为具体地证明。

第七章　论主权的各项基本特征，它的形变、程度和限度

一、论主权的各项特征

1. 我们已经将主权定义为在政治社会中下达最终命令的权利，这一权利是由这个社会的成员赋予某些人的，着眼于维护共和国的秩序和安全。这一定义告诉我们统治国家的权力的主要特征，在这里以更为具体的方式对它加以解释将是合适的。

2. 第一个特征，也是所有其他特征的源头，是它是一个最高的和独立的权力，即在所有允许人类指导并且关系到社会的幸福和利益的事情上，作出最终判断的权力；这一权力不承认在尘世有更高一级的权力。

3. 然而，必须要注意的是，当我们说公民权力就其自身而言是最高的和独立的，我们并不由此意指，它在最初起源时不依赖于人的意志[①]：我们应该将所有这一切理解为，一旦这一权力得以确立，它就不会承认尘世有任何其他权力优先于它或与它平等，

① 参见本书下卷，第一部分，第四章，我们已经证明了相反的观点。

并且由此它在其权力范围内决定的任何东西，都不能被任何其他人类意志所逆转，因为它们并不优先于它。

4. 在每个政府中都应该有这样一种最高权力，这一点是绝对必要的；事物自身的性质需要它，否则它就不可能存在。因为权力不能被无限增加，我们必须止于某种程度的权威，它优于所有其他权力；不论政府的形式是哪种，君主制、贵族制、民主制或混合制，我们都必须服从一个最高的决定；因为如果我们说，还有人在他之上，而他已经在同一个存在秩序中占据最高的位置，这将是自相矛盾的。

5. 第二个特征，它是前一个的结果，是主权者不因其行为被尘世的任何人问责，也不受制于来自于人的任何惩罚；因为两者都预设有一个在上位者的存在。

6. 可被问责有两种方式。

一个是面对一个在上位者，他有权利逆转已做出的事情，如果他发现它们不满足他的喜好，他甚至有权利施加一些惩罚，而这与主权者的概念不一致。

另一个是对平等者的，我们希望得到他的认可；从这个意义上说，一个主权者或许可被问责而不显得荒谬。甚至是那些具备正确荣誉观念的人，也会努力获得人类的认可和尊重，让全世界都看到他们以审慎和正直的方式行事；但这并不意味着任何依赖。

7. 我说主权者既不被问责也不受惩罚；也即：只要他继续作为一个真正的主权者，并且没有丧失他的权利。因为毫无疑问，如果主权者完全忘记了他被委托拥有主权的目的，将之用于一个极为相反的意图，从而成为国家的敌人；主权（事实上）就回到了人民中，在这种情况下，他们可以以他们认为最符合其安全和利益的方式对曾经是他们主权者的人采取行动。因为，无论我们对主权形成何种概念，具备清醒意识的人都不会佯称，主权是这样一种毋庸置疑的权利，以致可以追随我们不规律激情的冲动而免于惩罚，并由此成为社会的敌人。

8. 主权就其自身考量的第三个基本特征，是主权者自己居于所有人法或民法之上。我说“所有人法”，因为毫无疑问，主权者受制于神法——不论是自然法或是实证法。

君王对他们的羊群挥舞权杖，
甚至君主也在朱庇特的权杖前折腰。
贺拉斯，《颂诗集》，第三部，第一首（Hor. lib. 3. Od. 1.）

9. 但是对于人法，因为它们的全部效力和义务最终取决于主权者的意志，严格来说，它们便不能被认为对主权者具有强制性：因为义务必然预设了两个人，一个在上位者和一个处于下位者。

10. 不过，自然衡平有时要求君主遵守他自己的法律，以便他的臣民或许能更有效地被诱导着遵守它们。这一点在克劳狄安（Claudian）的如下诗文中得到了很好的表达。[①]

若想你的公共法能神圣矗立，
率先引路，并且按照你所命令的行动。

① 《霍诺留皇帝第四次执政颂》（*De IV. Consul. Honor.*），第 296 行及以下。

大众会变得温和顺从，当看到
作者受自己的法令管辖。
这个世界根据统治者的风格来形塑自己，
君主们的模范较其法律更具约束力。

11. 让我们继续。在这里讨论主权时，我们认为它凭内在本性便是这样的，并且民法的建立最终取决于享有主权荣誉和称号的人的唯一意志，因为他的权威在这方面不能受到限制：否则，君主在法律之上的优越性将无法按我们设想的方式完全适用于他。

12. 这种主权，按照我们现在表达它的方式，最初存在于人民之中。但是，一旦人民将他们的权利转让给一个主权者，若不想自相矛盾的话，他们就不能被继续设想为它的主人。

13. 因此，一些政治作家在所谓永远存在于人民中的真正主权与属于国王的实际主权之间作出的区分，是同等荒谬和危险的。因为假装在人民赋予国王最高权威之后，他们竟继续拥有那种超逾国王本人的权威，这是荒谬的。

14. 因此，我们必须在这里保持一个恰当的中间道路，并确立若干既不利于僭政，也不利于暴动和反叛精神的原理。

①可以肯定的是，一旦人们真的臣服于一个国王，他们就不再拥有最高权力。

②但是，这并不意味着，人们以这种方式赋予了最高权力后，就全然没有给自己保留恢复它的权利。

③这种保留有时是明确的；但是始终存在一种默示的保留，当受托最高权威的人在运用它时径直违背了这一权威被赋予他

的目的时，其效果就会显露出来，这一点将在后文更好地加以阐述。

15. 虽然在国家中应该有一个最高且独立的权威这一点是绝对必要的，但是那些受托这一权力的人行使它的方式仍存在差异，特别是在君主制和贵族制之间。在一些国家中，君主依其认为合适的方式加以统治；在别的国家，他有义务遵循一些固定的和恒常的规则，并且不被允许从中偏离；这就是我所说的主权的若干形变，从中产生了绝对和有限主权的区分。

二、论绝对主权

16. 因此，绝对主权只不过是君主根据各种事项当下情况的需要，以他认为合适的方式管理国家的权利，他没有义务咨询任何人或是遵循任何固定的和恒常的规则。

17. 关于这一点我们要作出若干重要反思。

①“绝对权力”一词对共和派来说通常是非常可憎的；而且我必须承认，当它被误解时，它很容易在君主们的心中造成最危险的印象，特别是当它经谄媚之士的口中表达出来时。

②为了对它形成一个恰当的观念，我们必须将它追溯至它的原理。在自然状态下，每个人都有以他认为最有利于他幸福的方式来行动的绝对权利，并且没有义务向任何人咨询，只要他没有做任何违反自然法的事情。因此当一群人联合在一起以便形成一个国家，这个联合体在涉及公共利益的事务上享有同样的自由。

③因此，当全体人民将主权转移给一个君主时，便伴随着那

种最初只存在于他们自己身上的绝对权力，并且没有增添任何特别的限制，我们由此称这个主权是绝对的。

④如果事情是这样的，我们便绝不能将绝对权力与一种任意的、专制的和无限的权威混为一谈。因为，根据我们这里所提出的关于绝对主权之起源和本质的论述，很明显可以得出，从它的性质来看，那些将这一权利转移给主权者的人的意图以及上帝的律法都会对它产生限制。我们必须对此进行更为充分的解释。

18. 人类在放弃他们的自然独立以建立政府和主权时，他们向自己提出的目的无疑是要纠正他们挣扎其中的各种恶，并确保他们的幸福。如果是这样的话，怎么可能设想，那些怀有这一愿景授予主权者绝对权力的人，竟打算赋予他一种任意的和无限的权威，以便使他有权利餍足他反复无常的激情，对臣民的生命、财产和自由造成损害？相反，我们在上文中已经指出，公民国家必须授权臣民去坚持主权者在运用他的权威时，是为了他们的利益并且是根据他受托这一权威的目的来行事的。

19. 因此必须承认，人民的意图绝不是要给一个君主赋予绝对主权，而是具有这种明确的条件，即公共利益应该是引导他的最高法律；因此，只要君主按照这一观念行事，他就得到了人民的授权；但是，相反，如果他运用自己的权力只是为了毁灭和摧毁他的臣民，那么他就是完全按照自己的头脑行事，并没有凭借那种他为人民所委托的权力。

20. 更进一步看，事物的性质不允许绝对权力越过公共利益的范围；因为绝对主权并不能赋予主权者一项人民原先在其自身之内不具备的权利。既然在政治社会建立之前，肯定没有人拥有伤害自己或他人的权力；因此绝对权力便不能给予主权者伤害和虐待其臣民的权利。

21. 在自然状态下，每个人都是他自己的人格和各项行为的绝对主人，只要他将自己限制在自然法的范围内。绝对权力只能通过所有个人权利结合在主权者人格那里而形成；主权者的绝对权力当然也被限制在同样的范围内，就像个人的绝对权力最初受到的限制那样。

22. 但我会更进一步并确认说，即使一个民族真的愿意给予他们的主权者任意和无限的权力，这种让步本身就将是空洞的并且没有任何效果。

23. 没有人可以剥夺自己的自由到这样一种程度，以至臣服于一个任意的君主，这个君主将会绝对地按照他自己的喜好来对待他。这将是放弃自己的生命，而他并不是这一生命的主人；这将是放弃他的责任，而这是永远不允许的：如果这就是一个使自己成为奴隶的人面临的情况，那么整个民族将更不具有这种权力，因为这种权力不会在其中任何一个成员那里被找到。

24. 由此最为显而易见的是，所有主权，无论我们认为它如何绝对，都有它的界限；并且它永远不会意指那种君主做任何为他所喜的事情的任意的权力，在这里，除了他自己专断的意志之外，便没有任何其他的规则或理由。

25. 事实上，我们真的应该将这样一种权力归给造物吗，既然它都不能在那个至上的存在者那里被找到？他的绝对统治不是建立在一种盲目的意志之上；他的至高意志总是由永恒不变的智慧、正义和仁爱的规则决定的。

26. 简言之，下达命令的权利或是主权应始终建立在一种行善的权力之上，否则它就无法产生真正的义务；因为理智不能赞同或服从于它；而这就是将统治和主权与暴力和僭政区别开来的东西。这便是关于绝对主权我们应该形成的观念。

三、论有限主权

27. 但是，虽然绝对权力就其本身而言并且按照我们此前表现它的方式，不意味着任何可憎或非法的东西，并且从这个意义上说，人们可以将其转移给主权者；然而，我们必须承认，所有年代的经验都告诉人类，这并不是最适合他们的政府形式，也不是最宜于使他们获得一种宁静和幸福的状态。

28. 无论臣民与主权者之间的距离有多少，无论后者相对于其他人得到了何种程度的提升，他仍然像他们一样是人类造物；他们的灵魂可以说都是在同一个模子中铸造的，他们都受制于同样的偏见，并且易于为同样的激情所影响。

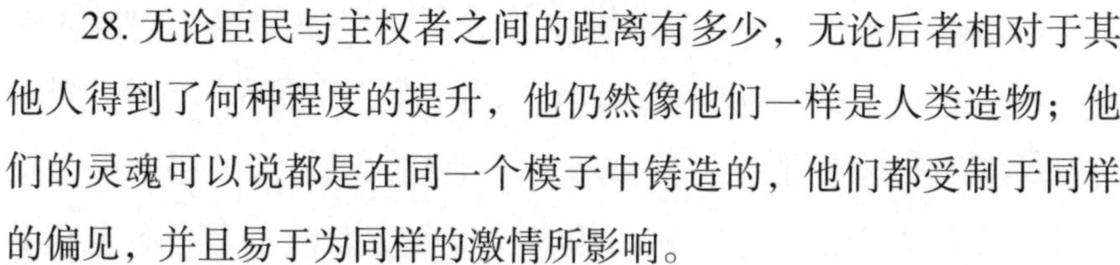

29. 同时，主权者们占据的那个位置，使他们暴露在不为私人所知的各种诱惑中。当发现或许可以做任何自己倾向的事情时，大部分君主既没有美德也没有足够的勇气来节制他们的各项激情。因此，人们有充分的理由担心，一种无限的权威会转而对他们造成损害，而且如果他们不为自己保留一些防护措施以应对主权者对这一权威的滥用，那么主权者将总会有滥用它的时候。

30. 正是这些为经验所证实的反思，已经诱使大多数同时也是那些最睿智的民族，对它们的主权者设定了权力的边界，并规定了后者进行统治的方式；而这便产生了所谓的有限主权。

31. 而且，尽管这种对最高权力的限制对人民有利，但它对君主们本身也不造成任何伤害；甚至可以说，它反而是对他们有利的，并且对他们的权威形成最大的保障。

32. 它对君主们不造成伤害；因为如果他们不能满足于一种有限的权威，他们就应该拒绝王冠；而一旦他们在这些条件下接受了它，他们就不能事后再随意试图突破它，或者努力使他们的权威变得绝对。

33. 它对君主们来说是相当有利的，因为那些被赋予了绝对权力并且渴望履行其职责的人，与那些其任务已被明确标记并且不被允许偏离特定规则的人相比，有义务更为警惕、慎重，从而暴露在更多的辛劳中。

34. 最后，这种对主权的限制构成了对君主们权威的最大保障；因为，由于他们较少受到诱惑，他们便避免那种民众的愤怒，这种愤怒有时会发泄在那些被寄予了绝对权威但却滥用它以至损害了公众的人身上。绝对权力很容易退化为专制主义，而专制主义为可能发生的针对主权者的最大和最致命的革命铺平了道路。这就是各个年代的经验所证实的；因此，对于那些国王们来说，不能违背国家的法律来行为，这会是一种幸福的无能。

35. 因此，让我们总结一下，对于人民置于他们之上的主权者，赋予他们一种绝对权威或是受特定法律限制的权威——只要这些法律不包含任何违反正义或政府之目的的内容，这完全取决于一个自由的人民。这些将至上权威置于若干界限内的法规，被称为国家的根本法。

四、论根本法

36. 一个国家的根本法，就其最充分程度而言，不仅是民族全体决定政府形式的法令以及继承王权的方式；同样也包括人民和他们赋予主权的人之间的契约，它规定了统治的方式并且使最高权威受到限制。

37. 这些法规被称为根本法，因为它们可以说是国家的基础和根本，政府结构就是建筑在它们上面，同时因为人民将这些法规视为他们主要的力量和支撑。

38. 然而，法律这一名称是在一种不恰当的和具象的意义上被给予了这些法规；因为，恰当地说，它们是真正的契约。但由于这些契约在缔约方之间是强制性的，因此它们本身就具有法律效力。让我们更为具体地解释这一点。

39.（1）我首先观察到，即使在那些实行最大程度的绝对主权的国家，也存在一种对所有政府都必不可少的根本法。这项法律是关于公共善的法律，主权者永远不能从中偏离，否则便是没有履行其职责；但仅凭这一点还不足以限制主权。

40. 因此，如下这些不论是默示的还是明示的承诺，君主们甚至通过誓言来约束自身，即当他们取得王位时，会根据正义和衡平的法律来统治，会关照公共善，不会压迫任何人，会保护有美德者，会惩罚作恶者等；它们并不意味着对君主的权威有任何限制，或是对他们的绝对权力有任何削弱。将选择获得国家利益的手段以及将它们付诸实践的方法留给主权者进行判断和处置就足够了；否则绝对和有限权力之间的区别将被彻底废除。

41.（2）但对于根本法，恰当而言，它们只是人民采取的更为特定的预防措施，以便更强烈地迫使主权者在运用其权威时，与公共善的一般规则相吻合。这可以通过几种方式完成；但是，这些对主权的限制具有不同的效力，这是根据一个民族采取的预防措施的多少，它们将产生应有的效果。

42. 因此，（1）一个民族可能要求一个主权者，通过特定的承诺表明，他不会制定任何新的法律，也不会征收新的税收或是只对某些特定的东西征税，不会只为某一特定人群提供职位和工作，不会雇佣任何外国军队，等等。那么，最高权威在这些不同的方面确实受到限制，因为国王之后试图去做的任何事，若与他先前已经订立的正式约定相悖，都将是空洞的和无效的。但是，如果恰好出现一个超常的情况，在这里，主权者认为偏离根本法将有利于公共善，他也不被允许凭着自己的想法去做，蔑视他的庄严约定，而是在这种情况下应该咨询人民本身或是他们的代表。否则，在一些必要性或功利的假装下，主权者或许可以轻易地违背他的誓言，并且挫败整个民族为了限制他的权力而采取的预防措施所具有的效果。然而，普芬道夫却不这么认为。[①] 但是，为了使主权者已经达成并且限制其权力的约定能更加安全可靠地履行，在有任何争议事项出现并且被认为不适合留给他来决定时，明确要求主权者召集一个人民的或是他们代表的，或是国家贵族的大议会，是恰当的。或者，人民可以事前建立一个委员会、一个元

① 参见《自然法与万民法》，第7卷，第6章，第10节。

老院或是议会，未经它们的同意，君主将无法就该民族认为不适宜提交给君主意志的事情采取行动。

43.（2）我们从历史中得知，一些民族采取了更进一步的预防措施，在他们的根本法中明文插入了一个条件或条款，如果国王违反了这些法律，他将被宣布放弃了他的王冠。普芬道夫提供了这样的一个例子，源自阿拉贡人民以前向他们的国王宣誓效忠的誓言："我们，拥有与你一样多的权力，使你成为我们的国王，条件是你维护我们的各项权利和自由不受侵犯，而非其他。"

44. 正是通过这些预防措施，一个民族才真正限制了她赋予主权者的权威并确保了她的自由。因为，正如我们已经观察到的那样，公民自由不仅应该伴随着一种坚持主权者恰当利用其权威的权利，而且还应该伴随着这一权利应具有其效力的道德确定性。而使人们如此确定的唯一方法，是以这样一种方式来对主权者权力的滥用采取适当的预防措施，以确保这些预防措施不会被轻易规避。

45. 此外，我们必须指出，对主权者权力的这些限制不会使它变得有缺陷，也不会使最高权威有任何减少；因为在这个基础上被赋予了最高权力的君主或元老院，或许可以像在绝对君主制下一样来展开他的每一个行为。所有的不同之处在于，在后一种情况下，君主单单根据他的私人判断来作出最终决定；但在一个有限君主制中，存在某个特定的议会，它与国王一起处理特定事务，并且它的同意是一个必要的条件，没有这个条件，国王就什么都不能决定。但是，好主权者的智慧和美德，通过分享这一权威的人的协助而得到了加强。当君主只倾向于正义和善的东西时，他们总是在做那些他们倾向之事；而且，因为以别的方式行事被放置到了他们的权力范围之外，所以他们应该将自己视为幸福的。

46.（3）总之，限制主权者权威的根本法，只不过是人民用来使自己确信君主们不会在最重要的场合偏离维护公共善的一般法律的手段，不能说它们使主权不完美或是有缺陷。因为如果我们假设一个君主被赋予了绝对权威，但同时又拥有如此多的智慧和美德，以至即使在最琐碎的情况下，他也永远不会偏离为公共善所要求的法律，以至他的所有决定都将服从这一至上规则；那么，我们能凭借这一原因就说，他的权力至少被削弱或减弱了吗？不，当然不；因为人们采取的针对与人性不可分离的软弱或邪恶的预防措施，限制他们主权者的权力以阻碍他们滥用它，丝毫没有削弱或是减弱主权；而是恰恰相反，通过将主权者置于一种行善的必要性中，并由此可以说使他脱离了行为不端的可能性，将会使主权更加完美。

47. 我们也不应相信，在那种其主权以我们所阐释的方式被限制的国家中，有两种不同的意志；因为国家只能凭借国王的意志作出决定。我们只能作出如下观察，当设定的条件被打破时，国王根本不能下令，或者至少他这样做时在某些方面必然是徒劳的；但是并不因为这个原因，他就不再是一个主权者了。因为一个君主不能由着他的性情去做所有事，但并不能由此得出，他就不是主权者了。主权和绝对权力不应混淆；而且，从已经讨论过的东西可以明显看出，前者可以在没有后者的情况下存在。

48.（4）最后，还有另一种方式限制被寄予主权的那个人的权威；这便是不要将主权中包含的各种不同的权利全部委托给一个人，而是将它们置于不同的人手里或不同的机构中，以便它们可以修正或限制主权。

49. 例如，如果我们假设民族全体将立法权和选择主要执政官的权力保留给自己；它赋予国王军事和行政权力等；并且它将司法权和征税的权力委托给一个由重要人物组成的元老院。很容易看到，这可以用不同的方式执行，明智德性将决定我们选择哪一种。

50. 如果政府是建立在这个基础上的，那么，根据最初的联合契约，在主权的各项权利中存在一种分割，这是通过国家不同机构之间相互的合约或规定达成的。这种分割产生了权力的平衡，使得国家的不同机构处于一种相互依赖的状态，以至使每一个机构都受到了限制，它们在法律规定给它们的范围内分享主权者权威；借由这一途径，公共自由得到保障。例如，皇室的权威由人民的权力加以平衡，而第三个阶层则作为前两者对应的平衡，以使他们始终处于均衡状态，并防止一方颠覆另一方。因此，关于绝对主权和有限主权之间的区别，以上讨论便足够了。

五、论世袭制君主国和用益制君主国

51. 为了结束这一章，让我们观察一下，拥有主权的方式，特别是国王掌握主权的方式，还有另一种附带性的差异。有些人是以继承的方式成为其王冠的主人的，他们被允许分享、转移或让渡王冠给自己属意的人；总而言之，他们可以按照自己的想法来妥善处理；其他人只能以使用（use）而非所有（property）的方式掌握主权；而这一使用或者只限于他们自身，或者根据为继承而制定的法律拥有将其传递给后代的权力。正是在这个基础上，博学之士将王国区分为世袭的（patrimonial），以及用益制的（usufructuary）而非世袭的。

52. 我们在此补充说，那些将王权以完全所有的方式加以掌握的国王，他们是通过征服的权利获得了主权；或者是由于为了避免一种更大的恶，一个民族毫无保留地将自己交给了他；但是，与之相反的是那些由人民的自由同意所建立的国王，他们将仅以使用的方式拥有王权。这就是格劳秀斯解释这种区别的方式，他的意见得到了普芬道夫和大多数其他评论者或作者的遵从。[①]

53. 关于这一点，我们或许可以作出以下评论。

①没有理由阻碍主权权力以及其他权利被让渡或转移。在这方面，没有任何东西与事物的本质相悖；而且如果君主和人民之间的协议，承认君主将拥有充分的权利以他认为合适的方式来处理王权，那么这将是我们所谓的世袭制君主国。

②但这种协议的例子非常罕见；除了《创世记》中提到的埃及人和他们的国王之外，我们几乎找不到任何其他例证。[②]

③主权权力无论多么绝对，就其自身而言，并不被赋予了所有权，也不因此伴随着让渡的权力。这是两个完全不同的概念，彼此并没有必然的联系。

④的确，有些人举出了许多主权者在各个年代进行让渡的例

---

① 参见格劳秀斯，《战争与和平法》，第1卷，第3章，第11和12节；以及普芬道夫，《自然法与万民法》，第7卷，第6章，第14、15节。

② 《圣经·创世记》，第47章，第18节等（Chap. xlvii. v. 18, &c.）。

子：但是，或者这些让渡没有效果；或者它们是在人民明示或默许的情况下作出的；或者，最后，它们不是建立在任何其他基础上，而只是建立在武力之上。

⑤因此，让我们将以下所述视为一个无可争辩的原则，即在可疑的情况下，每个王国都应该被判断为不是世袭制的，只要它不能证明一个民族就在是这个基础上使自己臣服于一个主权者。

第八章　论主权的各部分或是它包含的若干不同基本权利

1. 为了结束这第一部分，只待处理主权的若干不同部分。我们或许可以将主权视为多种权利和不同权力的集合，它们尽管各不相同，但仍被赋予了同一目的；也即：为了社会的善，而对于这同一个目的它们基本上都是必需的。这些不同的权利和权力被称为主权的各个基本部分。

2. 为了确信这些是主权的一部分，我们只需要关注主权的性质和目的。

主权的目的是国家的保存、安宁和幸福，这不仅是针对它在国外的利益而言，也是关于它自身之内的；因此，主权必须包含所有为获得这一双重目的而必不可少的东西。

3.（1）在这种情况下，主权的首要部分，以及可以说是所有其他部分的基础，就是立法权，主权者通过立法权建立了一般的和永久的规则，这些规则被称为法律。通过这些手段，每个人都知道为了维护和平和良好秩序他应该如何行事，他的自然自由还保留有多少份额，以及他应该如何行使自己的权利，以便不会扰乱公共安宁。

正是通过法律，我们如此可贵地设法将人类可观察到的情感和倾向上的巨大差异团结起来，并确立对社会至关重要的协同与和谐，因为它们将个体的不同行为导向一般的善和好处。但必须指出，主权者的法律与神圣法律——无论是自然的还是启示的——没有任何对立。

4.（2）我们必须在立法权旁加入强制权力，也就是说，对那些因不合规行为而对共同体造成伤害的人下达惩罚的权利，以及实际上施加这些惩罚的权力。如果没有这种权力，政治社会和法律的建立将毫无用处，我们不能希冀和平与安全地生活。但是，为了惩罚的恐惧可以给人们的头脑留下足够的印象，惩罚的权利必须扩展至可以施加最大的自然恶——死亡——的权力；否则，惩罚的恐惧将并不总是能够抵消愉悦的效力和激情的冲动。总之，臣民必须有更大的利益去遵守而不是违反法律。因此，惩罚权力当然是一个人相对另一个人可以拥有的最高程度的权威。

5.（3）此外，为了维护和平，如下这一点是必要的，即主权者应有权利受理臣民之间的不同争吵并最终作出判断；并且同时检查针对任何人的指控，以便通过符合法律的判决宣判无罪或惩罚他：这就是我们所说的司法权或司法权力。对此，我们还必须提到当公共利益需要时赦免罪犯的权利。

6.（4）此外，由于臣民们接受的思维方式或意见，可能对共同体的福祉具有很大的影响，那么主权应该包括一种审查在国家内教导的学说的权利，以便只有那些与真理相吻合并且有利于社会利益的东西才会被公开宣扬。因此，设立教授、学院和公立学校的权利归属于主权者；宗教事务上的最高权力同样是他的权利，因为事物的性质允许这一点。在确保国内获得公共安定后，有必要保护人民免受外人的侵害，并通过与外国的联盟使他们无论是在和平或战争时节，获得所有必要的援助和利益。

7.（5）因此，主权者应该被赋予权力集结和武装他的臣民，或者是调集为国家的安全和防卫所必须的其他数量的军队，以及在他判断的合适时机讲和。

8.（6）因此，也产生了签订公共协议，与外国缔结条约和联盟，以及要求所有臣民遵守它们的权利。

9.（7）但是，由于国内外的公共事务不能由一个人操持，而且由于主权者无法履行所有这些职责，他必然必须拥有设立大臣和附属执政官的权力，他们的事务是关照公共福祉，以他的名义并且在他的权威下处理国家事务。委托他们从事这些工作的主权者，可以而且应该强迫他们去履行这些职务，并且使他们有义务对他们的执政行为进行准确地报告。

10.（8）最后，无论是在和平还是战争时期，国家事务都必然需要大量的开支，这是主权者自己既不能也不应该提供的。因此，他必须有权利使自己贮备国家的一部分货物或产品，或者要求臣民通过其财物，或是他们的劳动和个人服务来加以贡献，只要这是为公共开支所需的，而这被称为补贴或税收的权利。

对于这部分主权，我们还可以提到铸币的特权，以及狩猎和捕鱼的权利，等等。这些是对主权必不可少的各个主要部分。

第二部分

论政府的不同形式，获取或失去主权的各种方式，以及主权者和臣民相对彼此的义务

第一章　论政府的不同形式

1. 各民族对于建立某种形式的政府向来非常明智，因为这对他们的幸福和安全而言至关重要。他们一致同意如下观点，即建立一种最高权力是必要的，并且一切事项应该最终服从于这一最高权力的意志。

2. 但是，建立一种最高权力越是必要，选择何人寄予此项高贵的权力也便越发重要。因而，正是在这一事项上各民族的做法极不相同，他们根据对何种安排最有益于他们的安全和幸福的判断，将最高权力委托给不同的人。他们在作出上述决定的同时，也创设了各种可能极不相同的体系与限制措施。这便是不同政府形式的起源。

3. 由于主权归属于不同的主体，便有不同形式的政府存在。主权固然或者归属于单一的个人，或者归属于一个单一的但或多或少复合的议会。这便形成了国家的体制。

4. 这些不同的政府形式可以归结为两种一般性的类别，即简单的形式和复合的或混合的形式。

5. 存在三种简单的政府形式，即民主制、贵族制和君主制。

6. 一些相较其他民族更加缺乏自信的民族，将主权权力置于民众自身手中；也就是说，置于在议会中聚集的家庭的首脑那里，这样的政府被称为民众的或民主的。

7. 其他一些更为大胆的民族，则走向了另一个极端，建立了君主制或者是一个人的政府。因此，君主制是这样一种国家，最高权力以及一切对其至关重要的权利，均归属于一个单一的个人。这个人被称作国王、君主或是君王。

8. 再有一些民族则在两种极端情形之间保持了一个应有的中道。他们将全部主权权威置于一个议会那里，而此议会则由挑选出来的成员构成。这被称作贵族制或者贵族的政府。

9. 最后，其他一些民族被说服有必要通过混合各种简单形式，从而建立一个复合的政府；同时，对主权进行分割，将不同的部分委托给不同的人。例如，调和君主制与贵族制，与此同时使人民分享主权。而这种混合可以以不同的方法实行。

10. 为了对这些不同形式政府的性质有更加专门的认识，我们必须观察到，例如在民主制下，主权者是一个道德人格，由全部家庭的首脑联合而形成一个单一的意志；对于这种政府形式的构成，有三件事情绝对必要。

①对于公共事务的共同审议在固定的地点和确定的时间进行。如果主权议会的成员在不同的时间或地点聚集，派系由之产生，而这将妨碍对国家而言至关重要的团结和联合。

②必须制定以下这条规则，即投票所得的多数应该被视为全体的意志，否则将无法决定任何事项，因为不可能一大群人总是具备相同的观点。因此，多数人的决议应被视为全体的意志，这是主权作为一个道德人格至关重要的特征。

③最后，必须任命行政官以便在特别情况下召集人民，以人民的名义分派日常事务，并且确保议会的命令得到执行。因为主权议会并不能够一直开会，所以很显然它便不能够亲自指导每一件事。

11. 在贵族制下，由于主权置于一个由该民族显要人士构成的议会或是议院手中，我们在上文提到的构成民主制的至关重要的条件，对于建立贵族制也绝对必要。

12. 另外，贵族制有两种形式，或者依据血统和继承，或者通过选举。血统和继承式的贵族制，政府限制在若干家庭的成员中，他们仅仅因其出身便被赋予了权利。成员资格从上一辈传递至他们的下一辈，没有任何选择存在，也将其他人排除在外。与之相反的是，选举式的贵族制下，个人仅通过选举进入政府，并不因出身而获得任何权利。

13. 总结而言，在贵族制和民主制下可以同样观察到，不论是在一个民众国家，还是在贵族政府中，单个公民或者最高议会的单个成员，并不拥有哪怕是一部分主权权力；这个权力或是置于根据法律而召集的人民的大议会，或是贵族议会手中。因为分享主权和在被寄予了主权权力的议会中拥有投票权，是完全不同的两回事。

14. 至于君主制，通过一项国王和他的臣民之间的协议，人民全体将主权权力授予某单一个体，君主制便得以建立。我们已经在前文解释了这一点。

15. 因此，在君主制和其他两种政府形式之间便存在一个关键的差别。在民主制和贵族制中，仅在某一特定的时间和地点主权权威才得以实际行使；但是在君主制中，至少是在单一和绝对君主制中，君主能够随时随地发号施令：国王所居之地便是罗马。

16. 从这里很自然地引出另一条评论，在君主制下，如果国王发布了任何与正义和衡平相违背的命令，他理应遭到谴责，因为在他身上公民意志和自然意志是同一回事。但是当人民议会或是贵族议院达成了一个不公正的决议，仅有那些赞同此决议的公民或是议员使得他们要被问责，而不包括那些持相反态度的人。以上作为我们对简单形式的政府的讨论应该足够了。

17. 至于那些混合的或复合的政府，正如我们已经观察到的，它们是由于三种或者仅仅两种简单形式政府的并存而产生的。例如，君主、贵族以及人民，或者仅仅后两者，在他们之间分享主权的不同部分，从而分别对不同的部分进行管理。正如我们在大多数共和国中观察到的，混合可以以不同的方式达成。

18. 如下看法无疑是正确的，就主权本身而言，以及就它的完满性和完美性而言，它所包含的全部权利应该属于单一的个体或者单一的集合，而不存在任何分割。这样就有且仅有一个最高的意志统治全体臣民。严格来说，在一个国家中不应该有多个主权者存在，他们可以为所欲为并且彼此独立。这在道德上是不可能的，并且显然会导致社会的毁灭与解体。

19. 最高权力的统一性并未排除如下可能，即整个民族作为最高权力最初的归属可以以一条根本法来规制政府，将最高权力不同部分的施行交托给不同的人或团体，他们在各自受托的权利范围内可以彼此独立地行动，但是依然服从导出这些权利的根本法。

20. 如果对主权进行这种特殊分割的根本法规定了立法机关不同分支各自的界限，那么我们便能轻易地了解它们各自管辖权的范围。这种分割就不会产生多元的主权者，也不会产生彼此之间的对立，更不会给政府带来任何不规则。

21. 简言之，在这种情况下，严格来说，仅有一个就其自身而言具备全部权力的主权者，同时有且仅有一个最高意志。这一主权者是全体人民，由国家中全部阶层的联合而构成。这一最高意志构成了这样一条法律，民族全体借助这条法律使得它的决议为人所知。

22. 因此，那些分享主权的人严格来说不过是法律的执行者，因为他们拥有的权力完全源于法律。这些根本法是真正的契约，或者如民法学家通常称作的协约（*pacta conventa*），由共和国内不同的阶层达成[①]，在这项契约中他们互相规定，每个人享有主权的一个特定的部分，而这构成了政府的形式。很显然，通过这一方式，立约各方获取了这样一种权利，即不仅施行被授予的权力，同时也要维护那一原先的权利。

① 参见本书下卷，第一部分，第七章，第 35 节等。

23. 只要某一立约方至少在行事方面遵守法律，没有明显地反对公共福利，便不能不顾其自身意愿而任凭其他诸方的意志剥夺它的权利。

24. 简言之，这些政府的构造只能以同建立它们时的相同的方式、相同的方法来更改，也即在原始契约中确定政府形式的立约各方的一致同意。

25. 国家的这种构造绝对没有摧毁由若干个体或若干集体构成的道德人格的统一性，它们尽管彼此迥异，却被一项互惠的合约、一项根本法所统合，这使得他们联合成一个整体。

26. 根据我们对混合或复合政府的讨论来看，在所有存在这种情况的国家中，主权是有限的。因为不同的分支机构并未委于一人之手，而为不同的主体掌握，因此所有在政府中占有一席之地的主体，其权力都是有限的。它们彼此制约，达成了权威的平衡，从而保证了公共的幸福和个体的自由。

27. 至于简单形式的政府，在这些国家中其主权或是绝对的，或是有限的。那些掌握主权的人，或以绝对的方式，或以有限的方式施行主权。根本法对主权者划定了界限，规定了他以何种方式统治。

28. 很容易观察到，所有偶然情境都能对简单形式的君主制或贵族制带来修正，因而或许可以认为这些条件限制了主权，但是政府的形式却仍然如一，并未遭到改变。一种政府能分有别种政府的一些元素，例如前一个主权者统治的方式似乎是借用了后者的形式，但它本身的性质却并未因此种借用而改变。

29. 举例而言，在一个民主制下，人民会将对一些事情的关照委托给一位首席公民或是一个元老院；在贵族制下，则可能存在一位被赋予了特别权威的首席行政官，或是在某些情形下提供咨询的人民议院；或者在君主制下，某些重要事项会提交给元老院；如此等等，不一而足。但是这些偶然情境绝不会改变原政府的形式，在这里也不存在对主权的分割，因此国家依然是纯粹的民主制、贵族制或君主制。

30. 简言之，在施行一项专属的权力，和凭借某种外在的、不稳固的权威而行动之间有着巨大的差别，因为后者可以随时被原先的赋权者剥夺。构成混合或复合政府并使之区别于简单形式政府的特征便在于，在一个国家中分享主权的不同阶层以平等的方式，也即根据根本法而不是以某种委托的方式施行各自的权利，就好像某人只是他人意志的执行者。总之，我们必须区分政府的形式和政府管理的方式。

31. 以上便是对各种不同政府形式的主要观察。普芬道夫作出了不同的阐释，他将我们这里的混合政府称作不规则的政府，仅将简单形式的政府称为规则的。[1]

32. 但是这种不规则只存在于观念中，实践的真正准则在于关注根据全部国家与各个时代的经验，设想在人的通常状态下，同时考虑到事物的一般秩序，什么最有利于达成政治社会的目的。以此为立足点，那些全体民众依赖一个单一意志的国家是如此远离最幸福的处境，以至于它们的臣民必然会对其自然独立性的丧失而时时悔痛不已。

① 参见《自然法与万民法》，第 7 卷，第 5 章。

33. 此外，正如人体一样，政治体也有强健和虚弱之别。

34. 政治体的无序或者来源于主权权力的滥用，或者来源于国家欠佳的体制；其中原因或者是当权者有缺陷，或者要追溯到政府体制本身。

35. 君主制中，当权者的缺陷或者是君主本身不具备统治所必须的资质，很少或根本不关心公共利益；或者是使他的臣民成为其臣属的贪婪与野心的受害者；等等。

36. 至于贵族制，当权者的缺陷则表现在，或者是他们将有才德的人排除在议会之外，而出于阴谋或利用其他险恶手段，将邪恶之人或者无能之人引入了议会；或者是形成了派系和阴谋集团；或者是贵族将民众如奴隶般对待；等等。

37. 最后，我们有时在民主制下也能看到，他们的议会饱受内部争吵的困扰，才德因遭嫉妒而被压制，诸如此类。

38. 政府本身的缺陷有许多种。例如，国家的法律与人民的天赋不相吻合，它使一个并不具备好战精神而倾向从事和平的技艺的民族常常卷入战争中；或者没有在这一点上犯错，法律的规定也应该与国家的处境和自然物产相一致。因此，在一个非常适宜发展商业和制造业并有充足的原材料进行贸易的地区，不鼓励此类行为便是错误的举措。此外，如果国家的体制使得各种事项的分派异常缓慢和困难，也是政府缺陷的一种。就像在波兰，一个成员的反对便能瓦解全盘计划。

39. 政府的缺陷通常会被给予特定的名称。腐败的君主制便被称作僭主制，寡头制是贵族制的滥用，民主制的滥用则被称作暴民政治。在很多的情况下，与其认为这些名称意指了国家的缺陷或无序，不如认为它们仅仅反映了使用它们的人的一些特殊的情绪和厌恶感。

40. 在总结此章之前，我们还须注意到那些复合形式的国家，即由若干个特定国家联合而构成的。它们可以被定义为由某些特殊纽带将本身完备的诸政府紧密联合而形成的集合体，所以在那些事关它们共同利益的事项方面，它们似乎形成了单一的政治体；尽管每一个国家在其他方面均完全、完整地保留了其主权，并独立于他国。

41. 这一集合体或者是由两个或更多的特定国家联合在同一位君主之下而形成，例如在近期英格兰与苏格兰合并之前[①]，英格兰、苏格兰和爱尔兰便是这种情形；或者若干独立的国家一致同意形成单一的政治体，例如尼德兰各省份的联合或者瑞士各州的联合。

42. 第一种联合或因联姻，或因继承而发生，或者因为某一民族挑选别国的主权者担任自身的国王。这样不同的国家便联合在同一个君主之下，他凭借各国的根本法而分别统治它们。

43. 至于由若干个国家通过永久的联合而形成的复合政府，这是使它们能够保全其自由的唯一方法，因为它们每一个国家都过于弱小以至于无法独自应对敌人。

44. 这些达成联合的国家互相约定并彼此承诺，在一致同意之下，仅仅共同运用主权的特定部分，特别是有关共同防卫以应对外敌的那一部分。但是每一个联合体下的成员，保有完全的自由

---

① 应指 1707 年苏格兰与英格兰合并成为联合王国，此前两国长期处于同一位国王领导之下。——译者

并能以它自己认为合适的方式，施行主权的剩余部分，即那些并不包括在联合条约内因而要共同运用的部分。

45. 最后，对于这些联合的国家，确定一个时间、地点以便在必要时聚集，并且赋予若干成员这样一种权力，以便针对刻不容缓的特殊事项召集集会，是绝对必要的。或者，它们可以建立一个由各国的代表构成的长期存在的议会，并根据他们上级的命令分派共同事项。

第二章　论最佳的政府形式

1. 天才们花了相当多的精力来确定最佳的政府形式，当然这也是政治学领域内最重要的问题之一。

2. 每一种政府形式均具备各种优点，也有如影随形般的诸多不便。寻找一个绝对完美的政府将是徒劳的。而且，不论一种政府形式在玄想中表现得多么完美，当它在实践中为人所施行，便总会伴随着一些特定的缺陷。

3. 尽管就此而言我们无法达致尽善尽美的境地，但存在着不同的完美程度，这一点依然是确定无疑的，明智德性必须对此加以确定。那些最好地回应了其创制的目的，且伴随着最少的不便的政府，可被称为最完善的政府。不论实际情况如何，对最佳政府形式这一问题的考察，给臣民与主权者均提供了非常有用的指示。

4. 关于这一问题的争论古已有之，而我们在历史之父希罗多德那里读到了有关这一话题的最有趣的记述。[①] 他叙述冒充居鲁

---

① 本章第 4 节至第 7 节叙述的事件见希罗多德,《历史》，第 3 卷，第 61 节至 83 节。一位玛哥斯僧冒充居鲁士之子司美尔迪斯，也即冈比西斯的兄弟，僭取了冈比西斯的王位。冈比西斯得知这一情况后，却旋即因意外而去世。欧塔涅斯识破了玛哥斯僧的伪装，并联合大流士、美伽比佐斯等另外六人一起推翻了玛哥斯僧的统治。随后七人对波斯应采取何种政府形式进行了讨论，最终赞同大流士的观点，继续实行君主制。——译者

士（Cyrus）之子司美尔迪斯（Smerdis）僭取波斯王位的玛哥斯僧（the Magus）遭到了惩处，而由于冈比西斯（Cambyses）死后波斯亟需重建统治，七个头领在集会上通过了有关统治形式的决议。

5. 欧塔涅斯（Otanes）认为波斯应该成为一个共和国，并大致以如下方式论述："我认为我们不应该把政府置于一人之手。你们明了冈比西斯放纵无度到何种地步，也知晓玛哥斯僧傲慢无礼到何种程度。当君主能够为所欲为时，国家岂会在君主制下得到好的统治？最具德行的人也会被不受控制的权威败坏，而他最好的品质则消弭殆尽。当一个人是全部事物的主宰时，富有与繁荣产生了嫉妒和傲慢，而从这两个源头处又产生了其他一切恶果。君主憎恨有德之士而狎昵邪恶之徒，因为前者反对君主不正义的举措，而后者则处处逢迎。君主仅凭一己之力难以得观事物全貌；他常常轻信各种不实的指控，颠覆国家的法律和习俗，侵犯妇女的贞洁，轻率地将无辜之人判处死刑。而当人民自己掌握政府，他们之间的平等会阻止所有这些恶行。这里执政官由抽签而产生，而所有执政行为则面临问责，他们形成的决议均与人民保持一致。因此，由于我们在民众而非独夫那里发现这些优势，我认为我们应该采取一种民众政府而非君主制。"以上便是欧塔涅斯的演说。

6. 但是美伽比佐斯（Megabyses）倾向于贵族制。"我同意欧塔涅斯所说的反对君主制的意见，但他竭力说服我们将政府委托给庸众的裁断，则是错误的。因为难以想象有什么人会比一群乌合之众更愚蠢、傲慢。为何我们应该拒绝一人的统治，而将自己交付给一个盲目、无序的群众的暴政呢？如果一个君主着手从事一项事业，他至少能听取一些意见；但是庸众则是一头盲目的怪兽，缺乏理智和能力。他们与体面、美德和自身的利益形同陌路。他们就像一道无法阻止的激流，迅猛地向一切事项出击而不带任何判断和秩序。如果你想毁掉波斯，那就建立一个民众政府。至于我自己，我认为我们应该挑选有德行的人，而将政府置于他们手中。”上述即为美伽比佐斯的观点。

7. 在他之后，大流士（Darius）发表了如下观点：“我认为，在反对民众政府方面，美伽比佐斯的观点极有道理；但我同时以为，他偏爱少数人的政府更甚君主制则不完全正确。不存在比一个有德行的人的统治更好和更完美的统治了，这是确定无疑的。同时，当首领只有单独一人时，这使得敌人更难发现他秘密的决议和决策。当政府在多人手中时，敌意和仇恨将不可避免地在他们之中产生。因为每一个人都想使自己的意见占据上风，长此以往他们便互相敌对。竞争和猜忌使他们离心，随后他们对彼此的厌恶走向极端，骚乱由之产生；谋杀紧随骚乱而来，而这使得一个君主在不知不觉间变得必要。因此政府最后总是会落入单独一个人的手中。在一个民众政体下，一定存在大量的恶意与腐败。认为平等并不会产生仇恨，这是正确的；但它却煽动起邪恶之徒勾搭成奸、同恶相济，直到某个人通过其行为获取了针对群众的权威，揭露他们的欺骗行径，并暴露那些恶人背信弃义的一面。这样一个人便展现出他自己正是一个真正的君主。因此我们可知君主制是最自然的政府。因为贵族制下的骚乱和民主制下的腐败，构成了相同的诱因，使我们将最高权力集中而置于一人之手。”大流士的观点获得同意，因而波斯的政府仍然是君主制的。我们认为历史的这一篇章极其有趣，值得在这里详加叙述。

8. 为了确定这一问题，我们必须追溯至事情的源头。我们必须在自由之下来领会所有最宝贵的好处的含义，但自由在政治社会中有两个敌手。其一是放肆和混乱，其二是因暴政而产生的压迫。

9. 当自由未被限制在应有的界限内时，便产生了上述邪恶的第一种。

第二种则来源于人类为应对前一种邪恶而采取的补救措施，即源于主权。

10. 人类至高的幸运和明智德性便在于知晓如何提防这两个敌手，唯一的方法便是拥有一个体现了主权一词之真意，并由如下预防措施构成的政府，它既能够摒除闲逸放荡而又不至于导向暴政。

11. 正是这样一种恰当的调和方式给我们提供了一个好政府的概念。很显然，避免了那些极端后的政治构造，内在地而且外在地保存了秩序，从而同时也给人民留下了充足的保障，而这一目的应是始终予以关切的。

12. 这里我们应该会被问到，哪一种政府最接近这一完美状态。在我们回答这一问题之前，观察到如下这一点是合适的，即上述问题非常不同于我们被问到，哪一种政府是最合法的。

13. 对于后一个问题，任何一种建立在人民的自由默许——无论是表达出来的还是由一个长期而和平的保有而确证的——上的政府，根据主权者的意图，只要它们至少致力于促进人民的幸福，便都同样是合法的。因而除了在政府建立或是政府执政时期公开且实际的暴力，没有其他的原因能够颠覆一个政府。这种暴力我指的是篡权或者暴政。

14. 让我们回到主要的问题。我断定最好的政府既不是绝对君主制，也不是完全民众式的。前者过于严酷，对自由的侵蚀太过严重并极易于导向暴政；后者则过于虚弱，使人民任其自然而导致混乱与放肆。

15. 为了主权者的荣耀和人民的幸福，有人希望我们能够通过绝对政府的例子对以上断言的事情提出质疑。我们或许敢于断定，没有什么能比得上由一位明智且有德行的君主掌权的绝对政府了。它的效果一定包括秩序、勤勉、保密、服从、迅捷、最伟大的事业以及最恰当的执行。尊贵与荣誉、奖赏与惩罚，在其之下也全都得到了正当、敏锐的分配。这种统治如此荣耀，简直属于黄金年代。

16. 但是要以这种方式统治，一个绝顶的天才、完美的德行、充足的经验以及不间断的应用是必要的。被提升到如此高度的某个人，极少能达成如此之多的成就。众多的目标分散了他的注意力，骄傲和欢愉引诱他，奉承这剂最大的毒药给他带来了最大的伤害。如此之多的陷阱极难逃脱，一个绝对君主轻易地便成为他自身欲望的猎物，致使其臣民陷入悲惨境地，也便屡见不鲜了。

17. 因而人民对绝对政府的厌恶常常发展为反感与仇恨。这也给政治家们提供了时机作出两个重要的反思。

首先，我们极少看到，绝对政府的保存引起这一政府下人民的关心。因为受到重重负担的压迫，人们渴望一场革命，而革命绝不会使他们的处境比之前更糟糕了。

其次，君主的利益恰恰在于引导人民支持他们的政府，并在政府中给予他们一定的份额，使之具有能够保卫其自由的基本权利。与君主在国外的权力一道，上述举措最能促进君主在国内的安全以及在各方面的荣耀。

18. 关于罗马人有如下说法，当他们为自己的利益而战时，他们不可战胜；但是，一旦他们成为绝对统帅的奴隶，他们的勇气衰退，所求不过是面包和马戏而已。

19. 与之相反，在那些人民在政府中拥有一定份额的国家，每个人都关心公共利益，因为每个人凭借其品质或美德就能分享公共的成就，对国家遭受的损失也感同身受。正是这使得人们积极大方，并激发一种对祖国强烈的热爱和一种无法战胜的勇气，以抵御最大的不幸。

20. 当汉尼拔赢得了对罗马人四场战役的胜利，并屠戮了超过二十万罗马人，而且差不多在同一时间，勇敢的西庇阿兄弟折损在西班牙，更别提罗马人在多次海战和西西里的失利，谁能想到罗马竟然抵挡住了她的敌人？然而，她的公民们的德行，他们怀有的对祖国的爱以及他们对政府的关切，在频仍的大灾难中加强了那个共和国的力量，最终使她克服了一切困难。我们在拉栖戴蒙人和雅典人那里能发现许多相同的事例。

21. 这些优势并不得见于绝对政府中。我们或可正当地断定，绝对政府一个至关重要的缺陷便在于，不能使人民关心政府的保存，以及过于严酷，因而极易趋向压迫而不是关切臣民的利益。

22. 以上所述便是绝对政府之弊端。那些民众式的（政府）并不更好，我们大概可以认为它们除了自由之外别无所长，即它们放任人民随意选择一个更好的政府。

23. 绝对政府至少有两个优势。首先，每当有好的君主执政，便带来一个幸福的间隔期；其次，绝对政府拥有更强大的力量，更为活跃，也更加迅捷。

24. 但是一个民众政府不具备上述任何优势。由群众构成的民众政府，与一个多头怪兽极其相似。群众是各类人等的混合，其中只有少数人具备各种才能。这些人中有一部分人或许怀有善良的意愿，但绝大一部分人因为没有什么可以失去的，所以不可依靠，也便几乎不能予以信赖。同时，一大群人总是缓慢而混乱地行事。保密或警觉这类好处与他们无缘。

25. 民众国家并不缺乏自由；相反，民众的自由过多，甚至堕落为放肆。因而，他们总是风雨飘摇而虚弱不堪。内部暴乱或是外部攻击，常常使他们陷入惊慌失措的境地。他们轻易便成为同胞公民的野心或是外国篡夺的牺牲品，从最崇高的自由下降至最低下的奴役，这就是他们的宿命。

26. 这已为不同民族的经验所证实。甚至在当下，波兰这个共和国为混乱和无序所主宰，便是展现民众政府缺陷的一个突出的例子。它是本国居民和其他民族嘲弄的对象，是频繁爆发的内战的温床。因为它徒有君主制的表象，实际上却是一个极端民众式的政府。

27. 我们只需阅读佛罗伦萨和热那亚的历史，便能观察到这样一个生动的展现，即：当群众试图去统治时，他们使共和国遭受了多大的不幸。古代共和国，特别是希腊中最值得称道的雅典，能更清晰地展示这一真理。

28. 简言之，罗马诞生于君主制，而毁于人民手中。组成元老院的贵族们，使罗马从国王的庄严中解脱而成为了意大利的霸主。借由护民官的侵入，人民逐渐攫取了元老院的权威。从那时起，国家纲纪松弛，民众荡检逾闲。最终，人民自身使共和国陷入了最可鄙的奴役境地。

29. 因此，认为在各种政府形式中，民众政府最虚弱、最糟糕，便不容置疑。如果我们考虑到平民所受的教育，他们从事的体力工作，他们的无知和粗鲁，我们一定会立刻意识到，他们注定是被统治的。为了好的秩序以及他们自己的利益，也禁止他们将政治事务揽在自己身上。

30. 既然不论是民众政府，还是某个人的绝对意志，都不适合于获致一个民族的幸福。那么，为确保臣民的幸福，最佳政府必须如此调配，即避免暴政和放肆。

31. 有两种方法来发现这一调和方式。

第一种方法在于将主权寄予某个议会，在议会的组成方面，议会内成员的数量和对这些成员的挑选，能带来这样一种道德上的确定性，即在共同体的利益之外，他们别无所求；而且，他们总是能够对他们的行动给予如实的解释。这便是我们看到在大多数共和国内恰当地实行的。

32. 第二种方法是，通过根本法限制君主制国家中君主的主权，或者仅仅赋予那个喜好主权这一荣誉和头衔的个体一部分最高权威，并将其余部分寄予在别的地方，例如一个议会或国会。这便产生了有限君主制。[①]

33. 针对君主制，下面这个例子是适合的，军权和立法权，以及收税的权力，应该置于不同的人手中，以确保这些权力不会被

① 参见本书下卷，第一部分，第七章，第26节等。

滥用。很容易观察到，这些限制措施可以以不同的方式实行。明智德性所要求的总则在于，限制君主的权力使其不会产生危险；但与此同时，为了避免削弱政府，行事也不可过度。

34. 通过遵循这一个恰切的中道，人民将会享有最完美的自由，因为他们有全部可靠的保证，君主不会滥用其权力。另一方面，可以认为，君主出于必要而履行其职责，极大地加强了他的权威，并且享有很大的幸福和坚实的荣耀。由于人民的幸福是政府的目的，它便同时也是王权最确定的基础。可以参看我们已经提出的关于此问题的论述。

35. 这种借由混合政府加以限制的君主制，将绝对君主制、贵族制和民众政府的主要优势结合起来。与此同时，它避免了三种政府形式各自具有的危险和不便。这便是我们一直致力于发现的那种恰当的调和方式。

36. 这一评论的正确性已经为过去年代的经验所证实。斯巴达便是这种类型的政府。莱库古认识到三种简单形式的政府各有非常大的不便，君主制轻易沦为强制的权力和暴政，贵族制堕落为少数人的压制性的政府，而民主制则蜕变成某种狂暴而非法的支配。将三种政府形式结合至斯巴达的政府中，使它们混合成一个整体以便相互补救而达成平衡，便是合宜的。这位明智的立法者并没有被辜负，因为没有别的共和国比斯巴达更为长久地保存了其法律、风俗和自由。

37. 或可认为，罗马人在共和国时期的政府，像斯巴达一样通过若干方式将三种类型的权威结合起来。执政官占据了君主的位置，元老院则构成了公共议会，而人民同样分享了部分管理权。

38. 如果需要当代的例子，难道当下的英格兰不是混合政府和有限君主制之卓越性的一个例子吗？经由诸般考虑，存在一个享有更高程度的繁荣或名声的民族吗？

39. 颠覆了罗马帝国的北方诸民族，在被征服的省份引入了当时称为哥特式的（Gothic）那些政府形式，它们有君主、领主和平民。经验显示，那些保持了这种形式政府的国家，比之那些将整个政府移交至一个人手中的国家，更为兴旺发达。

40. 至于贵族制，我们必须首先区分开依据血统的贵族制和选举式的贵族制。前者具备若干优势，却也伴随着极大的不便。它使贵族充满骄傲，并在贵族显要与人民大众之间维持区隔、蔑视和猜忌，从而极易产生巨大的弊病。

41. 但后者却具备前者拥有的全部优势，而不沾染其种种缺陷。由于不存在带有排他性的特权，而且晋升的大门向全体公民敞开，我们在公民中间便不会发现骄傲或是区隔。与之相反，全体成员心胸中都洋溢着的普遍的进取心，使一切事务都朝向公共利益，并且极其有助于自由的保全。

42. 设想如下这样一种选举式的贵族制，主权置于一个人数足够多的议会，以便涵括此民族最重要的各种利益，而且从不会有与之相反的利益；或者，这个议会很小以便能保持秩序、和谐与机密性，它的成员从最明智、最具德行的公民中挑选，而且通过给人民留存一部分主权使它的权威受到限制，并按一定的规则施行。这样一个政府极其适于促进一个民族的幸福，便是没有疑问的。

43. 这类政府中最困难之处在于，以如下恰到好处的方式加以调和，给予人民一定政府份额以保证他们自由的同时，这种保证却不能走得太远，使得政府过于接近民主制。先前的反思已经充分展示出走到这一步后所带来的不便。

44. 经过对不同政府形式的探讨，我们因而得出结论，最佳政府或者是有限君主制，或者是通过给予全体人民某些权利，从而混合了民主制的贵族制。

45. 我们归于这类政府的优势，总是会打些折扣，这是确实的。但这是由于人类本性方面的缺陷，而不在于制度本身。以上描述的政体是我们能想象到的最完美的政体，如果我们在其中掺入了我们的恶习和愚蠢，这是尘世事务所必然具有的命运。既然一定要作出一个选择，那么最佳政府形式便是伴随着最少不便的那种。

46. 总之，如果仍被问到何种政府是最佳的，我将回答，每一种政府形式并不是同等地适用于每一个民族。在这一点上，我们必须关照到人民的脾性和特质，以及国家的大小。

47. 大型国家很难容许共和政府，因此一个巧妙地加以限制后的君主更适合他们。但是对于通常大小的国家来说，对其最有利的政府是在其中混合了有利于全体人民某些权利的选举式的贵族制。

第三章　论获取主权的不同方式

1. 所有获取主权的唯一正当基础是人民的同意或人民的意志。[①] 但是，由于这种同意可能会以不同的方式作出，这是根据伴随它的不同情况；于是我们区分了获取主权的几种方式。

2. 有时候一个民族受迫于武力，屈服于某个征服者的统治；而有时候，人民自愿将最高权威赋予某些特定个人。因此，主权可以或者通过强力和暴力，或者以一种自由和自愿的方式获得。

3. 这些获取主权的不同方式或许在某种程度上适用于所有种类的政府；但是，由于它们在君主制中最为显著，我们将主要针对后者来研究这个问题。

一、论征服

4. 主权有时是通过强力获得的，或者更确切地说是通过征服或篡夺来夺取的。

5. 征服获取的主权是由于外国君主武力的优越性，使战败者被降服从而服从他的统治。篡夺恰当而言是由一个本来臣服于君

① 对于这一问题，参见本书下卷，第一部分，第六章。

主的人从后者手中夺得了最高权力；但传统上常常会混淆这两个术语。

6. 对于被视为获取主权一种方法的征服，可以作出几点评论。

（1）征服就其本身而言毋宁说是获取主权的时机，而不是这一获取的直接原因。直接原因是人民的同意，无论是默示的还是明示的。没有这种同意，战争状态总是存在于两个敌人之间，而其中一个没有义务去服从于另一个。我们只能说，战败者的同意是由征服者的优势所胁迫作出的。

7.（2）合法的征服假设，征服者拥有正当的理由对被征服的人发动战争。没有这一点，征服本身绝不构成一种正当的资格；因为一个人不能仅凭豪夺就获得对一个民族的主权，就像面对一个无主之物那样。因此，当亚历山大对从未听说过他名字的遥远民族发动战争时，这样一种征服绝对不构成对这些民族拥有主权的合法资格，就像抢劫不是一种合法的致富方式。人的品质和数目不会改变行动的性质，如果伤害是相同的，罪行就是同等的。

8. 但如果战争是正义的，征服也会是一样的：因为，首先，这是胜利带来的自然结果；而那些将自己交给征服者的战败者，只是通过失去他们的自由而赎买了他们的生命。此外，被征服者由于他们自己的过错，没有选择偿付他们应该作出的补偿，而是进行了一场不正义的战争，便应该被假设已经默示地同意了征服者会对他们施加的条件，只要这些条件既非不公正也非不人道。

9.（3）但是，我们应该如何看待不正义的征服，以及单纯由暴力胁迫作出的屈服？它能否给予合法的权利？我回答说，我们应该区分篡位者是否将政府从共和国变为君主制，或者是罢黜了合法的君主。在后一种情况下，他有义务将王冠归还给正确的所有者或其继承人，直到可以推定他们已经放弃了自己的权利主张；而当相当长的一段时间过去，他们仍不愿意或是不能够作出任何努力来恢复王冠时，这种推定便总是被认为成立。

10. 万民法因此承认了一种关于主权的规定。这是各个社会的利益和安宁所必需的；对最高权力长期而平静地占有，必然确立它的合法性，否则关于各个王国及其限度的争端将永远不会结束；这将是长久争吵的源泉，而且将几乎不会存在合法地握有最高权威的主权者这一回事。

11. 事实上，人民有职责在一开始就竭尽全力抵抗篡夺者，并且继续忠于他们的君主；但是，如果尽管他们付出了极大的努力，他们的主权者仍被打败了，并且不再能够坚持自己的权利，他们也就不再负有义务，而是可以合法地关照他们自己的保存。

12. 人民不能生活在一种无政府状态，而且由于他们没有义务为了捍卫自己的前主权者而将自己暴露在持续的战争中，他们的同意或许可以使篡夺者的权利合法化；在这种情况下，被废除的主权者应该对他的统治的丧失感到心平气和，并视其为一种不幸。

13. 至于前一种情况，当篡位者将共和国变为君主制时；如果他在统治时伴以节制与衡平，那么当他已经和平统治了一段时间，便足以有理由相信人民同意他的统治，并足以抹去他获得它的方式所带有的缺陷。这或许可以很好地适用于奥古斯都的统治。但是，相反，如果成为共和国主人的君主，以一种专横的方式行使他的权力，压迫他的臣民，那么他们就没有义务服从他。在这种情况下，长期的占有仅仅意味着长期的不正义。

二、论主权者的选举

14. 但是，获得主权的最合法的方式，是建立在人民的自由同意之上的。这可以通过选举的方式或者是借由继承的权利来实现；由此，王国被分为选举的和世袭的。

15. 选举是指人们提出或提名他们认为能够接替已故国王的某个人来管理国家的行为；而一旦这个人接受了人民的提议，他就被赋予了主权。

16. 我们或许可以区分两种选举，一种是完全自由的，另一种在某些方面受到限制；前者是人们可以选择他们认为合适的人，后者则是他们被迫例如从某个特定民族、某个特定家庭或宗教等来选择一个人。在古代波斯人中，除非得到玛哥斯僧的指示，否则任何人都不可能成为国王。[1]

17. 国王去世与选举其继任者之间的时间被称为空位期
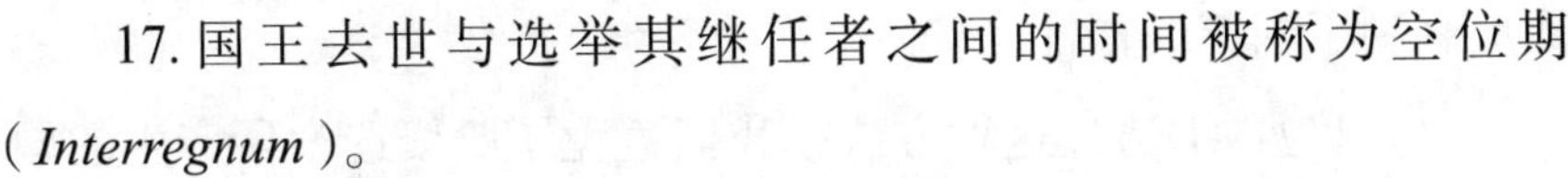
（*Interregnum*）。

18. 在空位期间，国家好似一个没有头部的不完美的躯体；但是政治社会并未解散。主权回到了人民那里，直到选择新国王行使主权之前，他们甚至有权力改变政府的形式。

19. 但是，为了防止空位期的各种问题，事先提名那些在这段时间内掌握政府权柄的人，将是一项明智的预防措施。因此，在波兰，格涅兹诺（Gnesna）的大主教连同大波兰省和小波兰省的

① 参见西塞罗，《论占卜》（*De Divin.*），第1卷，第4节。

两位副手便因此目的得到任命。

20. 被赋予这项职务的人被称为王国的摄政者（regents of the kingdom）；而罗马人则将他们称为摄政王（Interreges）。他们是短暂的且可以说是临时的行政官，他们借由人民的名义和权威行使主权的各项行为，因此他们有义务对他们的行政举措作出说明。对选举方式说这么多或许就足够了。

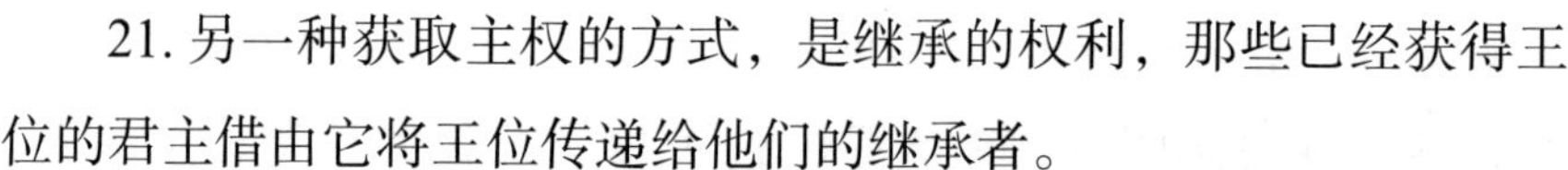

三、论对王位的继承

21. 另一种获取主权的方式，是继承的权利，那些已经获得王位的君主借由它将王位传递给他们的继承者。

22. 初看起来，选举制王国似乎比那些世袭制王国具有优势，因为在前者中，臣民或许总会选择一位具备功绩且有能力进行统治的君主。然而，经验表明，将一切事情都加以权衡后，继承方式更有利于国家的福祉。

23. 因为：①通过这种方法，我们避免了频繁选举所产生的国内外的各种巨大不便；②关于继任者的资格，争论和不确定性较少；③一个其王位是世袭而来的君主，在其他条件相同的情况下，由于希望将王冠留给他的孩子，较之如果他只能在此生持有王位，将更加关心他的王国，并且使他的臣民更少受到伤害；④继承方式得到规范的王国具有更大的稳定性和力量。较之选举制王国，它可以形成各项更强大的计划，并且更有力地追求它们；⑤最后，君主的人格在人们那里激荡起更大的敬意，并且他们有理由希望，对于君主后代而言，他背负的荣光和他受到的教育产生的影响，将在他那里激发起那些掌握政府权柄所必要的品质。

24. 继承的顺位由已故国王的意志或是人民的意志来规定。

25. 在真正的世袭制王国，每个国王都有规定继承的权利，并且可以自主地处置王权；只要他对继任者的选择以及他对国家的处理方式，没有明显地与公共利益相对立，因为即使在世袭制王国中，公共利益也是至高无上的法律。

26. 但是，如果国王可能因为死亡而未及拟定他的继任者，那么至少在国家安全允许的情况下，遵循该国建立的涉及私人继承的法律或是习俗，便似乎是很自然的。[①] 但是可以肯定的是，在这些情况下，最受认可和最具影响力的候选人将始终承继王权。

27. 在不是世袭制的王国中，由人民规定继承的顺位：尽管他们或许可以按照自己的喜好来确定继承者，但明智德性要求他们应该遵循最有益于国家、最适宜维持秩序与和平以及最有利于促进公共安全的方法。

28. 通常的方法是，简单世袭式的继任，这种继任方式几乎遵循了一般财产继承的规则；以及嫡系继承，它受到更多特定的限制。

29. 为国家的利益所要求的简单世袭式的继任，应该在若干方面与私人继承有所不同。

（1）王国应该保持不可分割，而不是在几个继承人之间进行同等程度的分享；因为，首先，这将大大地削弱国家，并使其更不适合抵抗外敌的攻击。其次，臣民们由于拥有不同的主人，他们之间将不再如此紧密地团结在一起。最后，正如经验常常表明

① 参见《自然法与万民法》，第 7 卷，第 7 章，第 11 节。

的那样，这可能为内战奠定基础。

30.（2）王冠应该保留在第一个持权柄者的后裔中，不要传递给他的旁系亲属，更不要传递给那些与他只有亲缘关系的人。毫无疑问，那些使王冠在任何一个家庭中成为世袭的民族，其意图就是如此。因此，除非另行作出决定，否则在第一个持权柄者的后代空缺的情况下，处置王国的权利将回到民族手中。

31.（3）只有那些从与万民法相吻合的婚姻中诞生的后代，才能被允许继位。对于这一点，有如下几个原因：①这毫无疑问是人民的意图，当他们决定将王冠授予国王的后裔时；②对于国王的私生子或非婚子和他的合法子女，人们不会怀有同等的尊重；③私生子的父亲并不能完全确定，因为没有确凿的方法来确定一个在婚姻关系之外出生的子女的父亲；然而，为了避免那些可能危及王国的争端，使得将要统治的那个人的出生没有任何疑问，这一点是至关重要的。因此，在一些国家中，王后是在公共场合或是在若干人面前分娩的。

32.（4）被收养的孩子，由于不是皇室血统，也被排除在王冠之外，而皇家一脉一旦后继无人，王权应立即回到人民手里。

33.（5）在处于同等位次的人中，无论是实际如此还是借由代表，男性较之女性应处于优先地位，因为他们被认为更适合指挥军队以及行使其他各项政府职能。

34.（6）在同一位次的若干男性或女性中，最年长的人应该享有优先继承地位。这是出生赋予了这项权利；因为王权同时是不可分割的和世袭的，最年长的人由于他的出生，具有一种优先地位，这是更年幼者不能剥夺的。但是，恰当的是，最年长者应该给予他的兄弟们足够体面地养活自己的东西，并且其形式与他们的等级相吻合。为此目的分配给他们的东西被命名为封地（appennage）。

35.（7）最后，我们必须注意到，王权之传递给继承者，并不是由于已故国王的喜好，而是出于人民的意愿，他们将王权赋予了皇室。因此，继承国王的特定遗产和继承王权具有完全不同的性质，并且彼此之间没有关系；所以，严格来说，继承人或许可以接受王权，而拒绝私人的遗产；而且，在这种情况下，他没有义务支付这一特定财产伴有的债务。

36. 但可以肯定的是，荣誉和衡平几乎不会允许一位登上王位的君主使用这一权利，而且，如果他心中顾念王室的荣耀，他将通过经营和节俭使自己能够偿还前任的债务。但这不应该以公共财产为代价来完成。这些是简单世袭式继任的规则。

37. 但是，由于在这种世袭继承中，已故国王的下一顺位继承人被赋予王位；当仍处于顺位中的人离主干世系稍远时，便可能会发生关于亲近程度的严重争议；若干个民族已经建立了从一个分支到另一个分支的嫡系继承，其规则如下：

①所有源自皇家始祖的人都被视作如此多的世系或分支，它们每一个都根据其亲近程度而拥有继承王位的权利。

②在所有这些处于同一位次的世系中，首先是性别，然后是年龄，将给予优先地位。

③当一个世系仍有处于顺位中的继承人时，我们绝不能从一个世系跨越到另一个世系，即使存在与已故国王血缘关系更近的世系。例如：

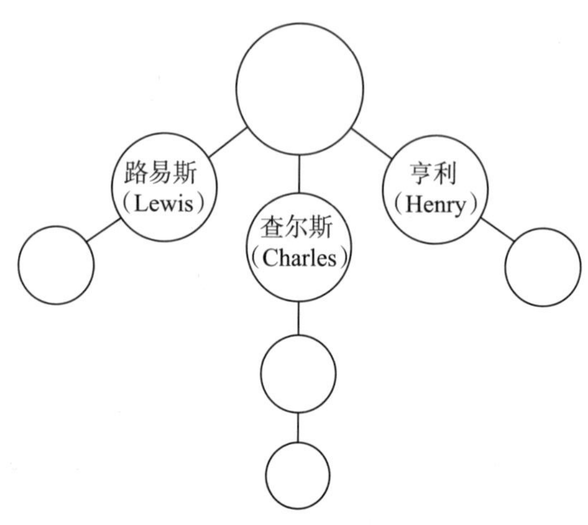

一个国王有三个儿子，路易斯（Lewis）、查尔斯（Charles）和亨利（Henry）。路易斯的儿子，继承了路易斯的王位，但没有留下子女就过世了；查尔斯有一个孙子；亨利仍在世，并且是已故国王的叔叔；而查尔斯的孙子只是他的堂亲：然而，这位孙辈将会继承王位，这是由他的祖父传递给他的，他的世系排除了亨利及其后代，直至完全后继无人。

④因此，每个人都有权利按照他的等级来继承王位，并以同样的继承顺位将这一权利传递给他的后代，尽管他自己从未登上王位；也就是说，死者的权利传递给生者，而生者的权利传递给死者。

⑤如果最后一位国王没有留下后嗣就死了，我们会选择离他最近的一条世系，并依此类推。

38. 有两种主要的嫡系继承方式，即血亲（*Cognatic*）和宗亲（*Agnatic*）。这些名字来自拉丁语“*Cognati*”和“*Agnati*”，前者在罗马法中表示母亲一方的亲缘关系，后者则表示父亲一方的亲缘关系。

39. 血亲嫡系继承是不排除女性继承的，但只是将她们排列在同一世系的男性之后；因此，当在其他方面优于女性或与她们平等的男性竟都没有留下后代，而只有女性留在顺位中时，继承不会转移到另一个世系，而是会再次回到女性身上。这种继承也被称为卡斯蒂利亚式的（Castilian）。因此，已故国王的儿子的女儿较之同一个国王的女儿的儿子，处于优先地位；他的兄弟之一的女儿较之他的姐妹之一的儿子，也处于优先地位。

40. 宗亲嫡系继承是只有男性的男性后嗣才能继承，因此女性及她们的所有后代都被永远排除在外。它也被称为法国式继承。这种对女性及其后代的排斥主要是为了防止王位通过具有皇室血统的公主的姻亲关系而转移到外族。

41. 这些是被使用的主要继承类型，而且或许可以由人们以不同的方式加以混合；但明智德性指导我们选择难度最小的那一种；在这方面，嫡系继承优于简单世袭式的继承。

42. 若干个同样令人好奇且重要的问题，或许可以从王国的继承问题开始。在这个问题上，读者可以咨询格劳秀斯。[①] 我们将只会检视，谁有权利对在两个或多个王位的争夺者之间可能产生的纠纷进行决断？

①如果王国是世袭的，并且纠纷在国王去世之后出现，最好的方法是将争讼提交给王室的仲裁者。王国的福祉与和平建议采取这种行为。

① 参见《战争与和平法》，第2卷，第7章，第25节。

②但是，如果在由人民的自愿行为所建立的王国中，纠纷在国王仍在世时就出现了，那么他不是一个足以胜任的法官；因为我们不能够假设，人们此前就必然赋予了他根据自己的喜好来规定继承的权力。因此，无论是由人民自己还是由他们的代表，都将由人民来决定争端。

③如果纠纷直到国王去世之后才出现，情况也是相同的；在这种情况下，或者必须确定哪个潜在继承者最接近去世的主权者；这是一个人们应该加以确定的事实问题，而事情的关键也在于此。

④或者重点是要弄清楚，根据人民所建立的继承顺位，哪一个等次或世系应该具有优先地位；而这是一个事关权利的问题。现在，有谁能比确立了继承顺位的人民自己更好地决定这一点？否则就没有办法裁定争端而只能诉诸武力，这将与社会的利益完全相反。

43. 但是为了避免所有这类混乱，人民应该借由一项基本法，明确地将在上述情况中作出裁断的权利保留给自己，这会是恰当的。对于获取主权的不同方式，以上所谈就足够了。

第四章　论失去主权的不同方式

1. 让我们现在探讨可能如何失去主权；在我们已经确立关于获取它的各种方式的原理后，在这里便不存在大的困难。

2. 主权可能会因退位而丧失，也就是说，当执政的君主放弃主权时，它至少相对君主本人来说就已经失去了。关于这一点，甚至是现代历史，也为我们提供了数量可观的例子。

3. 由于主权源于国王与其臣民之间的契约；如果由于合理的原因，国王认为放弃这至高的尊严是合适的，那么恰当而言，人们就没有权利来迫使他保留它。

4. 但是，这种退位绝不能在不合时宜的关头进行：例如，当王国可能要陷入弱势，特别是如果当它受到战争的威胁时；或者当君主以他的不良行为使国家陷入危险的骚动之中时，他不可能在放弃它时不背叛对他的信托并毁掉他的国家。

5. 但我们可以有把握地说，君主很少发现自己处于那种竟使他意图放弃王冠的境况下。不管他的事务处于何种境地，他或许可以使自己从政府的苦差事中缓解，并且仍然保留最高指挥权。国王应该死在王位上；剥夺他自己的权威是一个与他的身份不相称的弱点。此外，经验已经证明，退位经常伴随着一种不幸和悲惨的结局。

6. 因此可以肯定的是，君主或许可以为自己放弃王权或是继承权。但他是否可以为他的孩子做这件事，这一点则很难判断。

7. 为了正确地判断这一使许多政治家感到困窘的问题，我们必须确立如下原理：

（1）针对另一方获得的权利或权力，包括主权，预设了获取该权利所针对的人的同意，以及获得该权利的人的接受。直到这种接受得到明确，前者的意图并不会在后者那里产生一种绝对的和不可撤销的权利：这只是一种单纯的选定，对之他可以自由接受或是不接受。

8.（2）让我们应用这些原理。那些接受了人民意志的具有皇室血统的君主，王权被赋予了他们，他们当然也因此获得了一种绝对的和不可撤销的权利，这种权利未经他们自己的同意就不能被剥夺。

9.（3）对于尚未出生的人，由于他们尚未接受人民的选定，那么他们就尚未获得任何权利。因此，对于他们而言，这种选定只是一种不完美的行为，是一种期望，其完成将完全取决于人民的意愿。

10.（4）但可以说，那些尚未出生之人的祖先已经为他们表示了同意并作出了规定，并因此代他们得到了人民的约定。但这是一个支持放弃主权的论据，它有效地确立了这一点；因为那些尚未出生之人的权利，除了人民及其祖先的意愿达成一致之外，便没有任何其他基础，那么显然，这些权利可以被其祖先从他们那里拿走而不带有任何不正义，因为他们持有这一权利所凭借的也只是其祖先的单一意志。

11.（5）未经民族的同意，国王的单一意志不能有效地将他的孩子排除在人们已经赋予他的王权之外。以同样的方式，未经君主的同意，人民的单一意志也不能剥夺属于这些孩子的由他们父亲和人民所确立的对他们有利的期望。但如果这两个意志联合起来，毫无疑问，它们可以改变它们已经确立的东西。

12.（6）确实，这种放弃不应该在没有原因的情况下因为反复无常和轻浮来作出。在这种情况下，它是不合理的，国家的利益不允许在不必要的情况下继承的顺位竟发生改变。

13.（7）另一方面，如果民族处于如此情况下，以至一个君主或是女王放弃王位对其宁静和幸福来说是绝对必要的，那么公共善的最高法则，虽然已经建立了继承的顺位，也会要求它应被搁置。

14.（8）让我们补充说，为了民族的普遍善，这类放弃才是有效的，有利益牵涉的各方不应该试图使它们作废。因为在有些时间和关头，它们是为国家的福祉所必需的；如果那些我们正在讨论的人，竟认为这种放弃将在后来被撤销，他们肯定不会得到我们的赞同。而这必将产生血腥和残酷的战争。格劳秀斯几乎以同样的方式处理这个问题。读者或许可以参阅他对此提出的看法。[①]

15.（9）由于战争或征服是获取主权的一种方法，正如我们在前一章中所看到的那样，它显然也是失去主权的一种方式。

16. 关于僭政和主权者的废黜，两者都是失去最高权力的方式，因为这两种方式与臣民们对其主权者的义务有某种关系，在我们考虑了那些义务之后，我们将在下一章更具体地讨论它们。

---

① 参见《战争与和平法》，第 2 卷，第 7 章，第 26 节，和第 2 卷，第 4 章，第 10 节。

第五章　论臣民各项一般性的义务

1. 根据我们已经拟定的计划，我们必须在这里处理臣民的各项义务。普芬道夫在《人与公民的义务》最后一章，给我们提供了关于这些义务的清晰、明白的观点。我们将一步一步追随他。

2. 臣民们的各项义务或者是一般性的，或者是特殊的；而两者都源于他们的状态和境况。

3. 所有臣民都具有这样一个共同点，即他们生活在同一个主权者和同一个政府之下，而且他们是同一个国家的成员。从这些关系中，一般性的义务就产生了。

4. 但是由于他们具有不同的工作，在国家中享有不同的职位，并且遵循不同的行业；由此也便产生了他们各项特殊的义务。

5. 同样应注意到，臣民们的各项义务假定并且包含了人的义务，也即单纯地被视作一个人和一般而言人类社会的一个成员具有的义务。

6. 臣民们各项一般性义务的对象，或者是国家的执政者，或者是人民全体，也即他们的国家或者是他们臣民同伴中的个体。

7. 对于国家的主权者和执政者，每个臣民应给予他们尊重、忠诚和服从，这是为他们的地位所要求的。由此，我们应该对现存的政府感到满意，不形成任何阴谋团体或煽动言行，关切执政君主的利益甚于任何其他人的利益，向他表示敬意，对他有好感，言及他本人和他的各项行为时怀有尊重。我们甚至应该对那些好君主的事迹怀有一种崇敬，如此等等。

8. 对于国家全体而言，一个好的臣民将把优先考虑公共福祉甚于所有其他事务当作自己的行为规则，勇敢地牺牲自己的财富和他的私人利益，甚至他的生命来保护国家；并且利用他所有的能力和他的勤奋来提升他的祖国的荣誉，并为祖国获致利益。

9. 最后，一个臣民对其同伴的义务在于，尽可能多地和他们一起生活在和平与紧密的联合中，温和、谦恭、和蔼，并且对他们每个人都乐于相助，不因为一种粗鲁或好斗的行为造成任何麻烦，并且不对他人的幸福产生嫉妒或怀有偏见，等等。

10. 关于臣民们的特殊义务，它们与臣民们在社会中所遵循的特定职业有关。我们将在这里就这个问题确定一些一般性规则。

①一个臣民不应该渴求，甚至接受任何那些他深知自己并不是足以胜任的公共职位。②他接受的工作不应超出他能够完成的。③他不应该使用非法手段获得公共职位。④有时不追求特定工作甚至是一种正义，这些工作对我们来说不是必须的，而且可能同样可以由其他人胜任，对他们而言这份工作可能更合适。⑤对于已经获得的工作，在履行相关职能时应伴有最大程度的投入、精确和忠贞。

11. 没有什么比将这些一般性的准则应用于社会中的特定职业，并且为他们每个人作出适当的推论更容易的了；例如，关于国家的大臣和秘书、宗教牧师、公共教授、行政官员和法官、军队中的军官和士兵、税收官、大使等。

12. 臣民们的特殊义务随着它从中产生的公共职责的结束而停止。但至于一般性义务，只要一个人是国家的臣民，它们就会继续存在。而一个人主要通过三种方式不再是一个臣民：①当他去其他地方定居时；②当他因某种罪行而被驱逐出国，并被剥夺了作为一个臣民的权利；③最后，当他受迫于必然性屈从于某个征服者的统治时。

13. 所有自由人民都拥有如下固有的权利，即每个人都应该有脱离共同体的自由，如果他认为这么做适当的话。总而言之，当一个人成为一个国家的成员时，他并未因此放弃对自己和他自身私人事务的关切。相反，他寻求一种有力的保护，在这一庇护下，他可以为自己获致生活的各种必需品和便利。因此，国家的臣民不能被剥夺在其他地方定居，以获得他们不曾在本国享有各种的好处的自由。

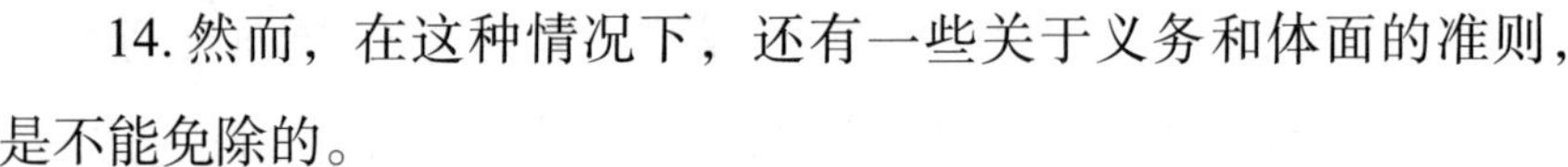

14. 然而，在这种情况下，还有一些关于义务和体面的准则，是不能免除的。

①一般来说，一个人不应在没有主权者许可的情况下辞离他的祖国，但他的主权者不应该在没有非常重要之理由的情况下拒绝他。

②在一个不合时宜的关头或是当国家拥有某种特定利益以致他应该留在国内时，放弃他的祖国，这与一个好臣民的义务是相反的。[①]

③如果国家的法律在这一点上确定了任何事情，我们必须根

① 参见格劳秀斯，《战争与和平法》，第2卷，第5章，第24节。

据它们来决定；因为我们由于成为国家的成员而已经对这些法律表示了同意。

15. 罗马人不强迫任何人继续留在他们的政府之下，而西塞罗高度赞扬这一准则，称其为自由最可靠的根基，“它就在于在我们认为合适的情况下，能够保留或是放弃我们的权利”。①

16. 有人提出一个问题，臣民是否可以聚众出走国家？在这一点上，格劳秀斯和普芬道夫的观点相反。② 就我自己而言，我认为，除了以下两种情况外，大批量的臣民出走国家这种情况很难发生；也即：或者政府是暴虐的，或者大量的人不能在国家内生存；例如，当制造商或其他商人无法找到制造或分销其商品的手段时。在这种情况下，如果他们愿意，臣民们可以离开，并且他们由于一种默示的例外而被授权这样做。如果政府是暴虐的，主权者有义务改变他的行为；因为臣民没有同意生活在暴政之下。如果苦难迫使他们离开，这也是相对于大多数明示合约的一种合理的例外，除非主权者向他们提供生存手段。但是，除了这些情况之外，如果臣民没有任何缘由聚众出走，并且是一种普遍的遗弃，如果主权者发现国家由此将遭受重大的损害，那么主权者当然可以反

① “我们的祖先在罗马帝国建立之初，颁布的伟大而神圣的法律！任何人都不得违背自己的意愿改变自己的城市，也不得强迫他留在那里。这些都是我们自由的最可靠的基础，每个人都应该有能力维护或放弃自己的权利。”《为巴尔布斯辩护》(*Orat. pro L. Corn. Balb.*)，第 13 节。同时参见《学说汇纂》，第 49 卷，第 15 节，“论战俘和恢复权”，第 12 题，第 9 条（Leg. 12.§ 9. Digest. de cap.diminut.& postlim. lib. 49. tit. 15.）。

② 参见格劳秀斯，《战争与和平法》，第 2 卷，第 5 章，第 24 节；以及普芬道夫，《自然法与万民法》，第 8 卷，第 11 章，第 4 节。

对他们的离开。

17. 当一个人被永久驱逐以作为对某种罪行的惩罚时，他便不再是国家的臣民；在国家不承认一个人是其成员之一，而是将他从其领土驱离的这一段时间中，这个人便从他作为臣民的契约中解放出来。民法学家称这种惩罚是一种民事死亡（civil death）。但显而易见的是，国家或主权者不能凭其意愿随时将一个臣民从其领土上驱逐，除非他因犯下某种罪行而值得如此对待。

18. 最后，由于敌人的武力更具优势，一个人由此受迫于某种必然性而屈从于敌人的统治，他便不再是一个臣民：而这种必然性建立在每个人都拥有的关切他自己的保存这一权利之上。

第六章　论主权不可侵犯的各项权利，主权者的废黜，最高权力的滥用以及僭政

1. 我们在前一章中讨论的臣民们对其主权者的各项义务，不存在任何困难。我们一般都同意这一规则，即主权者应该是神圣且不可侵犯的。但问题是，主权者的这种特权是否使得人民起来反对他，将他从王位上革除，或是改变政府的形式，将永远是不合法的？

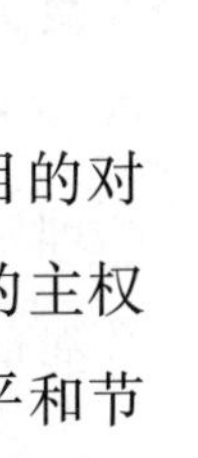

2. 在回答这个问题时，我首先观察到，政府的性质和目的对所有臣民都施加了一项不可或缺的义务，即不要反对他们的主权者，而是尊重和服从他，只要他在运用他的权力时伴有衡平和节制，并且不超越他的权威的界限。

3. 正是这种臣民们服从的义务，构成了政治社会和政府的全部力量，并由此构成了国家的全部福祉。由此，无论谁起来反抗主权者，或是对他的人格或权威进行攻击，都会使自己明显犯下一个人能够犯下的最大罪行，因为他是在竭力颠覆公共福祉的各项首要基础，而这一公共福祉是每个个体都包括在内的。

4. 但是，如果这个准则对于个体来说是真实的，我们是否也

可以将它应用于民族的全体呢，君主拥有的权威最初便源于此。如果人们认为恢复或是改变政府形式是合适的，他们为什么不能自由地去做呢？那些推举一个国王的人，不是也能罢免他吗？

5. 让我们努力解决这个难题。我在此确认，人民自己，也即民族的全体，在没有任何其他理由而仅仅基于他们自己的喜好，并且纯粹出于反复无常或是轻率，是没有权利罢黜主权者或改变政府形式的。

6. 一般而言，那些用以确立政府和社会中至上权威之必要性的同样的理由，也证明政府应该是稳定的以及人民不应该有权力罢免他们的主权者，每当他们出于任性或是轻率就倾向于采取这种行动，同时并没有合理的理由来改变政府的形式时。

7. 实际上，它将颠覆所有政府，使其依赖于人民的任性或是反复无常。国家不可能在这些革命中安定下来，它们会使它经常遭受毁灭；因为我们必须或者承认人民在不具有若干可观且重要的理由时，不能废黜他们的主权者并改变政府的形式；或者我们必须在这方面给予他们一种不加控制的自由。

8. 一种摧毁所有权威基础、破坏了一切权力从而破坏了所有社会的观点，不能被承认为一种进行理性推论或是在政治中行动的原理。

9. 在这种情况下，一致或合宜的法则具备最大的效力。我们应该怎样评述这样一个未成年人呢，他没有任何其他理由而是仅仅出于任性，竟脱离他的监护人或是随意改变他？现在面对的情况在根本上是一样的。政治家们将民众与未成年人进行比较是有原因的，两者都不能管理他们自己。他们必须给自己确立主人，而这不允许他们在没有相当充分的理由时，从主权者的权威中脱离或是改变政府的形式。

10. 不仅一致性的法则禁止人们肆意反对他们的主权者或政府；而且正义也施加了同样的禁令。

11. 政府和主权是由统治者和被统治者之间的相互同意而建立的；而正义要求人们应该忠于他们的协约。因此，臣民们的义务就在于信守承诺，并且只要主权者履行了他的协约便虔诚地遵循他们的合约。

12. 否则，人们将对主权者作出一项显然不正义的行为，即剥夺他一项已经合法取得的权利，而他在运用这种权利时并未对他们造成损害，并且这一权利失去后，他们也是无法对主权者加以弥补的。

13. 但我们必须如何设想这样一个主权者呢，他不是妥善利用自己的权威，而是伤害他的臣民，忽视国家的利益，颠覆根本法，借由过度的税收榨取人民，并在各种愚蠢且无用的开支中挥霍殆尽。这样一个国王的人格，对臣民来说，应该是神圣的吗？他们应该耐心地服从他所有的勒索吗？或者，他们可以从他的权威中脱离吗？

14. 为了回答这个问题——这是政治中最微妙的问题之一，我观察到，那些心怀不满、难以驯服或是煽动叛乱的臣民，往往将主权者那些极为清白的事情，构陷为不正义的行为。人民很容易面对最必要的税收便喋喋不休；其他人则试图摧毁政府，因为他们被排除在行政事务之外。总而言之，臣民们的抱怨更经常地表达了发出这些抱怨之人的不良品性和煽动精神，而非意味着政府中的真正无序或者是治理者的不正义。

15. 事实上，为了主权者的荣耀，我们确实希望臣民们的抱怨永远不要有比上述所言更恰当的基础了。但历史和经验告诉我们，它们往往是有根据的。在这种情况下，臣民们的义务是什么？他们应该耐心地忍受吗？或者，他们或许可以反抗他们的主权者？

16. 我们必须区分对主权的极端滥用，它明显堕落为僭政，并倾向于全部臣民的毁灭；以及对主权的温和滥用，它或许可以归咎于人的弱点，而不是某种蓄意颠覆人民的自由和幸福的意图。

17. 在前一种情况下，我认为人民始终有权抵抗他们的主权者，甚至收回他们给予他并且为他过度滥用的主权。但是，如果滥用只是温和的，那么他们有义务忍受某些事情，而非武装反抗他们的主权者。

18. 这种区分建立在人的性质以及政府的性质和目的之上。人民必须耐心地承受他们主权者的轻微不正义或者对他权力的温和滥用，因为这只不过是应归功于人性的一种特征。正是在这种情况下，他们赋予了他最高权威。国王和其他人一样都是人，也就是说，易于犯错，并且在某些情况下，未能履行义务。对于这一点，人民不能熟视无睹，并且正是在这个基础上，他们与主权者进行了磋商。

19. 如果，对于各种最小的错误，人民就有权利抵抗或是废除他们的主权者，那么没有君主能够维持他的权威，共同体将处于持续的纷乱中；这样一种情况将与政府和主权的设立与目的全然背道而驰。

20. 因此，正确的做法是忽视主权者各种较小的错误，并且对他为我们的保存而投入的烦劳且崇高的职务怀有敬重。塔西佗漂亮地说道："我们必须忍受主权者的奢侈和贪婪，就像我们忍受着土壤的贫瘠、暴风雨和其他自然中的各种不便。只要有人，便会存在恶习；但这些并不是永久的，而是通过那些混合在一起的更好的品质得到了补偿。"①

21. 但是，如果主权者竟把事情推到极端，以至他的僭政变得无法承受，而且很显然他已经抱持摧毁他的臣民们的自由的企图，那么他们就有权利起身反抗他，甚至是剥夺他的最高权力。

22. 我的证明如下：（1）僭政的性质本身就会贬低主权者的尊严。主权始终被预设为一种仁爱的力量：我们必须确实为与人性不可分离的弱点留有一些余地；但超过了这一点，并且当人们被胁迫至最后的极端时，僭政和抢劫之间便没有区别。前者给予的权利并不比后者多，而我们或许可以合法地使用武力来对抗暴力。

23.（2）人们为了他们自己的善建立了政治社会和政府，以便使自身摆脱各种困境，并从自然状态的各种恶中被解救出来。但非常明显的是，如果人民不得不遭受来自他们主权者的每一种压迫，并且永远不抵制他们的各种侵犯，那么这会将他们置于一种较之他们通过创立主权而要避免的状态更加可悲的状态中。可以相当确定地推测，这绝不会是人类的意图。

24.（3）即使是一个已经臣服于绝对政府的民族，在他们发现自己陷入最大的痛苦境地时，也没有由此放弃主张自己的自由和关照自己的保存的权利。绝对主权本身，只不过是行善的最高权

① 《历史》，第 4 卷，第 74 节，第 4 段。

力；而获致一个人的善的最高权力，和随意摧毁他的绝对权力，这两者之间没有任何联系。因此，让我们总结一下，从来没有任何一个民族意图使他们的自由以这样一种方式臣服于一位主权者，以至他们永远没有权力抵抗他，甚至是没有权力保护自己。

25.“假设”，格劳秀斯说[①]，“有人曾问那些最初形成民法的人，他们是否打算将死亡的致命必要性强加给所有臣民，而不是拿起武器抵抗他们主权者不正义的暴力以保卫自己？我不知道他们是否会得到肯定的回答。有理由相信他们会宣称，人民不应该忍受各种形式的侵害，除非事情处于这般境况，以至抵抗一定会在国家内产生非常大的麻烦或是倾向于毁灭许多无辜的人”。

26. 我们已经证明[②]，任何人都不能放弃他的自由以致达到了这里提到的程度。这将是出卖他自己和他孩子的生命、他的宗教，甚至是他所享有的每一种利益，而这样做绝对不在任何人的权力范围内。这或许可以通过与一位患者和他的医生加以比较来说明。

27. 因此，如果臣民们有权抵抗甚至是绝对君主的明显暴政，他们必须——出于更强的理由——对于只拥有有限主权的君主拥有同样的权力，如果他竟试图侵犯他的人民的各项权利和财产。[③]

28. 事实上，我们必须耐心地忍受我们主人的任性和严酷以及我们父亲和母亲的不良脾性；但是，正如塞涅卡所说，“虽然一个人在所有事情上都应该服从父亲，但当他的命令具有这种性质，以致他不再是一位父亲时，这个人便没有义务服从他”。

① 《战争与和平法》，第 1 卷，第 4 章，第 7 节，第 2 段。
② 参见本书下卷，第一部分，第七章，第 22 节等。
③ 格劳秀斯，《战争与和平法》，第 1 卷，第 4 章，第 8 节。

29. 但是，在这里应观察到，当我们说人民有权抵抗暴君甚至废除他时，我们不应该将“人民”这个词理解为一个国家的卑鄙民众或渣滓，也不是少数煽动者组成的阴谋团体，而是王国所有阶层的臣民中最杰出和最明智的部分。同样，正如我们已经观察到的那样，僭政必须是臭名昭著的，并伴有最高程度的证据。

30. 我们或许同样可以肯定的是，严格来说，臣民们没有义务等到君主们完全铆接了他们的锁链，并使得他们已经完全没有力量来抵抗他。当他们发现君主的所有行为明显地倾向于压迫他们，并且他正大胆地朝着国家的毁灭在前进，这便是时候考虑他们的安全并采取适当的措施来对抗他们的主权者了。

31. 这些是具备最终重要性的真理。它们应该为人熟知，这不仅是为了各个民族的安全和幸福，而且也是为了善良且明智的国王们的利益。

32. 那些熟悉人性弱点的人，总是对他们自己缺乏自信；并且由于只希望履行他们的义务，他们便满足于对他们的权威设定边界，并且通过这种手段阻碍他们作出那些他们应该避免的事情。理性和经验已经指出，人民喜爱和平和好的政府，因此只要君主们注意在执政时伴有节制，并且防止他们的官员犯下不正义的行为，他们便永远不会害怕一种普遍的起义。

33. 然而，专制权力和消极服从的教唆者，在这个问题上提出了几项疑难问题。

第一个异议：对最高权力的反叛包括了一种自相矛盾；因为如果这种权力是最高的，那就没有比它更高级的了。那么，应由谁来作出判断呢？如果主权仍然存在于人民手中，他们就没有转移他们的权利；如果他们已经转移了它，他们就不再是它的主人。

回答：这个疑难预设的观点是成问题的，即人们已经放弃自己的自由达到这种程度，以至他们已经给予主权者随心所欲地对待他们的充分的权力，而没有在任何情况下为自己保留抵抗他的权力。这是从来没有人做过的，也永远不能做。因此，在这一情况下便没有矛盾。为某一目的而给予的权力，便受到这同一目的的限制。只要主权者没有丧失他的尊严，最高权力就不会承认在它之上还有别的权力。但如果他堕落为一个僭主，他便不能再索求那种他因自己的不当行为而丧失的权利。

34. 第二个异议：但谁将判断，君主是否履行了他的义务，或者他是否暴虐地执政？人民可以在自己的案例中担任法官吗？

回答：它当然属于那些赋予了任何人一种权力的人——这种权力并不是这个人本身具有的——去判断这个人在使用这种权力时，是否与这种权力被寄予他的目的相一致。

35. 第三个异议：我们不能将这种判断的权利赋予人民，这将是不明智的。政治事务与粗野之人的能力不相吻合，甚至有时具备如此微妙的一种性质，以至即使是最具识见的人也无法对它们形成正确的判断。

回答：在存疑的情况下，所作的推定应该始终偏向主权者，而服从是臣民们的义务。他们甚至应该承受对主权的温和滥用。但在明显的僭政的情况下，每个人都有条件判断他是否被严重地侵害。

36. 第四个异议：但是，使最高权威依赖于人民的意见，并赋予他们在特定场合起身反对其主权者的自由，我们是否使国家暴露于持续的革命、无政府状态和确凿的毁灭呢？

回答：如果我们声称人民仅仅出于轻率或任性，甚或对于那些对最高权力的温和滥用，便有权利反对他们的主权者或改变政府形式，那么这种反对意见就会具有一些效力。但是当臣民们只在伴有所有预备措施，并且满足此前预设的所有条件时运用这一权利，便不会产生任何不便。此外，经验告诉我们，劝服一个民族去改变一个他们已经习惯的政府，是非常困难的。我们很容易便忽视我们执政官的不只是轻微的，甚至是非常严重的各种错误。

37. 我们的假设并不比任何其他假设更能在一个国家中激发骚乱；对于一个受到暴虐政府压迫的人来说，他们会像那些依照既定法律生活且不愿破坏它们的人一样频繁地反叛。让专制权力的教唆者随心所欲地夸赞他们的君主，让他们抒发他神圣人格中那些最伟大的事物，然而人民，当他们陷入到最终的痛苦中，一旦发现其行动有任何成功的迹象，便会将这些似是而非的理由踩在脚下。

38. 总之，尽管臣民们或许会滥用我们给予他们的自由，然而由此带来的不便同下述情况相比会更少，即将一切都许诺给主权者，以便使整个民族走向灭亡，而不是赋予它权力抑制其执政者的不义。

第七章　论主权者的各项义务

1. 臣民们对于主权者的义务，以及主权者对于臣民的义务，这两者有一种交互或是相对的回报。在处理了前者之后，我们仍有待于讨论后者。

2. 从迄今为止关于主权的性质、它的目的、范围和界限所阐发的内容，或许可以很容易地推断出主权者的义务。但由于这是一个具备最终重要性的事情，因此有必要对它进行更具体的说明，并将其主要的内容集合到一个视野中。

3. 一个主权者相较于其他人的位置被提升得越高，他的各项义务便越重要：如果他能做很多好事，他也可以造成很多伤害。一整个民族或人民的幸福或是苦难，便系于君主们善或恶的行为。这份职业将多么令人幸福，在所有情况下，它为成千上万的人提供了做好事的机会！但与此同时，这个职位又多么危险，将数百万人每时每刻都暴露在伤害之下！此外，君主们所做的善事，有时候会延伸到最遥远的时代；正如他们犯下的各种恶行，在最为晚近的后世还会倍增。这充分地说明了他们各项义务的重要性。

4. 为了对主权者的义务有一个恰当的认识，我们只需要认真考虑政治社会的性质和目的，以及对主权的不同部分的行使。

5.（1）君主们的第一个一般性义务，是使自己细致地知悉处于其全权信托之下的每一件事情：因为一个人不可能在他没有首先正确了解的事情上表现得好。

6. 认为关于政府的知识是一件容易的事，这是一个很大的错误；相反，如果君主们将要庄严地履行他们的义务的话，没有比这更困难的了。无论他们从自然那里获得了什么才干或天赋，这都是一个需要整个人加以投入的职业。构成良好治理的一般性规则的数量屈指可数；但困难在于将它们恰当地运用于不同的时间和环境；而这需要最大程度的勤奋和人的明智德性。

7.（2）当君主们一旦确信他有义务使自己准确知晓所有为履行其信托所必要的事情，并且深知获取这些信息的困难时，他将开始着手消除可能阻挠它的每一个障碍。首先，绝对必要的是，君主们应该缩减他们的享乐和无益的消遣，只要这些可能对知晓和履行他们的义务构成障碍。然后，他们应该努力使自己身边有睿智、审慎和有经验的人；与之相对，要摒除奉承者、小丑和其他那些其全部优点只涵盖一些轻浮的和不值得主权者注意的事物的人。君主们不应该最为宠信那些最善于给他们提供消遣的人，而是那些最能管理国家的人。

8. 最重要的是，他们不论怎样提防奉承都不为过。没有比君主们置身其中的境况更需要获得真实和忠诚的建议了。然而，为奉承所腐化的君主们，将所有自由而真诚的东西，都视为严酷和严厉的。他们变得如此娇弱，以至于每一件事，如果不是阿谀，都会冒犯他们：但是他们最应该害怕的就是这种阿谀，因为这种有毒的巴结或许会使他们匆匆陷入每一种苦难。相反，如果君主甚至只有唯一一个臣民能够慷慨地对他说实话，那么这个君主也是幸福的；这样的人是国家的财富。那些将他们的真正利益放在心头的审慎的君主，应该时常想到，朝堂上的谄媚者只关注自己，而不是他们的主人；而一个真诚的顾问，就像是忘记了自己一样，只考虑他主人的好处。

9.（3）君主们应该运用所有可能的勤奋来理解国家的构成以及他们臣民们的自然脾性。在这方面，他们不应该满足于一种一般性的和肤浅的知识。他们应该进入到各项细节，并仔细研究国家的构成、它的建立和权力，无论它是陈旧的还是新近的，世袭的或选举的，通过法律手段或是通过武力获取的；他们还应该关注这一管辖范围有多远，他们周围的邻居是谁、盟友是谁，以及这个国家被赋予了什么样的力量和便利。因为君主的权杖必须根据这些考虑因素来受到调控，并且执政者必须留意是要保持更严峻或是更宽松的统治。

10.（4）君主也应该努力在那些为支撑一项如此重要之权责的重负所必需的美德方面表现得出色，并以一种与他们的等级和尊严相匹配的方式来规范他们的外在行为。

11. 我们已经表明，一般来说，美德在于心灵的力量，它使我们不仅能够在所有场合都咨询正确的理智，而且能够轻松地遵循她的各项忠告，并有效地抵制所有能够给予我们相反的偏见的东西。这种对美德的简单观念便足以证明它对所有人是多么必要。但没有一个人相比于主权者有更多的义务要履行，也没有人更多地暴露在诱惑中，因而没有一个人必然更为需要美德的帮助。此外，君主们的美德具有这种优势，它是激励他们的臣民们采纳各种相似的原则的最可靠的方法。为此目的，他们只需要指明方向。

君主的范例比法律具有更大的效力。它就好像是一条活的法律，比戒律更为有效，但让我们进入各项细节。

12. 君主最需要的美德是：(1) 虔诚，它当然是所有其他美德的基础；但它必须是一种坚定而理性的虔诚，没有迷信和偏见。在主权者们所处的高位，唯一能够最有效地促使他们履行义务的动机，就是对上帝的敬畏。如果没有这一点，他们很快就会投向为他们的激情所指令的每一个恶习；人民将会成为他们的骄傲、野心、贪婪和残忍的无辜受害者。相反，我们或许可以在敬畏和尊重上帝的君主那里期待每一件好事，他视上帝为他依赖的至上的存在者，并且终将有一天他必须面对上帝并对他的统治给予解释。没有比这更强大的动机可以让君主们去履行他们的义务，没有什么可以很好地治愈他们那个危险的错误，即：由于处于其他人之上，他们或许表现得像一个绝对的领主，就好像在对其他人进行判决之后，他们不会反过来对自己的行为进行解释并接受审判。

13. (2) 对衡平与正义的热爱。设立君主的主要目的是为了使他留心使每个人都应该有自己的权利，以便确保每个人都获得属于他的东西。这应该让他不仅要学习民法学家那些上升至法律各项首要原理的科学，它规范着人类社会，并且可以说是政府和政治的基础；而且也要学习那部分下降至特定个人的各项事务的法律。这个分支通常留给那些穿长袍的绅士而不被纳入君主们的教育，尽管他们每天都要对他们臣民们的命运、自由、生命、荣誉和名声作出判决。君主们不断地谈论勇敢和慷慨；但如果正义不能调节这两种品质，那么它们就会堕落成最可恶的恶习：没有正义，勇气除了毁灭之外便什么都做不了；而慷慨只是一种愚蠢的挥霍。正义使一切保持在秩序内，并且不仅使那些接受分配更使那些进行分配的人持守在一定的界限之内。

14.（3）勇气。但它必须由正义促动，并伴有审慎来行事。君主应该习惯于将他的人身暴露在最大的危险之中，只要这是必要的。在战争时害怕危险，较之从不走上战场，将给他带来更多的耻辱。那个给别人下达命令之人的勇气，不应该是可疑的；但他也不应该一头扎进危险之中。当不被审慎引导时，勇气便不再是一种美德，而是一种对生活的愚蠢蔑视和一种残暴的热情。不周详的勇气总是不安全的。那个在危险中不是自己主人的人，与其称他勇敢，不如说他凶悍；如果他不是像无头苍蝇，至少他也处于极度迷惑之中。他失去了那种为给予恰当的命令、利用机会和击溃敌人所必需的头脑的存在。找到荣耀的真正方式，是冷静地等待有利的场合。当美德表现得平淡、谦虚，并且厌恶骄傲和炫耀，她将更受尊敬。随着将自己暴露在危险中的必要性的增加，你的远见和勇气也应相应加强。

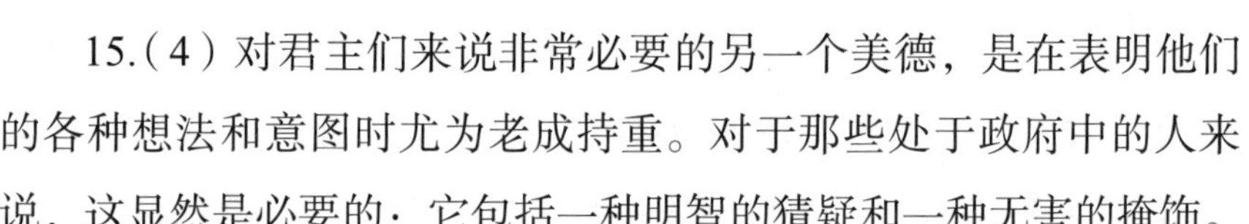

15.（4）对君主们来说非常必要的另一个美德，是在表明他们的各种想法和意图时尤为老成持重。对于那些处于政府中的人来说，这显然是必要的：它包括一种明智的猜疑和一种无害的掩饰。

16.（5）最重要的是，一个君主必须习惯于节制自己的各种欲望。因为由于他具有使它们得到满足的能力，如果他一旦对它们让步，将会一发不可收拾，并且因为摧毁了他的臣民，最终也将导致他自己的毁灭。为了使他自己适应这种节制，没有什么比使自己习惯于耐心更合适了。对于那些进行统率的人来说，这是所有美德中最为必要的。一个人必须耐心以成为自己和他人的主人。不耐心，看起来似乎是灵魂的一种激烈的运作，其实只是一种无法承受痛苦的虚弱和无能。不能等待和受苦的人，就像一个无法保守秘密的人。两者都缺乏决心来控制自己。一个不耐心的人拥有的权力越大，他的不耐心对他而言就越为致命。他不会等待；他不给予自己时间去作出判断；他强迫一切事物都取悦自己；他扯下树枝，在果实成熟前便采摘它们；他冲破大门，而不是静待它们向他敞开。

17.（6）善良和仁慈对于一个君主来说也是非常必要的美德：他的职责就是要做好事，正是为此目的，最高权力才被寄予在他手中。他也应该主要借由这一点来使自己表现得出众。

18.（7）慷慨被准确理解并且得到良好应用的话，对于一个君主来说是格外重要的；就像对于那个慷慨本不会给他带来任何成本的人，贪婪对他而言便构成一种耻辱。准确地说，一个国王不拥有任何专属于他的东西；因为甚至他的国王身份也归功于他人。但在另一方面，没有人比国王应该更为细致地规范这种崇高美德的运用。它需要极度的慎重，并且假设国王具有一种公正的辨别和良好的品位，从而知道如何将好处赋予和分配给适当的人。最重要的是，他应该运用慷慨这种美德来奖励功绩和才干。

19. 但是，即使在最富裕的君主那里，慷慨也有限制。国家或许可以被比作一个家庭。缺乏远见、挥霍财富以及君主们骄奢淫逸的倾向——他们是这种行为的大师——造成的损害远远超出了最为娴熟的臣僚们能够修补的范围。

20. 君主为了补充他的财富——它们在毫无必要的情况下浪费掉，并且经常是不道德的过度消耗，他必须求助于各种对臣民们和国家而言的灾难性的权宜之计。他失掉了民心，导致一种危险

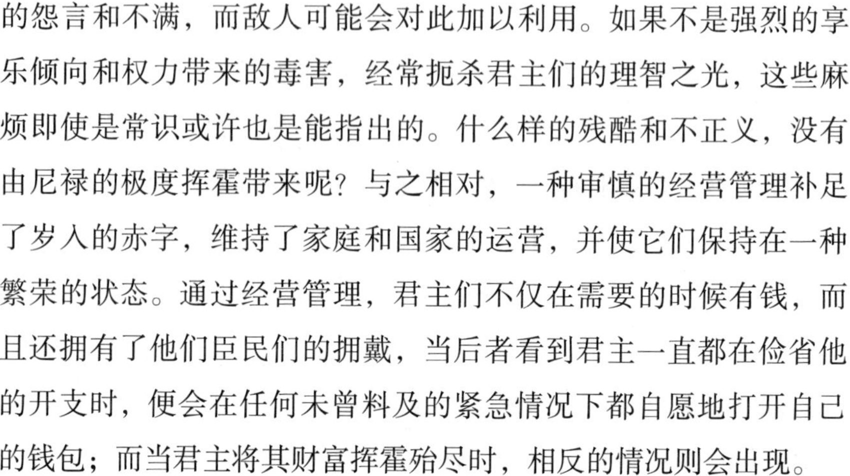

的怨言和不满，而敌人可能会对此加以利用。如果不是强烈的享乐倾向和权力带来的毒害，经常扼杀君主们的理智之光，这些麻烦即使是常识或许也是能指出的。什么样的残酷和不正义，没有由尼禄的极度挥霍带来呢？与之相对，一种审慎的经营管理补足了岁入的赤字，维持了家庭和国家的运营，并使它们保持在一种繁荣的状态。通过经营管理，君主们不仅在需要的时候有钱，而且还拥有了他们臣民们的拥戴，当后者看到君主一直都在俭省他的开支时，便会在任何未曾料及的紧急情况下都自愿地打开自己的钱包；而当君主将其财富挥霍殆尽时，相反的情况则会出现。

21. 除了那些对君主与私人同等适用的美德，以上所述便是关于对主权者最为必要的各种美德的一般观念，而我们的讨论甚至已经包含了一些对君主与私人共同的美德。西塞罗在他对君主美德的罗列中遵循了几乎相同的观念。[①]

22. 正是在这些我们已经提供了一些概念的美德的帮助下，主权者能够成功地投身于政府的各项职能并履行其不同的义务。让我们更为具体地谈谈对这些义务的实际履行。

23. 存在一条包括了主权者所有义务的一般规则，并且他或许可以通过该规则轻易地判断如何在各种情况下行事，也即让人民的安全成为最高法律。这应该是他所有行为的主要目的。最高权威被赋予他便只是基于这一考虑；而实现这一点是他权利和力量的基础。君主恰当而言是公众的仆人。他应该忘记自己，以便只

---

① “勇敢、公正、严厉、庄重、宽宏、开放、仁慈、慷慨，这些都是适合一个君主的赞美。”《为德奥塔罗斯辩护》(*Orat. pro rege Dejotaro*)，第 9 节。

考虑为他所统治的人的好处和利益。对于那些于国家而言没有用处的事物，他也不应该视它们于己有用。这便是那些异教徒哲学家的想法。他们将好的君主定义为努力使他的臣民幸福的人；相反，暴君则是一个只以自己私人的好处为目标的人。

24. 主权者的利益要求他将所有行动都指向公共善。通过这样的行为，他赢得了臣民的心，并为坚实的幸福和真正的荣耀奠定了基础。

25. 在政府最专制的地方，主权者最不具有力量。他们毁灭了每一件事，他们是整个国家的唯一拥有者；但随后国家陷入萎靡，因为它被耗尽了人力和金钱；而这最初的损耗是最严重的，也是最无法弥补的。他的臣民们似乎崇拜他，并且因见到他而颤抖，但看看最小的革命将会产生什么后果；然后我们发现，这种推进至过度境地的巨大力量，并不能长久存续，因为它在人民的心中没有根源。遭遇第一次打击，偶像便倒下并在脚下被踩踏。那个在繁荣时找不到一个能告诉他真相的国王，在他的逆境中也将找不到一个能够原谅他或保护他免受敌人攻击的人。因此，对于人民和主权者的幸福同样重要的是，后者在统治时不应遵循除了公共福祉之外的任何规则。

26. 不难从这个一般规则来推断那些性质更为具体的规则。政府的职能或者涉及国家的国内利益，或者涉及国外的各项关切。

27. 对于国家的国内利益，主权者的首要关切应该是：（1）让他的臣民们形成良好的举止。为此目的，最高统治者的义务不仅是规定良好的法律，借此每个人都知道他应该如何行事以促进公共善；而且尤其要建立最完善的公共教导和对青年人的教育。这是唯一使臣民们既依照理性又跟随习惯而非出于对惩罚的恐惧来遵守法律的唯一方法。

28. 因此，一个君主的首要关切应该是为了儿童的教育建立公共学校，并且从一开始就培养他们的智慧和美德。儿童是一个民族的希望和力量。当他们变坏时再进行纠正便为时已晚。预防邪恶要比被迫惩罚它们好得多。作为他所有人民的父亲的国王，他将特别是所有年轻人的父亲，而年轻人则是整个民族的花朵。正如果实是在花朵中准备的，所以主权者的一项首要义务便是关照青年的教育和他的公民们的教导，在他们的头脑中很早就植入美德的各项原理，并且使他们维持在那种幸福的性情中。严格来说，规范国家的并不是法律和法令，而是良好的道德。

“当没有好的道德时，法律又有什么用呢？”[①]

那些没有受到良好教育的人，会毫无顾忌地破坏哪怕最精确的法律；而那些经过适当培养的人，欣悦地与所有良好的制度保持一致。总之，没有什么比采用摆脱了一切人为编造的基督教的各项原理在人们生命的早期阶段激励他们，更有利于达成国家的良好目的了。因为这种宗教包括最完美的道德方案，它的各项准则就其自身而言非常适于促进社会的幸福。

29.（2）主权者应该为解决这些事务制定良好的法律，因为臣民们有相互交往的最为频繁的机会。这些法律应当正义、公平、清晰，没有歧义和矛盾，有用，适应人民的境况和天资，并且至

① 贺拉斯，《颂诗集》，第三部，第二十四首，第35、36行（*Horat*. lib. iii. Od. 24. v. 35, 36.）。

少在国家的利益所允许情况下，通过它们使各种分歧能够容易地加以裁定；但是若无必要，它们也不应成倍地增加。

30. 我说，法律应该“适应人民的境况和天资”；由于这个原因，我先前曾指出，主权者应在这一点上被充分地加以指导，否则下述两个不便之处中的一种必然会发生，或者是法律没有被遵守，那么就必须惩罚一大群人，而国家从中不会获得任益处；或者是法律的权威受到蔑视，因而国家处于毁灭的边缘。

31. 我还提到，若无必要，“法律不应成倍地增加”；因为这只会倾向于给臣民们设置陷阱，并使他们暴露在各种不可避免的惩罚中，而对社会却没有任何好处。总之，对与行政和普通司法形式有关的事情加以规范是非常重要的，以便每个臣民都有能力不损失太多时间或是花费极大代价来恢复他的权利。

32.（3）如果人们侵犯法律而不受惩罚，那么制定良好的法律也将没有用处。因此，主权者应该保证法律得到妥善执行，并根据罪行的性质和程度，毫无例外地惩罚违法者。有时候甚至在最初进行严厉惩罚也是恰当的。在有些情况下，通过在早期的案例中表现得宽大，将会阻止不义行为继续发生。但是，首先必要的并且为正义和公共善所绝对需要的，仍是法律的严苛不仅要运用在那些具备中等财富和条件的臣民身上，也要运用在那些富裕和强大的臣民身上。如果声誉、高贵出身或是财富竟授权任何人侮辱那些缺乏这些优势的人，这将是不正义的。民众往往因压迫而变得绝望，而他们的愤怒最终将使国家陷入阵痛之中。

33.（4）因为人们最初加入政治社会，是为了摆脱他人的伤害和恶意，并获得所有可以使生活变得宽裕和幸福的甜美与快乐；

主权者便有义务阻止臣民们互相伤害，并通过严格执行法律来维护共同体的秩序与和平，以便他的臣民们可以获取那些人类通过加入社会合理地向自己提出那些益处。当臣民们未被限制在规则内时，他们持续的交往很容易便使他们拥有互相伤害的机会。但是，没有什么比如下这一点与公民政府的性质和目的更相背离的了，即允许臣民自己伸张正义，并且通过他们自己的私人力量来报复他们认为遭受到的伤害。我们将在这里添加一段来自德·拉布吕耶尔先生（Mr.de la Bruiere）讨论这个问题的优美文字。[①]“如果我被迫在压迫和贫困的重压下过着忧郁悲惨的生活，如果我能够在一个外敌的入侵中使自己安全无虞，我发现自己在国内却暴露在刺客的利剑之下，并且在公共街道上遭遇抢劫或屠杀的危险并不亚于在最漆黑的夜晚或是在茂密的森林中；如果安全、清洁和良好的秩序，没有使城镇生活如此愉快，并且不仅为它们提供了必需品，而且还提供所有生活的甜美和便利；如果因为软弱无助，我被这个国家中相邻的每个大人物欺凌；如果没有一项好的法令保护我免受他的不义举动；如果在我身边没有如此众多且出色的大师，来教育我的孩子们各项技艺与科学使他们以后安身立命；如果贸易的便利性没有为我的服饰提供很好的实质性材料，而且为我的营养提供既丰富又便宜且有益健康的食物；总而言之，如果我的君主的关切并没有让我有理由对我的命运感到满足，就像他的君主美德必然使他对他的命运感到满足那样，那么我的主

---

① 《品格论》，第 10 章，“论君主”（*Characters and manners of the present age*, chap. x. of the sovereign.）。

权者成功并伴有荣耀，我的国家强大并且给邻国带来恐惧，这对我，或者对我的任何一个臣民同胞来说，又有什么用呢？”

34.（5）既然君主们既不能监督也不能亲力亲为所有事项，他就必须得到大臣们的协助：但是这些人，由于他们的全部权威源自其主人，那么他们所做的一切善或恶也会最终归咎于他。因此，主权者有义务选择诚信和有能力的人来完成他委托给他们的各项工作。主权者应该经常检视他们的举止，并根据他们的功绩来惩罚或是奖赏他们。总之，当臣民们被各个大臣及下属官员压迫和践踏时，主权者们永远不应该对他们谦卑的抗议和抱怨充耳不闻。

35.（6）至于补贴和税收，臣民除了支付为国家在战时或和平时期所必要的那些开支外，便没有义务缴纳它们；主权者收取的，便不应该超出为各项公共必需品或是国家的显著利益所要求的范围。他还应该确保，加诸臣民头上的税收，对他们造成的妨碍应尽可能地减少到最低限度。在每个人的税收中间，应该有一个恰当的比例，并且不得有任何例外或是豁免，因为这可能会对其他人不利。收集的资金应该用在国家各种必需事项中，而不是浪费在奢侈、酒色，愚蠢的赏赐或虚荣的阔气中。最后，这些开支应该与收入相匹配。

36.（7）主权者只能从他的臣民的财物那里获得他所需要的资金：臣民们的财富构成了国家的力量以及家庭和个人的利益。因此，一个君主不应该忽略任何有助于保护和增加其人民财富的东西。为了这个目的，他应该确保他们从其土地和水域中获取所有能够取得的利润，并使他们始终投身于一些勤勉的事业。他应该进一步推进机械技艺，并尽可能地鼓励商业。他同样有义务借由良好的禁止奢侈的法律使他的臣民们过着一种节俭的生活，这种反奢侈的法律或许会避免多余的开支，特别是那些将本国财富转移到外国的开支。

37.（8）最后，这位最高统治者的利益和义务同样在于防止派系和阴谋，派系和阴谋非常容易导致发生叛乱和内战。但是，最重要的是，他应该注意，他的任何一位臣民，除了其合法的主权者，都不会更多地依赖任何别的势力，不论这一势力是在国内还是国外，甚或是在宗教的借口下。大体而言，这便是公共善中涉及国内利益或国家内部安宁的那部分法律。

38. 至于外部的关切，君主的各项主要义务是：

①尽可能地和邻居和睦相处。

②审慎对待与其他权力的联盟和条约。

③忠实地遵守他已经订立的条约。

④不要让他的臣民们的勇气趋向衰弱，相反，要通过良好的纪律来维持和增强它。

⑤在适当的时间及时地做好那些为使他自己处于一种防御姿态所必要的各项准备工作。

⑥不要进行任何不正义的或轻率的战争。

⑦最后，即使在和平时期也要非常注意他的邻居们的意图和动向。

39. 我们对主权者各项义务的讨论便到此为止。目前指出各种一般性原理并清理出主要的头绪便足够了；我们下面对主权不同部分的讨论，将使读者对与之相关的各项特殊义务具有更为清晰的观念。

第三部分

对主权各基本部分或是主权者针对国家内部管理的各种不同权利的一个更为详细的考察，这些权利包括立法权、宗教事务的最高权力、施加惩罚的权利，以及主权者拥有的对共同体中各种财物的权利

第一章　论立法权以及从中产生的民法

1. 迄今为止，我们已经阐释了所有与政治社会的一般性质、政府和作为其灵魂的主权相关的事项。对于完成我们拟定的计划，已经不缺少什么，只待更具体地考察主权的不同部分，以及那些直接与国家的内部管理、其国外利益或是国际交涉相关的事项，这将使我们有机会解释与这些主题相关的主要问题；为此，我们在这一节和后续章节处理这些问题。

2. 在主权的基本组成部分中，我们把立法权放在第一位，也就是说，主权者拥有的向其臣民颁布法律、指导其行为或规定他们应以何种方式规范其举止的权利；正是从这里产生了民法。由于主权者的这项权利可谓构成了主权的本质，这就要求我们应该从与之有关的一切事项开始我们的讨论。

3. 在这里，我们不会重复我们在其他地方对法律一般性质的论述。因此，通过预设我们在另一个地方已经确立的各项原理，我们将仅考察立法权在社会中的性质和范围以及从中产生的民法和主权者政令。

4. 因此，民法就是主权者借以约束其臣民的所有法令。这些法令的集合或全体就是我们所谓的民法。总之，民事法理学是一门民法不仅得以建立，而且在晦涩的情况下进行解释并适当地适用于人类行为的技艺。

5. 政治社会的建立应该是稳固的，从而为人的幸福与安宁提供确切无疑的保障。为此，必须建立一种恒定的秩序，而这只能通过固定的和确定的法律来完成。

6. 我们已经观察到，为了促进社会的幸福，有必要采取适当的措施使自然法尽可能地达到其应有的效果；而这是通过民法来实现的。

因为：①它们有助于更好地了解自然法。

②它们给了自然法新的力量，并且通过它们的约束力和主权者对蔑视和侵犯它们的人所施加的惩罚，使得对它们的遵守更为牢固。

③有几件事自然法仅以笼统和不确定的方式加以规定；因此，

时机、方式和对人的适用留待给每个人的审慎和权衡所决定。但是，为了国家的秩序和安宁，有必要对所有这一切进行规范；这是由民法完成的。

④它们还可以用来解释自然法中可能出现的任何晦涩之处。

⑤它们以各种方式限制每个人对天然拥有的权利的运用，或是对其运用施加条件。

⑥最后，它们确定那些要被遵守的形式以及应该采取的预防措施，以便使人们彼此参与的各种协议有效且不可侵犯；而且它们确定了一个人在民事法庭执行其权利的方式。

7. 因此，为了形成对民法的恰当理解，我们必须说，由于政治社会无非就是自然社会本身因为建立了一个意在维护和平与秩序的主权者而受到了限制或约束；以同样的方式，民法也是自然法以一种适合社会的状态和利益的方式所完善的结果。

8. 在这种情况下，我们可以非常恰当地区分两种民法。有些仅仅根据其权威，另一些则根据其起源。对于前一类，我们指的是所有在民事法庭充当各项规则，并由源自主权者的一种新的约束力加以确认的自然法。所有这些法律决定了应由民事司法机关处罚的罪行，以及可以在民事法庭提起诉讼的各项义务，等等。

至于因其起源而被称为民法的那些法律，它们是专断的政令，仅具有君主的意志作为其基础，并预设了某些人类建制的存在；或是规制与国家特定利益有关的事项，尽管它们本身是中性的，并且未曾由自然法确定。这便是那些规定了合同和遗嘱中的必要形式、法院的诉讼方式等问题的法律。但必须观察到，所有这些法规都应有利于国家和个人的利益，以便它们可以恰当地作为自然法的附属物。

9. 认真区分民法中哪些是自然的和必不可少的，以及哪些仅是偶然的，是十分重要的。对于那些自然法，如果遵守它们在本质上有利于人类的和平与安宁，这些自然法应该在所有国家中具备法律效力；君主也没有权力废除它们。对于其他法律，如果它们不是在根本上与社会的幸福相关，赋予它们法律效力并非总是合宜的，因为由于侵犯它们而引发的争议通常会非常困惑和错综复杂，同样也为无穷数量的诉讼奠定了基础。此外，适当的做法是给予善良和有美德的人一个机会，以便通过履行这些职责从而彰显自身，对它们的违反则不会招致人为的惩罚。

10. 我们关于民法的性质所说的内容足以说明，尽管立法权是至高无上的，但它不是一种专断的权力；相反，它在几个方面受到限制。

①由于君主掌握了原本来自于社会每个成员意志的立法权，而很明显，没有人可以赋予别人一项他自己没有的权利。因此，立法权不能超出这一限制。由此，除了自愿的或可能的行为以外，主权者不能命令或禁止任何其他行为。

②此外，自然法是先于民法来处理人的行为的，而人不能从前者的权威中后退。因此，由于那些原始法律限制了主权者的权力，他无法以一种与自然法明确命令或禁止的内容相背离的方式作出任何决定来约束臣民。

11. 但是我们必须小心不要混淆两个完全不同的东西，我是指自然状态和自然法。人的原始和自然状态可能允许对其进行不同的变化和修改，它们留待人来处理，并且与他的义务和职责没有任何矛盾。在这方面，民法可能会使自然状态发生一些变化，并因此制定一些自然法中不存在的法规，但它们不会包含任何与该法律相抵触的东西，自然法预设了最充分程度的自由状态，但仍允许人类以对他们最有利的方式来限制和限定这种状态。

12. 然而，我们远远没有采纳那样一些作家[①]的下述观点，他们声称民法不可能与自然法相抵触，是因为——他们说——在民法建立之前，不存在正义或不正义。我们此前论证的，以及我们在这部著作整个论述过程中确立的各项原理，充分证明了这一观点的荒谬性。

13. 断言在建立民法和社会之前，不存在人类遵循的正义规则，这是荒谬的；这就好比声称真理和正直取决于人的意志，而不取决于事物的本质。如果在社会之前既没有正义也没有不正义，并且相反如果人们没有被说服信守诺言是正义的、打破诺言是不正义的，那么人类甚至不可能建立任何具有持久性的社会。

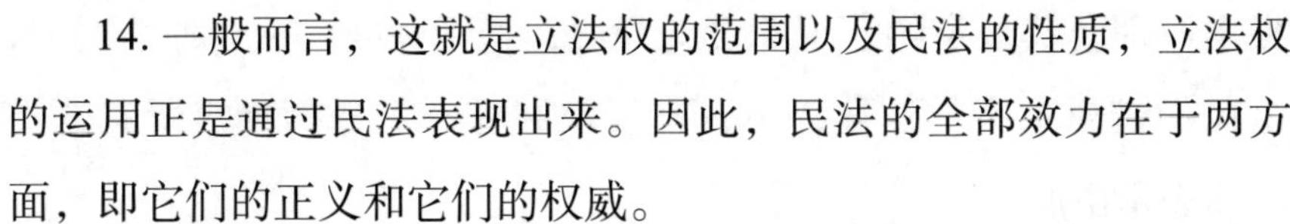

14. 一般而言，这就是立法权的范围以及民法的性质，立法权的运用正是通过民法表现出来。因此，民法的全部效力在于两方面，即它们的正义和它们的权威。

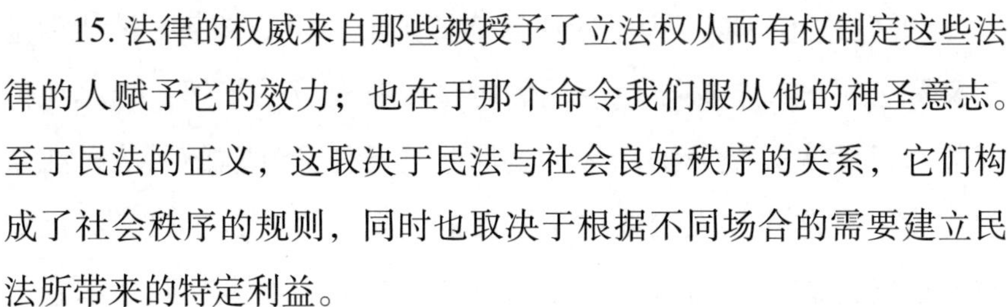

15. 法律的权威来自那些被授予了立法权从而有权制定这些法律的人赋予它的效力；也在于那个命令我们服从他的神圣意志。至于民法的正义，这取决于民法与社会良好秩序的关系，它们构成了社会秩序的规则，同时也取决于根据不同场合的需要建立民法所带来的特定利益。

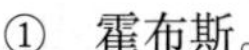

① 霍布斯。

16. 而且，由于主权或下达命令的权利，自然地建立在一种善意的权力之上，因此必然会得出这样的结论，即法律的权威和正义是其性质必不可少的两个特征，在缺失的情况下，它们不能产生任何实际的义务。主权者的权力构成了他的法律的权威，他的仁慈使他只能作出与衡平相吻合的规定。

17. 无论这些一般性原理是多么确定且无可争议，但是我们仍应该注意不要在应用过程中滥用它们。对于每项法律来说，公平和正义当然必不可少；但是我们不能因此而得出结论说，作为私人的臣民有权利因为声称主权者的命令并非全然正义的而拒绝服从它们。因为，除了要为人类的软弱留出一些余地，对抗构成公众整体安全的立法权必定倾向于颠覆社会；因而臣民有必要承受某些不正义的法律可能带来的不便，而非因为自己的不服从而使国家暴露在毁灭的危险中。

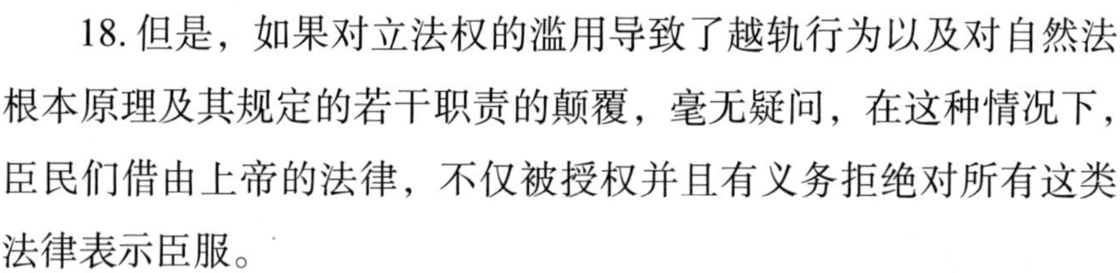

18. 但是，如果对立法权的滥用导致了越轨行为以及对自然法根本原理及其规定的若干职责的颠覆，毫无疑问，在这种情况下，臣民们借由上帝的法律，不仅被授权并且有义务拒绝对所有这类法律表示臣服。

19. 但这还不够。为了使法律能够施加真正的义务并被认为是正义和公平的，有必要使臣民们对法律有充分的了解；既然他们仅凭自己无法知晓民法，至少是那些具备任意性质的民法；在某种程度上，这些是人们或许不了解的情况。因此，主权者应该宣布自己的意志，并通过适当颁布成熟的法规，而不是武断和仓促的政令，来执行法律和正义。

20. 这些原理给我们提供了对主权者极为重要的反思。由于法律的首要品质是被知晓，主权者应以最清晰的方式公布法律。特别地，以这个国家的语言来撰写法律是绝对必要的；不仅如此，教授们在法学讲座中也不应使用外语。因为与法律应被充分知晓这一原理最相抵触的，便是用一种已死的语言撰写法律，以至大多数民众都无法理解，并使关于这些法律的知识只能通过这门语言获得。我不禁要说，这是一种野蛮的遗迹，不仅背离君主的荣耀，而且同等地不利于臣民的利益。

21. 因此，如果我们认为民法具有上述条件，那么它们肯定具有迫使臣民们遵守它们的效力。每个人都必须遵守它们的规定，只要其中不包括任何违反神法——不论是自然法或是启示法——的东西；这不仅是由于害怕因为违反它们而带来的惩罚，而且是出于良知的原理，并且是自然法的一项准则的结果，即它要求我们服从合法的主权者。

22. 为了正确理解民法的这种效果，必须指出，它们施加的义务不仅扩展到外部的行为，而且还延伸到内在的情感。君主通过对臣民制定法律，意在使他们变得明智而有美德。如果他命令一个好的行为，他意愿这个行为应该从源头上被做到；当他禁止一项犯罪时，他不仅禁止外部的行为，还禁止其计划或意图。

23. 实际上，人作为自由的行动者，只是根据自己的判断，通过自己意志的决定才能采取行动。在这种情况下，主权者可以用来获得公众幸福和安宁的最有效手段便是作用于人的心灵，使臣民的内心朝向智慧和美德。

24. 因此，正是为了青年的教育才成立了公共机构，并为此目的有了学院和教授。这些机构的目的是教育和指导人类，并使他们早日了解关于一种幸福和有美德的生活的各种规则。因此，主权者借由教导，拥有了一种将正义的思想和观念灌注到臣民心灵中的有效方法；并且，通过这种方式，他的权威对那些受他的法律指导的人的内部行动、思想和倾向具有很大的影响，其范围直至事物的性质所能允许的为止。

25. 我们将以讨论一个问题来结束本章，这个问题自然而然地出现在这里。

有人问，臣民是否能够无辜地执行一个主权者的不公正的命令，或者即使在有性命之虞的情况下，他是否也不应该断然拒绝服从他？普芬道夫似乎略带犹豫地回答了这个问题，但他最终以下述方式赞成了霍布斯的观点。他说，我们必须区分主权者是否以我们自己的名义来命令我们采取不公正的行为，这个行为可能被归责给我们自己；或者，他是否命令我们以他的名义展开这个行为，我们作为执行这个行为的工具，并且这个行为将被归责给他自己。在后一种情况下，他宣称我们可以毫无顾忌地执行主权者命令的行动，他被视为这一行为的唯一作者。因此，例如，士兵总是应该执行他们君主的命令，因为他们不是以自己的名义行事，而是作为工具以他们主人的名义行事。但是，在另一方面，以我们自己的名义做那些我们的良心告诉我们是不正义或犯罪性的行为是绝不合法的。因此，举例来说，法官无论从君主那里得到什么命令，都绝不应该判决无辜的人有罪，同样，证人也不能背离真相。

26. 但是，我认为，这种区别并不能消除困难。因为我们假设，一个臣民在那些情况下不论以何种方式行事——是以他自己

的名义还是以他的君主的名义，他的意志都以某种方式赞同了那种他按照主权者的命令加以执行的不正义的和罪恶的行为。因此，我们必须或者将两类行为都部分归责于他，或者都不归责于他。

27. 那么，最可靠的方法就是区分君主命令的一件事情，究竟是明显不正义的或是在正义与否这个问题上存在疑问。至于前者，我们必须一般性地并且不带任何限制地坚持认为，即使是以主权者的命令和名义，并且伴有最大的威胁，也绝不应诱使我们去做一件在我们看来是显然不正义和罪恶的事情；尽管在世人眼中，如果我们被如此严峻的考验压倒，或许会显得情有可原，但我们在神圣的审判面前却并非如此。

28. 因此，例如，如果一个议会被君主命令批准一项明显不正义的法案，议会应该明确表示拒绝。同样的情况也适用于被君主强迫执行一项暴虐的或不公正的命令的国务大臣；适用于其主人给他的指示与正义和荣誉背道而驰的大使；或者适用于被主权者命令杀害一个明显无罪之人的官员。在这些情况下，即使是有生命危险，我们也应该高贵地展现勇气，尽一切力量抵抗不正义。服从上帝比服从人更好。因为在承诺服从主权者时，我们这样做总是有条件的，前提是他不应该命令我们去做任何明显违背上帝律法的事情，无论是自然法还是启示法。为此，索福克勒斯撰写的悲剧中有一个优美的段落：“我不相信（安提戈涅对底比斯国王克里昂说），像你这样的凡人的命令能够具有如此强大的效力，以至取代众神本身的法律，它们尽管是未成文的，却是确凿和不可转移的；因为它们不是为了昨日或今日之效，而是永久地建立起来的，而且没人知道它们何时开始。因此，我不应该因为害怕任何人，以至破坏了它们而使自己暴露于神的惩罚之下。”[①]

29. 但是，在事情仍存疑的情况下，最好的解决方案肯定是服从。服从作为一项明确的义务，应该在存疑的情况下占据主导地位。否则，如果臣民遵守其主权者命令的义务允许他们悬搁其服从，直至他们使自己确信了主权者命令的正义性；这显然会消灭君主的权威并颠覆所有的秩序和政府。士兵、执行人和其他下级官员必须了解政治和民法，否则他们可能会通过佯称自己没有充分相信给予他们的命令的正义性，从而使自己免除服从的义务；而这将使君主无法行使政府的职能。因此，在这种情况下，臣民有义务服从；如果行为本身是不正义的，就不能将其归责给他，因为全部责任属于主权者。

30. 让我们在这里总结主权者在颁布法律时应具有的主要观念。

①他应该注意上帝自己建立的那些原初的正义规则，并注意使他的法律与神的法律完全吻合。

②法律应具有易于遵循和遵守的性质。太难执行的法律容易动摇官员的权威或是为暴动打下基础。

③不应针对无用和不必要的事物制定法律。

④法律应该具有这样的性质，以至臣民是出于自己的同意而非出于必然性而遵从它们。因此，主权者仅应制定显然有用的法律，或者至少他应该向臣民们解释并使其知晓促使他制定这些法律的原因和动机。

⑤他不应该轻易被说服而改变现行法律。法律的频繁变更无

① 索福克勒斯（Sophocl），《安提戈涅》（*Antigon*），第 463 行及以下。

疑会削弱它们以及主权者的权威。

⑥君主不应该在没有充分理由的情况下给予豁免；因为这样做会削弱法律，并为嫉妒打下基础，而这对国家和个人都是有害的。

⑦法律应该设计得可以互相协调，也就是说，有些法律应该为遵守其他法律做准备，以便于后者的执行。因此，例如，为臣民的消费划定界限的限制奢侈的法律，便有助于那些规定了税收和公共捐助的法令的执行。

⑧制定新法律时，君主应该特别注意时间和时机。新法律的成败及其接受方式便主要取决于此。

⑨最后，一个君主可以采取的执行其法律的最有效的步骤，就是自己遵守这些法律，并且正如我们此前观察到的那样，展示出一个范例。

第二章　论裁定在国家中教授的各种学说的权利；论主权者对臣民习惯之养成应具有的关切

1. 在列举主权的基本组成部分时，我们囊括了对在国家中教授的各种学说，尤其是与宗教有关的一切事物进行裁定的权利。这是主权者最重要的特权之一，他理应根据正义和审慎的规则来行使它。让我们努力表明这一特权的必要性，确立其基础，并指出其范围和边界。

2. 主权者的首要职责应该是尽一切可能来型塑他的人民的内心和心灵。如果他没有首先采取适当的措施，使他的人民确信制定的各项规则是正义和必要的，以及严格遵守这些规则会自然带来好处，那么即使颁布最好的法律，并在与社会福祉相关的每件事中都规定行为准则也都是徒劳的。

3. 的确，由于所有人类行为的源头都是意志，而意志的行动取决于我们形成的有关善与恶以及必然伴随着这些行为的奖赏和惩罚的观念，因此每一个人都被他自己的判断所决定；显然，对于所有能使臣民们过上诚实和持重生活的原理以及与社会的目的和制度相吻合的教义，主权者应注意他的臣民从幼年开始就在这方面得到了恰当的教导。这是能使人们达成迅速和确定的服从并养成其举止的最有效的方法。没有这一点，法律将没有足够的力量将臣民们限制在其职责范围之内。只要人们不是从原理上遵守法律，他们的服从就是岌岌可危和不确定的。当他们相信能够拒绝服从而不受惩罚时，他们将随时准备这样做。

4. 因此，如果人们的思维方式或是通常所接受的并且已经习惯的思想和观点，对他们的举止产生了如此大的影响，并因此与国家的善与恶具有重大干系；如果主权者有义务关照这一点，他不应该忽略任何对青年的教育、科学的进步和真理的发展具有助益的事情。在这种情况下，我们必须授予他审判公开教导的学说并且禁止一切可能与公众利益和安宁背道而驰的那些事情的权利。

5. 因此，建立学院和各类公共学校并且任命各类教授，是专属于主权者的权利。他的任务是确保在学校中以各类名目教授的所有东西，都不与自然法的根本准则以及宗教或优良政治的各项原理相违背；简言之，不产生任何与国家的幸福相背离的影响。

6. 但是，对于使用这种特权的方式，主权者应该特别谨慎，不能超越其公正的范围，应该仅根据正义和审慎的规则来使用它，否则将会出现严重的滥用。因此，某个特定的观点或文章可能会被误判，认为对国家有害；而从根本上讲，它绝不致造成损害，反而对社会有利；而君主们，无论是出于他们自己的想法，还是在邪恶的臣属的鼓动下，都有可能对最无关紧要或者是最真切的见解进行盘查，这尤其出现在宗教方面。

7. 因此，最高统治者应该具备最大的警惕，以避免自己被邪恶的人所欺骗，后者以公共利益和安宁为借口，谋求自己的特殊利益，并竭尽全力使一些观点招致反感，而这只是为了毁灭那些比他们自己更诚实的人。

8. 科学的前进和真理的进步要求给予所有忙碌于这类值得称赞的追求的人们以相当程度的自由，并且我们不应该因为一个人在某些问题上持有与通常所接受的想法不同的见解而指责他为罪犯。此外，各种各样的想法和观点远没有阻碍，反而是促进了真理的发展；只要君主采取适当的措施，使学者们保持在温和的范围之内，并且恰当地尊重人类彼此之间应有的义务；并且他们要运用自己的权威来限制那些在争论中变得过于狂热的人，他们打破了所有礼节性的规则，伤害、蔑视并怀疑每个与他们想法不一样的人。我们必须承认，作为一个毋庸置疑的准则，真理本身对人类和社会都非常有利，真正的见解不会与和平与秩序相悖，所有那些就其本质而言对一种良好秩序具有颠覆性的观念，都必须当然是假的；否则，我们必须声称，和平与和谐是为自然法所不容许的。

第三章　论主权者在宗教事务上的权力

1. 在宗教事务上，主权者的权力至为重要。每个人都知道在帝国与神职人员之间关于这个话题长期存在的争端，以及它对各个国家曾造成的致命的影响。因此，主权者和臣民双方在这一事项上形成正确的观念是同等必要的。

2. 我认为，在宗教事务上的最高权威，应该必然地属于君主；以下是我对这一主张给出的理由。

3. 我观察到：(1) 如果社会的利益要求法律在建立时应该与人类事务相关，也即那些专门并且直接地关系到我们尘世幸福的事项；这同一种利益不可能允许我们竟完全忽略与我们的精神关切或与宗教有关的问题，使它们得不到任何规制。所有时代和所有国家都承认这一点；这就是所谓的民法和神圣法或教会法的起源。所有文明国家都制定了这两种法律。

4. 但是，如果宗教事务在某些方面需要人为规制，那么最终决定它们的权利只能属于主权者。

第一个证据。主权本身的性质已经无可争议地证明，它自己就是一种能够作出终极决定的权利，因此不容许在它统治的社会中有任何超过或是逾越其权限的权力，主权以最充分的程度囊括了所有关系到国家之幸福的事务，不论后者是神圣的还是世俗的。

5. 主权的性质不容许任何能够接受人类指导的事务从它的权威中抽离；因为从主权者权威中抽离的东西，必然或者是处于独立状态，或者是臣服于不同于主权者本人的另一个人。

6. 如果在宗教事务方面没有确立任何规则，这将把它置于混乱和无序之中，从而与社会的利益、宗教的性质和作为其作者的上帝的愿景截然相反。但是，如果我们将这些事项交付给一个独立于主权者的权威，我们便陷入另一种麻烦，因为我们由此便在同一个社会中建立了两个彼此独立的主权权力，这不仅与主权的性质不相容，而且就其自身而言也是矛盾的。

7. 事实上，如果在同一个社会中有若干个主权者，他们或许会发布相反的命令。但是，谁不知道，对于同一个事项却存在截然相反的命令，这不仅与事物的性质明显背离，而且不会产生效果或者构成一项真正的义务？举例而言，一个人在同一时间接到了两个上级的不同命令——去修整营地和前往教堂，他怎么可能有义务去同时履行这两个命令呢？如果我们说他没有义务同时顺从这两个人，那么由此必然在两者之间存在一种臣属关系，地位较低者将会给地位更高者作出让步，两个人不可能都是最高的和独立的。我们或许在这里可以很恰当地援引耶稣基督的话。没有人能侍奉两个主人；而一个自身分裂的王国无法持久。

8. 第二个证据。我从政治社会和主权的目的得出我的第二个证据。主权的目的肯定是人民的幸福和国家的维持。由于宗教或许能以多种方式伤害或是有益于国家，我们由此得出，主权者对于宗教拥有一种权利，至少是在宗教事务中那些依赖人类指导的方面。那些对目的拥有权利的人，无疑同样拥有一种对于手段的权利。

9. 宗教能以多种方式伤害或是有益于国家，这一点是毫无疑问的。

①所有人都不断承认，神对国家的恩宠主要取决于主权者为使臣民尊敬和侍奉他而付出的心力。

②宗教本身可以为使人类更加服从法律，更加依恋他们的国家，对彼此更加诚实，作出很大的贡献。

③宗教的教义和仪式对人们的道德和公众幸福有很大影响。人们吸收的关于神灵的想法，常常将他们导向最荒谬的崇拜形式，并使他们献祭无辜的人类。正如我们通过阅读古代诗人所看到的那样，他们甚至从那些错误的观念中，吸取了为恶行、残忍和放纵加以辩护的论点。因此，既然宗教对社会的幸福或苦难具有如此巨大的影响，那么谁能怀疑，它需要服从主权者的指示？

10. 第三个证据。我们已经确认的东西证明了主权者有责任使宗教成为他的关切和活动的首要目标，因为宗教包括了人类最宝贵的利益。

他应该不仅促进他的臣民们现世和俗世的幸福，而且促进他们永恒的幸福：这一点正在他的权限范围内。

11. 第四个证据。总之，一般而言，我们只能够承认两个主权者——上帝和君主。上帝的主权是一种超越性的、普世的和绝对的至高主权，君主们自己都臣服于它；君主的主权占据第二层级，从属于上帝的主权，但采用了如下这种方式，也即君主拥有规制与社会的幸福相关并且因其性质容许人类指导的一切事物的权利。

12. 在确立了主权者在宗教事务上的权利之后，让我们研究一下这种特权的范围和界限；由此会显现，这些界限与主权在所有其他事项上承认的界限没有什么不同。我们已经观察到，主权者的权力扩展到了一切容许人类指导的事物。因此，由此得出的结论是，我们应该确定主权者权威的第一个边界——它实际是如此明显以至几乎无需点明，就是他在宗教或其他任何方面都不能命令任何在本质上的不可能的事情；例如，飞向空中，相信矛盾的事物，诸如此类。

13. 第二个界限是从神法推论出来的，但它适用于宗教的程度并不比适用于其他事物更为突出：由于很显然所有人类的权威都臣属于上帝的权威，上帝借由某些法律——无论是自然法还是实在法——决定的任何事项，主权者都不能改变。这就是如下这一准则的基础，即服从上帝比服从人更好。

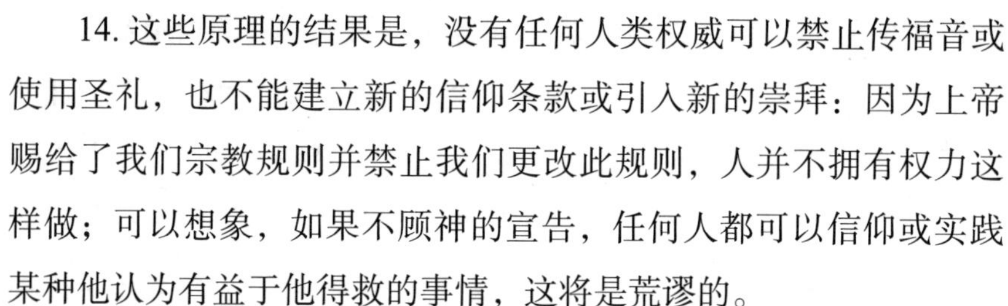

406 14. 这些原理的结果是，没有任何人类权威可以禁止传福音或使用圣礼，也不能建立新的信仰条款或引入新的崇拜：因为上帝赐给了我们宗教规则并禁止我们更改此规则，人并不拥有权力这样做；可以想象，如果不顾神的宣告，任何人都可以信仰或实践某种他认为有益于他得救的事情，这将是荒谬的。

15. 同样在这里确立的限制的基础上，主权者不能合法地使自己建立对良心的统治，就好像他有权力在宗教问题上强加一种信仰特定条款的必要性。大自然本身和神法都同等地与这种僭权相冲突。因此，对良心施加限制和通过武力传播宗教，不仅是荒谬的，更是不虔敬的。对那些犯错之人的自然的惩戒一定会到来。[①]

① 犯错之人必会得到惩戒（*Errantis poena est doceri.*）。

至于其余的，我们必须将对成功的关切交给上帝。

16. 因此，在宗教事务上，主权者的权威不能超出我们界定的范围；但这些便是唯一的界限，而且我想不可能找到其他任何界限。但是，首先应被观察到的是，在宗教事务上对主权者权力的这些限制，与他在其他所有事务中应承认的限制没有什么不同；相反，它们是完全相同的，并同等地与主权的所有部分相吻合，它不仅适用于宗教主题，同样适用于一般性的主题。例如，如果一个君主命令某位父亲忽略他孩子的教育，或者一个不虔敬的主权者命令牧师或基督徒放弃对上帝的侍奉，父亲的行为并不会比牧师或基督徒的行为更合法。其原因是，上帝的律法禁止两者，并且该法高于所有人类的权威。

17. 不过，尽管主权者在宗教事务方面的权力，不能改变上帝已经决定的事项，我们或许可以断言，同样这些事项，在某种程度上臣服于主权者的权威。例如，君主毫无疑问拥有权利去移除那些或许会阻碍遵守上帝律法的外部障碍，并使得这种遵守更为简易。这甚至是他一项首要的义务。因此，他也有特权来调节神职人员的职能和外部礼拜的环境，以便至少在上帝的律法已将这些东西交给人类指导的情况下，它们可以更加体面地开展。一言以蔽之，可以肯定的是，最高行政官可以通过世俗的奖励和惩罚，对神圣的法律赋予更大程度的效力和强制性。因此，我们必须承认主权者在宗教方面的权利，并且这项权利不能属于尘世中任何别的势力。

18. 不过，教士权利的辩护者在这个问题上提出了很多疑难，对它们加以回答或许是恰当的。他们说，如果上帝将他对教会的权威授予人，那也是授权给他的牧师和福音的传布者，而不是主权者和行政官。行政官的权力不属于教会的本质属性。相反，上帝在他的教会上设立了牧师，并规范了牧师的职能；就他们的职务而言，他们远非主权者的副手，以至于他们甚至没有义务去无条件地服从后者。此外，他们不仅在私人身上而且在主权者身上行使职能；圣经以及教会的历史赋予他们一种治理的权利。

回答：当他们说行政官的权力不属于教会的本质属性时，他们采取如下这种说法或许会使他们的意思更为恰当，也即假使不存在行政官，教会也能存在。这是真的，但我们并不能由此得出结论说，行政官对于教会并不具有权威；因为出于相同的理由，我们或许可以证明商人、医生和其他每一个人，都不依赖主权者；因为被行政官统治，对商人、医生和所有人一般而言都不是本质性的。但是，理智和圣经使他们臣服于至上的权力。

19.（2）他们补充的内容是非常正确的，也即上帝设立了牧师并规范了他们的职能，而且就这种职能的性质而言，他们并不是人类权威的副手；但是很容易借由例证说服他们，并不能从中得出有损于主权权威的结论。医生的职能源自作为自然之作者的上帝，而牧师的职能同样源自作为宗教之作者的上帝。然而，这并没有妨碍医生对于主权者有一种依赖性。同样的情况也适用于农业、商业和所有技艺。此外，法官们保有的职责和地位源自君主，但他们遵循的各项规则并不是全部源自后者。正是上帝本人命令他们不受贿，不因仇恨或偏私而行动，诸如此类。仅仅因为一件事是由上帝确立的，便认为它应该独立于主权者，这一结论之荒谬无需我们举出更多的例证。

20.（3）但他们说，牧师并不始终有义务服从最高行政官。我们同意，而且我们已经观察到，这只能出现在那些与上帝的律法所直接相悖的情况下；并且，我们已经指出，这一权利不仅出现在宗教事务中，更是内在地属于身处公共事务中的每一个人，因此这一权利并不会减损主权者的权威。

21.（4）我们也不能否认，牧师的职能施加在国王们身上，这样做时，后者不只是作为教会的一员，更特别是王权的掌握者。但这证明不了任何东西；因为，难道有什么职能是不关涉主权者的吗？特别地，医生在君主身上运用其职能时会比在其他人身上的程度更弱吗？他难道不是同等地给君主拟定一个为其健康所必需的摄生法和药剂？一个顾问的职责不是也关系到主权者吗，而且尤其是关系到他作为首要行政官这一特质？然而有谁设想过要免除这些人对于最高权威的服从呢？

22.（5）最后，他们说，圣经和古代历史将对教会的统治划拨给牧师们，这不是确凿无疑的吗？这也是真的，但我们只需检视牧师们持有的那种统治的性质便能确信它根本不会减损主权者的权威。

23. 存在一种简单指导的统治和一种具备权威的统治。前者包括提供谘议或者教导那些应被遵守的规则。但它不预设进行统治的人具备权威，并且除了在这一情况下由法律自身蕴涵的义务之外，也不限制被统治的人的自由。这就是医生关于健康进行的统治、律师关于民事事务的统治以及国家的谋士关于政治的统治。这些人的意见并不是不加差别地对所有事物都具有强制性；在具备必然性的事物中，他们也不是因其自身而具备约束力，而只是由于他们揭示出了由自然或主权者确立的法律，而这正是牧师的统治所属的类型。

24. 但还有一种具备管辖权和权威的统治，它意味着建立规章的权利，并且真正地对臣民施加义务。这一统治源自主权权威，因权威本身的性质而施加义务，并且授予一种强制的权力。但应该指出，真正的权威与强迫和施加义务的权利是不可分割的。单单凭借这些标准，它就可以得到辨识。我们正是将这种类型的统治归给主权者，并且我们确认它并不属于牧师们。[①]

25. 因此我们说，属于牧师的统治是一种谘议、教导和说服的统治，它的全部效力和权威在于上帝的圣言，牧师应该将它们教导给民众。这一统治绝非一种个人的权威，他们的权力在于宣告上帝的命令，并且仅此而已。

26. 如果现在我们比较这些不同类型的统治，我们会很容易地察觉，它们并不是彼此反对，甚至在宗教事务上也是如此。那种我们赋予牧师的简单指导的统治，并不与主权权威相冲突；相反，它或许能在后者的帮扶和协助下获得益处。因此，当我们说主权者统治着牧师，而他也同时被牧师统治时，我们并没有自相矛盾，因为我们关注的是不同类型的统治。以上便是这一重要学说的一般原理，很容易将它们运用到特定的案例中。

① 参见《圣经 · 路加福音》，第 12 章，第 14 节;《圣经 · 哥林多前书》，第 10 章，第 4 节;《圣经 · 以弗所书》，第 6 章，第 17 节;《圣经 · 腓立比书》，第 3 章，第 20 节。

第四章　论主权者对犯罪的臣民的生命和财产的权力

1. 公民政府和社会的首要目的，是确保人类获得他们全部自然的好处，特别是他们的生命。这一目的必然要求主权者对于他的臣民们的生命应该具有一定的权利，这或者是以一种间接的方式，例如守卫国家；或者是以一种直接的方式，例如惩罚罪行。

2. 君主对于臣民们的生命具有的权力，其中相对于保卫国家的这一部分，由于关系到战争的权利，我们将在后面处理。在这里，我们仅意图谈论施加惩罚的权力。

3. 第一个浮现出来的问题，便是考察这一部分主权权力的起源和基础；对这个问题的回答，会有一些疑难。惩罚通常被认为是一个人以一种被强制的方式所承受的一种恶：人不能惩罚他自己；并且因此个人似乎不能将一种他们对其自身所不具备的权利转让给主权者。

4. 一些民法学家声称，当一个主权者对其臣民施加惩罚时，他这样做是出于后者自己的同意；因为通过臣服于主权者的权威，臣民已然承诺会默许主权者将针对他们所做的一切事情；而且特别地，当一个臣民决定犯下一桩罪行时，他也由此同意将会承受针对违法者所确立的惩罚。

5. 但是，主权者的权利似乎很难确立在这种性质的假定之上，特别是涉及死刑时；同时，为了建立一种惩罚性的权力，也无必要诉诸假想的罪犯的同意。认为惩罚违法者的权利，起源于每个个体在自然社会中原初具有的抵制对他自身或是社会成员作出的伤害的权利，将是更合适的，这一权利之后被让渡和转移给了主权者。

6. 总而言之，执行自然法并且惩罚违犯它们的人的权利，在原初情况下属于作为一个整体的社会以及其中的每个个体；如果无人具有权力去执行它们或者是惩罚违犯它们的人，那么自然和理智向人施加的法律，在自然状态中将完全无用。

7. 无论谁违背了自然法，就由此证明了他践踏了由上帝为了公共安全而制定的各项理智和衡平的准则，他因此也成为了人类的敌人。由于每个人都拥有一种关照自身和社会保存的无可争辩的权利，他无疑能够对破坏准则的人施加惩罚，使后者悔悟，从而阻止他在以后犯下类似的罪行，并且借由他的范例劝阻其他人。总之，禁止恶行的自然法，同时也授予了一种追捕违背它的人并向他施加恰当程度惩罚的权利。

8. 在自然状态中，这些类型的惩办确实不是由权威作出的，而且罪犯或许有可能逃脱那种令自己惊惧的来自其他人的惩罚，甚至是击退他们的攻击。但惩罚的权利并不由此变得不真实或是缺少根基。执行这种权利遭遇的困难并没有毁灭它：这正是原初状态的一个不便之处，人们通过建立主权权力弥补了这一点。

9. 通过遵循这些原理，很容易理解，主权者惩罚犯罪的权利，无非是人类社会和每个人最初执行自然法并维护自身安全的自然权利；这项自然权利已经被让渡并移交给了主权者，他借由自己被赋予的权威以这样一种方式行使它，以至邪恶的人很难逃脱。此外，无论我们将这种惩治犯罪的自然权利称为惩处权，还是将其称为一种战争权，是无关紧要的，它也不会因此改变其性质。

10. 这是主权者惩罚权利的真正基础。确立这一点后，我将惩罚定义为一种恶，君主借此威胁那些意欲违背他的法律的人，而且每当他们违法时，他实际上都会以恰当的程度施加惩罚，这独立于对损害的弥补，而是着眼于未来的善，并且最终是为了社会的安全与和平。

11. 我说，（1）惩罚是一种恶，而这种恶可能具有不同的性质，这是根据它影响着一个人的生命、他的身体、他的声誉，还是他的财产。此外，这种恶表现为艰苦辛劳的劳作或者是承受一些痛苦，这是无关紧要的。

12.（2）我要补充的是，施加惩罚的人是主权者；并不是说每一种惩罚一般都预设了主权权力的存在，而只是因为我们在这里讨论的是社会中的惩罚权利，它是最高权力的一个分支。因此，只有主权者才有权在社会上判处惩罚，而个人在自行伸张正义时便不能不侵犯君主的权利。

13.（3）我说“主权者借此威胁……”以表明君主的主要意图。他首先是威胁，如果威胁不足以阻止犯罪，那么然后才进行惩罚。因此，惩罚似乎总是预设了罪行的存在，由此我们不应该在预先没有罪行的情况下去考虑人们将遭受的各种恶，也即所谓的惩罚。

14.（4）我补充说惩罚在施加时“独立于对损害的弥补”，以表明它们是非常不同的两件事，而且不应该被混淆在一起。每一项罪行都伴随着两项义务；第一个是弥补已经做出的伤害；其次是承受惩罚；因此，违法者应该完成这两项义务。在这里也可以观察到，政治社会中惩罚的权利被转移给了行政官，他或许可以凭借他自己的权威赦免一个罪犯；但这却不适用于弥补损失的权利。行政官不能在这一方面赦免冒犯者，受到伤害的人始终持有他的权利；如果他被阻碍获得应有的赔偿，他便遭到了错误对待。

15.（5）最后，我们说"惩罚施加时着眼于某些善"，我们指出了君主在施加惩罚时向自己提出的目的，对于这一点我们将更为具体地解释。

16. 这样看来，主权者不仅拥有权利，而且还有义务惩治犯罪。使用惩罚绝非与衡平相背离，而是为维护公众安宁所绝对必要的。最高权力如果没有被赋予一项权利，并且配备足够的力量，以便借由对某种恶的恐惧以威慑邪恶之人并使他们在伤害社会时遭受这种恶，便是无用的。甚至有必要将这种权力扩大到如下程度，也即可以使他们遭受最大的自然之恶——死亡，以便有效地压制最为大胆无畏的行为，并通过足够的反制措施来平衡人类邪恶的不同程度。

17. 这就是主权者的权利。但是，如果他有惩罚的权利，那么罪犯在这方面也必须承担一些义务；因为如果没有相应的义务，我们就不可能构想一项权利。但是，罪犯的这一义务包括什么？他有义务背叛自己并自愿受到惩罚吗？我回答说，这对于设立惩罚所要达成的目的是没有必要的；我们也不能合理地要求一个人因此出卖自己；但这并不妨碍他处于一项真正的义务之下。

18.(1)可以肯定的是，当存在一个简单的罚款性质的惩罚且当事人是被依法判处的，他应该在不被行政官强迫的情况下支付罚款；不仅明智德性要求这样做，正义原则也是如此，因为我们必须修复我们造成的任何伤害，并且服从合法的法官。

19.(2)与身体方面特别是与死刑有关的惩罚，处理起来比较困难。我们对生命的本能依恋和对污名的厌恶是如此强烈，以至罪犯不可能处于一种自愿起诉自己并使自己受到惩罚的义务之下；实际上，无论是公共利益，还是被赋予了最高权威的人所具有的权利，都没有要求这一点。

20.(3)依据同样的原则，罪犯通过逃跑来寻求自身的安全或许是无罪的，如果他察觉到门是开着的或者可以轻易地打开门，他就没有义务继续待在监狱里。但是，通过割破狱卒的喉咙或杀死前去逮捕他的人，也即通过实施一项新的犯罪来谋求自己的自由，则是不合法的。

21.(4)最后，如果我们假设该罪犯已被知晓，从而已经被捕，并且他无法从监狱中逃脱，在经过详细的检查或审判后，他被判有罪，并因此被判处相应的惩罚；在这种情况下，他当然有义务受到惩罚，并承认他的判决是合法的；在这里不存在对他的伤害，他也不能合理地抱怨除了他自己以外的任何人：他更不能借由暴力摆脱惩罚，并反对行政官行使其权利。这适当地构成了罪犯在惩罚方面的义务。现在让我们更具体地探讨主权者在实施这些惩罚时应向自己提出的目的。

22. 总的来说，可以肯定的是，除非是着眼于某些公共利益，君主从不应该施以惩罚。让一个人仅仅因为自己做了一件事情而遭受苦难，并且只关注已经过去的事情，这是一种为理智所谴责的残酷；因为毕竟已经做出的事情不可能被撤消。简而言之，惩罚权是主权的一部分；而既然主权最终建立在一种善意的权力上；那么因此，即使首要统治者利用了剑的力量，他也应该致力于一些好处或是未来的善，以便与其权威的性质和基础要求于他的东西相吻合。

23. 因此，惩罚的主要目的是社会的安全和宁静。但是，由于达到这一目的的手段在不同的情况下可能各有不同，所以君主将在施加惩罚时着眼于不同的和特定的目的，它们最终都可以归结为上述主要目的。我们所说的内容，与格劳秀斯的观察相吻合。[①]“在惩罚中，我们要么必须将罪犯的利益放在眼中，要么是本不应该受到罪行影响的那个人的利益，或者是无差别的所有人的利益。”

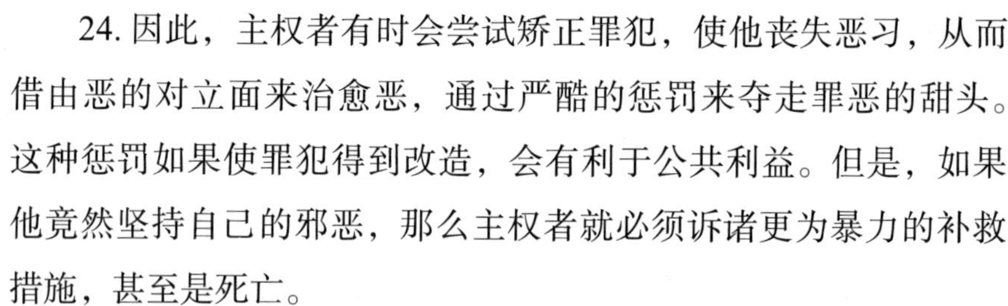

24. 因此，主权者有时会尝试矫正罪犯，使他丧失恶习，从而借由恶的对立面来治愈恶，通过严酷的惩罚来夺走罪恶的甜头。这种惩罚如果使罪犯得到改造，会有利于公共利益。但是，如果他竟然坚持自己的邪恶，那么主权者就必须诉诸更为暴力的补救措施，甚至是死亡。

25. 有时候，统治者提议剥夺犯罪分子实施新犯罪的手段；例如，从他们那里拿走他们可能会使用的武器，将他们关进监狱，放逐他们，甚至将他们处死。与此同时他也关照到了公共安全，因为他不仅对罪犯本身进行了处理，而且借由这些例子阻

① 《战争与和平法》，第2卷，第20章，第6节，第2段。

止了那些倾向于实施类似罪行的人。出于这个原因，公开施加惩罚，并且将它安排得最能够震撼俗众的心灵，将与惩罚的目的最为吻合。

26. 惩罚的所有这些特殊目的都应始终服从并导向其主要目的，即公共安全，而且主权者应将它们全部用作实现这一目的的手段；因此，只有当那些更加宽大的刑罚不足以带来公共安宁时，他才应该诉诸最严厉的刑罚。

27. 但是，这里出现一个问题，是否所有违法行为都可以被依法惩处？我回答说，惩罚的目的和人性的构成，表明可能存在这样一些行为，尽管其本身是邪恶的，但并无必要通过人类正义来加以惩罚。

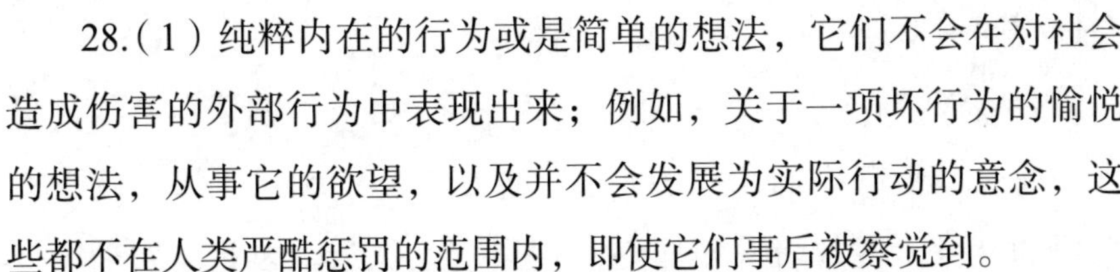

28.（1）纯粹内在的行为或是简单的想法，它们不会在对社会造成伤害的外部行为中表现出来；例如，关于一项坏行为的愉悦的想法，从事它的欲望，以及并不会发展为实际行动的意念，这些都不在人类严酷惩罚的范围内，即使它们事后被察觉到。

29. 不过，对于这一问题，我们必须作出如下评论。第一，如果不对这类罪行进行人为的惩罚，那是因为即使是为了社会的利益，人类的软弱也不可能容许他受到最为严苛的对待。我们应该对人类的事物给予公正的考虑，尽管它们本身是不好的，但不会对公共秩序和安宁造成很大影响。第二，尽管纯粹内在的行为不受民事处罚，我们并不能因此就得出结论说，这些行为不在民法的指导之下。我们之前已经建立了相反的规定。[①] 总之，很显然，

① 参见本书下卷，第三部分，第一章，第 22 节等。

自然法明确谴责了这些行为，并且它们将由上帝加以惩处。

30.（2）对每个过失都加以惩罚将太严厉了；由于人类的弱点，尽管伴有最大的谨慎和专注，仍将无法避免许多错漏和缺陷。这是对人类的宽容所要求的一种结果。

31.（3）一言以蔽之，我们必须对那些由一种普遍的腐败所造成的常见的恶行不加惩处；例如野心、贪婪、不人道、忘恩负义、虚伪、嫉妒、骄傲、愤怒，等等。因为如果一个主权者想严厉地惩罚这些性情，他将被迫在一片荒野中实施统治。惩罚那些促使人们采取大规模的和公开行为的恶行便足够了。

32. 对于那些就其自身而言应受惩罚的罪行，甚至也不一定总是得到了惩罚，因为在某些情况下，主权者可以加以赦免；对此我们必须根据惩罚的目的来作出判断。

33. 公共利益是一切惩罚的最终目的。因此，如果在某些情况下，通过赦免获得的利益多于通过惩罚获得的利益，那么就没有惩罚的义务，主权者甚至应该表现得宽大仁慈。因此，如果罪行得到隐瞒，或者只为少数人所知，则并非总是必须通过惩罚将其公之于众，有时候这样做甚至是危险的；因为许多人之所以远离恶，是因为他们对恶行的无知，而不是出于对美德的了解和热爱。西塞罗注意到，由于索伦没有禁止弑父的法律，立法者的这种沉默被视为审慎的标志；因为他没有禁止任何尚无样板的事物，以免通过提起它，他似乎给人们提供了一种从事这一行为的观念，而非阻止他们这样做。

我们或许还可以考虑罪犯本人或是他的家人曾经为国家提供的个人服务，以及他是否仍然可以使国家从中受益，这样一来，因看到他受惩罚而给人们留下的印象所能产生的好处，很有可能不及他本人能够继续创造的益处。因此，在海上当船员犯了罪，并且船上没有能够掌舵的人时，惩罚他将摧毁船上所有的人。这个例子或许也可以应用于军队的将领。

最后，公共利益作为惩罚真正的衡量手段，有时候由于罪犯数量众多，要求主权者予以赦免。政府的明智德性要求那种为了维护社会而建立的正义，不应以颠覆国家的方式来行使。

34. 并不是所有的罪行都是相等的，衡平要求罪行和惩罚构成恰当的比例关系。我们或许可以通过一项罪行的对象、罪犯的意图和恶意以及从中产生的对社会的伤害，来判断罪行的严峻程度。在进行判断时，最后一项始终构成了前两项的最终的归属。

35. 根据对象的尊严，也即根据被冒犯之人的重要性，行动的犯罪程度有所不同。我们必须将那些与社会普遍利益相关的犯罪放在第一位；其次是那些扰乱政治社会秩序的行为；最后是所有与个体相关的行为，这些行为根据它们剥夺的属于我们的事物的价值，罪恶程度有所不同。因此，那个杀死了自己父亲的人，较之杀死一个陌生人，就是实施了一项更为凶残的罪行。一个人侮辱行政官要比侮辱与他平等的人，更应受到指责。一个不仅抢劫而且谋杀的人要比只强夺路人钱财的人更加罪恶。

36. 恶意程度的多少也显著地影响了罪行的严重性，我们可以从下述几种情况加以推断：

①从促使人类犯罪的动机能够被加以抵制的难易程度。因此，出于冷血抢劫或谋杀的人比屈服于某些狂暴的激情的人更应受谴责。

②从罪犯的特定性格来看，除了一般原因之外，这种性格应使他持守自己的职责。“一个人的出身越显贵”，尤维纳利斯说，“或者，他的尊荣越显著，他犯下的罪行就越大”。[①]“这一点尤其适用于君主，更重要的是，因为努力效仿他们的人数量众多，他们的不良行为的后果对国家是致命的。”这是西塞罗作出的明智的评论。[②]相同的评论或许也可以应用于行政官和牧师。

③我们还必须考虑犯罪发生的时间和地点的情况，从事犯罪的方式、用于该目的的工具，等等。

④最后，我们要考虑的是，罪犯是惯犯，或者还是偶犯；他是个人自愿犯罪还是被他人诱惑而犯罪，等等。

37. 我们或许可以轻易地意识到，这些情况的不同会影响社会的幸福与安宁，因此会增加或减少罪行的严重程度。

38. 因此，有些罪行比其他罪行轻或是重，由此它们不应该受到同等严重的惩罚；但是，惩罚的精确程度取决于主权者的明智德性。以下是他应遵循的若干主要规则：

①惩罚的程度应永远与施加惩罚的目的成比例，即压制罪恶之人的野蛮和残暴，并确保国家内部的和平与安全。正是基于这一原理，我们必须增加或减少惩罚的严厉程度。如果我们能够以

---

① 尤维纳利斯，《讽刺诗集》，第 8 卷，第 140—141 行。

② “因为，对有高位的人来说，他们作恶还不是最大害处，尽管其本身已很糟糕，更有害的是他们有很多模仿者。因此，如果你回头想想我们早期的历史，你就会发现我们的最杰出人物的品质都得以在全国再生产；无论这些显要人物的生活发生什么变化都会在全体人民中再次发生。”《法律篇》(*De Leg.*)，第 3 卷，第 14 节（注释引号内中译文采用了沈叔平、苏力译文，参见西塞罗，《国家篇 法律篇》，沈叔平、苏力译，商务印书馆 2002 年版，第 240 页。——译者）。

较温和的方式达到所提出的目的，那么惩罚便过于严格；相反，当它没有足够的力量来产生这些效果时，以及当罪犯自己都鄙视它时，它就太温和了。

②根据这一原理，每项犯罪或许都可以按照公共利益的要求受到惩罚，而不考虑对另一种罪行是否应有同等的或更少的惩罚，这后一种罪行本身具有不同的罪恶程度：例如，抢劫就其自身而言是一种比谋杀更轻的罪行；然而，劫匪可能和杀人犯一样会被判处死刑，而这并非是不正义的。

③君主在行使正义时应遵守的平等，应用于惩处那些相似的人犯下的相似的罪行；并且如果其他人已经因某项罪行受到惩罚，那么在没有充分理由的情况下，便不应该赦免一个犯了相同罪行的人。

④还必须注意，我们不能无限增加惩罚的种类和程度；并且由于没有比死刑更大的刑罚，便有必要对某些罪行——尽管它们本身并不是同等的——同等地施以死刑。可以说，根据我们采用更温和、迅捷或是更迟缓、残酷的方法剥夺一个人的生命，死刑的恐怖程度也有不同。

⑤在没有充分理由提出相反的意见时，我们应尽量向仁慈的一边倾斜。这是仁慈的第二部分。第一部分是在国家利益允许的情况下完全免除惩罚。这也是罗马法确立的规则之一。[①]

⑥相反，当有时候只能通过暴力手段才能预防邪恶时，加重

① “在刑罚案件中，应作较宽容的解释。”《学说汇纂》，第 50 卷，第 17 节“早期法律的各条规则”，第 155 题，第 2 条（Lib. cv. § 2. ff. de Reg. Jur. Vid. sup. § 33.）。

刑罚并树立一个能威慑邪恶之人的榜样有时是必要和实用的。①

⑦同一种惩罚并不对所有各类人都产生相同的影响，由此也并不拥有阻止他们远离恶行的相同效力。在一般性的刑事惩罚及其应用中，我们必须考虑罪犯的人格，以及年龄、性别、状态、贫富、强弱等特质，它们都有可能增加或是减弱对惩罚的感知。例如，一项特定的罚款，将会使乞丐苦恼，而对一个富人却无济于事；相同的耻辱标记将对一个有尊严和品格的人造成极大的伤害，而这对于一个庸俗的家伙来说只是小事一桩。男人比女人更有能力承受惩罚，成熟的人比年弱的人也更有能力承受惩罚。我们还观察到，在实行惩罚时，始终遵循审判流程和司法程序，对政府而言是正义和明智的。这是必要的，不仅是因为我们不会在如此重要的事件中做出不正义的行为，而且还能确保主权者免于一切不正义和偏私的怀疑。但是，有时在非常紧急的情况下，国家利益和公共安全使我们无法严格地遵守刑事诉讼程序的所有手续；并且在这种情况下，只要罪行得到充分证明，主权者或许可以即席判决，并且毫不拖延地惩罚犯罪分子，而一旦推迟处罚或许使国家面临迫在眉睫的危险。最后，还有一条涉及明智德性的规则，如果我们不能在不使国家面临巨大危险的情况下惩处罪犯，那么主权者不仅应给予赦免，而且还应以这样一种方式作出赦免，以使它看上去是仁慈的结果而非为必然性所迫。

39. 我们已经讨论的内容，关系到对那些由某个人单独做出的

① “有时会发生对某些犯罪的处罚更加严厉的情况，例如，每当有大量在大道上从事抢劫的人需要处罚时。”《学说汇纂》，第 48 卷，第 19 节“论惩罚”，第 16 题，第 10 条（Lib. xvi. § 10. ff. de poenis.）。

犯罪行为的惩处。对于由多人犯下的罪行，以下几点评论或许可作为原理。

①可以肯定的是，罪行的同谋者应按其所占份额而受到相应惩罚，并根据他们应被视为主要原因或是从属的和附带的手段而予以惩处。在这些情况下，这些人是由于他们自己的罪行而非别人的罪行而受到惩处。

②至于由一个团体或集体所犯的罪行，只有事实上给予了同意的人才真正有罪；而那些持相反意见的人，是绝对无辜的。因此，亚历山大在占领底比斯后下达了变卖所有底比斯人的命令，只有那些在公开讨论中反对解除与马其顿人的联盟的人除外。

③进一步而言，面对由一个群体犯下的罪行，国家理由和人道原则要求我们应主要惩处作为头目的人，而赦免其余的人。主权者对一些人的严厉会压制最果敢的人的胆识，而他对其他人的仁慈将使他赢得普通大众的心。[①]

④如果头目通过逃跑或以其他方式来逃避惩罚，或者群体中的人在罪行中享有同等的份额，那么我们必须诉诸每十人杀一人或其他手段以惩罚其中一些人。通过这种方法，恐惧蔓延到所有人，而只有很少的人受到了惩罚。

40. 此外，任何人都不能因其他人的罪行，也即他完全没有参与其中的罪行而合法地受到惩罚，这是一个确定的且不可侵犯的规则。所有优点和缺陷都是属于个人的和不可转移的，除了那些应受惩罚的人，我们没有权利去惩处其他任何人。

---

① 昆体良，《雄辩术原理》，第七节（Quintil. *Declam*. cap. vii. p. m. 237.）。

41. 但是，无辜者有时会因他人的罪行而遭受苦难，我们必须在这个问题上作两点评论。

第一点评论是，并非所有使一个人感到不安、痛苦或遭受损失的事情都可以被适当地视作一种惩罚。例如，当臣民因君主的失职和罪行而受到伤害时，对他们而言，这不是惩罚，而是不幸。

第二点评论是，这些恶或间接的惩罚——如果我们可以这样称呼它们，与人类事务的构成方式是分不开的。

42. 因此，如果我们没收一个人的财物，他的孩子的确遭受了痛苦。但这恰当而言并不是对他们的一种惩罚，因为只有假定父亲会将这些财物完好保留到他去世时，才可以认为这些财物应该属于孩子们。总之，我们要么必须几乎完全废除惩罚的使用，要么必须承认，这些不便之处与人类事务的构成以及人与人之间的特殊关系密不可分，但它们本身并没有任何不正义之处。

43. 最后，应当指出的是，有些罪行是如此之大并从根本上影响着社会，以至于公共利益授权主权者对这些罪行采取最强有力的预防措施，甚至在必要时使部分惩处落在罪犯最亲近的人身上。因此，叛徒或政治犯的子女可能会被排除在荣誉和晋升之外。父亲通过这种方法受到严厉惩罚，因为他认识到自己是导致他最亲爱的人泯然众人的原因。但是，这恰当而言并不是一项对子女的惩罚。因为主权者有权按照自己的喜好给予公共职位，并且在公共利益需要时，甚至可以将一些人排除在晋升之外，即使后者没有做任何使自己不值得获得晋升的事情。我承认这是一个困境，但必然性授权了这一点，以便父母对其后代的柔情可能使他对采取任何反对国家的行为更加谨慎。但是衡平应该始终指导这些判断，并根据情况，对它们加以缓和。

44. 我不认为我们可以超越这些界限，公共利益也不需要超越这些界限。因此，在有些国家中，驱逐或杀害暴君或叛徒的子女，有时甚至是他的所有亲戚，尽管他们不是他的罪行的帮凶，这确实是不正义的。这足以使我们正确理解基督皇帝阿卡迪乌斯的著名法律。[①]

① 《查士丁尼法典》，第九卷，第 8 章，第 5 条（*Cod. and L. Jul. Maj*. lib. ix. tit. 8. leg. 5.）。

第五章　论主权者对国家中包含的财物的权力

1. 主权者对国家中包含的财物所具有的权利，或者关系到他的臣民们的财物，或者关系到属于国家自己的那些东西。

2. 君主对臣民们的财物所拥有的权利，或许可以通过两种不同的方式建立，它或者建立在主权权利自己的性质之上，或者建立在获取主权的特定方式之上。

3. 如果我们假设君主掌握国家的全部财物并拥有充分的财产权，并且他已经汇聚了他自己的臣民，后者拥有的财物原本都属于他，那么，主权者毫无疑问拥有对这些财产的绝对权力，就像每个家庭的主人对自己的遗产所拥有的权力一样；并且臣民除非得到了主权者的允许，便不能享用或处置这些财物或财产。在这种情况下，主权者没有通过不可撤消的赠与放弃任何权利，他的臣民们只是以一种不稳固的方式掌握着他们的财产，君主在任何时候都可以收回，只要他认为合适；臣民们只能借以维持生计并获取其他必需品。在这种情况下，主权伴随着一种绝对财产权。

4. 但是，①这种建立主权者对臣民财物权力的方式没有多大用处；如果它有时发生了的话，那只是出现在东方国家中，他们很容易屈服于一种专制政府。

②经验告诉我们，这种主权者对臣民财物的绝对支配并不有利于国家的利益。一位现代旅行者观察到，在这种规矩盛行的国家，无论它们本身多么美丽和肥沃，都日益变得荒凉、贫穷和野蛮；或者至少它们没有像欧洲大多数王国那样繁荣，在这里臣民拥有的财物是作为自己的财产，而不属于君主。

③最高权力本身并不要求君主对他臣民的财物拥有绝对的支配。个人的财产先于国家的形成，而且没有任何理由可以使我们假设个人将他们对自己财物的所有权完全转移给了主权者；相反，他们建立政府和主权权力是为了确保能够安静和便利地掌握其财产。

④此外，如果我们假设一种通过武力获得的绝对主权，但这本身并不授予一种对臣民财产的任意支配的权利。这一点甚至同样适用于世袭制主权，它赋予了一种转移王权的权利，但这一权利并不妨碍臣民们享有其各自的财产。

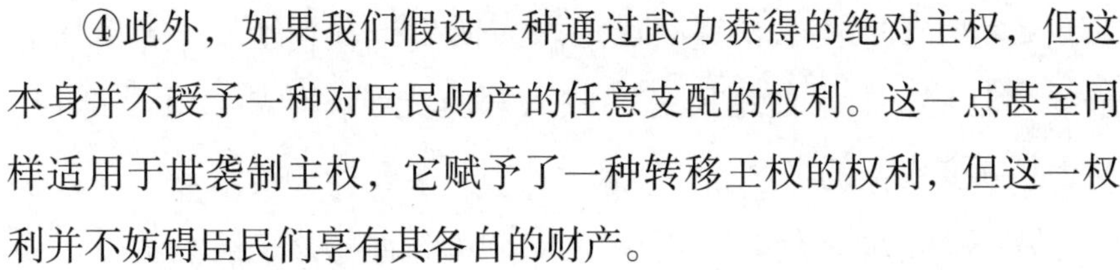

5. 让我们由此总结，一般而言，君主对臣民们财物所拥有的权利，并不是一种对他们财产的绝对支配，而是一种建立在主权性质和目的之上的权利，这赋予了他为了个体和国家的利益以不同方式处置这些财物的权力，而不剥夺臣民们对其财产的权利，除非在一些情况下为公共利益所极度需要。

6. 在此前提下，作为主权者的君主，主要以三种不同的方式对其臣民的财产拥有权利。

第一是通过明智的法律来规范每个人对其财物和财产的使用，以造福国家和个人。

第二在于征收补贴和税收。

第三在于国家征用权。[1]

7. 我们必须把所有禁奢法归属到第一类，这些法律为不必要的开支划定界限，这些开支能破坏家庭，从而使国家陷入贫困。没有什么比迫使臣民进行经营管理、节俭和劳作更能有益于一个国家的幸福，或者更值得主权者的关切了。

当奢侈一旦在一个国家盛行，恶便变得几乎无法治愈。正如过于强大的权威会腐蚀国王，奢侈同样会毒害整个人民。最为豪奢的事物被视作必须的，并且每一天都有新的必需品被发明出来。这样，家庭就被破坏了，而个人则无法为公共利益划拨出所需的支出。例如，一个人只花费其收入的五分之三并为公共服务支付五分之一，他就不会伤害自己，因为他会积蓄五分之一来增加其储蓄。但是，如果他把所有的收入都花光了，他要么无法缴税，要么必须变卖他的资产。

另一个不便之处是，不仅个人的财物通过奢侈被浪费了，而且更糟糕的是，为了追求那些讨好奢侈和虚荣心的东西，财物通常被带到了国外。

个人的贫困通过阻碍婚姻也为国家带来了另一种恶。相反，当适度的支出便足以维持家庭生活时，人们会更倾向于结婚。

奥古斯都皇帝在这方面便非常明智。因为当他想革新罗马人的举止时，在他制定或更新的各种法令中，他都重新确立了禁奢法和强制人们结婚的法令。

一旦引入了奢侈，它很快就会变成一种普遍的恶，这种传染

① 至高支配权（*Dominium eminens*）。

病会在无形之中从国家的首要阶层蔓延到人民的底层。国王的亲属想效仿他的富丽堂皇，贵族则想效仿他的亲属，绅士或中产阶级努力向贵族看齐，穷人则会迷恋绅士的举止：因此每一个的生活方式都超出了他的收入所能负担的，民众被毁掉了，所有的阶层和区隔变得混乱了。

历史告诉我们，在各个时代，奢侈向来是造成甚至是最强大的国家走向毁灭和衰败的主要原因之一，因为它显著地使勇气衰弱并且破坏了美德。苏维托尼乌斯观察到，尤利乌斯·恺撒之所以侵犯他的国家的自由，仅仅是不知道该如何偿还因其过度挥霍所欠的债务，也不知道该如何维持其昂贵的生活方式。许多人支持他，因为他们没有钱以供给他们惯常的奢侈，并且希望在内战中得到足够的东西维持以前的豪奢。[①]

最后，我们必须仔细观察，为了使禁奢法更有效，君主们和行政官应以自己的节制为榜样，不容忍那些热衷于奢侈的人，并鼓励那些明智的人，他们能轻松服从并遵循一种良好的经营管理模式和一种诚实的节俭生活。

8. 对于这种主权者拥有的指导臣民们使用其财产和财物的权利，我们还必须将禁止赌博和挥霍的法律，以及那些对赠与、遗产和遗嘱设定限制的法律归入其中；最后，还有那些限制懒散和懒惰之人以及那些纯粹由于粗心和疏忽而使自己的财产遭受损失的人的法律。

① 参见撒路斯特致恺撒关于重建共和国的书信（Sall. ad Caesar. de Repub. ordinand）。

9. 最重要的是要尽一切努力消除懒散，这是无序容易滋长的根源。缺乏有用的和诚实的职业是无数危害的基础。人类的心灵不能保持在无所作为的状态，如果不将其应用在某些好事上，它将不可避免地将自己应用于坏事，这已经为各个时代的经验所证明。因此，我们希望存在禁止懒散的法律，以防止它造成有害影响，并且不允许任何人不从事精神或劳力方面的诚实的职业。特别是那些渴求政治、教会或军事方面工作的年轻人，不应被允许在可耻的懒散中虚度他们一生中最适合研究道德、政治和宗教的时段。显然，一个睿智的君主或许会基于这些反思得出对于统治非常重要的教导。

10. 君主可以处置其臣民的财物或财产的第二种方式，是向他们要求税收或补贴。如果我们认为税收不过是个人为维护和捍卫自己的生命和财产而向国家支付的捐款，而这项捐款对于政府日常和超常的支出都是绝对必要的，主权者既不能也不应该用自己的资金来加以负担，那么主权者拥有这项权利将是显而易见的。因此，他必须为此目的而有权以税收的方式取走臣民的部分财物。

11. 塔西佗讲述了一个有关该主题的难忘的故事。他说："尼禄曾一度想要废除所有税款，并把这笔巨款赠予罗马人民；但是元老院缓和了他的热情。在赞扬了皇帝慷慨的意图后，他们告诉他，如果帝国的基础被削弱，它将不可避免地衰落。大多数税项是在共和国时期享有最高程度的自由时由执政官和保民官确立的，并且它们是满足为支撑如此庞大的帝国所必需的巨额开支的唯一手段。"

12. 因此，一般而言，没有比民众下述抱怨更不正义和更不合理的了，他们经常将其穷困归因于税收，却没有认识到这些恰恰相反是国家安宁与安全的基础，他们不能在不损害自身利益的情况下拒绝支付税收。

13. 但是，公民政府的目的和审慎不仅要求在这方面不向民众征收过高的赋税，而且还要求以温和、不易察觉的方式来加以征收。

14. 并且，（1）臣民们必须被同等地征税，以便他们没有正当的理由抱怨。一项负担被所有人平等地分担，它对每个人来说都变得更轻了；但是如果有相当数量的人使自己免除或逃避税收，那么它对其他人就变得更加沉重和无法承受。由于每个臣民都同等地享有政府的保护和它带来的安全，那么他们都应该以适当平等的方式为它作出贡献，也将是恰当的。

15.（2）然而，同样应注意到的是，这种平等并不意指缴纳相同数额的钱款，而在于平等地分担为了国家的利益而施加的负担；也即：在税收的负担与从和平获得的好处之间必须有一种恰当的比例；因为尽管所有人都同等地享有和平，但并不是所有人从中得到的益处都是相等的。

16.（3）因此，每个人应该根据他的收入被相应征税，不论是在日常情况下还是出于紧急需要。

17.（4）经验表明，征税的最佳方式是将它们附加在日常生活消费的事物上。

18.（5）至于进口的货物，应该注意到，如果它们不是必需的，而是从属于奢侈，非常高的关税或许可以正当地附加在它们上面。

19.（6）如果外国货物中包含了那些能够在本国内通过我们自

己民族的产业和勤奋被种植和制造的东西，对它们的关税应该征收得更高。

20.（7）关于我们自己生产的商品的出口，如果为了国家的利益，这些商品不应出口到国外，那么提高关税可能是正确的；但相反，如果为了公共利益，这些商品应运往国外市场，那么出口关税应该减少或完全取消。在一些国家，通过明智的政策，奖励出口特定商品的臣民，这些商品在本国内数量太多，而且远远超过了居民的需求。

21.（8）总而言之，在应用所有这些准则时，君主必须关注贸易的利益，并采取一切适当的措施使其繁荣发展。

22. 毋庸置疑，主权者在税收方面的权利是建立在国家的需求之上的，他只应该按照国家的需求来征收，并且他应该始终遵照这一观念，不应将税收用于自己的私人用途。

23. 他还应该注意官员们在征收税收时的行为，以阻止他们的夹缠和压迫。因此，塔西佗赞扬了尼禄皇帝的一道非常英明的诏书，“他命令罗马和各省的官员应随时接受对公职人员的投诉，并当场对他们进行规制”。

24. 征用权，如前所述，构成了主权者对其臣民财产所具权力的第三部分，它意指主权者有权利使用臣民所拥有的每一样东西，以便满足国家在极端情况下的需要。

25. 因此，例如，如果一个城市要建筑要塞，他可以征用位于堡垒或壕沟处的私人花园、土地或房屋。在围城时，他可以拆毁属于私人的房屋和树木，目的是使敌人不至于被它们庇护或者是使卫戍部队陷入困境。

26. 政治家们对这一征用权有很大的争议。有些人绝对不承认这一点；但争论的焦点更多的是在于言辞而非事情本身。可以肯定的是，主权的本质授权一位君主在必要的情况下，可以利用其臣民的财产和财富；因为在赋予他最高权威的同时，它们也赋予了他为了国家的维持和利益而做一切事和征用一切物品的权力。无论这被称为征用权或其他名称，都是无所谓的，只要我们就权利本身达成一致。

27. 对于这一征用权，还有一些更为特殊的东西我们必须加以注意，自然衡平的准则要求，当为国家的紧急需要以及为了保存某一特定对象，由共同享有它的人筹集捐款时，每个人都应根据他在这一事物中享有的利益而支付自己的定额。

28. 但是，由于国家的迫切需求和特殊情况可能不允许这一规则按照其字面含义被严格执行，因此，主权者必须有权利偏离这一规则，并有权扣押某个私人的财产，因为在当时的情况下，使用这些财产对公众来说是必要的。因此，这种权利只有在国家有紧迫需要的情况下才会发生，这种权利的范围不应过大，并且应该尽可能以衡平规则加以调和。

29. 因此，在这种情况下，产权人应尽可能地由其同胞或国库加以补偿，这是公正的。但是，如果臣民自愿在战时将会被拆毁的地方建造房屋，使自己暴露在损失之下，那么国家严格意义上就没有义务对他们进行赔偿，他们可以被合理地认为是同意了这一损失。关于主权者对臣民财产所有的权利，这些讨论已经足够了。

30. 但是，除了这些权利，君主原初还拥有一项处置那些因为属于国家而被称为公共财物的权力，但这些公共财物并非都属于同一类型，主权者在这方面的权利因此也有所不同。

31. 有些物品用来供给国王和王室，其他的物品用来支付政府的开支。前者被称为王室领地或者君主家产，后者被称为公共财产或国家岁入。

32. 对于前者，主权者拥有完全和全部的利益，而且可以绝对根据自己的喜好来支配从中产生的收益。因此，他从自己的收入中积攒的东西，除非国家法律另有规定，否则都属于他的私人财产。至于其他公共物，他只有简单的管理权，并且在管理时，他应该仅仅注重国家的利益，并表现出类似于监护人对其子女财产那样的细致和忠诚。

33. 根据这些原理，我们或许可以判断，君主在其统治期间获取的东西属于谁；因为如果这些获取产生自用来支付政府开支的物品，它们必然应该属于公众而非属于君主的私人财产。但是，如果国王自费发动和支援了一场战争，而且没有让国家参与，也没有向国家征税，那么他就可以合法地占有他在这次征战中取得的财产。

34. 从这里所确立的原理可以看出，未经人民或人民代表的同意，主权者不得转让公共财产或是他仅能使用的王室土地的任何一小部分。但我们必须区分物品本身和物品的利润或产物。国王可按其认为适当的方式处置收入或利润，但不能转让本金。

35. 一个君主，如果他拥有在其认为合适的时候征税的权利，那么或许在国家面临紧急需要时，他也可以抵押一部分公共财产：因为民众无论是通过纳税而避免进行抵押，还是通过事后纳税来赎回抵押物，这对他们而言都是一样的。

36. 但这一点是建立在如下假设之上，即国家的根本法没有以别的方式对之加以规定。

37. 关于王国或王国某一部分的转让，根据已经确立的各项原理，我们或许可以很容易对之形成判断。

（1）如果真的存在家产制王国，那么显然主权者或许可以转让整个王国，并且有更充分的理由转让它的一部分。[①]

38.（2）但如果王国并不作为家产被占有，那么国王不能凭借自己的权威转移或转让王国的任何部分；因为这时人民的同意是必要的。主权本身并不意味着转让的权利，而且既然人民不能违背君主的意志剥夺其王冠，君主也没有权力不经人民的同意以另一位主权者来代替他自己的位置。

39.（3）但如果王国中只有一部分要被让渡，除了要得到国王和人民的同意外，还必须得到这部分要被让渡地区的居民的同意，而后者似乎是最为必要的。如果居民自己反对让渡，那么王国的其他部分同意让渡也是无济于事的。多数决的原则并没有扩展到可以将那些从未违反过他们的协议或是社会法律的人从国家的主体中剔除的程度。

40. 事实上，很明显，最初建立国家的人和后来自愿进入国家的人，通过相互的契约约束自己，以形成一个永久的并处于同一个政府之下的团体或社会，至少只要他们愿意留在同一个国家的领土上；而且，他们最初建立国家的目的是为了从这种互惠的联合中获得共同的利益。这就是他们在政府方面的契约的基础。因

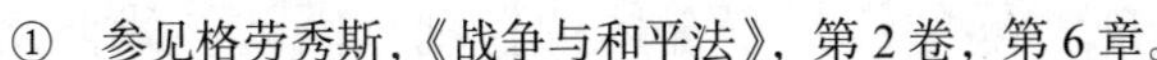

① 参见格劳秀斯,《战争与和平法》，第 2 卷，第 6 章。

此，除了因为受到惩罚，他们不能以违背其意愿的方式被剥夺他们通过成为特定政治体的一部分而获得的权利。此外，在这种情况下，有一项与上述权利相对应的义务。国家根据同一契约，获得一种对其每个成员的权利，由此任何臣民都不能将自己置于外国政府之下，也不能不承认其天然主权者的权威。

41.（4）但应注意到，对于在这里确立的原理，有两种例外情况，它们都以从必然性中所产生的权利和特权为基础。第一个例外是，虽然国家的全体无权让渡其任何部分，以迫使该部分违背其意愿服从新的主人，但是，如果当国家的各部分继续联合在一起显然有灭亡的危险时，国家或许便有正当理由放弃它的一部分。

42. 诚然，即使在这种情况下，主权者也不能直接迫使他的一个城镇或行省臣服于另一个政府。他只有权力撤回其部队或放弃其居民；但后者如果有能力的话，仍然保有自卫的权利。如果他们发现自己有足够的力量抵抗敌人，他们便没有理由不这样做；如果他们成功了，他们或许可以为自己建立一个单独的国家。因此，只有在居民同意或宣誓效忠于他的情况下，征服者才成为那个特定国家的合法主权者。

43. 严格来说，国家或主权者在这种情况下并没有转让这一部分，而只是放弃了一个其契约已经终结的社会，这种终结源自从必然性中产生的默会的例外。毕竟，如果全体坚持要捍卫这一部分也会是徒劳的，因为我们认为它无法维持或捍卫自己。因此，这仅仅是一种必须由那个被抛弃的部分来承担的不幸。

44.（5）但是，如果这是全体相对于部分的权利，那么部分在类似的情况下也拥有相同的针对于全体的权利。因此，我们不能谴责一个城镇，在作出它能作出的最好的抵抗之后，选择向敌人投降而不是被掠夺并暴露在火和剑之下。

45. 总之，每个人都拥有通过一切可能的手段来进行自我保存的自然权利，而人之所以进入政治社会，主要是为了更好地实现这一目的。因此，如果国家不能再保卫和保护臣民，那么他们就会脱离原来的束缚，恢复他们原有的以他们认为最适当的方式并且独立于国家来保卫自己的权利。因此，事情对双方而言都是平等的；而格劳秀斯拒绝给予国家全体相对于部分的那种他承认部分相对于全体具有的权利，他的这一立场是不自洽的。

46. 我们将以两个评论来总结这章。第一个评论是，一些政客们极力灌输的格言，即：划拨给王室的财产是绝对不可剥夺的，这是不正确的，除非符合这里所确定的条件和原理。同一批政客们还补充说，一项让渡并且继之以长期的和平占有，并不妨碍未来对属于王室的东西仍具有权利并能够通过武力加以收回，而这是完全不合理的。

第二个评论是，既然国王不顾人民或人民代表的意愿，将其王国的全部或任何部分加以让渡，是不合法的，那么他使王国成为另一个君主的封地也是不合理的，因为这显然是一种让渡。

第四部分

论对于外国的不同主权权利；战争的权利及一切相关事项；公共条约以及大使的权利

第一章　战争通论以及主权者在这方面对其臣民拥有的首要权利

1. 到目前为止对主权基本部分的讨论，都专门和直接关系到国家的内部管理。但是，由于一个国家的幸福和繁荣不仅要求在国内应该维持秩序与和平，而且国家应该不受外敌的侮辱，并从其他国家获得所有的利益。我们将着手研究主权中直接涉及国家安全和外部利益的部分，并讨论与此相关的一些最基本的问题。

2. 为了追溯事情的原貌，我们必须先观察到，人类被分成若干个被称为国家或民族的社会，而这些政治团体彼此之间形成了一种社会，它们也受制于上帝赐予全人类的原初的和一般的法律，因此，它们有义务对彼此履行某些责任。

3. 正是这些法律的体系或集合被恰当地称为万民法。而这些法律不过是自然法，它是人作为社会的成员一般来说应该对彼此践行的。换句话说，万民法不过是社会性的一般法律，不是适用于构成社会的个体，而是适用于组成了不同政治体的国家或民族。

4. 民族与民族之间的自然状态，当然是社会与和平的状态。这就是一个人相对于另一个人的自然的和原始的状态，无论人类对其原始状态做了什么改变，他们无法在不违反其义务的情况下，破坏自然赋予他们的和平与社会状态，而自然借由她的法律也强烈建议他们加以遵守这一状态的要求。

5. 因此，万民法的若干准则也随之得出；例如，所有国家都应将自己视作天然平等和独立的，并在所有场合都以这样的态度对待彼此；同样，它们不应伤害任何其他国家，相反，它们应修复自己可能犯下的罪行。从中也产生了它们努力保障自己安全和幸福的权利，并对那些宣告是他们敌人的人使用强力和武器。忠于条约和联盟以及对大使的尊重，都源于同一原理。这就是我们应该形成的关于万民法的一般观念。

6. 我们在这里不打算进入所有可能由万民法开启的政治问题，我们只研究以下这两项，因为这两条是最重要的条款，并且几乎包括了其余所有条款，我指的是战争权、条约和联盟权以及大使的权利。

7. 战争权的问题极为重要且牵连广泛，值得非常确切地加以处理。我们已经指出，自然法和万民法的一个基本准则是，个人和国家应该生活在一个联合和社会的状态下，他们不应该互相伤害，相反，他们应该互相履行人类的职责。

8. 每当人实践这些职责，他们被认为是处于和平的状态。这种状态当然是最符合我们的本性以及最能促进幸福的状态；而事实上，自然法的目的主要是为了建立和维护它。

9. 与联合及和平相反的状态，就是我们所说的战争，从最一般的意义上说，它不过是那些试图用武力来裁决分歧的人的状态。我说，这是最一般意义上的，因为从更有限的意义上讲，一般的用法是将战争一词限定为主权国家之间的战争。①

10. 虽然和平和相互亲善的状态对人类来说当然是最自然的，也最符合人类应该遵循的法律，但战争在某些情况下仍是允许的，有时对个人和国家来说也是必要的。我们在本著作的第二部分已经充分说明了这一点，在那里我们确立了自然赋予人类的自我保存的权利，以及人类为实现这一目的可以合法使用的手段。我们就个体所确立的这类原理同样适用于国家，甚至有更强烈的理由适用于国家。

11. 上帝的律法同样要求整个国家关切他们的自我保存，正如他对私人也有同样的要求。因此，他们采用武力对付下述人是正义的，即那些宣告了自己是他们敌人的人，对他们违反了社会性原理的人，拒绝给予他们应有的待遇、企图剥夺他们的利益甚至是摧毁他们的人。因此，为了社会的利益，人们应该能够镇压那些颠覆社会之基础的人的恶意和企图，否则，人类将成为抢劫和放纵的牺牲品。因此，战争的权利，恰当而言，是维护和平的最有力的手段。

① 参见本书下卷，第四部分，第三章。

12. 因此，可以肯定的是，由于主权者手中握有整个社会的利益，他便有权利发动战争；但是如果这一点是确然的，我们必须允许他具有使用为此目的所必需的多种手段的权利。简言之，我们必须赋予他征召部队的权力，并使后者有义务执行最危险的任务，甚至不惜牺牲自己的生命。这是明显属于主权者的生死权的一个分支。

13. 但由于军队的力量和英勇在很大程度上取决于他们的纪律性，因此，即使在和平时期，主权者也应该对臣民进行军事训练，以使他们在必要的时候，更能承受疲累，并能履行不同的战争职责。

14. 臣民们在这方面所承担的义务是如此严格和强烈，以至严格来说，当国家要求他们拿起武器加以援助时，任何人都不能被免除；他的拒绝将构成在社会上不再容忍这个人的正当理由。如果在大多数政府中，有一些臣民可以免于参加军事演习，那么这种豁免并不是一种权利意义上的属于他们的特权；这只是一种不具效力的容忍，并且发生在有足够的军队来保卫国家同时被授予豁免的人又从事着其他一些有用和必要的工作的情况下。除了这种情况，在有需要的时候，国家的所有成员都应该上战场，而没有人可以被合法地豁免。

15. 根据这些原理，军事纪律应该是异常严苛的；最轻微的疏忽，或者说是最小的失误，往往都具有终极的重要性，并为此可予以严惩。其他法官往往顾及人性的弱点或者是激情产生的暴力，但在战争委员会中，则不存在如此多的放任。死亡往往被加诸在士兵的身上，他们对这种恶的恐惧会诱使他们辞去自己的职务。

16. 因此，那些被征召入伍的人有义务履任将军分配给他们的职位，并奋勇作战，即使他们有失去生命的危险。征服或是死亡，这便是这项事业的铁律；在奋力摧毁敌人生命的过程中光荣地失去了自己的性命，无疑优于以懦弱的方式死去。因此，对于那些奉上级命令炸毁己方船只，而不是使其落入敌人手中的船长们，我们或许可以作出一些判断。假设双方的船只数量相等，而我们的一艘船被俘获，敌人将会比我们多出两艘；如果我们的一艘船沉没，他们将只会多出一艘；而如果那个试图俘获我们船只的敌船，也随之沉没——这种情况经常发生，那么双方的力量就会保持均衡。

17. 关于臣民是否有义务拿起武器并参加不正义战争的问题，我们必须根据第三部分第一章末尾已经确立的原理来作出判断，在那里我们处理了立法权问题。

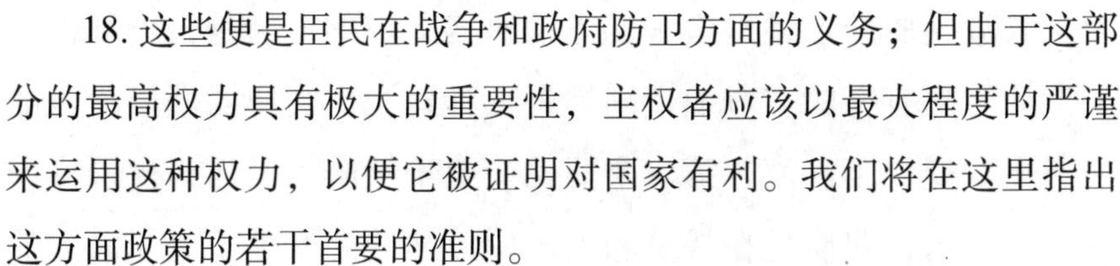

18. 这些便是臣民在战争和政府防卫方面的义务；但由于这部分的最高权力具有极大的重要性，主权者应该以最大程度的严谨来运用这种权力，以便它被证明对国家有利。我们将在这里指出这方面政策的若干首要的准则。

19. 首先，很明显，一个国家在战争中的力量主要取决于其居民的数量，因此，主权者不应忽视任何可以维持或增加居民数量的东西。

20. 在所有可用于此目的的手段中，有三个非常有效的方法。第一种是，轻易地接纳所有想在我们中间定居的、品行良好的陌生人；让他们尝到政府的甜头；让他们分享公民自由的好处。这样，国家就拥有了很多臣民，他们随之带来了艺术、商业和财富；而且在需要的时候，我们可以在他们中间找到相当数量的优秀士兵。

21. 另一件事，有利于实现同样的目的，那就是赞成和鼓励婚姻——这构成了国家的苗床——并为此制定良好的法律。此外，政府的温和也非常有利于促进臣民们走向婚嫁。徭役繁重的人，靠着自己的劳动，很难挣得足够的资金来满足生活所需和公共摊派，所以他们不愿意结婚，以免他们的孩子挨饿受苦。

22. 最后，另一个非常适宜于维持和增加居民人数的手段是良心自由。宗教是人类最大的利益之一，所有的人都是这样认为的。所有倾向于剥夺他们这种自由的东西，在他们看来都是难以承受的。他们不可能轻易地习惯一个在这方面对他们实行专制的政府。法国、西班牙和荷兰，为我们提供了这些观点真实性的可感证明。迫害使第一个国家丧失了她的大部分居民，因此，她的力量大大削弱了。第二个国家几乎无人居住，而这种人口减少是由于被称为宗教裁判所的这种野蛮和暴虐的机构造成的，这种机构不仅对人类社会是有害的，对上帝同样是一种冒犯，它使欧洲最优秀的国家之一变成了沙漠。第三个国家，由于她向全世界提供了完全的良心自由，即使是在战争和灾难中，她的处境也得到了极大的改善。她可以说是在其他国家的废墟上屹立起来的，她的为数众多的居民，把权力、商业和财富带进了她的怀抱，因而使她享有高度的声望和繁荣。

23. 因此，大量的居民数量是一个国家的主要力量。但是，为了达到这个目的，臣民们也必须时不时地接受劳动，并在美德方面接受训练。因此，一个想把军队建立在一个适当的基础上的君主，应该特别注意对年轻人的教育，以便他的臣民能够通过严格的纪律，使他们的身体得到锻炼，并防止奢侈和享乐使他们的品行败坏或是削弱他们的勇气。

24. 最后，拥有优秀军队的最有效的手段之一，是让他们尽可能仔细和严格地遵守军令和纪律；特别注意士兵们能如期得到报酬；照顾好病人，为他们提供所需要的帮助；最后，通过向他们进行教导，使他们对宗教和由宗教规定的各项义务有所了解。这些便是主权者为形成良好的政策所要遵守的主要准则，通过它们，主权者可以合理地期望在他们的臣民中找到组成优秀的军队的士兵，这种军队会为保卫祖国而献出他们的最后一滴热血。

第二章　论战争的起因

1. 如果战争有时是合法的甚至是必要的，正如我们已经陈述的那样，这应该理解为战争只是出于正义的原因，而且发动战争的君主试图用这种方法获得稳固且持久的和平。因此，战争可以是正义的，也可以是不正义的，这要看产生战争的原因。

2. 战争如果是出于正义的原因而进行的，则是正义的；如果是在没有原因的情况下进行的，或者至少是在没有一个正义和充分的动机的情况下进行的，则是不正义的。

3. 为了说明这一点，我们或许可以追随格劳秀斯，区分战争的正当理由和动机。前者使得战争或者似乎使得战争对敌人来说是正义的，以至我们在拿起武器反对他的时候，不会认为自己在对他行不义。后者是从利益的视角出发，它决定了一个君主走向公开的决裂。因此，在亚历山大对大流士的战争中，前者的正当理由是为了报复希腊人从波斯人那里受到的伤害。其动机则是征服者的野心、虚荣和贪婪，由于色诺芬和阿基西拉乌斯的远征使他对成功抱有很大的希望，这使他更乐于拿起武器。第二次布匿战争的正当理由是，关于萨古图姆城的争端。动机则是迦太基人怀有的对罗马人的旧怨，因为他们在处于下风时不得不屈服于苛刻的条款，以及他们的军队在西班牙的胜绩给予他们鼓励。

4. 在一场完全正义的战争中，正当理由不仅必须是合法的，而且还必须与动机相融合；也就是说，除非是出于防卫自己不受侮辱的必然需要，恢复属于我们的毫无疑问的权利，或是从一个明显的伤害中获得赔偿，否则我们便决不能进行战争。

5. 因此，战争可能是恶性的或不公正的，就其原因而言，有如下四种不同的方式。

（1）当我们在没有任何正当理由或者任何明显的利益动机的情况下进行战争，而只是出于狂热和残酷的愤怒，因为后者能在血泊和屠杀中感到愉悦。但可能有人怀疑，我们是否能找到一个如此野蛮的战争的例子。

6.（2）当我们只为了自己的利益而攻击别人，而后者没有对我们造成任何伤害，也就是说，当我们没有任何战争的正当理由的时候。这些战争，就侵略者一方来说，是彻头彻尾的抢劫。

7.（3）当我们有一些动机是建立在正当理由的基础上，但后者依然只有表面上的公正性，并且在仔细研究后发现，这些动机在本质上是非法的。

8.（4）最后，我们或许可以说下面这种战争也是不正义的，虽然我们有充分的正当理由，但我们是出于其他的动机而发动战争，而这些动机与我们受到的伤害无关；例如，出于虚荣心或是为了扩大我们的统治，等等。

9. 在这四种类型的不正义战争中，第三种和最后一种是非常常见的，因为很少有国家会如此野蛮以至在拿起武器时不宣称某种类型的正当理由。不难发现第三种类型战争的不正义性；至于第四种，虽然可能很常见，但它的不正义更多地不是在其自身，而是在于发动它的人的观点和意图。但要使他相信这一点是非常困难的，因为动机一般是难以穿透的，或者至少大多数君主都很注意隐瞒它们。[①]

10. 从这里确立的原理，我们可以得出结论，每一场正义的战争都必须是出于下述缘由被发动的，它要么是为了保护我们自己和我们的财产，对抗那些试图通过攻击我们或是通过夺走和毁掉我们的财产来伤害我们的人；要么是为了迫使别人屈服于我们，而我们有一种完全的权利来要求他们这样做；最后，是为了获得对我们受到的损害的补偿，并迫使那些伤害者为他们的良好行为提供担保。

11. 由此，我们可以很容易地想到战争的原因可能是什么。但为了进一步说明这个问题，我们将举出战争若干首要的不正义原因的例子。

（1）例如，要想有一个正义的战争理由，仅仅是害怕邻国的势力不断增长，是不够的。在这种情况下，我们所能做的，就是单纯地保持真正的谨慎，使他不会试图对我们不利，并使自己处于防卫的姿态。但各种敌意的行为，除非必要，是绝不允许的，而只要我们不能完全确定我们所恐惧的邻居不仅有攻击我们的能力，而且怀有攻击我们的倾向，敌对行为便始终是不必要的。例如，我们不能仅仅因为邻居下令修建城楼或防御工事，并且怀疑他可能会在某些时候利用它们对我们造成伤害，就正当地对他宣战。

① 参见布德乌斯（Budeus）在《法理历史案例》（*Jurisprud. hist. specim*）第28节中对这些原理的讨论。

12.（2）利益，单纯而言，不能给予与必要性相同的权利，也不足以使战争合法化。因此，举例来说，我们不能为了使自己成为某个地方的主人而拿起武器，即使这块地方对我们来说是便利的，并且适于捍卫我们的边界。

13.（3）我们必须对改变我们以前的居住地，或从沼泽和荒漠移居到更肥沃土地的欲望持同样的观点。

（4）以一个民族的风俗不那么雅正或者不像我们自己这般敏捷聪慧为借口，侵犯他们的权利和自由，其不正义的程度也不会更少。因此，希腊人把那些他们称之为野蛮人的民族当作他们的天敌，是不正义的，所谓野蛮人只是因为他们的举止与希腊人有异，并且或许他们看起来不像希腊人自己那么灵巧。

14.（5）如果对一个民族拿起武器，以使他们臣服为目的，并佯称由我们来统治符合他们的利益，这也是一种非正义的战争。虽然一件事可能对一个人有利，但这并不使我们有权利强迫他去做。凡是能够使用理性的人，应该有选择他认为对自己有利的东西的自由。

15. 我们还必须注意到，国与国之间应该对彼此履行的义务，并不都具有同等的强制性，它们在这方面的疏漏，并不总是能够为一场正义的战争奠定基础。在国家之间，正如在个人之间，有些职责具有一种严格和完全（perfect）义务的性质，违反它们就意味着严格意义上的伤害；还有些职责具有不完全义务的性质，仅仅赋予对方一种不完全的权利。正如我们在个人之间的纠纷中，不能求助于法院来追讨这第二种形式中我们应得的东西一样；在不同国家之间的争夺中，我们也不能用武力来约束它们。

16. 然而，我们必须从这一规则中排除不完全权利转变为完全权利的必要情况；因此，在这些情况下，拒绝给予我们应得东西的人，为我们提供了战争的正义理由。但是，每一场战争，如果其开启只是因为一个人拒绝给予他按照人道法则并没有义务给予的东西，都是不正义的。

17. 为了运用这些原理，我们将举一些例子。对于穿行他人土地的权利，当我们只是因为合法的缘由而尝试运用这一许可时，这一权利才真正建立在人道的基础上；例如当人们被驱逐出自己的国家，想在其他地方定居时；或者当在进行一场正义的战争时，必须通过一个中立国的领土时，等等。但是，这只是人道的一种表示，并不是凭借一种完全的和严格的权利而应该归属于另一个人的，因此拒绝这种人道性质的表示并不能授权一个国家采取强力的方式来挑战它。

18. 然而，格劳秀斯在研究这个问题时却说："我们不仅有义务向少数手无寸铁的人提供一条经过我们土地的通道，因为他们对我们来说是无所畏惧的；而且，我们不能拒绝向一支大军提供通道——尽管我们可能有正当的忧虑，认为这条通道会对我们造成相当大的伤害，而这种伤害很可能来自这支军队本身，或来自它所针对的那些人——只要"，他继续说，"①这条通道是基于正当的缘由提出的。②这个要求是在企图动用武力来通过之前提出的"。

19. 这位作者然后声称，在这种情况下，作出拒绝会授权我们动用武器，我们可以用武力合法地获得我们凭借善意无法获得的东西，即使通道可以通过绕行而在其他地方获得。他又说："怀疑大量武装人员通过会有危险，并不是拒绝的充分理由，因为可以对之采取很好的预防措施。如果要求给予通道的人有正当的理由进行战争，那么害怕激怒这一行军所针对那位君主，也不是拒绝给予他通行的充分理由。”

20. 格劳秀斯把他的意见建立在这个理由上，即财产权的设立在最初以默示的方式保留了在需要时使用他人财产的权利，只要能做到不伤害所有者。

21. 但我不能拥护这位著名作家的意见；因为:（1）不管怎么说，可以肯定的是，通过他人领土的权利并不是一种完全的权利，可以严格地要求得到执行。如果一个私人没有义务忍受另一个人通过他的地盘，那么一个国家就更没有义务在没有任何契约或让步的情况下，给予外国军队通行的权利。

22.（2）这种许可可能会带来的巨大不便，使我们不得不拒绝。允许这样的通道，有可能会令我们自己的国家沦为战争的场地。此外，如果我们准许通行的人被击退并被打败，那么即使他们发动战争的理由是无比正义的，然而敌人难道不会报复我们这些没有阻止这些军队入侵他的人吗？但更进一步说，假设我们与正在交战的两个君主都相处友好，我们不能偏袒其中一个而损害另一个，这会给予后者一个充分的理由把我们视为敌人，并且认为我们在履行对邻邦的那部分责任时存在缺陷。在这个场合，区分正义的战争和非正义的战争，并声称后者给了我们拒绝通行的权利，而前者却责成我们给予通行，将是徒劳的。这种区分并不能消除困难；因为除了决定一场战争是正义的还是非正义的并不总是那么容易之外，在两个武装的派别之间插入我们的裁断并卷入他们的分歧，是一种轻率的做法。

23.（3）但是，对于获得通行的部队，难道就没有什么可担心的吗？相反意见的鼓吹者便同意有可担心之处，为此他们认为应该采取许多预防措施。但是无论我们采取什么样的预防措施，都不能保证我们不受任何事件的影响；而且有些恶果和损失是无法弥补的。常年拿着武器的人，很容易受到诱惑去滥用武器，实施暴行；特别是当他们人数众多，并且有机会获得大量战利品的时候。我们有多少次看到外国军队蹂躏和侵占请求他们援助的民族的财产？最庄严的条约和誓言也无法阻止他们从事这种肮脏的背信弃义的行为。[①] 因此，对于那些没有这类严格约定的人，我们还能指望什么呢？

24.（4）我们可以提出另一个意见，它在政治中有很大的用处，那就是几乎所有的国家都有这样的共同点，即我们越是深入一个国家的中心，就会发现它越是脆弱。迦太基人本来是不可战胜的，但在迦太基附近被阿加索克勒斯和西庇奥征服了。汉尼拔断言，罗马人只有在意大利才能被征服。因此，向一群外国人袒露这个秘密是很危险的，他们手握武器，可能会利用我们的弱点，使我们悔不当初。

25.（5）我们必须补充一点，在每个国家，几乎总是存在叛乱和动荡的情绪，他们随时准备煽动陌生人反对他们的同胞、他们的君主或他们的邻人。这些理由充分地证明，所有可以采取的预防措施都不足以使我们免于危险。

---

① 参见李维，《罗马史》，第 7 卷，第 38 节（Liv. lib. vii. cap. 38）。

（6）最后，我们还可以加上许多国家的例子，这些国家因为让外国军队通过他们的国家而遭受到了非常恶劣的待遇。

26. 我们将通过陈述两点评论来结束对这个问题的考察。第一，从前面所讲的全部内容可以看出，这是一个涉及审慎的问题；虽然我们没有义务让外国军队通过，并且最安全的办法是加以拒绝，但是当我们没有足够的力量抵抗那些无论如何都要通过的人，而且如果抵抗就必须把自己卷入一场麻烦的战争时，我们当然应该允许通过；我们之为必然性所迫，对于这些军队将要入侵的那些领土的君主来说，构成了一个充分的辩护。

27. 我的第二点评论是，如果我们一方面假定要求通过我国的君主所发动的战争是正义的和必要的，另一方面假定我们对要求通过的这个君主或是他所针对的那个人没有什么可害怕的，那么，我们就必然有义务要准许他通过。因为如果自然法要求每个人在没有危险和有成功的希望的情况下，去帮助他所看到的那些明显受到压迫的人，那么他就更不应该成为那些进行自我防卫的人的障碍。

28. 根据这里确立的原理，我们或许可以判断通过他国领土运输商品的权利。这也是一种不完全的权利和一种人道的职责，它要求我们必须给予他人这种权利；但这种义务并不严格，对它的拒绝不能成为战争的正当理由。

29. 诚然，人道法则要求我们必须允许外国商品在如下情况下通过，也即它们对生活绝对必需并且我们的邻国自己无法生产，我们也无法向其提供。但是，除了这种情况外，我们可能有充分的理由阻止外国商品通过我国。太多的陌生人有时对一个国家来说是危险的；此外，如果给外国人提供通道并使他们获得了利润，那么一个君主为什么不应该使自己的臣民获得这些利润呢?

30. 因此，要求被授予通行证的外国商品缴纳通行费或关税，并不违背人道。这是对君主在修缮公路、桥梁、港口等方面所必须付出的费用的一种正当的补偿。

31. 我们必须以同样的方式来一般性地考虑不同国家之间的商业交往。对于我们具有的与邻国缔结婚姻关系的权利，也适用于上述说法，如果他们加以拒绝并不能授权我们宣战。

32. 我们将在此补充一些关于因宗教而进行的战争的内容。自然法由于允许一个人保护自己的生命、财物和他所享有的所有其他利益，以抵御一个不公正的侵略者的攻击，便当然也赋予了他抵御那些试图以武力剥夺其宗教信仰之人的自由，后者阻止他信奉他认为最好的宗教，或是强迫他接受他认为是错误的宗教。

33. 简言之，宗教是人所能享有的最大的福祉之一，包括他最基本的利益。凡是在这方面反对他的人，就宣布自己是他的敌人；因此，他可以正当地使用强硬的方法来击退伤害，以使自己免于那种针对他的恶。因此，当我们因为宗教原因而受到攻击时，拿起武器是合法的，甚至是正义的。

34. 但是，虽然我们被允许为宗教事业而自卫，但我们却不被允许为了宣传我们所信奉的宗教而发动战争，或者约束那些在某些原理或实践方面与我们不同的人。这是前述原理的必然结果。攻击有权保护自己的人是不合法的。如果防卫性战争是正义的，那么进攻性战争就必然是罪恶的。宗教的本质不允许用暴力手段来传播它；它就在于内在的说服。在宗教的传播方面，人的权利是告知和指导那些处于错误中的人，并使用缓和与温柔的方法进行说服。人们必须被说服，而不是被强迫。如果不这样做，就是对他们实施抢劫；由于实施抢劫的人尝试以神圣的权威为自己辩护，这种抢劫就更加罪恶。因此，这样的行为不仅是不虔敬的，而且是愚蠢的。

35. 特别地，没有什么比动用武力来宣传我们神圣的宗教更违背基督教的精神的了。基督，我们神圣的主人，教导人类，但从不以暴力对待他们。使徒们以他为榜样；圣保罗列举了他为使人类皈依而使用的武器，这对基督徒来说是一个极好的教导。①

36. 因此，在宗教问题上，简单的意见分歧，远不构成一个正当的理由使我们通过武力追讨或至少是扰乱那些我们认为处于错误中的人；相反，这种行为方式，为其他人提供了一个正当的理由来进行战争，并捍卫自己免于不公正的压迫。在这种情况下，出现了以下问题：新教的君主们是否可以凭着一种良好的良心，组成一个联盟来摧毁宗教裁判所，并迫使那些在其领地内遭受折磨的势力解除这样一个集团的武装，因为基督教长期以来一直在这个团体下呻吟，后者在热忱与虔敬的伪装下施展着一种最为恐怖的并且与人类本性最相抵触的暴政。虽然如此，至少可以肯定的是，相较于那个能完成从地球上清除这些恶人这一计划的人来说，还没有任何英雄制服过更暴怒并且对人类更具破坏性的怪物，因为这些恶人如此无耻和残忍地滥用宗教中似是而非的教条，只

① 《圣经·哥林多后书》，第 6 章，第 4 节以及第 10 章，第 4 节（2 Cor. chap. vi. v. 4, &c. and chap. x. v. 4.）。

是为了获得可以生活在奢侈和懒惰中的金钱，并使得王公和臣民们都依赖他们。

37. 以上是关于战争原因的主要论述。让我们补充一点，由于我们只应该为了获得稳固的和平才发动战争，因为战争本身就是一个非常大的恶，因此我们在发动战争之前，绝对有必要参考审慎的规则，无论战争或许在其他方面显得多么正义。首先，我们必须准确地权衡战争可能给我们自己带来的善或恶。因为如果在发动战争时，有理由担心我们给自己或属于我们的人带来的恶远多于我们能从中得到的善，那么最好是忍受伤害，而不是为通过武力寻求补偿而使自己暴露在更多的恶之中。

38. 在这里所提到的情况下，我们或许可以不仅为了自己，而且也为了别人来合法地进行战争；只要那个得到我们帮助的人，有正当的理由拿起武器，而且我们同时对他具有一些特定的纽带或义务，这授权我们把那些没有伤害过我们的人当作敌人。

39. 现在，在我们可以而且应该保护的人中，（1）我们必须首先保护那些依靠保卫者的人，即国家的臣民们；因为之前独立的人们，主要是为了寻求这种保护，才把自己纳入政治社会。因此，基遍人（Gibeonites）在臣服于以色列人的统治之后，以色列人在约书亚的指挥下，为他们拿起了武器。罗马人也以同样的方式行事。但是，在这些情况下，君主应该遵守我们在 37 节确立的各种准则。他们在为一些臣民拿起武器时，应该小心谨慎，不要给国家全体带来更大的不便。主权者的责任首先并且主要地是考虑整体的利益，而不是某个部分的利益；这个部分越大，就越接近整体。

40.（2）在臣民之后的是我们的盟友，我们通过条约明确约定在需要的时候向他们提供援助；无论他们是否已将自己完全置于我们的保护之下，因此依赖于我们的保护；或者我们是为了共同的安全而同意提供援助：这一点都是成立的。

41. 但是，战争必须由我们的盟友公正地进行；因为在一场明显不正义的战争中，我们参与进去帮助任何人便不可能是无辜的。我们在这里要补充一点，在不可能同时保卫自己的臣民和援助盟友时，我们可以优先保卫自己的臣民，这甚至是无损于条约的，因为一个政府对其臣民的承诺总是高于它与陌生人订立的承诺。

42. 至于格劳秀斯所说的，在没有成功希望的情况下，我们没有义务帮助一个盟国；这应该以如下方式加以理解。如果我们看到，我们的联合部队不足以对抗敌人，我们的盟友虽然能够和他达成某种可以容忍的条款，但仍然顽固地坚持使自己暴露在某种毁灭的危险中；我们没有义务根据同盟条约，与他一起进行如此离谱和绝望的尝试。但是，我们也应该考虑到，如果我们没有义务使自己处于某种危险之中或者在保卫一个盟国的过程中遭受某种损失，那么联盟将变得毫无用处。

43. 在这里可能会有疑问，当我们的几个盟国需要援助时，哪一个应该首先得到帮助，优先于其他人？格劳秀斯回答说，当两个盟国不公正地对彼此发动战争时，我们应该两不相帮；但是，如果一个盟国的原因是正义的，我们不仅必须帮助他对付陌生人，而且还必须帮助他对付我们的另一个盟国，除非条约中有特别条款不允许我们保护前者和对抗后者，即使后者已经造成了伤害。最后，如果我们的几个盟国联合起来对付一个共同的敌人，或者单独对特定的敌人发动战争，我们必须根据条约平等地帮助他们；但是，如果不可能同时帮助他们，我们必须优先考虑最古老的盟国。

44.（3）朋友，或是那些因一种特殊的亲善关系与我们联结的人排在第三位。因为虽然我们没有向他们承诺援助，后者是由一项正式的条约决定的；但友谊本身的性质意味着一种帮助彼此的相互间的承诺，只要它为朋友所承担的更严格的义务所允许；而且对彼此安全的关切，应该比为人道的简单联系所要求的更为强烈。

45. 我说，我们可以为我们的朋友拿起武器，如果他们正在进行一场正义的战争；因为我们并没有严格的义务去协助他们：这个条件应该以如下方式加以理解，也即：如果我们能够轻易地做到这一点，并且不给自己带来任何巨大的不便。

46.（4）最后，我们可以肯定，全人类由于其共同的本性和所处的人类社会而彼此站在一起并形成最广泛的联系，这种单一的关系便足以授权我们帮助那些受到不公正压迫的人；至少是在这种不公正相当大并且明显，而且受到伤害的一方要求我们帮助他的情况下，这样我们就可以以他的名义而不是以我们自己的名义行事。但即使在这里，我们也必须作出如下评论，我们有权利纯粹从人道角度出发去救助受难者，但我们没有严格的义务去这样做。这是一种带有不完全义务性质的职责，它对我们的约束力只存在于当我们实践它时，不会给自己带来相当大的不便；因为在所有情况都等同时，我们或许可以甚至应该优先考虑我们自己而不是另一个人的保存。

47. 另一个问题是，我们能否仅仅从人道主义的原理出发，发动一场战争以保卫一个外国君主的臣民们去反对他们君主的侵略和压迫？我回答说，这只有在如下情况中才得到允许，也即暴政达到如此程度，按照此前已经确立的原理，以至臣民们可以合法地拿起武器摆脱暴君的枷锁。

48. 诚然，自政治社会建立以来，主权者获得了对臣民的一种特殊权利，凭借这种权利，他可以惩罚他们，其他任何权力都无权干涉。但同样确切无疑的是，这种权利是有限度的，除非臣民真的有罪，或者至少他们的清白是令人怀疑时，否则这种权利就不能合法地行使。因而，这一推定应该是有利于主权者的，一个外国势力对另一个国家中发生的事情无权干涉。

49. 但是，如果暴政达到最严重的程度，如果压迫是显而易见的，就像当布西里斯（Busiris）或法利里斯（Phalaris）以如此残酷的方式压迫他们的臣民，每一个有理智的人都必然对之加以谴责；我们不能拒绝这样被压迫的臣民得到社会的法律提供的保护。每一个人，在他真正需要帮助的时候，都有权要求别人的帮助；而且每一个人都有义务根据人道法则，在力所能及的情况下，给予他帮助。现在可以肯定的是，我们既没有也不能因为进入社会而废弃了这些法律，因为社会本来就不可能建立在对人性的损害上：尽管我们或许可以正当地假设，我们已经约定不为轻微的伤害，甚至是只影响少数几个人的重大伤害而请求外国援助。

但是，当所有的臣民或其中相当一部分人在暴君的压迫下呻吟时，臣民们一方面重新获得了自然自由的若干权利，这授权他们在任何可能找到援助的地方去寻求援助；另一方面，那些有条件给予他们援助的人，在不对自己造成任何相当大的损害的情况下，不仅可以而且应该尽其所能解救被压迫者；这仅仅是因为后者是所有政治社会参与其中的人类社会的成员。

50. 从古今历史看来，侵略他国的愿望的确常常为这些借口所掩盖；但是，对一件事情的不良利用，并不妨碍事情本身是正义的。海盗会和其他人一样在海上航行，强盗则会和其他人一样佩剑。

第三章　论不同类别的战争

1. 除了以上提到的战争被分为正义的和非正义的之外，还有其他几种区分，现在应该考虑一下。而首先，战争被区分为进攻性的和防卫性的。

2. 防卫性战争是为保卫我们的人民或保护我们的财产而进行的战争。进攻性战争是为了迫使别人给予我们应得的东西，对这些东西我们有一种完全的权利向他们加以索取；或是为了获得对我们不公正造成的损害的补偿，并迫使他们在未来保持谨慎。

3.（1）因此，我们必须注意不要把这一点和前一种区分混为一谈；好像每一次防卫性战争都是正义的，而相反每一次进攻性战争都是不正义的。现在的习惯是对于那些最不正义的战争，通过声称它们是纯粹的防卫性战争而加以开脱。有些人认为，所有的非正义战争都应该叫作进攻性战争，这是不对的；因为如果有些进攻性战争是正义的——毫无疑问这是存在的，那么也有防卫性战争是不正义的；就像我们防卫一个具有充足正当理由来攻击我们的君主。

4.（2）我们也不相信，谁先伤害了另一个人，就开启了一场进攻性的战争，而另一个要求对伤害加以补偿的人，就总是处在防卫一边。有许多不公正的行为可能会引发战争，但本身却仍不构成战争；比如糟糕对待君主的大使，掠夺他的臣民，等等。因此，如果我们拿起武器来报复这种不公正的行为，我们就开启了一场进攻性的，但却是一场正义的战争；而造成了伤害却又不加以补偿的君主，就会进行一场防卫性的，但却是一场不正义的战争。因此，进攻性的战争只有在没有合法理由的情况下进行时，才是非正义的；而在其他情况下可能是非正义的防卫性战争，就变成了正义的战争。

5. 因此，一般而言，我们必须断言，首先拿起武器的人，不论是正义的还是不正义的，都开始了进攻性战争；而反对他的人，不论是有理由还是没有理由，都开始了防卫性战争。那些把进攻性战争这个词看成是一个可憎的词的人，认为它总是意味着某种不正义的东西；以及反过来那些认为防卫性战争与公正不可分割的人，混淆了各种概念，把一件本身似乎已经很清楚的事情变得费解。适用于私人的判断，对君主而言也是一样的。在法律上发起诉讼的原告，有时是错的，有时是对的。被告也是如此。拒绝支付一笔对方正当应得的款项是错误的，而不支付我们并不亏欠的东西则是正确的。

6.（3）格劳秀斯把战争区分为私人的、公共的和混合的。他把两方都是由公共权威而进行的战争称为公共战争。私人战争是指私人之间的战争，没有任何公共权威；最后，混合战争是指一方由公共权威进行，另一方由私人进行。

7. 我们可以观察到，关于这种划分，如果我们从最一般和最广泛的意义上理解战争一词，把它理解为所有拿起武器以决断一场争吵的行为，这与通过求助于一个共同的法官来裁断分歧的方式相对立，那么这种区分或许是可以接受的；但是，习惯似乎与它相冲突，并将战争一词的含义限制在主权国家之间进行的战争。在政治社会中，私人无权发动战争；至于自然状态，我们已经论述了人们在该状态下捍卫和保护自己的人身和财产的权利；因此，由于我们在这里只论述主权国家相对彼此的权利，所以只有真正的公共战争而不是私人战争在我们当前的考虑范围内。

8.（4）战争也根据万民法被区分为正式的和不正式的。为了使战争正式，有两件事是必要的：第一，它是由主权者的权威作出的；第二，它必须伴有特定的程式以作为一项正式的宣战，对之我们将在适当的地方更充分地加以讨论。不正式的战争，或者是没有一种正式的宣战，或者是针对私人的。我们在这里只会提及这一区分，对它更详细的检视以及对其影响的探讨，将有待于我们处理通常在战争之前的各类程式时再行探讨。

9. 但有人就这个主题提出一个问题，也即：一位名副其实的执政官，是否有权自行发动战争？格劳秀斯回答说，执政官独立根据民法作出判断，在遇到抵抗时，他拥有权利拿起武器以行使他的管辖权，并确保他的命令得到执行，以便保卫被委托给他照料的人民。相反，普芬道夫则持否定意见，并对格劳秀斯的观点进行谴责。

10. 但要调和这两位作者是很容易的，他们之间的争执只是文字问题。格劳秀斯给“战争”一词确定了一个比较模糊和笼统的概念[①]：因此，根据他的说法，当一个下级执政官拿起武器来维护

① 参见本书下卷，第四部分，第三章，第 7 节。

自己的权威，并使那些拒绝服从他的人回归理智时，他的行为被预设得到了主权者的批准；主权者通过将一定份额对国家的治理委托给下级执政官，便同时也把为进行这一治理所必需的权力赋予了他。所以，问题只在于，是否每一个执政官在这个场合都需要主权者的明文命令，以至政治社会的一般构成要求这样做，这独立于每个特定国家的法律。

11. 现在，如果一个执政官可以诉诸武力来约束一个人、两个人、十个人或二十个人，这些人要么拒绝服从他，要么企图妨碍他行使管辖权，那么为什么他不能对五十人、一百人、一千人使用同样的手段呢？不服从者的数量越多，他就越有机会使用武力战胜他们的抵抗。这就是格劳秀斯在“战争”一词中所包含的内容。

12. 普芬道夫大体上同意这一点；但他声称，这种属于一个执政官的对不服从的臣民的强制权力，并不是一种战争权利；战争似乎完全是在平等的人之间进行的，或者至少是宣称平等的人。普芬道夫的思想当然更为规范，也更符合习惯；但很明显，他和格劳秀斯之间的区别，只在于他们每一个人对“战争”这个词所给予的或多或少的内涵。

13. 如果有人反对说把这么多权力留给下级执政官是危险的，这是确实的；但这只能证明，立法者的明智德性需要他们在这方面对执政官的权力设定界限，以防止因执政官的设立而产生的不便。

14. 但是，要判断执政官或将军和首领在恰当所言的战争中，也即他们对国外敌人所进行的战争中的权力，我们只需要关注他们的授权令；因为很明显，他们不能在没有主权者正式命令或者至少能根据特定情况合理预期这一命令的情况下，凭借自己的主张合法地挑起任何敌对行为。

15. 因此，举例而言，一个被派出进行远征并具有无限制权威的将军，既可以进攻，也可以防御，从而以他认为最有利的方式对付敌人；但他既不能发动新的战争，也不能自作主张缔结和平。但是，如果他的权力是受到限制的，他永远也不应该逾越设定的限制，除非他是由于自卫的必要而不可避免地这样做；因为无论他在那种情况下做什么，都被认为得到了主权者的同意和认可。因此，如果一位海军将领奉命采取守势，但如果敌舰前来攻击他，因此尽管存在上述限制，他或许也能闯入敌人的舰队，并尽可能多地击沉和烧毁敌人的船只：他被禁止的，只是率先向敌人发起挑战。

16. 总的来说，行省和城市的长官，如果有军队在他们的指挥下，便可以凭依自己的权威保卫自己，以抵御攻击他们的敌人；但是，如果没有他们主权者的明确命令，他们不应该把战争带到国外。

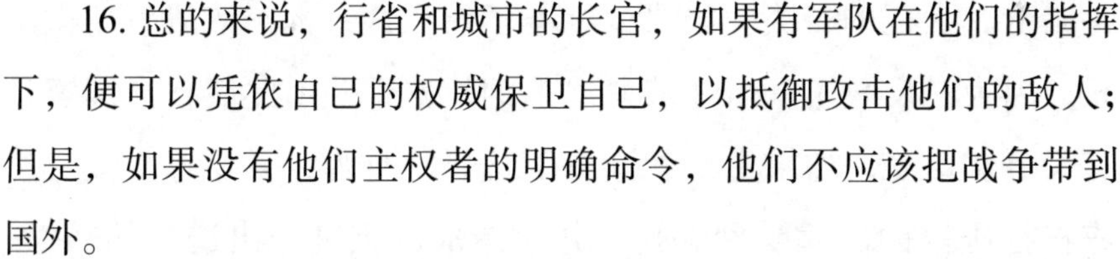

17. 正是凭借这种从必要性中产生的特权，罗马人在西西里恩纳的总督卢修斯·皮纳留斯，根据某些消息得知居民们打算投诚迦太基人，便将他们全部置于刀剑之下，从而保全了这个地方。[①] 但是，除了在相似的存在必要性的情况下，如果君主忽视了对伤害加以报复，一个城镇的居民并没有权利拿起武器以便自行获得补偿。

18. 仅凭对主权者意志的假定，除非是在必要的情况下，甚至

① 李维，《罗马史》，第 21 卷，第 18 节。

不足以成为总督或任何其他官员在没有一般性的命令或特别命令时进行战争的借口。因为在这种特定的事态下，仅仅知道如果征求主权者的意见，他可能会采取什么行动是不够的；而应该从总体上考虑，当事情会有所拖延，而且事情是可疑的时候，君主可能会希望在没有征求他的意见的情况下采取何种行动。因为如果大臣们在他们自己认为适当的时候并且没有得到君主命令的情况下，展开一件像进攻性战争这样极为重要的事情，君主们当然不会感到满意，而这正是当前探究的主题。

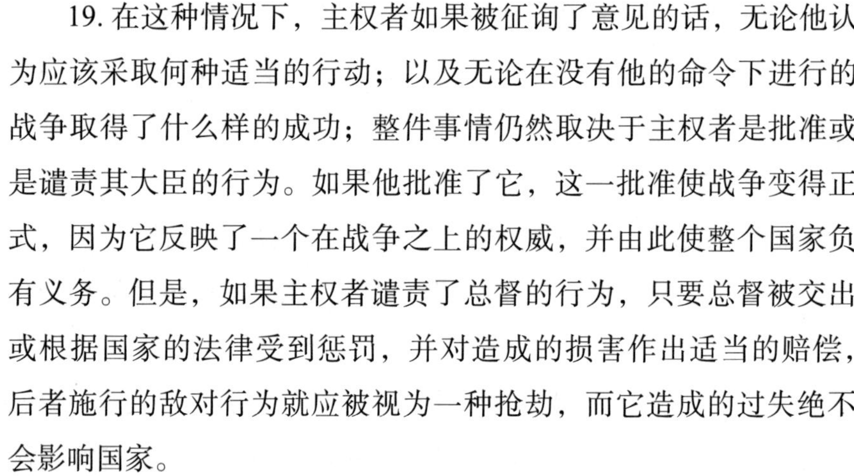

19. 在这种情况下，主权者如果被征询了意见的话，无论他认为应该采取何种适当的行动；以及无论在没有他的命令下进行的战争取得了什么样的成功；整件事情仍然取决于主权者是批准或是谴责其大臣的行为。如果他批准了它，这一批准使战争变得正式，因为它反映了一个在战争之上的权威，并由此使整个国家负有义务。但是，如果主权者谴责了总督的行为，只要总督被交出或根据国家的法律受到惩罚，并对造成的损害作出适当的赔偿，后者施行的敌对行为就应被视为一种抢劫，而它造成的过失绝不会影响国家。

20. 我们可以进一步观察到，在政治社会中，当某一成员对陌生人造成伤害时，该共同体的总督有时要为此负责，并可以以此为由对他宣战。但是，为了使这种归责有根据，我们必须假定这两种情况之一——默许或接受，即要么主权者默许了这一对陌生人的伤害，要么他为罪犯提供了退路。

21. 在前一种情况下，必须确立如下一条准则，即如果主权者知道其臣民的罪行——例如他们对陌生人实施海上抢劫行为，并且有能力和义务阻止海盗行为，但实际上却并没有制止这种行为，便使自己成为了罪犯，因为他已经同意了这一恶劣行为，他对罪行的允许便提供了一个正义的战争理由。

22. 上面提到的两个条件，我是说，主权者的认识和默许，是绝对必要的，在缺少任何一个的时候都不构成有罪的充分条件。现在假定，一个主权者知道他的臣民们公开和经常犯下的罪行；至于他阻止恶行的权力，这同样总是被假定存在的，除非这一权力的缺乏得到明确的证实。

23. 一个主权者让自己因为另一个人的罪行而有罪的第二种方式，是允许罪犯撤退并接纳他，从而使他免于惩罚。普芬道夫声称，如果我们必须交出一个躲在我们中间的罪犯，那与其说是因为我们在这个问题上存在某项条约，不如说是因为一项共同的、不可免除的义务。

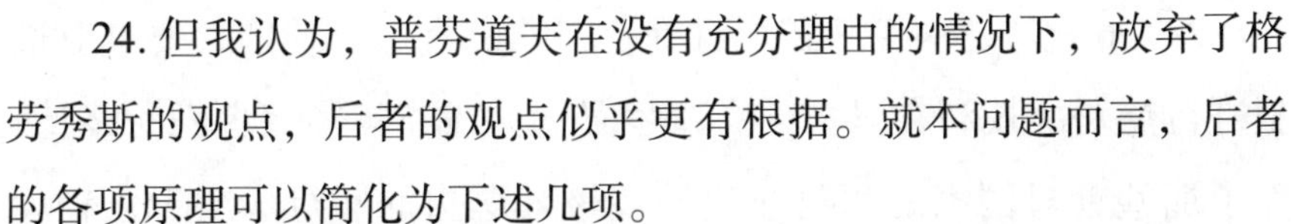

24. 但我认为，普芬道夫在没有充分理由的情况下，放弃了格劳秀斯的观点，后者的观点似乎更有根据。就本问题而言，后者的各项原理可以简化为下述几项。

（1）建立政治社会以来，惩罚公共罪行的权利，即每个人在自然状态下所拥有的权利——如果他自己不被指控犯有这种罪行的话，已被转移给主权者，因此只有后者才具有特权在他认为适当的时候惩罚其臣民的违法行为，这一行为影响到了他们作为成员的社会全体的利益。

25.（2）但是，这种惩罚罪行的权利并不是排他性地属于他们的，因为公共机构或是其执政者都有权利以相同的方式对他们进行处罚，因为特定国家的法律允许私人在民事法庭前对罪行提起诉讼。

26.（3）这一权利在针对那些使他们直接受到伤害的罪行方面更加强有力，他们有一种施加惩罚的完全权利，以维护他们的荣誉和安全。在这种情况下，那个罪犯隐匿其中的国家不应妨碍属于另一个国家的权利。

27.（4）现在，由于一个君主一般不允许另一个君主以追索惩罚为由派遣武装人员进入他的领地（因为这确实会带来可怕的不便）。很合理的便是，罪犯在其统治下生活或寻求庇护的主权者应该根据罪犯的过失对其进行惩罚，或者将他交出，由受害的主权者酌情处罚。这就是所谓的交付，我们在历史上有很多相关的例子。

28.（5）这里所确立的各项原理，关系到惩罚或交付的义务，它不仅涉及那些一直是其现在所处政府的臣民的罪犯，而且包括那些犯罪后在该国避难的罪犯。

29.（6）总之，我们必须看到，在欧洲大部分地区，要求对逃犯进行惩罚的权利在过去的一些岁月里并没有被主权者们所坚持，除了那些针对国家的罪行或是性质极其恶劣的罪行。至于较轻的罪行，除非根据某一特定条约另有协定，否则双方都会加以纵容。

30. 除了前面提到的战争类型之外，我们还可以把它们分为完全的和不完全的战争。一场完全的战争，彻底打破了国家的宁静，并为一切可能的敌对行为打下了基础。与之相反，一场不完全的战争，并没有彻底打破和平，除了在某些特定部分，公众的安宁在其他方面并未受到干扰。

31. 最后一种战争类型通常被称为报复性战争，我们将在这里对其性质作一些说明。我们所说的报复，是指不完全的战争，它或者是主权者对彼此施加的敌对行为，或者是经其同意，他们的臣民掳掠外国臣民及其财物，因后者对我们作出了不正义的行为；报复性战争着眼于获得安全，恢复我们的权利，在遭到拒绝的情况下，使我们自己得到公正的对待，并使公共安宁不受到其他干扰。

32. 格劳秀斯声称，报复不是建立在自然法和必然性的基础上，而是建立在一种大多数国家都同意的任意的万民法的基础上，后者要求属于外国臣民的货物应当构成一种其国家或执政者在或许对我们有所亏欠时的质押或担保，因为后者可能直接以自己的名义对我们有亏欠，或是因为拒绝伸张正义而使他们自己对其他人的行为负有责任。

33. 但这远非一项任意的权利，建立在一种谎称为万民法的东西的基础上，以至我们无法证明它的存在，并且认为它的效力取决于习俗的强度而不具备法律在其性质中拥有的那种约束力。我们在这里所说的权利，是政治社会之构造的结果，是自然法的准则对这种构造的一种应用。

34. 当每个人在自然状态中是独立的时候，并且在建立公民政府之前，如果一个人受到伤害，他只能向那些犯了错误的人或他们的同伴下手；因为当时人与人之间没有联系，以至一个人可以凭借这种联系被认为以某种方式赞同了别人的行为，即使他自己没有参与其中。

35. 但是，在政治社会已经形成之后，也就是说，出现了其成员为了共同的防卫而团结在一起的群体，那么必然会从那时起产生利益和意志的结合；这就是社会或统治它的权力保护每个人免受任何伤害的原因；因此，每个人都可以被视为已经约定为他是其中成员的社会或是统治它的权力的行为负责。

36. 任何人类建制都不能取代那条普遍的、不可侵犯的自然法的义务，即我们对他人造成的损害应当得到修补；除非那些因此受到伤害的人已经明显地放弃了要求赔偿的权利。当这些建制阻碍了那些受到伤害的人，使他们不能像没有这些建制那样轻易地获得补偿时，就必须通过向利益相关的人提供所有其他可能为自己伸张正义的方法来弥补这一困难。

37. 现在可以肯定的是，社会或统治社会的权力，由于被整个共同体的力量武装起来，有时会受到鼓励对前来要求得到应有待遇的陌生人肆无忌惮地加以嘲笑；而每个臣民都以某种方式促使它们能够以这种方式行事；因此，可以认为他在某种程度上同意这样做。但是，如果他实际上并不同意，对于受到伤害的陌生人而言，毕竟面对整个共同体的联合力量来申诉他们的权利是非常困难的，那么唯一的办法便只有授权他们对这个共同体的所有成员进行攻击。

38. 因此，让我们得出这样的结论：在政治社会形成之后，每个臣民只要继续构成这个社会的成员，就必须对社会或是那个统治社会的人涉及陌生人的行为负责；然而，有了这个条款，当他的上级有任何过错或不正义之举时，他都可以要求赔偿。但是，如果有人不幸对这种赔偿感到失望，他就必须把它视作在政治社会中人类事务的性质带来的几乎不可避免的不便之一。如果我们再加上格劳秀斯所提出的理由，我们就会清楚地看到，没有必要假定一种人民的默许来确立报复的权利。

39. 由于报复是敌意行为，而且往往是一个完整的和完全的战争的序曲和前兆，很明显除了主权者之外，没有人可以合法地使用这一权利，并且臣民们除了他的命令和授权之外，不能进行任何报复行为。

40. 此外，对我们犯下的错误或不正义，以及由此促成的报复，应该是明确和明显的，而且引发争端的事情应该具有重大的后果。因为如果伤害是可疑的或者是不重要的，那么走向这个极端，并使我们自己面临一场公开战争的一切灾难，将同样是不正义的和危险的。我们也不应该在尝试用普通手段为所受的伤害讨回公道之前，就进行报复。为此，我们必须向君主提出申请，因为他的臣民对我们不公正；如果君主毫不在意或是拒绝给予补偿，我们就可以进行报复以便获得正义。

41. 总之，除非是所有的获得补偿的惯常手段都遭到失败，否则我们决不能诉诸报复；因此，例如，如果下级行政官拒绝为我们伸张正义，在我们向主权者本人提出申诉之前，我们便不被允许使用报复手段，因为主权者也许能给予我们赔偿。因此，在这种情况下，如果外国扣留了我们的臣民，我们可以选择扣留外国的臣民；或者我们可以没收他们的货物和物品。但不管我们有什么正当理由去进行报复，我们绝对不能仅凭这个原因就直接把我们抓到的人处死，而只能是扣押他们并且不伤害他们，直到我们得到补偿。在这期间，他们都要被视为人质。

42. 关于因报复的权利而被扣押的货物，我们必须妥善照料它们，直到应该加以补偿的期限终止；期满后，我们可以将其判定给债权人，或将其出售以偿还债务；并在扣除所有应付费用后，把剩余的部分归还给它们原先的主人。

43. 我们还必须注意到，除了对真正的臣民及他们的财物，对其他人不允许进行报复。至于陌生人，他们只是路过一个国家，或者只是来这个国家作短暂的停留，他们与这个国家没有足够的联系，他们只是在一段时间内而且是以不完全的方式作为这个国家的成员；因此，我们不能针对他们来补偿我们自己因为这个国家的任何本土人而遭受的损失，或者是因为主权者拒绝为我们伸张正义而遭受的损失。我们必须更进一步把大使除外，他们的人身是神圣的，即使在战争的高峰期也是如此。但对于妇女、神职人员、文人等，如果他们没有因某种条约而获得某种特权的话，自然法在这种情况下不赋予他们任何特权。

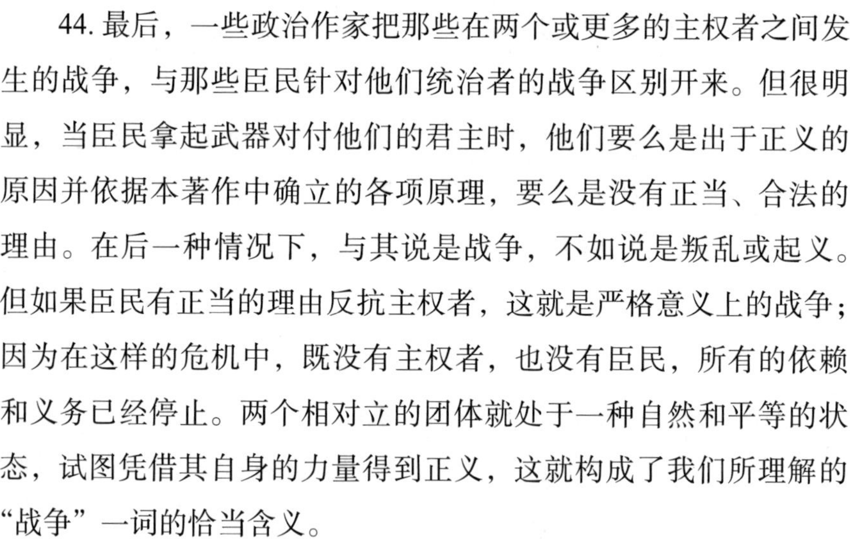

44. 最后，一些政治作家把那些在两个或更多的主权者之间发生的战争，与那些臣民针对他们统治者的战争区别开来。但很明显，当臣民拿起武器对付他们的君主时，他们要么是出于正义的原因并依据本著作中确立的各项原理，要么是没有正当、合法的理由。在后一种情况下，与其说是战争，不如说是叛乱或起义。但如果臣民有正当的理由反抗主权者，这就是严格意义上的战争；因为在这样的危机中，既没有主权者，也没有臣民，所有的依赖和义务已经停止。两个相对立的团体就处于一种自然和平等的状态，试图凭借其自身的力量得到正义，这就构成了我们所理解的“战争”一词的恰当含义。

第四章　论那些应该先于战争的事项

1. 然而，无论我们发动战争的原因多么正义，由于它不可避免地带来了无尽数量的灾难以及往往是不正义的行为，我们肯定不应该太过轻易地走向这个危险的极端，它对征服者本人来说可能被证明是致命的。

2. 在这些情况下，明智德性指示下述措施应得到遵守。

①假设战争的原因本身是正义的，然而争端关系到一些具有重大后果的事情；当事情不是很可观时，放弃我们的部分权利要比诉诸于武器来保卫它会更好。

②我们至少应该有一个可能成功的表象；因为将我们自己暴露在一定的毁灭之下，并且为了避免小的恶而陷入到更大的恶之中，是一种带有犯罪性质的轻率。

③最后，应该有拿起武器的实际的必要性；也即：当我们无法采用更温和的方式来恢复我们的权利或保护自己免于那些威胁我们的恶时，我们才应该诉诸武力。

3. 这些措施不仅符合明智德性的各项原理，而且也符合社会性的根本准则和对和平的热爱；这些准则对国家的效力，不亚于它们对个人的效力。因此，主权者必须以这些准则为指导；由于政府的性质和目的，正义使他必须这样做。由于他应该特别关照国家及其臣民，因此他不应该让他们暴露在战争带来的伤害之下，除非是在最后的极端情况中，也即，除了诉诸战争别无他法。

4. 因此，战争本身对敌人来说是正义的，这一点仍是不够的；它必须对我们自己和我们的臣民也是正义的。普鲁塔克告诉我们，“在古罗马人中，当特别委员会决定可以正义地进行一场战争时，之后元老院就会研究进行战争是否有利”。

5. 在不诉诸战争来决定国家间分歧的方法中，有三种最为可观。第一种是争执双方之间的友好会议；关于这一点，西塞罗明智地指出：“这种通过讨论双方的理据来终止分歧的方法，是特别符合人的本性的；武力是属于动物的，除了在我们不能用任何其他方法来补救我们受到的伤害时，我们决不应该诉诸武力。”

6. 终止没有共同法官的人们之间分歧的第二种方法，是把事情提交仲裁。较有权势的人常常忽视这种方法，但对正义与和平有任何考虑的人当然应该遵循这种方法；而且这种方法已被伟大的君主们和人民所采用。

7. 最后，第三种方法，有时可能运用得很成功，即抽签。我说，我们有时可以用这种方式；因为它将关系到一种分歧或一场战争的问题交给运气来决定，并不总是合法的。只有当争议的对象是一件我们对它有充分的权利并且可以随时放弃时，才能采取这种方法。但一般来说，主权者有义务捍卫臣民的生命、荣誉和宗教，也有义务维护国家的尊严，这些义务具有一种过于强的性质，以至主权者不能放弃那些最自然和最可能的手段来保障自己和公众的安全，而把他的事项交付给偶然性，后者就其性质而言是完全不保险的。

8. 但是，如果经过适当的考察，那个受到了不公正攻击的人，发现自己是如此弱小，以至于他没有任何可能做出任何有效的抵抗，他或许可以合理地通过抽签的方式来裁断分歧，通过把自己暴露在一种不确定的危险下，以避免某种确凿的危险；在这种情况下，这是两个不可避免的恶中最小的那一个。

9. 还有另一种方法，与抽签有一定关系。这是个体之间的决斗，这种方法经常被用来终止可能在两个国家之间产生战争的分歧。事实上，为了防止战争及其伴随的恶果，我看不出有什么理由可以阻止我们把事情交给双方商定的一定数量的人之间的决斗来决定。历史为我们提供了许多这样的例子，如特努斯和埃涅阿斯、米奈劳斯和帕里斯、霍拉蒂和库里亚蒂。

10. 有一个重要的问题是要知道，这样把整个国家的利益暴露在这些决斗的命运中是否合适。一方面，通过这种手段，我们似乎可以免去人类鲜血的流淌，减少战争的灾难；另一方面，比起冒险将国家的自由和安全置于一场决定性的决斗中，经受哪怕是一场血腥战争的冲击，也承诺了一种更加公平而且看起来更好的尝试；因为在输掉一两次战斗之后，战争可能会重新开始，第三次战斗也许会证明是成功的。

11. 然而，或许可以说，如果不选择决斗时，也不存在战争能达成好的结果的任何前景，而且国家的自由和安全处于危险之中，那么似乎便没有理由不采取决斗这一步骤，因为它是两种恶中较小的那个。

12. 格劳秀斯在考察这个问题时，声称这些决斗是不符合内在正义的，尽管它们得到了国家外部权利的认可；而且，私人不能无罪地将自己的生命主动暴露在一次决斗的危险之中，尽管这种决斗可能在被国家或主权者允许以防止更大的灾难时，是无罪的。但有人公正地指出，这位伟大人物所使用的论据，要么根本不能证明什么，要么同时证明了在任何战斗中冒生命危险都是不合法的。

13. 我们甚至可以断定，格劳秀斯自己并不十分一致，因为他在如下情况下允许这种决斗，也即如果不这样做的话，那个追寻不正义事业的人极有可能取得胜利，从而毁灭大量无辜的人。因此，这个例外情况证明了这件事本身并不坏，而在这一情形中所有的伤害在于将我们自己的生命或其他人的生命，在没有必要的情况下，暴露在一次决斗的危险中。终止或防止战争的愿望是值得赞扬的，因为战争总是会带来可怕的后果，甚至对胜利者来说也是如此，这种愿望即使不能完全辩护至少也可以部分开脱那些甚至是轻率地让自己或他人参与这种决斗的人的行为。尽管如此，可以肯定的是，在这种情况下，那些奉国家命令作战的人是完全无辜的；因为就好比被派去进行攻击或打一场阵地战那样，他们并没有更多的义务去检视国家的行为是否审慎。

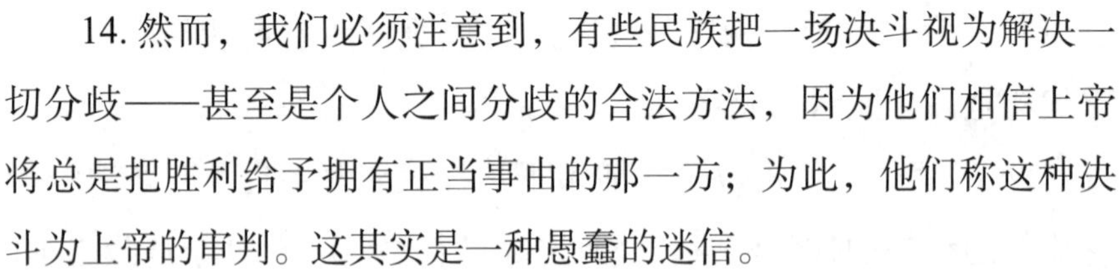

14. 然而，我们必须注意到，有些民族把一场决斗视为解决一切分歧——甚至是个人之间分歧的合法方法，因为他们相信上帝将总是把胜利给予拥有正当事由的那一方；为此，他们称这种决斗为上帝的审判。这其实是一种愚蠢的迷信。

15. 但是，如果在我们用尽一切努力，试图以一种友好的方式结束分歧之后，仍然没有进一步的希望，而我们绝对要被迫发动一场战争，那么我们就应该首先在形式上宣布这场战争。

16. 这种宣战，就其自身并且独立于每个民族采取的特殊程式来加以考虑的话，按格劳秀斯的意思，并不只是属于万民法，而是属于自然法本身。事实上，明智德性和自然衡平同等地要求在我们对任何国家拿起武器之前，我们应该尝试所有友好的方法，以避免走到这样的极端。然后，我们应该传唤那个伤害了我们的人，令其迅速作出补偿，我们可以看到他是否会顾及自己，以及是否会让我们处于需要通过武力来追索我们权利的艰难的必然性之下。

17. 从以上所述可以看出，这种宣战只发生在进攻性战争中；因为当我们实际受到攻击时，单单这一事实便使我们有理由相信，敌人决心不听从调停。

18. 由此也可以看出，我们不应该在宣战后立即采取敌对行动，而应该在不会对自己造成伤害的情况下尽可能地等待，直到伤害我们的人明显地拒绝补偿我们，并使自己处于一种以勇敢和决心来迎战我们的状态中；这一点即使是在对方给我们带来补偿的希望很小的情况下也是如此。否则，宣战只会是一个徒劳的仪式。因为我们不应忽视通过任何一种手段去说服全世界，甚至是敌人本身，只是绝对的必要性才迫使我们拿起武器，以便恢复或是捍卫我们正当的权利，而且我们已经尝试了其他每一种方法，并且给了敌人充分的时间来考虑。

19. 宣战分为有条件的宣战和无条件的宣战。有条件的宣战伴随着一种对于赔偿的郑重要求和如下条件，也即如果伤害得不到补偿，我们就要用武力来寻求正义。无条件的宣战是不包括任何条件的，我们无条件地放弃了与我们对之宣战的人的友谊和社会交往。但是，每一次宣战，无论它是以什么方式作出的，就其自身性质而言都是有条件的；[1] 因为只要敌人提出一种合理的补偿，我们就始终应该倾向于接受；基于这一点，有些作家拒绝将宣战区分为有条件的和无条件的。但是，这一区分或许仍然可以维持，只要我们假设，那个我们以一种纯粹和简单的方式对之宣战的人，已经向我们表明，他并不会设法以使我们免于拿起武器对付他的必然性。因此，如果敌人听从理智的话，宣战至少在形式上可以是纯粹和简单的，而不影响我们应该始终加以维持的倾向；但这关系到战争的结束，而不是战争的开始，有条件的宣战和无条件的宣战这一区分是属于后者的。

20. 一旦对一个主权者宣战，就会被认为不仅是在对他的所有臣民宣战——他们与主权者结合形成了一个道德人格，而且也是在对所有那些随后将加入他的行列的人宣战，并且相对于主要敌人，后者只能被看成是盟友，或者说是拥护者。

21. 至于不同国家在宣战时遵守的程式，它们本身都是任意的。因此，无论宣战是由使节、传令官还是信件作出，无论是向君主本人，还是向其臣民宣战，只要君主在后一情况下不能将不知情作为辩解理由，都是无甚分别的。

22. 关于为什么在进行战争时需要伴有一种郑重的谴责，以便根据万民法被视作合法的和正式的；格劳秀斯声称，这是为了让人民放心，战争不是由私人权威进行的，而是根据一个或另一个国家的同意或是它们主权者的同意而进行的。

23. 但是，格劳秀斯的这个理由似乎并不充分。因为，当一个

① 参见本书下卷，第四部分，第四章，第 18 节。

传令官带着某些仪式来宣布战争时，我们是否比看到一支军队就在我们的边境上，它由国家的首脑人物指挥并且准备进入我们的领土时，更能确信战争是由公共权威发动的呢？相比一个人竟凭借自己的权威组建一支军队，并在主权者不知情的情况下率领军队向边境进军，难道更容易发生的事情不是一个人或几个人竟冒充传令官的角色吗？

24. 事实上，宣战的主要目的，或至少是促使宣战的原因，是要让全世界知道有正义的理由拿起武器，并向敌人表明，他本来拥有而且仍然具有能力避免战争。宣战和君主们发表的宣言，标志着他们对彼此和对整个社会应有的尊重，他们通过这种方式向社会交代自己的行为，以获得公众的认可。这一点尤其可以从罗马人进行这些谴责的方式中看出。为此目的派出的人请求神灵的见证，证明他们宣战的民族拒绝遵守法律和正义的要求，并作出了不正义的行为。

25. 最后，需要指出的是，我们不应该把宣战与战争的公布混为一谈。后者是对宣战的君主的臣民作出的，以告知他们从今以后要把某个国家看作他们的敌人，并采取相应的措施。

第五章　知晓什么是战争中允许的事项的一般规则

1. 战争在发动时伴随着正义或是出于一个合法的原因，同时遵守我们之前提到的其他条件，这仍是不够的；我们在进行战争时，也应该以正义和人道的原理为指导，而不是使充满敌意的行动超出了这些界限。

2. 格劳秀斯在论述这个问题时，确立了三条一般规则，它们能形成不同的原理，用来解释战争权利的范围。

3. 第一条规则。凡是与战争的目的具有道德上必要联系的事情，都是允许的，并且仅此而已。因为如果我们不能利用必要的手段来实现它，那么我们去做某件事的权利就是徒劳的。但是，与此同时，在捍卫我们权利的幌子下，我们竟然视一切事情都是合法的，并且在没有任何必要性的情况下一直走到最极端的境地，这将是不正义的。

4. 第二条规则。我们借助武力来向一个敌人追索补偿的权利，不应该只相对于那个引起战争的原因来考虑，还应该将之后在进行敌对行动期间发生的新原因考虑在内。就像在法庭上，其中一方往往在诉讼结束前要求一些新的权利。这就是我们拥有的对那些在战争期间加入我们敌人阵营的人——无论他们是否是他的臣属——采取行动的权利的基础。

5. 第三条规则。有很多事情虽然在其他时候是非法的，但在战争中却被允许，因为它们是战争的不可避免的结果，它们的发生与我们的意图相反；不然的话，便不存在任何进行战争的方式以至可以被认为不伴随着不正义；而且那些最无辜的行为也会被视为充满罪恶，因为只有很少一些事情，从它们中间不会意外地产生一些恶果，从而与行动者的意图相反。

6. 因此，比如说，在收复我们自己东西的时候，如果恰如其分地收回我们应得的东西是不可能的，我们就有权利去取得更多的东西，但同时有义务归还超出的价值。因此，我们可以炮击一艘满载海盗的船只，尽管船上可能有妇女、儿童或其他无辜的人，他们必须面临被卷入到毁灭的危险中，这种毁灭是我们可以正当地对其中一些人发动的。

7. 这就是我们因战争状态而对敌人拥有的权利的范围。由于战争状态，社会状态就被废除了；所以，凡是宣布他自己是我的敌人的人，就给了我对他无限制地使用暴力的自由，或者说，只要我愿意就可以使用暴力的自由；而且，这种状态不仅持续到我击退了威胁我的危险，或者我从他那里收回了或强制取回了他不公正地剥夺我的东西，或者拒绝支付给我的东西为止，并且直到我进一步迫使他为未来向我提供良好的担保才结束。因此，以更大的恶回报较小的恶，并不总是不正义的。

8. 但也要看到，虽然按照严格的战争权利，这些准则是真的，但人道法则对这一权利规定了界限。这一法则要求我们不仅要考虑这种敌对行为是否可以在不造成伤害的情况下对敌人实施；同时还要考虑，它们是否与一个仁慈或慷慨的征服者相匹配。因此，只要为我们自己的防卫和未来的安全所允许，我们必须根据人道的原则来缓和我们对敌人造成的伤害。

9. 至于对敌人采取合法行动的方式，很显然暴力和恐怖是战争的应有特征和最常用的方法。然而，采用以下计谋和诡计也是合法的，只要不存在背叛或是对承诺的违背。因此，我们可以用虚假的消息和虚构的关系欺骗敌人，但我们决不应该违反与他的契约或约定，对之我们将在下文予以特别说明。

10. 我们可以据此判断采取计谋的权利；毫无疑问，凡是在诉诸暴力和武力是合法的地方，我们都可以无罪地使用欺诈和诡计。后一种手段甚至比前者更有优势，因为它们会造成更少的损害并保全许多无辜之人的生命。

11. 诚然，有些国家拒绝在战争中使用计谋和欺骗手段；然而，这并不是因为他们认为它们是不正义的，而是来自某种宽宏的气度和他们对自己力量的信心。罗马人，直到第二次布匿战争末期，都认为不对敌人使用任何计谋是一种荣誉。

12. 这些是我们据以判断敌对行为的法则可以执行到何种程度的若干原理。让我们补充一点，大多数国家没有对自然法赋予我们对敌人采取行动的权利确定界限；而事实是，即使在最合法的战争中，为了保护我们的人身安全，或是为了修复损失，或是为了获得对未来的警告，也很难准确地确定将敌对行为扩展到什么程度是合适的；特别是那些参与战争的人，通过一种默会的同意，给予对方在缓和或加强暴力并行使所有的敌对行为方面一种完全的自由，只要每一方都认为是合适的。

13. 在这里要指出的是，虽然将军们通常会惩罚他们的士兵，如果后者的敌对行为超出了下达的命令，但这并不是因为他们认为敌人受到了伤害，而是因为必须服从将军的命令并且严格遵守军纪。

14. 也正是由于这些原理，那些在一场正义且正式的战争中，把屠杀和掠夺推进到自然法所允许的范围之外的人，一般不会被看成是杀人犯或强盗，也不会因此受到惩罚。各国的习惯是把这一点留给参与战争之人的良心，而不是通过谴责任何一方把他们自己卷入到烦心的争辩中。

15. 甚至可以说，各国的这种习惯是建立在自然法的原理上。让我们假设，在自然状态中的独立情形下，三十个家庭作为同一个国家的居民，应该结成一个联盟去攻打或击退另一个共同体，后者由其他家庭组成。我说，无论是在那场战争进行时，还是在它结束之后，那些来自同一国家或其他地方并且未曾加入任何一方联盟的人，都不应该或不可以把碰巧落入他们手中的两方中的任何一人作为杀人犯或强盗来惩罚。

16. 在战争期间，他们不能这样做，否则就会是拥护其中一方的立场；既然他们在战争开始时维持中立，他们就已经明确地放弃了干涉战争中发生的事情的权利。在战争结束后，他们更不能干涉；因为，若是没有某种调停或和平条约，战争就不会结束，这也意味着有关各方相互免除了他们对彼此所做的一切恶行。

17. 社会的善也要求我们遵循这些准则。因为如果那些维持中立的人，仍被授权去受理在一场对外战争中施加的敌意行为，并因此去惩罚那些他们认为做了任何不正义行为的人，同时为此拿起武器；这将带来若干场而非一场战争，并被证明是一个争吵和麻烦的源泉。战争越是频繁，为了人类的安宁，就越是要不轻率地支持别人的争吵。政治社会的建立只会使这些规则的实践变得更加必要；因为敌对行为如果不是更加频繁，至少也会变得更加广泛，并且伴随着更多的恶果。

18. 最后，需要指出的是，所有可以合法地对一个敌人实施的敌对行为，都可以在他的领土、在我们的领土、在不受管辖的地方或是在海上实施。

19. 这一点对中立国并不适用；也就是说，其主权者没有参与战争的国家。在这种国家里，我们不能合法地实施任何敌对行为，这既包括对敌人的人身，也包括他们的财产。这并非源自敌人本身的任何权利，而是出于对主权者应有的尊重，由于他没有支持任何一方，这使我们必须尊重他的管辖权，并且克制自己不在其领土上实施任何暴力行为。对此，我们可以补充一点，主权者通过维持中立，已经以一种默会的方式约定不承受任何一方在其领地内实施的任何敌对行动。

第六章　论战争给予的对于敌人人身的各项权利，以及它们的程度和边界

1. 我们现在将开始讨论由战争给予的针对敌人人身和财物的各项不同权利的细节；我们从前者开始。

可以肯定的是，我们可以合法地杀死一个敌人；我说“合法地”，不仅是根据外在正义的条款，它在所有国家中都是如此，而且是根据内在正义和良心的法则。事实上，战争的目的必然要求我们拥有这种权力，否则拿起武器将会徒劳无功，自然法允许拿起武器也变得毫无意义。

2. 如果我们只考虑各国的习俗以及格劳秀斯所说的万民法，这种杀害敌人的自由就会延展得很远；我们或许可以说，它没有界限，甚至可以对无辜的人行使。毫无疑问，战争伴随着无数的罪恶和真正的残忍，尽管这些罪恶就其自身而言是不正义的行为，但在特定的情况下，它们更应该被认为是不可避免的不幸；然而，即使承认上述观点，下述这一点仍是真实的，也即战争赋予的针对敌人的人身和生命的权利是有限度的，并且有些措施必须得到遵守而不能被忘乎所以地忽视。

3. 一般而言，我们在判断战争中的自由可以运用到什么程度时，总是应该以上一章所确立的原理为指导。因此，我们夺取敌

人生命的权力并不是无限的；因为，如果我们能够在不夺取敌人生命的情况下达到战争的合法目的，也即：如果我们能够保卫我们的生命和财产，维护我们的权利，同时为遭受的损失获得补偿，并为未来获得良好的保证，那么可以肯定的是，正义和人道指示我们要保持克制，不要造成不必要的流血。

4. 诚然，在将这些规则应用于特定情况时，有时很难——如果不是不可能的话——精确地确定它们适当的范围和界限；但至少可以肯定的是，我们应该在不损害我们真正利益的前提下，尽可能地接近这些规则。下面就让我们把这些原理应用到具体的案例中去。

5.（1）人们经常争论的是，杀死敌人的权利是否只涉及那些实际持有武器的人，还是可以无差别地延伸到处于敌国的所有人，无论他是臣民还是外国人？我的回答是，对于臣民而言，这一点是无可争议的。这些人是主要的敌人，我们可以凭借战争状态对他们施行一切敌对行为。

6. 至于外国人，那些在战争开始后定居在敌国的人，如果他们事先得到了通知，或许可以被正当地看成是敌人并被如此对待。但对于那些在战前就去了那里的人，正义和人道要求我们应该给他们一个合理的时间来撤退；如果他们忽视了这个机会，他们就会被算作敌人。

7.（2）关于老人、妇女和儿童，可以肯定的是，战争的权利就其本身而言并不要求我们把敌对行动推进到杀死他们的地步；因此，这样做就是一种野蛮的残忍。我说，战争的目的本身并不要求这样做；但是，如果妇女施展了敌对行为；如果她们忘记了自己性别的弱点，篡夺了男人的职务并拿起武器来反对我们，那么，我们当然便具有了正当理由来凭借战争的权利对付她们。或许还有一种情况，当行动的冲动催促士兵们，使他们好像不受控地违背上级的命令去作出那些非人道的行为时；例如，在围攻一个城镇时，其顽固的抵抗激怒了部队；我们应该把这些恶行视为不幸，把它看作战争不可避免的后果，而非应该受到惩罚的罪行。

8.（3）对于战俘，我们必须以几乎相同的方式进行推理论证。一般说来，我们不能把他们处死，否则就会因残酷而犯罪。我说的是一般情况；因为可能有一些情况是如此紧迫，以至于我们对自我保存的关心迫使我们采取极端的做法，这些做法在任何其他情况下都是绝对罪恶的。

9. 一般说来，即使是战争法也要求我们尽量避免屠杀，并且若非必要不造成流血。因此，我们不应该径直并蓄意地杀害战俘或那些寻求宽恕和自首的人，更不应该杀害老人、妇女和儿童；一般来说，我们应该放过所有那些因年龄和职业的缘故使他们不适合携带武器的人，以及那些除了身处敌国，并没有以任何其他形式参与战争的人。我们也很容易观察到，战争的权利并没有延伸到授权对妇女的荣誉和贞洁实施暴行的地步；因为这既无助于我们的防卫或安全，也无助于支持我们的权利，而只是为了满足士兵的残暴。①

10. 在这里又出现了一个问题，即在有些情况下，杀死敌人是合法的，这时我们是否可以为此目的无差别地使用各种手段？我回答说，从事物本身和从抽象的角度来考虑，我们用何种方式杀

① 参见格劳秀斯，《战争与和平法》，第 3 卷，第 4 章，第 19 节。

敌，是用公开的武力，或是用欺诈和诡计；是用剑，或是用毒药，都是无所谓的。

11. 然而，可以肯定的是，按照文明国家的观念和习惯，不仅给敌人提供任何有毒的饮水，而且给水井、泉源、泉水、河流、箭、飞镖、子弹或其他用于对付敌人的武器下毒，都被视为一种卑劣的懦弱行为。现在，既然这种视使用毒药为犯罪的习惯，在别的国家与我们国家得到接受的程度不同，那么像下面这样做就足够了，也即假定我们会遵守它，并且在战争开始时，我们并不宣称我们可以自由地采取其他行动方式，并且留待我们的敌人也作出同样的选择。

12. 我们或许有更充足的理由去假设这种默契，因为人道和双方的利益同等地需要它；特别是由于战争变得如此频繁，而且往往发端于如此细微的缘由；而且由于人类的头脑在发明伤害手段方面是如此巧妙，已经使那些得到习俗授权并被视为诚实的手段大大增加。此外，毫无疑问，当我们可以通过更温和、更人道的措施达到同样的目的，从而保全许多人的生命，特别是保全人类社会所关切的那些人的生命时，人道指示我们应该采取这种做法。

13. 因此，这些是人们为了自己的利益应该遵循的正当的防御措施。为了人类的共同利益，不应该无休止地增加危险。特别地，公众对保存国王、军队将领和其他最高等级的人的生命尤为关切，他们的安全关系到社会的安全。因为，如果当只受到武器的攻击时，这些人的生命较之其他人的生命处于更加安全的境地；另一方面，面临下毒等情况时，他们则更加危险，而且如果他们不受到某种法律或既定习惯在这方面的保护，他们将每天都暴露在因这种方式死亡的危险之中。

14. 让我们最后补充一点，所有自诩为正义和大度的国家，都遵循了这些准则。罗马的执政官们在写给皮洛士（Pyrrhus）的信中，告知他有一个他的臣民提出要毒死他，并且他们说，不树立这样的先例是所有国家的利益所在。

15. 同样有争议的是，我们是否可以合法地派人去刺杀敌人？我的回答是:（1）那个为此目的只雇用了一些他自己国家人民的人，或许可以正当地去做。当杀死敌人是合法的时候，雇用的人是多还是少，是无关紧要的。六百个斯巴达人和列奥尼达（Leonidas）一起进入敌人的营地，并直奔波斯王薛西斯的帐篷；较少的人当然同样也可以这样做。穆西乌斯·斯凯沃拉（Mucius Scevola）的著名尝试受到了所有古代人的赞扬；甚至波塞纳（Porsenna）本人——他的生命就是这次行动的目标，也承认这是一种非常勇敢的行为。

16.（2）但要确定我们是否可以为此目的雇用刺客则不太容易，因为这些刺客由于承担这项任务，就一定犯了说谎和叛国罪；例如，臣民去刺杀他们的主权者，以及士兵去刺杀他们的将领。在这方面，我认为，有两点需要加以区分。首先，我们是否对敌人本身做错了什么，因为我们雇用叛徒来对付他；其次，假设我们对他没有做错，但是否我们仍然做出了一种坏的行为。

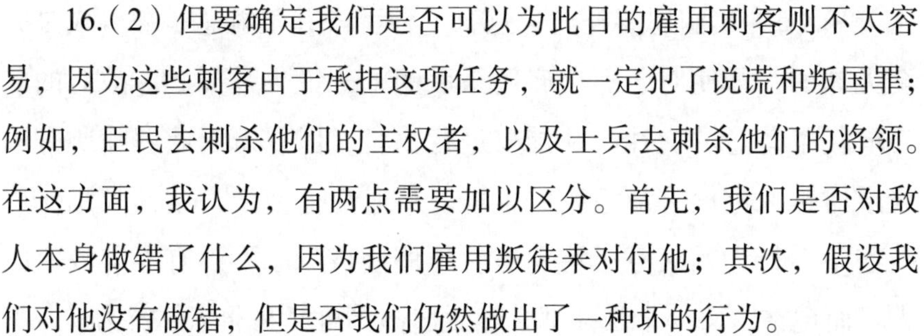

17.（3）关于第一个问题，如果就事情本身考虑，并根据严格的战争法，如果承认战争是正义的，那么无论我们是利用一个主动投诚的叛徒提供的机会，还是我们自己去寻找机会并使之发生，都不会对敌人犯下错误。

18. 由于敌人使自己陷入了他本来有能力加以阻止的战争状态，这一状态就其自身而言，便允许使用一切可以用来对付敌人的手段；因此，无论我们做什么，他都没有理由抱怨。此外，严格说来，如果对于他的臣民的生命和财富，我们完全可以通过战争的权利来加以剥夺，那么我们也便没有更多的义务去尊重他对他的臣民所享有的权利以及后者对他的忠诚。

19.（4）然而，我认为，在这种情况下，这并不足以使暗杀行为完全无罪。一个君主，如果他有最起码的良知的温柔，并且深信他的事业是正义的，就不会努力通过背信弃义的方法来制服他的敌人，也不会如此轻易地接受那些向他献身去这样做的人。他对上天给予的保护所怀有的正当信心，对叛徒背信弃义之举产生的厌恶，对成为他的帮凶并树立某种榜样的恐惧——因为同样的事情可能会再次落在他自己和其他人身上，将使他鄙视和拒绝所有他可能从这种手段中给自己带来的好处。

20.（5）我们还要补充一点，这种手段并不能总是被看成是完全无罪的，即使对于那个雇用杀手的人来说也是如此。敌对的状态取代了善意的交往，并授权进行伤害，但并未因此解除所有的人道纽带，也没有消除我们尽可能地避免迫使敌人或其人民作出一些不良行为的义务；特别是对于那些自身原本没有参与战争的人。而现在，每一个叛徒都必然做出同等可耻和罪恶的行为。

21.（6）因此，我们必须得出和格劳秀斯一样的结论，也即从良心上讲，我们永远不能引诱或怂恿敌人的臣民叛国，因为那是积极地和直接地诱导他们犯下一桩极为恶劣的罪行，因为他们本来很可能完全不会有这种想法。

22.（7）当我们只是利用我们在一个人身上找到的机会和倾向，而无须唆使他犯下叛国罪，就是另一回事了。在这里，我认为，背信弃义的恶名并不会落在我们身上，只要我们发现这种倾向已经完全在叛徒心中形成；特别是如果我们考虑到，在这种互相为敌的情况下，我们利用另一方的不良倾向去做的事，具备这样一种性质，以至我们自己也可以无罪地和合法地去做这样的事。

23.（8）尽管如此，基于上述原因，我们不应该利用主动出现的叛国行为，除非是在极端情况下，而且是迫不得已。并且尽管若干国家的习俗本身并没有什么强制性，但由于与我们有分歧的民族认为接受某种背信弃义的行为本身就是非法的，就像刺杀一方的君主或将军一样，我们便有充分理由被期待会通过一种默会的同意来遵守它。

24.（9）然而，让我们注意到，万民法在一个公正和合法的敌人与叛乱者、海盗或车匪路霸之间作出了区分。最虔诚的君主在提议奖赏愿意出卖后者的人时，甚至不会表现出任何为难之处；公众对这类人的憎恶，是没有人认为这个措施很残酷的原因，也没有人会责备君主使用各种方法来毁灭他们的行为。

25. 最后，无论我们在哪里发现敌人，除了在中立国，都可以杀死他；因为在文明社会里，暴力手段是不能忍受的，而应该恳求行政官的援助。在第二次布匿战争期间[①]，七艘迦太基人的帆船在属于西法克斯（Syphax）的港口里行进，西法克斯当时与罗马人和迦太基人都处于和平状态，而西庇阿到来时只带着两艘帆船。

① 李维，《罗马史》，第 28 卷，第 17 节，第 12 段及之后。

迦太基人立即准备攻击罗马人的帆船，他们本可以在后者进入港口之前就轻易地夺取它们；但由于迦太基人还没来得及起锚，它们就被强风逼进了港口，迦太基人由此就不敢发动攻击，因为它们现在处于一个中立君主的避风港。

26. 在这里也许很适合讨论一下关于战俘的问题。在以前，有一种几乎普遍确立的习俗，即在一场正义和正式的战争中被俘虏的人，无论他们是自己投降的，还是被主力部队俘虏的，在被带到某个依附于征服者的地方的那一刻起，他们就成为了奴隶。而这种权利是对所有人行使的，甚至是对那些在战争突然爆发时，碰巧不幸身处敌国的人行使的。

27. 此外，不仅是俘虏本身，而且他们的后代也沦落到同样的境地；也就是说，一个妇女在成为奴隶后所生的人也是如此。

28. 这种奴隶制的效果是没有边界的；主人被允许对他的奴隶做任何事情，他拥有对奴隶的生杀大权，奴隶所拥有的或以后能够获得的一切，按照法律都归主人所有。

29. 存在一些可能性，国家建立这种在战争中获取奴隶的习俗的原因和目的主要是为了诱使进攻方考虑到可以从奴隶那里获得的好处而放弃屠杀。因此，历史学家观察到，内战往往比其他战争更残酷，在这种情况下，一般的做法是将俘虏置于剑下，因为他们不可能成为奴隶。

30. 但基督教国家之间普遍同意废除这种使俘虏永远为征服者提供服务的习俗。现在，人们认为把那些在战争中俘虏的人拘押至赎金得以支付时就足够了，赎金的多少取决于征服者的意愿，除非有一个固定的俘虏交换协定或协议。

第七章　论对于敌人财物的战争权利

1. 至于敌人的财物，可以肯定的是，战争状态允许我们把它们运走、蹂躏、挥霍，甚至是完全摧毁它们；因为正如西塞罗非常清楚地指出的[①]，掠夺一个我们可以合法地杀死的人，并不违反自然法：而万民法允许我们通过蹂躏和滥用敌人的土地和财物而对敌人造成的所有这些损害，都被称为获取战利品或掠夺。

2. 这种获取战利品或掠夺的权利，在一般情况下扩展到属于敌人的一切东西；而万民法恰当说来，甚至连神圣的物品也不予以免除；也就是说，无论是献给真神还是假神，以便为宗教所用的东西。

3. 诚然，各国的做法和习俗在这方面并不一致；有些人允许掠夺神圣的和宗教的物品，有些人则认为这是一种亵渎。但是，无论不同民族的习俗如何，它们都不能构成原初的权利规则。因此，为了确定在这一问题上的战争权利，我们必须诉诸自然法和万民法。

4. 那么，我观察到，神圣的物品就其本身而言与我们所说的世俗的东西并没有什么不同。前者与后者不同，只是因为它们具

---

① 西塞罗，《论义务》，第3卷，第6节。

备宗教用途。但这种应用或使用并不能赋予事物一种神圣的和圣洁的品质，并构成一种内在的和不可磨灭的特性。

5. 这些被奉为神圣的东西，要么仍然属于国家，要么仍属于主权者；在将它们用于宗教目的之后，没有任何理由使得君主不能在之后把它们投入到世俗生活的用途中；因为这些东西同其他一切公共事务一样，都由他来支配。

6. 因此，如果相信这些东西由于献祭或是以服务上帝为目的，它们就改变了主人，从而不再属于人，并且完全退出了人类的交往，对它们的财产权也转移到了上帝那里，这便是一种严重的迷信。这也是一种危险的迷信，源自神职人员的野心。

7. 因此，我们必须把圣物视为公共物品，属于国家或主权者。战争的权力给予的针对属于国家的物品的所有自由，也同样适用于那些被称为圣物的东西。因此，它们可以被敌人破坏或是浪费，至少只要这是为战争的目的所必需的或是有利于这一目的；而这种限制完全不是在掠夺神圣或宗教物品时所特有的。

8. 因为，在一般情况下，为了掠夺而掠夺当然是不合法的，只有当它与战争的目的有某种关系时，它才是正义的和无罪的；也就是说，当我们通过占有这些物品而直接从中得到好处时，或者至少，当我们通过蹂躏和破坏这些物品而在某种程度上削弱敌人时，它才是正义的和无罪的。如果对他人作恶，而我们自己却没有直接或间接获得某种好处的前景，那将是一种疯狂，不仅残忍而且罪恶。比如说，在攻占城镇后，很少会发生有必要毁坏寺庙、雕像或其他公共或私人建筑的情况；因此，我们一般不应该损害它们，正如不应破坏坟墓和墓穴。

9. 然而，可以观察到，关于神圣的东西，那些相信它们包含了某种神性和不可侵犯的东西的人，是完全不应该插手这些事物的；但他们之所以这样做，只是因为他们在这之后能够违背他们的良心来行动。在这里，顺便说一下，我们可以注意到一个原因，它被用来消除对异教徒亵渎神明的指控，甚至是当他们掠夺那些他们自己也予以承认的神庙时；他们认为，当一座城市被占领时，那个地方的守护神在同一时间退出了他们的庙宇和祭坛，特别是在这些神灵和其他一切圣物经由特定仪式被请出去之后。这些内容由高西（Cocceius）在他的论文《论神圣召唤》（*De Evocatione Sacrorum*）中给予了出色的描述。

10. 学识渊博的格劳秀斯为我们提供了关于这个问题的明智思考，以劝说将军们在掠夺方面要有节制，其出发点是这种行为可能给他们自己带来的各种好处。他首先说："通过这些手段，我们从敌人那里夺取了最有力的武器之一，即，绝望。此外，通过放过敌人的国家，我们制造了想象空间使人相信我们对胜利很有信心，而仁慈本身就适合于软化和吸引人的想法。所有这些都可以通过若干个光辉的例子来证明。"

11. 除了战争赋予我们的掠夺和摧毁敌人财物的权力，战争还同样赋予我们获取、占有和公正地保留我们从他那里夺来的财物的权利，直到我们应得的款项被支付为止，这包括战争的所有开支，正是因为他拒绝支付款项使得我们参与战争；以及所有我们认为有必要从敌人那里获取的东西，它们构成了确保我们自身安全的预防措施。

12. 根据万民法，不仅是出于正义的理由而发动战争的人，而且在正义战争中的每个人，都能从敌人那里获得他所夺取的东西的财产权，而且这种财产权至少在它所伴随的外部效果方面是不受限制的。也就是说，中立国应该将交战双方视为他们能够通过武力从对方手中夺取的东西的合法拥有者；根据已经确立的各项原理，中立状态不允许他们支持任何一方，也不允许他们将任何一方当作侵占者对待。

13. 这一点对于动产和不动产来说，一般都是真实的，只要它们是被那些通过战争权而获得它们的人所占有。但是，如果它们从征服者的手中进入了第三方的手中，如果它们是不动产，那么最初的所有者就没有理由不试图从第三方那里收回它们，不论后者是以什么名义从征服者那里取得的；因为最初的所有者针对新的占有者拥有的权利，与针对敌人本人的权利是全然相同的。

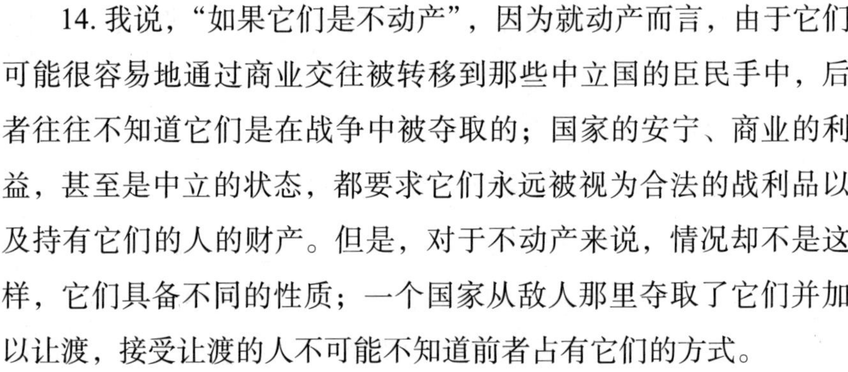

14. 我说，“如果它们是不动产”，因为就动产而言，由于它们可能很容易地通过商业交往被转移到那些中立国的臣民手中，后者往往不知道它们是在战争中被夺取的；国家的安宁、商业的利益，甚至是中立的状态，都要求它们永远被视为合法的战利品以及持有它们的人的财产。但是，对于不动产来说，情况却不是这样，它们具备不同的性质；一个国家从敌人那里夺取了它们并加以让渡，接受让渡的人不可能不知道前者占有它们的方式。

15. 这里就出现了一个问题，那些通过战争权被夺取的东西，什么时候可以被正当地视作属于那个占有它们的人？格劳秀斯以民法学家的身份回答说，一个人一旦确保摆脱了敌人的追索，或者当他以这样的方式使自己成为了这些物品的主人，以至最初的所有者失去了收回这些物品所有可能的希望时，他就会被认为是根据战争权取得了这些动产。因此，他说，在海上，船只和其他物品在被带入属于我们的某个港口或港湾之前，或被带入我们的舰队巡航的某个海域之前，不能说是被夺取了；因为只有在上述情况出现后，敌人才开始对收回他的财产感到绝望。

16. 但是，在我看来，这种回答问题的方式完全是任意的。我看不出为什么这些从敌人那里夺来的战利品，不应该一经夺取就成为我们的财产。因为当两国交战，在他们获取战利品的那一刻，双方都有获得财产的一切必要条件。他们拥有取得一种正当的财产所有权的意图，这是战争的权利赋予他们的；而且，他们实际上占有该物。但是，如果承认格劳秀斯所预设的原理，从敌人手中夺取的战利品在被运到安全地点之前不被视为一种合法的获取，那么，一小群士兵在战争中夺取的战利品，可以被同一方的更强大的军队重新夺走，因为如果这支更强大的军队是在前者将战利品运到安全地点之前就攻击了他们，这时，这些战利品便仍然属于敌人。

17. 格劳秀斯提及的后一种情况就现在处理的问题而言，完全是无关紧要的。敌人在追回被夺走的东西时面临的困难是大或小，并不妨碍被夺取的东西实际属于征服者。每一个敌人，只要他作为敌人的身份继续存在，就会保留恢复另一个人从他这里夺走东西的意愿；而他现在的无能只是让他被迫等待一个更有利的机会，这正是他始终寻找和渴望的。因此，对他来说，这件物品处于一个安全的地方，并不比当他还处于追索它的状态时，更应该被视作已被夺走。只能说，在后一种情况下，征服者的占有并不像前一种那样可靠。事实是，这种区分只是为了确立财产恢复权（the right of postliminy）的规则，或者是国家的臣民在战争中被夺走某物后重新获得其权利的方式，而不是为了确定一个人从敌人那里获得物品的时间。

18. 这似乎是自然法在这一问题上的判断。格劳秀斯还指出，根据他那个时代在各个欧洲国家确立的习惯，只要战利品在敌方手中达到二十四小时，就足以视作丧失该物品的所有权了。图阿奴斯（Thuanus）在1595年给我们举了一个例子，指出这个习惯在陆地上也得到了遵守。布拉班的利耶尔镇（Liere in Brabant）在同一天被攻占和夺回，掠夺物被归还给了居民，因为它在敌人手中还不到二十四小时。但这一规则后来在联合省（United Provinces）有所改变；总的来说，我们可以观察到，每个主权者都有权在这一点上制定他认为适当的规则，并按其偏好与其他国家达成协议。荷兰人和西班牙人、葡萄牙人和北方各邦之间在不同时期曾达成过若干协议。

19. 格劳秀斯将这些原理也适用于土地；土地并非一旦被夺取，就被认为是丧失了的；为了达到这个目的，应该用防御工事来保证土地的安全，这样的话，若非通过强力，土地就不可能被第一个所有者收回。但是，对于这种情况，我们也可以运用已经作出的思考。敌人一旦成为一块领土的主人，并且只要他继续占有这块土地，它就是属于敌人。为确保它的安全而采取的或多或少的预防措施，都与之不相关。

20. 但是，尽管如此，还是要注意，在整个战争期间，我们对从敌人那里取得的东西所具有的权利，只对无利害关系的第三方有效；因为敌人自己只要找到机会就可以夺回他所失去的东西，直到通过一个和平条约，他放弃了他所有的要求。

21. 同样可以肯定的是，为了用战争权占有一件东西，它必须属于敌人；因为对于那些既非他的臣民，也不像他那样被同一种反对我们的精神所促动的人，属于他们的东西不能用战争权占有，即使他们被发现处于敌人的国家中。但是，如果中立的外国人向我们的敌人提供任何东西，而且是为了将他置于伤害我们的境地，那么他们可以被视为与我们的敌人站在一边，因此，他们的财物可以通过战争权加以获取。

22. 然而，要注意的是，在可疑的情况下，我们总是假定，我们在敌人的国家或他们的船只中发现的东西，被认为是属于他们的；因为这种假定不仅是非常自然的，而且如果遵循相反的准则，它将为无数的欺诈行为奠定基础。但是，这种假定，无论其本身多么合理，都可能被相反的证据推翻。

23. 朋友的船只也不会成为合法的战利品，尽管在里面发现了一些属于敌人的财物，除非它们是经过船主的同意而放入其中的；他们借由这种行为便破坏了中立性或友谊，并使我们有正当的权利把他们当作敌人。

24. 但总的来说，我们必须观察到，关于所有这些问题，明智德性和良好的政策要求主权者应该在他们之间达成某种协议，以避免各种争端或许会从那些有争议的情况中产生。

25. 我们还注意到这里确立的原理的一个后果，也即当我们从敌人手中夺取了他自己通过战争权剥夺的另一个人的东西时，以前的拥有者不能要求得到这些东西。

26. 另一个问题是，在公开的、正式的战争中夺取的东西，是属于国家的，属于作为国家成员的个人的，还是属于那些首先夺取它的人的？我回答说，由于战争的权利仅仅属于主权者并由他的权威来承担，因此，夺取的每一件东西，在原初的和主要的意义上都是属于他的，无论它最开始落入什么人的手中。

27. 然而，由于战争对臣民来说是一种负担，因此，无论是衡平原则还是人道原则都要求主权者让他们分享战争可能带来的好处。要做到这一点，可以从公众那里给上战场的人一定的报酬，或者在他们中间分享战利品。至于外国军队，君主只有义务给予他们应得的报酬；他给予的超出这一部分的东西，是纯粹的慷慨。

28. 格劳秀斯在详尽研究这个问题的时候，区分了真正公共的敌对行为和在一场公战中的私人行为。根据他的说法，通过后者，私人从敌人那里夺取的东西主要地并且直接地归自己所有；而通过前者，所夺取的每一件东西都属于全体人民，或属于主权者。但是这个判断受到了公正的批评。由于一切公共战争都是由人民或他们首领的权威作出的，因此，我们必须从这个源头并在原初的意义上得出个人对战争中所夺取的东西可能拥有的任何权利。在这种情况下，总是要有主权者的明示或默会的同意。

29. 还应指出，在处理这一点时，格劳秀斯将不同的事情混为一谈。这个问题并不涉及所谓的万民法，因为无论以何种方式理解该法，无论该法建立在何种基础上，它都应该涉及两个不同国家之间的争议。现在，无论战利品是属于发动战争的主权者，或是属于将军，或是属于士兵，或是属于其他人，对敌人和其他国家来说，都是无关紧要的。如果夺取的东西是好的战利品，那么对于敌人来说，它留在谁的手中所产生的后果是无关紧要的。对于中立者来说，如果他们购买了或以任何其他方式获得了在战争中夺取的动产，只要不因此而受到骚扰或起诉便足够了。事实上，与这一问题有关的规定和习惯并不属于公共权利；在许多国家，遵守这些规定和习惯只不过意味着一种民事权利，这对若干个不同国家都是一样的。

30. 至于那些与通过战争权获得的无形之物（incorporeal things）特别相关的东西，应该注意的是，除非我们拥有它们附着于其上的主体，否则它们不会成为我们的财产。而它们所附着的主体，要么是事物，要么是人。例如，我们经常在某些土地、河流、港口和城镇上附带某些特定的权利，不论它们落入谁的手中，这些权利也随之转移过去；或者说，那些拥有这些权利的人，也因此被赋予了对某些其他事物和人身的权利。

31. 那些直接地和径直地属于某些人的权利，要么涉及其他人，要么只涉及某些事物。那些附属于某些人的针对其他人的权利，只有经过后者本人同意才能取得；因为后者被认为并没有把针对自己的权力滥加给任何人，而是给了某些特定的个体。因此，举例来说，虽然一个国王碰巧成为战俘，但他的敌人并没有因此随之获取他的王国。

32. 但是，就个人具有的对物的权利而言，仅仅是夺取敌人自身，并不足以获得对他所有财物的所有权，除非我们实际上同时占有了这些财物。这一点可以用格劳秀斯和普芬道夫举的例子来加以说明。亚历山大大帝摧毁了底比斯城后，向塞萨利人（Thessalians）赠送了一份文书，后者在这份文书中承认他们欠底比斯人一百塔兰特（talents）。

33. 这些都是战争赋予我们对敌人财物的权利。但格劳秀斯却说，我们在战争中取得东西的权利，专门地且特别地属于正式宣战的战争，以至于它在内战等其他战争中没有效力，特别是在内战中，只有凭借法官的判决才会产生财产的变化。

34. 然而，对于这一点，我们可以观察到，在大多数内战中，并没有一位共同的法官得到承认。如果国家是君主制的，那么争端的焦点，要么是关于王位的继承，要么是国家相当大一部分人声称国王滥用权力，以至臣民被授权拿起武器反对国王。

35. 在前一种情况下，导致战争发动的原因的性质，使得国家形成了两个派别，就像两个迥异的团体，直到他们通过某种条约商定一位首领。因此，就交战的双方而言，权利是取决于这样一份条约之上的，人们可以对从任何一方取得的东西拥有权利；没有什么妨碍这种权利，就像是发生在两个不同国家之间的公战中一样，这种权利被放置在同样的基础上，并被承认以同样的方式进行。

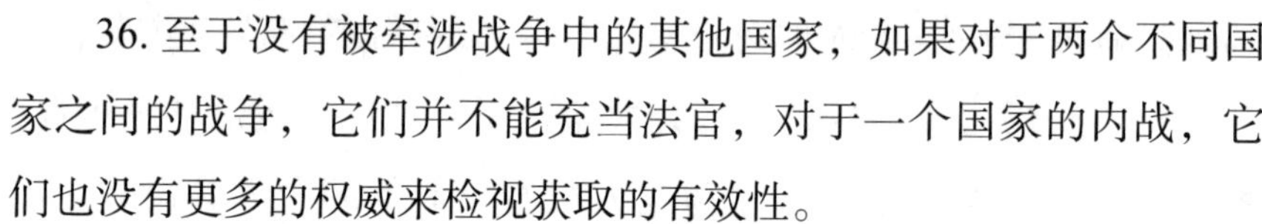

36. 至于没有被牵涉战争中的其他国家，如果对于两个不同国家之间的战争，它们并不能充当法官，对于一个国家的内战，它们也没有更多的权威来检视获取的有效性。

37. 另一种情况，我是指国家的相当一部分人对在位的君主发动叛乱，它很少能够发生，除非这个君主通过暴政或者通过违反王国的根本法给叛乱以空间。这样一来，政府就解体了，国家实际上被分成了两个不同的且独立的团体；所以我们在这里形成的判断与前一种情况相同。

38. 在共和制国家的内战中，有更强烈的原因使我们维持上面的判断；在这种情况下，战争本身就立即摧毁了主权，因为它只存在于其成员的联合中。

39. 格劳秀斯似乎从罗马法中得出了他对这一问题的看法；因为这些法律规定，在内战中俘虏不能沦为奴隶。正如法学家乌尔比安所言[①]，这是因为他们不把内战看成是严格意义上的战争，而是内部纷争；他补充说，因为真正的战争是在那些敌人之间进行的，他们怀着敌对的精神，这促使他们竭力破坏对方的国家。然而，在内战中，无论它最后证明对国家造成了多大的伤害，一方总是想以一种方式自救，而另一方则以另一种方式自救。因此，他们不是敌人，两个派别的每一个人始终是这个分裂国家的一位公民。

40. 但是，这一切都只是一种假设，或者说是一种权利的虚构（fiction of right），这并不妨碍我所说的内容是真实的，并在一般情况下发生。如果在罗马人中，一个人不能把在内战中被俘虏的人作为真正的奴隶占为己有，这是凭借在他们之间接受的一个特定的法律，而不是由于任何条件或程序的缺陷，因为在格劳秀斯看来，在一场公共的和正式的战争中，这些条件和程序都是为万民法所要求的。

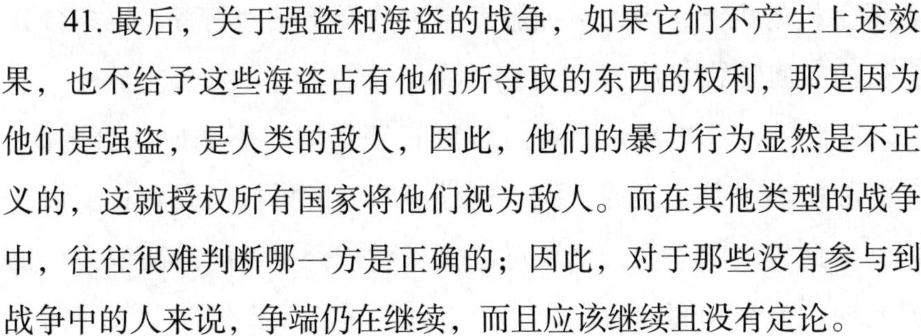

41. 最后，关于强盗和海盗的战争，如果它们不产生上述效果，也不给予这些海盗占有他们所夺取的东西的权利，那是因为他们是强盗，是人类的敌人，因此，他们的暴力行为显然是不正义的，这就授权所有国家将他们视为敌人。而在其他类型的战争中，往往很难判断哪一方是正确的；因此，对于那些没有参与到战争中的人来说，争端仍在继续，而且应该继续且没有定论。

---

① 《学说汇纂》，第 49 卷，第 15 节“论战俘和恢复权”，第 21 题，第 1 条（Lib.xxi. sect. 1. ff. de capt. & revers）。

第八章　论对被征服者取得的主权权利

1. 除了上文提到的战争的战利品，还有一个问题，我指的是对被征服者所获得的主权权利，这是最重要的一个问题，我们将在此加以考虑。我们在解释获得最高权力的不同方法时已经说过，在一般情况下，它可以通过暴力手段借助征服的权利获得。

2. 但我们必须指出，战争或征服本身并不是取得主权的适当原因；也就是说，它不是主权的直接起源。因为最高权力是建立在人民的默许或明示同意的基础上的，没有这种同意，战争状态仍将持续；因为我们无法想象，如果我们没有承诺臣服某个人，怎么会有服从他的义务。那么，战争，严格来说，只不过提供了获得主权的机会；因为被征服者宁愿选择服从胜利者，也不会让自己面临彻底的毁灭。

3. 此外，严格地说，通过征服权获得主权不能成为合法的，除非战争本身是正义的，而且所提出的目的授权征服者将事情发展到如此极端的程度，以至可以获得对被征服者的最高权力：也就是说，要么我们的敌人必然没有其他手段来支付他亏欠我们的东西，也没有其他手段向我们赔偿他造成的损失；要么我们自己的安全必须绝对迫使我们使他依赖于我们。在这种情况下，可以肯定的是，一个被打败的敌人的顽抗，授权我们把对他的敌对行为推进得如此之远，以至把他完全置于我们的权力之下；而我们或许可以利用我们的武力优势，从他那里强取他本应该主动给予我们的同意，这样做并非不正义。

4. 这些是通过征服权以取得主权所依据的各项真正原理。因此，我们可以得出这样的结论，如果我们要在这个基础上，去判断这一类别的不同获取，我们将发现它们几乎很少是建立在良好的基础上；因为很少会发生这样的情况，也即被征服者沦落到如此极端的境地，以至于除了使自己服从征服者的统治之外，便无法满足征服者的正当要求。

5. 然而，让我们注意到，为了各国的利益和安宁，我们应该缓和上述各项原理的严格性。如果一个人以他的武力优势迫使另一个人屈服于他的统治，但他所进行的战争显然是不正义的，或者如果战争所依据的借口在每一个通情达理的人看来都是明显轻率的，那么我坦率地承认，在这种情况下获得的主权将是不正义的。而且，就像一个落入强盗之手的人，没有义务支付他许诺给他们的作为其生命和自由赎金的钱财，我也看不出为什么被征服的人，更有义务去遵守这样的条约。

6. 但是，如果征服者出于某种似是而非的原因发动战争，尽管从根本上说可能并不完全是正义的，但人类的共同利益要求我们遵守与他签订的契约，尽管这种契约是通过一种本身并不正义的恐怖所强行取得的；而且，只要至少没有新的理由出现，从而可以合法地将我们从对承诺的遵守中解脱，我们便要一直遵守契约。由于自然法不仅指示个人，而且指示所有社会应当为它们的保存而努力，因此，出于这个原因，它不要求我们实际上把一个

不正义的征服者所实施的敌对行为视为正义的，而是要求我们无论如何把一项明示的或默示的条约视为有效的。因此，对于这项条约，被征服者不能以它是由一种不公正的恐惧带来的为借口不加以遵守，而如果他不顾及条约给人类带来的好处，他则很有可能会这样做。

7. 如果我们假设征服者或他的子孙和平地享有他通过征服权获得的主权，而且他像一个仁慈和慷慨的君主一样管理被征服者，那么上述考虑因素就会更有分量。在这种情况下，长期的占有，加上一个公平的政府，或许可以使一个在其开端和原理上最不正义的征服合法化。

8. 有一些现代民法学家，他们对这件事的解释有些不同。这些人认为，在一场正义的战争中，胜利者凭借征服这一单一资格，并且独立于任何公约，就获得了一种对被征服者的完全的主权权利；即使胜利者已经以其他方式获得了他可以要求的所有满足和赔偿。

9. 这些作家使用的主要论据是，不像上面这样做的话，征服者就不能确定可以和平地占有他夺取的东西或是迫使被征服者给予他正当要求的东西；因为他们可能会同样凭借战争权利从他手中夺回它。

10. 但是，这个理由只证明，征服者在占有敌国后，可以在占有期间管辖敌国而不是放弃它，直到他得到很好的保证，可以毫无危险地获得或占有为补偿和赔付所必需的东西，这些东西是他有权利通过武力加以索取的。但正义战争的目的并不总是要求征服者获得对被征服者的绝对和永久的主权权利。它只是获得主权的一个有利时机；而为此目的，总是要有被征服者的明示或默示的同意。否则，战争状态仍在持续，征服者的主权除了武力之外没有其他的凭证，并且持续的时间不会比被征服者无法甩掉枷锁的时间更长。

11. 所能说的只是，中立国纯粹因为是中立国，或许可以而且应该把征服者看成是主权的合法拥有者，尽管他们认为战争在他这一方是不正义的。

12. 因此，通过战争权而获得的主权，一般是属于绝对主权那一类。但有时，被征服者与征服者协定某些条件，在某种程度上限制了征服者对他们的权力。虽然如此，可以肯定的是，任何征服都不会授权一个君主去专制地统治一个民族；因为，正如我们之前所表明的那样，最绝对的主权也没有赋予一种压迫那些已经投降的人的权利；因为即使是政府存在的意图和自然法，也会同等地使征服者承担一种义务，即以温和和衡平的方式来统治那些他已经征服的人。

13. 因此，在行使对被征服者的主权时，有一些注意事项：例如，古罗马人采取如下明智且温和的举措，他们在某种程度上将被征服者与胜利者混合在一起，急于将前者与自己整合，使他们分享自己的自由和利益。这是一项加倍有益的政策；它在使被征服者的状况更加有利的同时，也大大加强了罗马人的力量和帝国。“如果不是借助一项健全政策的后果，被征服者与胜利者混杂在一起的话”，塞涅卡说，“我们的帝国现在会是什么样子呢？”，“罗慕路斯，我们的缔造者”。克劳狄乌斯（Claudius）在塔西佗的书中说，“在处理他所征服的大多数人时，是非常明智的，他让那些曾是他敌人的人，就在同一天成为了公民”。

14. 胜利中的另一种节制是把他们所享有的主权留给被征服者，无论是国王还是人民，而且不改变他们的政府形式。没有比这更好的方法使一次征服变得稳固：对此我们在古代历史上，特别是在罗马人的历史上，有若干个例子。

15. 但是，如果征服者不能在不危及自己的情况下，把所有这些好处赐给被征服者；事情仍然可以得到缓和，也即将一部分主权留给他们或是留给他们的国王。即使我们完全剥夺了被征服者的独立地位，我们或许还是可以在那些不甚重要的私人和公共事务方面，给他们留下自己的法律、习惯和行政官。

16. 最重要的是，我们不能剥夺被征服者行使其宗教信仰的权利，除非他们碰巧被征服者所宣扬的真理说服。这种绥靖的行为不仅本身对被征服者来说是非常合宜的，而且征服者也绝对有义务这样做；他在这一方面压迫他们，便不能不伴随着暴政。并不是说他不应该设法使被征服者归入真正的宗教；但他只应该使用这样的手段，即与事情的性质和他所要达到的目的相称的手段，而这些手段本身并不暴力或与人道相违背。

17. 最后，让我们注意到，不仅是人道，而且明智德性，甚至是胜利者的利益，都要求我们在上文对于一个被征服的民族所说的东西，应该得到严格实行。在政治上，有一条重要的格言，那就是守土比征服更难。征服只需要武力，但它们的维持则需要正义。这些是关于战争的不同影响以及与战争有关的最基本问题的主要事项。但是，由于我们已经在一些场合提到中立问题，因此再具体地谈一谈这个问题，将并没有什么不妥。

论中立

1. 中立有一般性中立和特定中立之分。一般性中立是指，在不与交战的两个敌人中的任何一方结盟的情况下，我们愿意向它们提供每个国家都自然具有义务向其他国家提供的斡旋。

2. 特定中立是指，当我们通过一些默会的或明示的契约，特别约定保持中立时。

3. 后一种中立，要么是全面的、完整的，即我们对双方都表现出一样的行为；要么是有限的，即我们偏向一方多于另一方。

4. 我们不能合法地强制任何人缔结一种特定的中立，因为每个人都可以自由地缔结或不缔结特定的条约或联盟，或者至少，他们只是受一种不完全的义务约束去这样做。但是，那个发动了一场正义战争的人，就可以责成其他国家遵守一种严格的一般性中立；也就是说，不偏袒敌人多于自己。

5. 我们将在这里择要介绍一下中立国的各项义务。他们有义务对交战双方同等地实行自然法，无论它们是绝对的还是有条件的，也无论它们施加的是一种完全的义务，还是只是一种不完全的义务。

6. 如果他们为一方做了任何人道的事情，他们就不应该拒绝另一方的类似要求，除非有一些明显的理由使他们必须做一些有利于一方的事情，而另一方则无权要求。

7. 但是，在如下这种情况下，他们便没有义务为其中一方做任何人道的事情，也即：当他们会因为拒绝有权提出要求的另一方而使自己面临巨大的危险。

8. 他们不应该向任何一方提供有助于实施敌对行为的东西，除非他们得到某些特定约定的授权；对于那些在战争中无用的东西，如果他们向一方提供，他们也必须向另一方提供。

9. 他们应当尽一切努力使事情达成和解，使受害的一方得到满足，并使战争迅速结束。

10. 但是，如果他们有任何特殊的约定，他们应该准时履行。

11. 另一方面，战争中的人对一个中立国家必须严格地遵守社会性的法律，并且不得对他们作出任何敌对行为，也不得使他们的国家受到掠夺。

12. 然而，在必要的情况下，他们可以占有某个位于中立国的地方，但条件是，一旦危险结束，他们就把它归还给正确的主人，并使他对所受到的损失得到补偿。

第九章　公共条约通论

1. 公共条约这一主题构成了万民法的一个重要部分，并且值得对其各项原理和规则作一些确切的解释。我们所说的公共条约是指只有公共权威才能达成的协议，或是在主权者被视为公共权威时，在他们之间就直接关系到国家福祉的事项达成的协议。正是这一点使得这些协议不仅不同于个人之间达成的协议，而且也不同于国王就其私人事务所订立的契约。

2. 我们在前面所观察到的，关于在私人之间引入各种协约的必要性和由此产生的各种好处，或许也适用于不同的民族和国家。国家可以通过条约的方式，把自己更特别地联合成一个社会，而这个社会应相互保证它们能得到及时的援助，无论是针对生活的必需品和各种便利，还是在战争爆发时为它们提供更大的安全。

3. 在这种情况下，主权者和个人一样，都有不可违背的义务去遵守自己的诺言，并忠于自己的承诺。万民法规定这是一项不可或缺的义务；因为很明显，如果不这样做，不仅公共条约对国家毫无用处，而且，违反这些条约会使国家陷入一种充满分歧和持续战争的状态；也就是说，陷入最可怕的境地。因此，由于违背这一义务会产生关系到无数特定个体的更危险的后果，主权者在这方面的义务也便更强。通常伴随着正式条约的誓言的神圣性，是促使君主们以最忠实的方式遵守条约的另一个动机；对于那些对失约的臣民严加惩处的君主来说，当然没有什么比对条约和公共信仰毫不在乎并把它们看作是互相欺骗的手段更可耻的了。

因此，皇家誓词（*The royal word*）应该是不可违背和神圣的。但有理由担心，如果君主们不更加注意这一点，这种表达很快就会退化成一种相反的意义，就像以前迦太基的信义（Carthaginian faith）[①] 被当作背信弃义一样。

4. 我们同样必须注意到，已经确立的关于一般性公约有效性的几个原理，不仅适用于个人之间的契约，也适用于公共条约。因此，在这两种情况下，都必须有一种严肃的同意，它得到适当的声明，并免除了错误、欺诈和暴力。

5. 如果在这些情况下签订的条约在各个国家或主权者之间是强制性的，那么它们对每个君主的臣民也尤其具有约束力。它们作为缔约国之间的契约，具有强制力；但它们对缔约国的臣民具有法律的效力；因为很明显，两个主权者缔结条约后，便将其臣民置于一种不做任何违反条约之事的义务之下。

6. 公共条约有几种区别：（1）有些条约只是简单地涉及一些我们以前根据自然法便有义务去做的事情；而另一些条约则在自然法的义务上增加了一些细节。

7. 在前一种情况下，我们可以把下述所有这些条约归入其中，根据这些条约，我们单纯地和简单地承诺不伤害他人，而且相反，要对他们履行所有的人道义务。在自称遵循自然法的文明国家中，

① 迦太基信义（Punica fides）。

这种条约是不必要的。义务自身就足够了，不需要正式的约定。但在古代人那里，这些条约被认为是权宜之计。人们普遍的看法是，他们只有义务对自己的同胞遵守人道法则，并且可能会把所有陌生人视为敌人并以这种方式对待他们，除非他们已经达成了一些相反的约定。我们在历史上有许多这样的例子。强盗或海盗的职业在若干个国家中并不可耻；罗马人用来表达敌人的“*hostis*”一词，最初的意思不过是指陌生人。

8. 我将下述这些契约归入第二种情况，也即两个国家凭借它们达成一些新的或更具体的义务；例如当他们正式约定那些他们只凭借一种不完全的义务受到约束的事情，或者甚至是他们之前并没有义务去做的事项。

9.（2）如果我们约定的东西超出了根据自然法我们有义务去做的事情，这类条约也分为两种：有些是平等的，有些是不平等的。

（3）这两种条约都是在战争时期或在完全和平时期签订的。

10. 平等条约，是指双方在缔结的条约中完全平等；也就是说，不仅双方的约定和承诺是平等的，它们或者是纯粹的和简单的，或者是与缔约双方的实力成比例；而且，他们是在相同的地位上缔约的，因此，任何一方都不会发现自己在哪一方面比对方逊色。

11. 这些条约的订立，或是为了通商，或是为了战争中的联盟，或者是为了任何其他事项。例如，在通商方面，规定每一方的臣民都应免于一切关税或通行费，或者对他们的要求不得超过本国人，等等。又如，平等条约或是与战争有关的联盟，这是指我们规定，每一方应向另一方提供同等数量的军队、船只和其他物品；这在所有类型的战争中都是如此，包括防卫性的和进攻性的战争，或仅仅是防卫性的战争，等等。最后，平等条约还可能涉及任何其他事项；例如，双方商定，一方不得在另一方的边界上设置堡垒；一方不得对另一方某些身陷刑事案件的臣民提供庇护，而是下达命令将其扣押并送回；一方不得让另一方的敌人通过其国家，等等。

12. 我们刚才所说的，充分说明了不平等条约的含义。这些条约是指，承诺是不平等的，或者对一方提出了比对另一方更苛刻的条件。规定的不平等事项有时落在最强大的同盟国一边，如当他承诺向别人提供他的援助，却不要求类似的东西；有时是在较弱势的同盟国一边，如当他承诺为强者做的事情比后者承诺作为回报的东西要多。

13. 不平等条约的所有条件并非都具有同样的性质；有些条件虽然对弱势的盟国是个负担，但却使主权完整；另一些条件则相反，包括削弱弱势盟国的独立和主权。

因此，在罗马人和迦太基人之间的条约中，在第二次布匿战争结束时，规定迦太基人未经罗马人同意，不得发动任何战争；这一条显然削弱了迦太基的主权，使她依赖于罗马。

但是，在下述情况下，弱势盟国的主权仍然是完整的，虽然他立约去支付对方军队的开支，分担战争的费用，拆除一些城镇，提交人质，把对方所有的朋友或敌人都看成是自己的朋友或敌人，在某些地方不设堡垒或坚固的据点，避免在特定的海域航行，承认对方的优越性，并且在某些场合对他的权力和威严表示敬畏和尊敬，等等。

14. 然而，虽然这些和其他类似的条件并没有削弱主权，但可以肯定的是，这种不平等条约往往具备如此微妙的性质，以至需要最大程度的谨慎；如果君主在尊严上优于另一个人，在实力和力量上也大大超过后者，那就要担心前者会逐渐获得对后者的绝对主权，特别是如果联盟是永久的。

15.（4）公共条约也分为对物的和对人的。后者是指与一位君主签订的、纯粹针对他个人的条约，并会随他逝世而失效。前者是指与国家整体而不是与国王或政府签订的条约，因此，这些条约比签订条约之人的寿命更长，并使其继承人负有义务。

16. 要知道每项条约属于这两类中的哪一类，可以制定以下规则。

①我们必须首先关注条约的形式和措辞、它的条款以及缔约双方提出的观点。“但是，一项缔结的契约是对物的还是对人的，不仅要从字面上看，而且要从当事人的意图来看。”[①] 因此，如果有一个明确的条款，提到条约是永久的，或是持续一定的年数，或是为了国家的利益，或是与国王为他和他的继承人所订立的，我们便可以得出结论，条约是对物的。

②每一个与共和国签订的条约，在其本身的性质而言都是对物的，因为与我们签订条约的主体是一个持续存在的事物。

③尽管政府可能由共和制变为君主制，但条约仍然有效，因为主体仍然不变，只是有了另一个首领。

① 《学说汇纂》，第 2 卷，第 14 节“论条约”，第 7 题，第 8 条（Leg. vii. § viii. ff. de Pactis.）。

④不过，我们必须在这里提出一个例外，那就是，当维持共和制政府是缔结条约的真正原因时；就像两个共和国结成同盟，它们同意互相帮助，以对抗那些企图用武力改变其政体和剥夺它们自由的人。

⑤在有疑问的情况下，与国王签订的每一项公共条约都应被视为对物的，因为在这种情况下，国王被认为是作为国家的首领并为国家的利益而行事。

⑥因此，在民主政体转变为君主政体后，条约对于新的主权者仍然有效；而且，如果政府从君主制变成了共和制，与国王签订的条约不会失效，除非它明显是对人的。

⑦每一个和平条约在本质上都是对物的，并且应该得到继任者的遵守；因为一旦条约的各项条件得到了及时的满足，和平就会有效地抚平引发战争的伤害，并使各国恢复到它们的自然处境中。

⑧如果同盟中的一个成员履行了条约规定的义务，而另一个人在履行约定之前便死亡了，则已故国王的继任者有义务对另一方执行的事项进行完全的补偿，或者履行其前任的约定。

⑨但是，如果任何一方都没有履行任何东西，或者双方的表现是平等的，那么，如果条约直接倾向于国王或他的家庭的个人利益，很显然，只要他死了或者他的家庭灭绝了，条约也必须失效。

⑩最后，我们必须注意到，继承人至少在一般情况下应续签条约，已成为一种习惯，即使是明显承认为对物的条约，他们也更有义务来遵守这些条约，而不会以他们对国家利益的看法与前任不同为借口，认为自己可以免除这一义务。

17. 关于条约或联盟，人们常常争论，它们是否可以合法地与那些不信奉真正的宗教的人缔结？我回答说，根据自然法，在这一点上没有任何困难。结盟的权利是所有人共同具有的，与真正宗教的原理没有任何相反的地方；真正的宗教远没有谴责明智德性和人道，而是强烈推崇两者。[①]

18. 为了正确判断终止公共条约的原因，我们必须仔细研究一般公约的规则。

①为一定期限缔结的条约，在商定的期限到达后即告失效。

②当条约一旦失效，就不能认为条约会通过默会被续订；因为一项新的义务是不容易推定的。

③因此，如果在条约到期后，有些行为仍在继续并且似乎符合先前同盟的条款，那么，这些行为应该被看作是友谊和仁爱的简单标志，而不是条约的默会更新。

④然而，我们必须作出这种例外，也即由于某种行为的介入，除了视作对先前契约的默会更新外，不能再有其他的解释。因此，举例来说，如果一个盟友约定每年向另一个盟友支付一定的款项，而在盟约期满后，下一年同样的款项被支付，则该盟约在这一年以默会的方式得到更新。

⑤一般来说，在所有契约的性质中，当一方违反他在条约中订立的各项约定时，另一方就会从条约中解放出来，并可拒绝遵守协议；因为一般来说，条约的每一条都具有一种先决条件的效力，这一条件的缺失就会使条约变得空洞无效。

---

① 参见格劳秀斯，《战争与和平法》，第2卷，第15章，第8、9、10、11、12节。

⑥一般情况下，也就是说，当没有其他协议时，情况就是这样；因为有时会插入如下这一条款，即违反条约的任何某一项条款，都不会使条约完全破裂，目的是使任何一方都不会因为每一个轻微的冒犯行为而背弃他们的承诺。但是，凡因他人的行为而遭受任何损害的人，都应得到某种形式的赔偿。

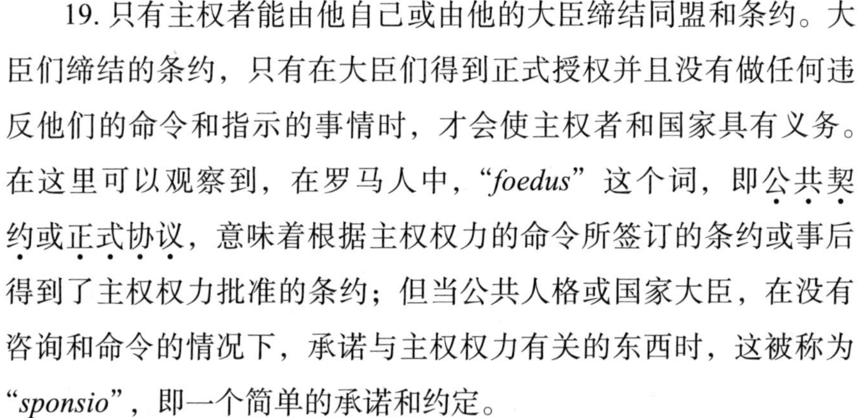

19. 只有主权者能由他自己或由他的大臣缔结同盟和条约。大臣们缔结的条约，只有在大臣们得到正式授权并且没有做任何违反他们的命令和指示的事情时，才会使主权者和国家具有义务。在这里可以观察到，在罗马人中，“*foedus*”这个词，即**公共契约或正式协议**，意味着根据主权权力的命令所签订的条约或事后得到了主权权力批准的条约；但当公共人格或国家大臣，在没有咨询和命令的情况下，承诺与主权权力有关的东西时，这被称为“*sponsio*”，即一个简单的承诺和约定。

20. 一般来说，可以肯定的是，当大臣们在没有得到其主权者命令的情况下，缔结有关公共事务的条约时，主权者没有义务遵守约定；而大臣们在没有得到指示的情况下进行谈判，可以根据情况的紧急程度进行惩罚。然而，在某些情况下，无论是根据明智德性的规则，还是正义和衡平的规则，君主都有义务批准一项条约，尽管该条约是在没有他的命令的情况下缔结的。

21. 当一个主权者被告知他的一个大臣在没有得到他的命令的情况下缔结了一项条约时，他的沉默本身并不意味着批准，除非它伴随着一些行为或其他情况，而它们不能很好地支持另一种解释。进一步而言，如果协议是以得到主权者批准为条件而达成的，那么在他以一种正式的方式批准之前，协议是没有效力的。

第十章　论与敌人达成的契约

1. 在公共契约中，那些假定了一种战争状态并与敌人签订的契约值得特别注意。这些契约有两种：一种是没有结束战争，而只是缓和或中止敌对行为；另一种是彻底结束战争。但是，在我们专门考虑这些契约之前，让我们先来一般性地探究一下这些契约的有效性。

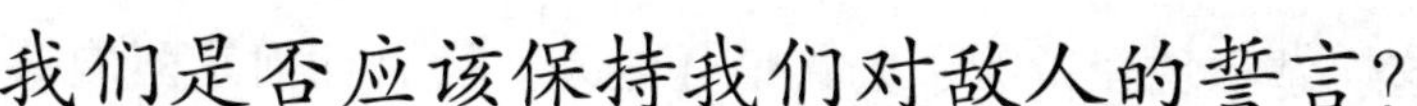

我们是否应该保持我们对敌人的誓言？

2. 这个问题当然是属于万民法中最令人好奇和最重要的问题之一。格劳秀斯和普芬道夫在这一点上意见不一致。前者认为，凡是与敌人订立的契约，都应该以不可违反的忠诚来遵守。但普芬道夫对那些使我们处于战争状态而又不打算消除战争状态的契约则有些怀疑。因此，让我们努力确立一些原理，以便对这两种意见作出裁断。

3. 我认为，①虽然战争本身破坏了两个国家之间的社会状态，但我们不能因此得出结论说，它不受任何法律的约束，并且所有的权利和义务在敌人之间完全走向了终止。

②相反，每个人都承认敌人之间有一种战争的权利，这种权

利本身是强制性的，并且不能违反，否则就会带来责任上的缺陷。这就是我们以前所证明的，说明战争有正义和非正义之分；即使在最正义的情况下，也不允许将敌对行为推向极致，而是应该将其保持在一定的范围内；因此，即使对敌人，也有一些事情是不正义的和非法的。由此，既然战争本身并不颠覆社会的一切法律，我们就不能仅凭这一点就得出结论说，因为两个国家相互交战，所以在战争期间，它们就可以不遵守自己的诺言，不履行对彼此作出的约定。

③由于战争本身是一种极大的恶，因此，各国的共同利益都在于不主动放弃自己那些明智德性所要求用来缓和战争强度、中止战争影响的手段。相反，它们有责任去努力获得这种手段，并在必要时加以利用；至少是在为实现战争的合法目的所允许的范围内这样做。现在，除了公共信任之外，没有任何东西能够为参战各方争取到喘息之机，能够为已经投降的城镇保证它们通过投降而保留的若干权利。如果一个国家不顾及他们对敌人的忠诚，如果他们把在这种情况下签订的契约仅仅看成是互相诱骗的手段，那么他们又会得到什么好处，或者说，他们又有什么是不会失去的呢？当然，我们不应该认为，自然法会赞同明显与人类共同利益如此背离的准则。此外，我们决不能仅仅为了战争而发动战争，而只能是在必要的情况下才发动战争，以获得公正合理的赔偿和一个稳固的和平；从这里可以明显地看出，敌人之间的战争权利不能扩展到如此之大，以致使敌对行为永久化，并对公共安宁的重建造成不可逾越的障碍。

④然而，如果自然法没有规定我们负有不可推卸的义务必须

去履行我们在战争期间与敌人自愿达成的任何协议，无论这些协议是只倾向于中止或缓和敌对行为，还是旨在使它们完全停止并重建和平，那么前面提到的结果必然会出现。

因为，简而言之，获得和平的方法只有两种。第一种是彻底地、完全地消灭我们的敌人，第二种是与他签订条约。因此，如果敌人之间签订的条约和契约本身不是神圣和不可侵犯的，那么，除了将战争进行到最极端并使我们的敌人彻底毁灭，就没有其他办法来获得稳固的和平了。但是，谁不明白，一种倾向于毁灭人类的原理，是直接违背自然法和万民法的，因为它们的主要目的便是人类社会的维持和幸福。

⑤在这方面，我们与敌人签订的不同条约之间没有任何区别；因为自然法使我们负有的义务是不可违背地遵守它们，这既与那些不结束战争的条约有关，也与那些倾向于重建和平的条约有关。这里没有中间项，我们必须将它作为一条一般规则确立下来，也即与敌人签订的所有契约都是强制性的，否则便没有任何一个契约是真正如此的。

事实上，例如，如果打破正式的停战协议，并在没有任何理由的情况下扣留我们已经给予了通行证的人，诸如这类行为都是合法的，那么，以商讨和平为借口欺瞒敌人又有什么坏处呢？当我们进行这样的谈判时，我们仍然是敌人；这只是一种休战，我们同意休战以便看看是否有办法达成和解。如果谈判证明不成功，那么我们不就是开启了一场新的战争，因为导致我们拿起武器的分歧还没有得到调解；我们只是继续进行已经暂停了一段时间的敌对行为。因此，对于那些倾向于重建和平的契约，我们不能比对于那些其目的只是暂停或缓和敌对行为的契约，更多地相信敌人的真诚。这样一来，不信任就会延续，战争会永无休止，稳固的和平也就无法实现。

⑥由于君主们的贪婪和野心，不必要的战争越是频繁，为了人类的利益，就越是需要稳固地遵守这里确立的原理。因此，西塞罗公正地申明，战争的权利应该在交战双方之间得到遵守，而且尽管发生了战争，敌人仍然保留某些权利。[①]

像普芬道夫这样说也是不足够的，他认为出于对军事勇敢的特别尊重，在文明国家中形成了一种习俗，即与敌人签订的所有契约都应该被看作是有效的。他本应该补充说，这是一项不可或缺的义务，正义要求这样做，各国并没有能力在另一个基础上确立事项，而且在这种情况下，为了它们的共同利益，它们不能公正地偏离自然法规定的各项规则。

4. 根据这里所确立的各项原理，我们不难回答普芬道夫试图证明的论点，即与敌人签订的所有契约就其本身而言并不是强制性的。我们将满足于指出：①这些论点不能证明什么，因为它们证明的东西太多了；②从这些论点中可以得出的全部结论是，我们应该谨慎行事，并采取适当的预防措施，然后再履行我们的承诺或与敌人签订任何协议；因为人类很容易为了自己的利益而违背自己的承诺，特别是当他们不得不与他们所憎恨的人或是憎恨

① “我们还有规约战争的法律，与敌人打交道通常也应当信守誓言。”西塞罗，《论义务》，第3卷，第29节（注释引号内中译文采用徐奕春译文，参见西塞罗，《论老年 论友谊 论责任》，徐奕春译，商务印书馆2003年版，第265—266页。——译者）。

他们的人打交道时。

5. 但是，有人会说，一切通过不正义和暴力来强制达成的公约和条约，本身都是无效的；因此，被迫违背自己意愿而订立它们的人，如果他认为可以安全地做到这一点，就可以合法地违背诺言：这难道不是自然法的一个原理吗？

暴力和武力是战争的特征；一般来说，是征服者迫使被征服者与他立约，并通过他的武力优势，迫使他们接受他向他们提出的条件，不论他所进行的战争是否正义。那么，自然法和万民法怎么可能宣布在这种情况下签订的条约是神圣的和不可侵犯的呢？

我的回答是，无论这一反对意见所依据的原理本身多么正确，但我们不能将它完全适用于目前的问题。

人类的共同利益要求我们在私人之间因恐惧而强制取得的承诺与因征服者的武力优势而迫使主权君主或人民作出的承诺之间作出一些区别，即使在后一种情况下征服者的主张是不正义的。因此，万民法在这里对自然法的一般规则作了例外规定，因为后者宣告通过不公正的恐惧而强制缔结的公约无效；或者换句话说，万民法认为，在战争过程中，促使敌人相互接洽的恐惧或忧虑对双方而言都是正义的；否则，正如我们已经证明的那样，就不会有任何方法，或者是缓和战争的猛烈程度，或者是为其画上最后的句点。

6. 但为了不遗漏任何与这个问题有关的内容，我们将作一些补充，以进一步说明我们已经谈论过的内容。

那么，首先，我认为有必要在这里区分一下，那个凭借自己的武力优势迫使敌人与他立约的人，是毫无理由便发动了战争，还是他可以为战争找一些似是而非的借口。如果征服者是出于某种合理的原因而发动战争，虽然也许归根结底是不正义的，那么，万民法当然要使我们把在这种情况下缔结的条约看作是有效的和强制性的；这样，被征服者就不能以条约是借由不正义的恐惧所强制缔结的为借口而拒绝遵守。

但是，如果我们假设战争是在没有理由的情况下进行的，或者如果宣称的动机显然是轻率的或者是不正义的，就如亚历山大要去征服那些从未听闻过他的偏远国家，等等。由于这样的战争是彻头彻尾的劫掠，我承认，就像一个落入强盗手中的人没有义务去支付一笔他曾经承诺的现金，以作为他生命或自由的赎金，我同样不认为战败者有更大的义务去遵守他们被迫签订的条约。

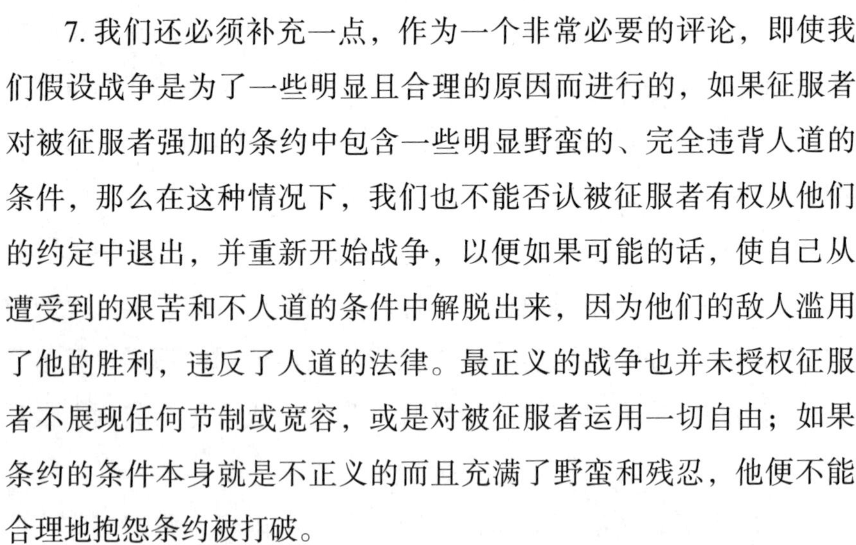

7. 我们还必须补充一点，作为一个非常必要的评论，即使我们假设战争是为了一些明显且合理的原因而进行的，如果征服者对被征服者强加的条约中包含一些明显野蛮的、完全违背人道的条件，那么在这种情况下，我们也不能否认被征服者有权从他们的约定中退出，并重新开始战争，以便如果可能的话，使自己从遭受到的艰苦和不人道的条件中解脱出来，因为他们的敌人滥用了他的胜利，违反了人道的法律。最正义的战争也并未授权征服者不展现任何节制或宽容，或是对被征服者运用一切自由；如果条约的条件本身就是不正义的而且充满了野蛮和残忍，他便不能合理地抱怨条约被打破。

8. 罗马历史为我们提供了一个与之相关并值得我们注意的例子。

普里维内人（Privernates）曾多次被罗马人征服，并经常造反；但他们的城市最后被执政官普劳提乌斯（Plautius）夺回。在这种困苦的情况下，他们派出大使到罗马求和。一位元老问他们，他们认为自己应该受到什么惩罚，其中一个人回答说："那种自认为值得自由的人应该受到的惩罚。"然后执政官问他们，如果他们的过错得到宽恕，他们是否有希望会遵守和平？"我们之间的和平将是永久的"，大使回答说，"如果你们对我们提出的条件是公正合理的，我们就会忠实地遵守和平；但如果这些条件是苛刻的和不光彩的，和平就不会长久，我们很快就会打破和平"。

虽然有些元老对这个回答感到不快，然而他们中的大多数人都赞同这个回答，并说这是配得上一个人的，而且是配得上一个生来自由的人的。因此，他们承认人性的权利，并高调宣称，只有那些除了自由什么也不看重的人才配做罗马的公民。因此，这些起初受到惩罚威胁的人获得了公民的特权，并获得了他们想要的条件；普里维内人大气地拒绝遵守一个不光彩条约的条款，这为他们赢得了被吸纳进一个在当时可以夸耀它拥有宇宙中最勇敢、最具德性的臣民的国家的荣誉。[①]

因此，让我们得出结论，我们应该遵守一个适当的中间路线，即我们应该始终不渝地遵守与敌人签订的条约，除非战争是一场彻头彻尾的抢劫，或者强加给我们的条件是非常不公正的，充满了野蛮和残忍，否则任何不正义的恐惧都不应该授权我们违背我们的承诺。

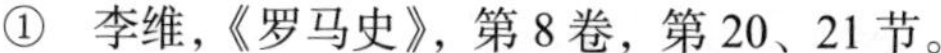

① 李维，《罗马史》，第8卷，第20、21节。

9. 还有一种情况，在这种情况下，我们可以避免背信弃义的罪行，但却不履行我们对敌人的承诺；这就是，当作为约定基础的某种条件缺乏时。这是契约自身性质的结果；根据这一原理，缔约一方的不忠行为使另一方处于自由状态；因为根据一般规律，同一协议的所有条款都以一种互为条件的方式一一连接，就好像一个人明确地说，我将做这样或那样的事情，前提是你做了这件或那件事。[①]

① 参见上文。

第十一章　论与敌人达成的不使战争结束的契约

1. 在那些使我们留在战争状态的契约中，主要的一种是休战（truce）。

休战是一种协议，根据这种协议，我们承诺在一段时间内不采取一切敌对行动，而战争仍在继续。

2. 因此，休战不是和平，因为战争仍在继续。但是，例如，如果我们同意在战争期间征收某些军税，它们只是为了防止敌对行为而被施与的，那么在休战期间，这些税收应该停止；因为，在这个时候，敌对行为就是不合法的。反之，如果约定了任何特定事项应在和平时期发生，那么休战期间就不包括在内。

3. 由于每一次休战都使我们留在战争状态，因此，在休战期满后，便没有必要再次宣战；因为我们并不是发动新的战争，而只是继续我们已经参与的战争。

4. 休战后重新开启的战争并不是一场新的战争，这一原理可以应用于若干种其他情形。在特伦特主教（bishop of Trent）和威尼斯人之间缔结的和平条约中，双方同意，每一方都应占有他们在上次战争前所拥有的东西。

在这场战争开始时，主教从威尼斯人手中夺走了一座城堡，后来后者又重新夺回。主教拒绝放弃它，借口说它是在数次休战后被夺回的，这些休战都出现在这场战争期间。这场争端显然是要以偏向威尼斯人的方式来加以裁断。

5. 休战分为几种。

①有时，在休战期间，双方的军队都在战场上并且处于行动中；这种休战一般以几天为限。在其他时候，双方放下武器，退到自己的国家；在这种情况下，休战的时间较长。

②有一种适用于双方所有领土和领地的普遍的休战（a general truce）；而特定的休战（a particular truce）则限制在特定的地方；例如，在海上，而不是在陆地上，诸如此类。

③最后，有一种绝对的、未定的、普遍的休战，也有针对某些事项的有限的和确定的休战；例如，埋葬死者，或者如果被围困的城镇已经获得休战，只是为了免受某些攻击，或者是免受特定的敌对行为，例如，劫掠国土。

6. 我们还必须指出，严格地说，只有通过明示的协议才能休战；因为这种类型的协议很难建立在一种默会公约的基础上，除非各项事实本身及其所处的情况，只能将它们理解为真诚地打算暂时停止敌对行为，而不能理解为别的原则。

因此，虽然我们在一段时间内没有采取敌对行动，但敌人并不能单凭这一点便断定，我们已经同意休战。

7. 休战的性质充分地说明了它具有的效果。

①如果休战是普遍的和绝对的，那么一般来说，所有的敌对行为都应该停止，无论是对人还是对物的；但这不应该妨碍我们在休战期间，组建新的部队，架设军火库，修筑防御工事，等等，

除非有一些禁止这类行为的正式公约；因为这些行为本身并不是敌对行为，而是防御性的预防措施，它们在和平时期就可以采取。

②通过破坏要塞来夺取敌人占有的任何地方，都是违反休战协定的行为。同样显而易见的是，在休战期间，我们都不能公正地占有被敌人遗弃但真正属于他的地方，无论敌方驻军是在休战前还是休战后撤走的。

③因此，对于那些在休战期间偶然落入我们手中的属于敌人的东西，即使它们以前是我们的财产，我们也必须归还给敌人。

④在休战期间，允许从一地到另一地的往返通行，但不允许有任何可能引起疑虑的队列或随从。

8. 在这里或许可以问一下，在休战期满时，由于任何意想不到却不可避免的意外而不幸置身敌国的人，是否可以被扣留为俘虏，还是应该拥有撤出的自由？格劳秀斯和普芬道夫坚持认为，根据战争的权利，我们可以把他们作为俘虏扣留；但格劳秀斯补充说，不坚持这样一种权利，肯定是更人道和更慷慨的。我认为，我们应该使这些人获得自由，这是休战条约的后果。因为根据这一约定，在休战期间，我们有义务允许他们自由进出；在休战期满后，如果很显然是由于某种更强势的武力或一场意外事故阻碍了他们在约定的时间内利用这一通行自由，那么我们也应该在期满后给予他们同样的许可。否则的话，由于这些意外事件每天都可能发生，这种通行许可将时常成为使许多人落入敌人手中的陷阱。这就是一种绝对的、普遍的休战的主要效果。

9. 关于特定的休战，它针对某些确定事项，其效果为协议的特定性质所限制。

①因此，如果休战只是为了埋葬死者，我们就不应该做任何新的事情，以免改变我们的处境；例如，在这期间，我们不能撤退到一个更安全的据点，也不能加固自己的阵地，等等。因为为了埋葬死者而授予的短暂的休战，只是为了这个目的，没有理由把它扩大到议定的情况之外。因此，由此可见，如果获准这种休战的人，利用这种休战来巩固自己的阵地或作其他用途，另一方就有权用武力阻止他。前者不能抱怨，因为从来就不能合理地声称，为了安葬死者并且限制在这一行为上的休战，赋予了不受干扰地进行任何其他事项的权利。它对准予休战的人所施加的唯一义务是，不能强行反对安葬死者；尽管普芬道夫确实持相反的意见。[①]

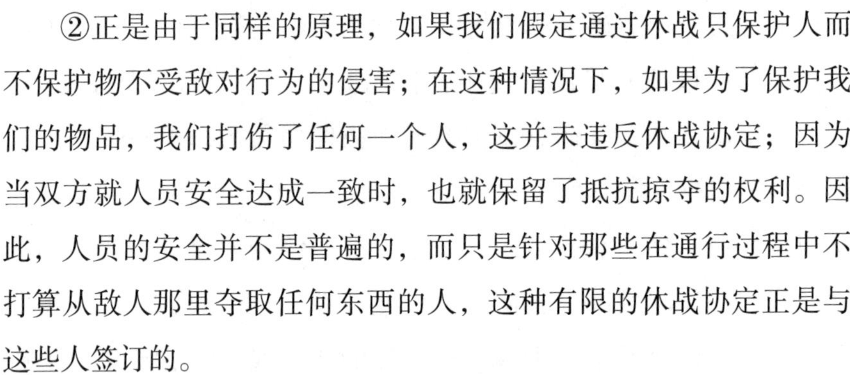

②正是由于同样的原理，如果我们假定通过休战只保护人而不保护物不受敌对行为的侵害；在这种情况下，如果为了保护我们的物品，我们打伤了任何一个人，这并未违反休战协定；因为当双方就人员安全达成一致时，也就保留了抵抗掠夺的权利。因此，人员的安全并不是普遍的，而只是针对那些在通行过程中不打算从敌人那里夺取任何东西的人，这种有限的休战协定正是与这些人签订的。

10. 每一个休战协定，从缔结协定的那一刻起，缔约双方就负有义务。但是，在休战被正式通知之前，双方的臣民在这方面没有任何义务。因此，如果在通知之前，臣民做出任何敌对行为或做出违反休战的事情，他们就不会受到惩罚。然而，签订休战协

① 参见《自然法与万民法》，第 8 卷，第 7 章，第 9 节。

议的政权应该对那些受到伤害的人进行赔偿，并尽可能地把一切事情恢复到以前的状态。

11. 最后，如果一方违反了休战协议，另一方当然可以不经任何新的声明而自由地采取敌对行动。然而，当双方约定，谁先打破休战，谁就应支付一定的罚金；如果他支付了罚金或遭受了惩罚，另一方就无权在期限届满前开始敌对行动；但除了规定的惩罚外，受害方有权要求因违反休战而使他遭受的损失获得赔偿。但要注意的是，私人的行为不会破坏休战，除非主权者通过命令或批准，对这些行为有一定的影响；如果主权者既不惩罚也不交出罪犯，或者拒绝归还停战期间拿走的东西，那么他就被认为批准了私人所做的事情。

12. 安全通行（safe conducts）也是敌人之间的契约，值得加以考察。所谓安全通行，我们理解为给予敌方某些人的特权，而不需要停止武力行为；根据这种特权，他可以自由通行和返回，而且没有被骚扰的危险。

13. 与安全通行有关的几个问题，可以根据所授予的特权的性质，或根据权利解释的一般规则来回答。

①授予士兵的安全通行，不仅适用于下级军官，也适用于进行指挥的上级军官；因为“士兵”这个词汇自然和通常的用法已经决定了是这样。

②如果允许前往某个地方，就意味着也要返回，否则前一个许可将往往是无用的。然而，也有可能在某些情况下，其中一个许可并不意味着另一个也得到了授予。

③获得许可前往某处的人，一般来说，没有自由派另一个人

来代替他；相反，被许可派遣另一个人的人，他自己则不能前往；因为这是两件不同的事，而许可自然地应该被限制在被授予许可的人自己身上；因为有可能另一个人本就不会获得许可。

④获得通行证的父亲，不能带着他的儿子，丈夫也不能带着他的妻子。

⑤至于仆人，虽未提及，但应根据人的地位，推断可以带一两个，甚至更多。

⑥在存疑的情况下，一般来说，自由通行的许可并不因授予许可的人死亡而终止；但是，继承人可以出于充分的理由而撤销它。但在这种情况下，获得通行许可的人应该得到通知，并给他必要的时间，让他把自己带到一个安全的地方。

⑦如果某种默会的意愿支持授予安全通行，这本身就意味着安全通行会一直延续，直到它被明确撤销；否则，无论时间如何推移，授予安全通行的意愿都被预设继续存在。但如果给予安全通行的人不再任职，那么凭借他的权力授予的这种安全通行就会失效。

14. 赎回俘虏也是一种经常订立的并没有结束战争的契约。古罗马人在赎回俘虏方面是非常迟疑的。他们的做法是考察那些被敌人抓去的人是否遵守了军纪，因而判断他们是否应该被赎回。但一般来说，严谨的作风一般得到了遵循，因为这对共和国最有利。

15. 然而一般说来，无论是对国家的利益，还是对人类的利益而言，赎回俘虏都是比较合适的；除非经验使我们相信，为了防止或纠正更大的罪恶，有必要对他们使用那些严厉的手段，否则将无法避免这些罪恶。

16. 不能以发现一个囚犯比我们想象的要富有得多为借口，撤销为赎回他订立的协议；因为这个囚犯富有与否，与协议没有关系；所以，如果要根据他的价值来解决赎金问题，就应该在合同中规定这个条件。

17. 由于现在战俘没有成为奴隶，所以捕获战俘的人除了他实际取得的东西外，对其他东西没有任何权利。因此，对于金钱或其他东西来说，如果俘虏找到了隐藏的方法，当然仍是他的财产，因此，他可以利用它们来支付赎金。敌人不能占有他们并不知晓的东西，而战俘也没有义务去揭开他所有的财产。

18. 还有另一个问题，战俘的继承人是否有义务支付死者已经约定的赎金？我认为，答案很简单。如果战俘在被囚禁期间死亡，继承人不需要支付任何费用，因为死者的承诺是以他应获得自由为条件的；但如果他在死前就获得了自由，继承人当然要支付赎金。

19. 还有一个问题是，如果释放一个囚犯的条件是另一个囚犯也得到释放，而后者在他获得释放之前死亡，那么前者是否有义务返回监狱？我的回答是，获释的囚犯没有义务返回监狱，因为协议中没有如此规定；但他未付出任何东西就能享受自由也是不公正的。因此，他必须给予赔偿或支付他未能履行的事项的全部价值。

第十二章　论在战争期间由军队将领或其他指挥官等下级官员所签订的契约

1. 到现在为止，关于敌人之间的契约，我们所说的都是由主权权力缔结的契约。但是，由于君主们并不总是自己缔结这种协定，我们现在必须探讨由将领或其他下级指挥官缔结的条约。

2. 为了知道这些约定是否使主权者承担义务，以下各项原理将给予我们指导。

①既然每个人都可以自己或由他人订立约定，那么很明显，主权者受到他的大臣或官员所订立的契约的约束，这是他明确赋予他们的全部权力和命令的结果。

②给予一个人某种特定权力的人，有理由被认为给予了这个人该权力的任何必要后果和附属物，没有它们，这项权力就不可能被行使。但他不应该被认为授予了这个人任何更多的东西。

③如果这个人被委托去签订条约，并且把自己的所作所为都限制在其职务的权力范围内，尽管他的行为违背了主权者给他的私下指示，但主权者必须遵守他所做的事情；否则我们永远无法信赖由代理人签订的契约。

④对于君主的大臣和官员的行为，即使他们没有得到君主的命令，但如果君主已经批准了他们所作的约定，那么他便负有义

务，这种批准或者是通过明确的同意，这里便没有任何困难，或者是以默会的方式；也就是说，如果被告知已经通过的协议后，君主仍允许某些事情被做出或者是自己亲自去做这些事，以至它们只能够被理解为他有意图执行他的大臣作出的约定，尽管在订立时他没有参与。

⑤根据自然法，君主也有义务执行他的大臣们在没有得到他的命令时所签订的约定，因为自然法禁止我们以牺牲他人利益为代价来改善自己。衡平要求在这种情况下，我们应该完全遵守合同的条件，尽管合同是由没有全权的大臣签订的。

⑥这些都是自然衡平的一般原理，根据这些原理，君主或多或少有义务坚守其大臣达成的协议。但是，在上述原理的基础上，我们必须加上这个一般性例外：也即国家的法律和习俗另有规定，而且这些规定被那些要与之达成协议的人充分知晓。

⑦最后，如果一个大臣逾越了他的委托，以致他不能履行他已经承诺的事项，而他的主人对之也没有义务，那么大臣自己当然有义务去赔偿与他订约的人。但是，如果他有任何欺骗行为，他就可能因此而受到惩罚，他的人身、财物或者两者都有可能被没收，以便进行赔偿。

3. 让我们把这些一般原理应用到具体的例子中去。

①总司令不能签订关于战争原因和结果的条约；因为无论他被授予了多少作战的权力，这都不意味着结束战争的权力。

②将领们也没有权力授予一段相当长时期的休战；因为：a. 这不必然取决于他们的委托，b. 这件事的后果太大，以至不能完全由他们来决定，c. 最后，一般情况下，情况不会如此紧迫，以至

于没有时间与主权者协商；而出于责任和明智德性，一个将领应该尽可能地这样做，即使是那些他自己完全有权处理的事情。

因此，将领们更不能缔结如下这种休战协定，它消除战争的一切迹象因此与一种真正的和平非常相似。

③关于短期休战，将领们当然有权力签订；例如，休战以埋葬死者，等等。

4. 中将，甚至是下级指挥官，也可以在进攻敌军部队时，或在围攻一个城镇时，签订特定的休战协议；因为这往往是非常必要的，所以有理由断定，这种权力必须包括在他们的职责范围内。

5. 但是，这里出现了一个问题，即这些特定的休战协定是否只对授予它们的军官及其麾下的部队有约束力，还是对其他军官，甚至对总司令有约束力？格劳秀斯声明支持第一种意见，但在我看来，第二种意见是最有根据的；因为①既然我们认为这是由于主权者的默会同意，使这种休战得到了下级指挥官批准，那么其他军官，无论是他的同级还是上级，都不能在破坏协议的同时而不间接损害主权者的权威。

②此外，这将为欺诈和不信任奠定基础，这可能会使休战的使用变得毫无用处和无法执行，而休战在若干场合是尤为必要的。

6. 释放在战争中被俘虏的人或处置被征服的主权者和土地，并不属于将领的权力。

7. 但是，将领们当然有权授予或放弃尚未实际拥有的东西。因为在战争中，许多城市和居民，以保全自己的生命和自由或者有时是保全自己的财产为条件而投降；关于这些，当前的情况通常不允许有足够的时间与主权者协商。下级指挥官对在他们职权范围内的事情也应该有这样的权利。

8. 总之，根据这里所确立的原理，我们可以很容易地判断罗马人民关于阿维尼国王比蒂乌图斯（Bituitus king of the Arverni）和在卡夫丁峡谷事件中的举措。

第十三章　论私人达成的与敌人的契约

1. 在战争中，有时会发生私人——无论是士兵还是其他人——与敌人签订契约的情况。西塞罗公正地指出，如果一个人，在必要性的约束下，向敌人承诺了任何事情，他就应该虔诚地信守诺言。[①]

2. 而且，事实上，迄今为止所确立的所有原理，都明显地证明了这一义务的正义和必要性。此外，除非允许这样做，否则自由就会经常受到阻碍并为大屠杀提供机会，等等。

3. 但是，虽然这些契约本身是有效的，但是很明显，任何私人都无权让渡公共财产；因为，即使是军队的将领也不允许这样做。

4. 至于每个人的行动和效果，虽然与敌人就这些事务所订立的契约，有时可能对国家不利，但它们还是有约束力的。凡是趋向于避免一种更大的恶的东西，尽管其本身是有害的，也应被视为一种公共利益；例如，当我们承诺支付一定的款项以防止劫掠或焚毁等。即使是国家的法律，也不能对臣民施加过于繁重的义务，以至剥夺了个人为自己的安全提供保障的权利，这将是完全违背自然和理性的，并且国家在这样做时必然伴随着不正义。

---

① 西塞罗，《论义务》，第1卷，第13节。

5. 正是基于这些原理，我们认为俘虏有义务履行他作出的返回监狱的承诺。如果没有这一承诺，他本不会被允许返回故土；而且对他和对国家来说，让他在一段时间内得到这种许可，当然比让他一直处于囚禁中要好。因此，雷古鲁斯（Regulus）是为了履行他的职责，才回到迦太基，把自己交到敌人手中。①

6. 我们必须以同样的方式判断，一个囚犯作出的不对释放者动武的承诺。有人会徒劳地反对说，这样的约定违背了我们对国家的责任。承诺不做一件敌人本来就有能力加以阻止的事情以便获得自由，这丝毫不违背一个好公民的责任。他的国家不会因此而失去什么，反而会得到好处；因为一个囚犯只要不被释放，对国家来说，就像他真的死了一样，毫无用处。

7. 如果一个犯人已经承诺不逃跑，他当然应该信守诺言；即使他许下诺言的时候，他是戴着镣铐的。但是，如果一个人以不被镣铐禁锢为条件而作出了承诺，那么，如果他被戴上镣铐，他就可以违背承诺。

8. 但在这里，有人会问，私人在拒绝履行对敌人作出的承诺时，是否可以被主权者强制执行呢？我回答说，当然可以；否则，如果没有人能够强迫他们履行承诺，那么他们受承诺约束这回事，就变得毫无意义了。

① 西塞罗，《论义务》，第3卷，第29节。

第十四章　论终止战争的公共契约

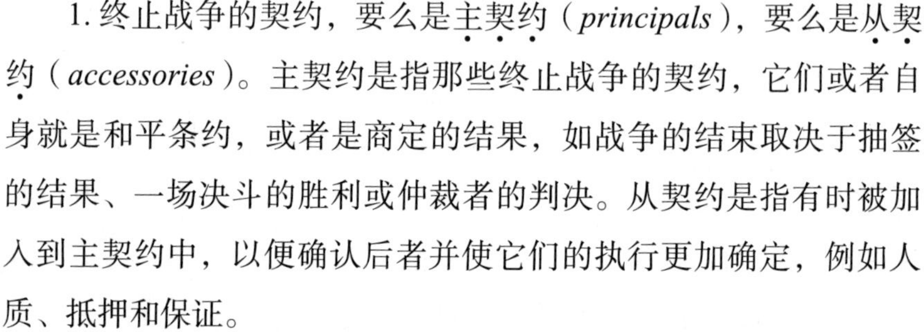

1. 终止战争的契约，要么是**主契约**（*principals*），要么是**从契约**（*accessories*）。主契约是指那些终止战争的契约，它们或者自身就是和平条约，或者是商定的结果，如战争的结束取决于抽签的结果、一场决斗的胜利或仲裁者的判决。从契约是指有时被加入到主契约中，以便确认后者并使它们的执行更加确定，例如人质、抵押和保证。

2. 我们已经讨论过双方商定的单次决斗，以及被认为是阻止或终止一场战争的仲裁者，现在只剩下和平条约留待我们讨论。

3. 在这个主题上出现的第一个问题是，终止战争的契约，如果它们是借由一种不正义的恐惧强行缔结的，那么它们是否可以被废除？

前文已经确立的各项原理，说明了我们应该保持对敌人的承诺，因此便没有必要再次证明这一点。在所有的公共公约中，和平条约是一个国家应该视为最神圣和不可侵犯的，因为没有什么比人类的安宁和平静更重要。由于君主和国家之间没有共同的法官来审理他们的分歧，并就战争的正义性作出裁断；因此，如果在这种情况下不正义的恐惧作为一种例外情况被普遍接受的话，我们将永远无法依赖和平条约。我说“普遍”，因为当和平条件的不正义非常明显，不公正的征服者滥用他的胜利，以至于把最艰难、最残酷和最不能容忍的条件强加给被征服者时，万民法就不能批准这种条约，也不能规定被征服者有义务温顺地服从这些条约。我们还要补充一点，虽然万民法规定，除在这里提到的情况外，和平条约应得到忠实的遵守，而不能以一种不正义的约束为借口而予以废除；但可以肯定的是，征服者凭良心而言不能利用这样一种条约，而且根据内在的正义，他有义务归还他在不正义的战争中所获得的一切。

4. 另一个问题是要知道，一个主权者或一个国家是否有义务遵守他们与叛乱的臣民签订的和平条约？我的回答是：①当一个主权者凭借武力制服了叛乱的臣民时，他可以用他认为最好的方法来对待他们。②但是，如果他与他们达成了任何谅解，他就应该被认为赦免了他们过去所做的事情；因此，他不能以诺言是向叛乱的臣民作出的为借口而不遵守它们，这是不合法的。这种义务因下述情况而更加不可侵犯，因为君主们很容易给反抗安上叛乱的名字，臣民通过这种反抗，只是为了维护他的正当权利，并且反对主权者违反其最基本的各项约定。历史提供了太多这样的例子。

5. 只有那个有权发动战争的人，有权通过和平条约终止战争。简言之，这是主权的一个基本部分。但是，当一个国王沦为囚犯，他是否可以签订一个有效的、对国家有约束力的和平条约呢？我认为不能，因为人民不可能在一个人都不是自己人身的主人的时候，将最高权力授予他并使他在最重要的事情上有权行使它。但是，即使国王身为囚犯，但就私下里属于他的东西所订立的合同，根据前一章所确立的各项原理，它们当然是有效的。但是，对于一个处于流亡中的国王，我们该作何判断呢？如果他对任何人都没有依赖，那么无疑他是有能力讲和的。

6. 要确切地知道一个国王可以通过和平条约处置哪些事情，我们只需考虑主权的性质和他拥有主权的方式。

①在世袭制王国，从其本身来看，没有什么能够妨碍君主让渡主权或部分主权。

②但仅以用益制的形式拥有主权的君主，不能通过任何条约将主权全部或部分转让。为了使这种转让有效，必须得到全体人民或王国各阶层的同意。

③关于王室领地或王国的财产，主权者一般无权转让。

④关于私人臣民的财产，主权者本身对私人的财产和财富拥有一种优先的征用权；因此，只要为公共利益或必然性所需，他可以时常让渡这些财产；但要考虑到这一点，即对于臣民遭受的超出其自身比例的损失，国家应该赔偿。

7. 为了更好地解释一份和平条约的各项条款，我们只需关注解释的一般规则和缔约各方的意图。

①在所有和平条约中，如果没有相反的条款，一般推定各方都互相豁免了自己在战争中造成的所有损害。因此，大赦的条款只是作为一种更精确的措施。

②但是，个人之间的债务，如果是在战争前签订的，并且在战争期间不能得到支付，则不能认为被和平条约免除了。

③未知的伤害，不论是战前还是战时造成的，都应该被纳入一般性的条款，我们据此原谅敌人对我们造成的伤害。

④凡是在和平缔结后被夺走的东西，当然必须被复原。

⑤如果履行和平条约各项条件的时间是有限制的，那么就必须从最严格的意义上加以解释；因此，当它到期时，哪怕是最轻微的拖延也是不可原谅的，除非这种拖延是由一种更大的力量造成的，或者可以明显看出并非源于任何不良企图。

⑥最后要指出的是，每一项和平条约本身是永久的，而且在其性质上是永恒的；也就是说，各方被预期已经同意永远不再因为那曾经引起战争的分歧而拿起武器，并在今后将这些分歧视为已然完全结束。

8. 还有一个重要的问题是，什么时候可以认为和平被打破了。

①有些人将打破和平与制造新的战争时机区分开来。破坏和平，就是违反条约的某一条；但制造新的战争时机，就是为了条约中并没有提到的某个新的原因而拿起武器。

②但是，当我们以这种方式为战争提供新的时机时，如果我们拒绝对冒犯行为作出补偿，那么条约就以这种方式被间接地破坏了：因为这样一来，被冒犯者就有权利拿起武器，把冒犯者当作敌人，并且对后者的一切行为都是合法的，他当然也必须放弃遵守和平的各项条件，尽管条约的条款还没有被正式破坏。此外，这种区别在目前使用不多；因为和平条约被构想包括了一种今后在各方面友好相处的约定。因此，我们必须得出结论，每一个新的不正义的敌对行为都是对和平的侵犯。

③至于那些只以武力击退武力的人，他们绝不是破坏和平。

④当与对方和他的几个盟友缔结和平条约时，如果其中一个盟友拿起武器，和平并没有被破坏，除非条约是在这个基础上缔结的。但这是不能加以推定的，而且那个没有得到别人援助来侵

略我们的人，必然应被认为是破坏和平的人。

⑤一些臣民可能主动实施的暴力或敌对行为，不能破坏和平，除非我们假定主权者批准了这些行为；并且，如果主权者知道这一事实并有权力惩罚它，却又忽视了这一点，那就可以推定他批准了这一行为。

⑥如果没有合法的理由，不仅对国家整体，而且对私人也采取敌对行为，那么和平就被认为是打破了；因为和平条约的目的是让每个臣民在未来生活在完全安全的环境中。

⑦和平当然会因为违反条约中清晰、明确的条款而被打破。然而，一些法学家却把重要条款和不重要条款区分开来。但这种区分不仅本身不确定，而且在适用上也非常困难和微妙。一般来说，条约的所有条款都应被视为足够重要，因而要加以遵守。然而，我们必须对人道的要求给予一定的考虑，宁可宽恕轻微的过失，也不要用武力来寻求补偿。

⑧如果其中一方因某种绝对必要性而沦落到无法履行其约定的境地，我们不会因此视和平被破坏了；相反，另一方或者应该等待一段时间，以便对方履行已经承诺的事情，如果还有任何希望的话；或者他可以要求一个合理的等价物。

⑨即使一方有背信弃义的行为，也肯定是由无罪的一方选择是否让和平继续存在；如果声称首先破坏和平的人可以通过违反义务来解除自己所承担的义务，这将是荒谬的。

9. 为了保证和平条约的执行，有时会加入人质、抵押和保证。人质分为好几种，因为他们或者是自愿献身的，或者是根据主权者的命令提供的，或者是被敌人强行带走的。例如，目前最常见的莫过于为保证获得款项而带走人质。

10. 主权者可以凭借自己的权威，责成他的一些臣民把自己交到敌人手中做人质；因为，如果主权者有权利在必要的时候使臣民面临生命危险，那么他便更有理由约束他们的人身自由。但另一方面，国家当然应该赔偿人质为了社会利益而可能遭受的损失。

11. 要求提供人质并给予人质是为了保障某些约定的执行；因此，有必要以认为的适当的方式扣留人质，直到商定的事情得到执行。所以，如果人质是自愿的或者是主权者给予的，就不能逃跑。不过，格劳秀斯给予后一种类型的人质这种自由，但他的意见似乎没有充分的根据：因为，或者是国家意欲人质不应留在敌人手里，或者是国家没有权力迫使人质留下来。前者显然是错误的，因为这样一来人质就不可能成为一种保证，公约也就形同虚设。后者也同样是不正确的；因为如果君主凭借他的征用权，可以使公民的生命暴露在危险之中，那么他为什么不能约束他们的自由呢？因此格劳秀斯自己也同意，罗马人有义务把克莱利亚（Clelia）送回给波塞纳（Porsenna）。但是，对于被敌人抓走的人质，情况就不完全一样了；因为这些人质只要没有作出相反的承诺，就有权利逃跑。

12. 一个经常引起争议的问题是，万一敌人不履行约定，接受人质的那一方是否可以把他们处死？我的回答是，人质本身不能给予敌人任何掌控他们生命的权力，因为他们自己也不是其生命的主人。至于国家，在公共利益需要的时候，它当然有权使臣民的生命暴露在危险中。但在这种情况下，公共利益所要求的，只是约束人质的人身自由；就像一个无辜的人不能被当作罪犯一样，人质也不能冒着生命危险为主权者的不忠负责。因此，国家绝不是抵押了人质的生命。那个接受人质的人也被预设是在这些条件下接受他们；虽然由于违反了条约，人质便要听从他的摆布，但这并不意味着他有权把他们处死；他只能把他们作为战俘扣留下来。

13. 为某一特定目的而提供的人质，只要这一目的得到满足，他就自由了，因此不能因任何其他原因被扣留，因为对于这些事项并没有承诺为之提供人质。但是，如果我们在任何其他情况下失信于人，或者达成了一笔新的债务，那么，人质就可以被扣留，不是作为人质，而是由于万民法的这一规则，它授权我们为主权者的行为而扣留他的臣民。

14. 问题是，人质是否因签订契约的君主死亡而获得自由？这要看条约的性质，因为人质是为这一条约提供担保的；也就是说，我们必须考察它是对人的还是对物的。

但是，如果人质成为交出他的君主的继承人，他就没有义务继续作为人质被扣留，尽管条约是对物的；他只应该在任何时候需要人质时，选择另一个人替换他。这种情况被认为是默许的例外；因为不能假定一个把自己的儿子和预定的继承人交出作为人质的君主，竟打算如果他去世了，就使国家失去首领。

15. 有时候，为了保证和平条约的稳固，也会作出质押；我们说过，人质可以因其他债务而被扣留，这也适用于质押。

16. 最后，另一种确保和平的方法是，当君主或国家，特别是那些曾经是和平调解人的国家成为担保人，并基于他们的信念保证双方都会遵守这些条款；他们的这种保证意味着他们有义务进行斡旋，为因条约被违反而受到伤害的一方获得合理的补偿，甚至是协助他对抗造成伤害的侵略者。

第十五章　论大使的权利

1. 现在，我们要谈一谈大使和万民法赋予他们的各项特权。我们此前讨论的主题自然地将我们导向了这个问题，因为条约通常是通过这些大臣们谈判和缔结的。

2. 没有什么比下述准则更常见的了，它规定大使的人身是神圣不可侵犯的，他们受到万民法的保护。毫无疑问，对整个人类，特别是对各国来说，制止战争和争端并且在彼此之间建立和维持交往和友谊，是最为重要的一件事。现在，由于大使是获得这些好处所必需的，因此，那个命令一切有助于社会保存和幸福的事情的上帝，便不能不禁止对这些人作出任何伤害；相反，他命令我们应该给予他们一切安全和特权，这是为他们工作的目的和性质所要求的。

3. 在我们探讨万民法赋予大使的各项特权的运用之前，我们必须和格劳秀斯一样注意到，这些特权只属于由主权国家相互派遣的大使。因为对于由城市或行省派往本国主权者处的代表，我们不能根据万民法来判断他们的特权，而必须根据这个国家的民法来判断。一言以蔽之，大使的特权只涉及外国人，也就是说，那些对我们没有依赖的人。

因此，没有什么能阻止一个弱势的盟友具备向一个强势的盟友派遣大使的权利；因为在一种不平等联盟的情况下，较弱势者并不由此便不是独立的了。

有一个问题是，如果一个国王在战争中被打败并被剥夺了他的王国，他是否仍有权利派遣大使？但事实上，这个问题对征服者来说是无用的，因为他甚至不会去设想自己是否应该接受一个被他剥夺了王国的人的使节。对于其他国家来说，如果征服者由于明显不正义的原因而发动战争，那么，只要不会给自己带来巨大不便，这些国家便仍应该承认那个被打败的人是真正的国王——而他实际上也是国王，因此也便不能拒绝接受他的大使。

但是在内战中，情况就非同寻常了；因为那时，必要性有时会使这种权利成为可能，以便接待来自双方的大使。在这种情况下，同一个国家，在一段时间内被视为两个不同的人民团体。但是，海盗和强盗，由于不构成一个稳定的政府，便不能拥有属于国家的权利，因此也不享有万民法赋予大使的各项特权，除非他们已经通过条约获得了它，这种情况有时候会发生。

4. 古人并不区分一个国家向另一个国家派遣的不同类型的人员；罗马人将他们全部称为“*legati*”或“*oratores*”（使节）。现在，这些公使有各种头衔。但他们的职责大体都是相同的，若干区分更多地是建立在他们用以支持他们尊荣的或大或小的排场，以及他们工资的多寡，而不是从他们的特征得出的任何其他原因。

5. 目前对大使最常见的区分是分为特命大使和普通大使。这种区别古人是完全不知道的。在他们那里，所有的大使都是特命大使，也就是说，只负责某项特定的谈判；而普通大使则是居住在国外，处理各种政治事务，甚至是观察各个宫廷发生的事情。

自从罗马帝国毁灭后，随着不同的君主国和共和国得以建立，再加上贸易的增加，欧洲的情况使得这些普通大使成为必要。因此，一些历史学家正确地观察到，土耳其人，由于他们没有在国外保留大使，行动便极为失策；因为他们只能通过犹太或亚美尼亚商人收到消息，因此他们一般很晚才打听到事情，或者他们得来的信息也很糟糕，这往往使他们采取轻率的措施。

6. 格劳秀斯认为，万民法中有两条主要的关于大使的准则。第一，我们应该接纳他们；第二，他们的人身权利是神圣不可侵犯的。

7. 关于这两条准则中的第一条，我们必须指出，接纳大使的义务，一般来说是建立在人道原则的基础上的：由于所有国家在它们之间形成了一种社会，因此应该通过相互的斡旋来帮助彼此，大使也便出于这个原因变得十分必要。因此，万民法的一条规则是，我们应该接纳大使，并且没有正当的理由就不能拒绝任何大使。

8. 但是，虽然我们有义务接纳大使，但这只是人道的一种基本责任，它产生的只是一种不完全的义务。因此，一种简单的拒绝不能被看作是一种伤害行为，以至足以为一场战争奠定正义的基础。此外，接纳使者的义务，不仅涉及盟国派来的使者，也包括敌国派来的使者。处于战争中的君主们有义务寻求各种方法去重建一种公正合理的和平；除非他们愿意听取对方可能提出的建议，否则他们将无法获得和平；这一过程中需要的协商只能通过雇用大使或大臣来很好地完成。同样的人道责任也要求中立的或无涉的君主为其他国家派出的大使提供通过其领土的通道。

9. 我说过，如果没有正当的理由，我们不应该拒绝接纳一个大使；因为我们有可能有很好的理由拒绝他。例如，如果他的主人曾经以派遣大使为借口欺骗过我们，那么，我们便有正当的理由怀疑现在是否是类似的欺诈行为；如果派出大使的君主犯了叛国罪，或者对我们犯了其他令人发指的罪行；或者，最后，如果我们确信，在谈判的借口下，大使只是作为间谍被派来窥探我们的事务并播下叛乱的种子。

因此，在色诺芬撰写的历史《远征记》中，将军们决定，只要他们仍在敌人的国家里，他们就不接受任何传令兵；而让他们作出这个决定的原因，是他们发现，那些被派到他们中间的人，打着出使的幌子，其实是来窥探他们的事务并腐化士兵的。

拒绝接纳来自盟国的大使或特使的另一个正当理由，或许是因为接纳他可能会使其他国家产生猜疑，而我们却需要同后面这些国家保持一种良好的谅解。最后，大使本身的人品或性格，可能为我们不接纳他提供合理的理由。关于接纳大使的准则，这些讨论就足够了。

10. 关于万民法的另一条规则，即指示将大使的人身视为神圣和不可侵犯的，要决定与之有关的几个问题就比较困难。

①当我们说万民法禁止对大使使用任何暴力，无论是言语还是行动上的，我们并没有因此而给予这些大臣任何特权；因为这不过是每个人根据自然法所享有的权利，即他的生命、荣誉和财产得到妥善保障的权利。

②但是，当我们补充说，根据万民法，大使的人身是神圣而不可侵犯的，我们便将一些特许和特权归属给他们，这些特权是本不属于私人的。

③当我们说大使的人身是神圣的时候，这意味着我们将对那些对大使施暴的人，比对那些对私人造成伤害或侮辱的人施以更严厉的惩罚；大使这一身份特征，是我们对同一种罪行施以如此不同惩罚的原因。

④最后，我们之所以称大使的人身是神圣的，是因为他们的人身、随从或财产不受他们出使的那位君主的管辖，因此我们不能按照一般的司法程序对他们进行起诉；他们的特权主要就在于这一点。

11. 万民法赋予大使这些特权的基础是，由于大使代表其主人的人格，他当然应该享有其主人本人作为主权者在进入另一个君主的国家后将拥有的一切特权和权利，主权者之所以进入另一个君主的国家，大多是为了处理他自己的事务，例如进行谈判，或是缔结条约或联盟，或是管理某个商业分支以及其他类似性质的事情。现在，当一个主权者进入别国，我们不能想象他失去了他的特性和独立，成为了他访问的领土上的那位君主的臣民；相反，他应该继续像他以前一样，与他访问的那位君主平等，并且独立于他的管辖；被访问的君主也将在一个完全平等的基础上接待他，正如他进入后者的领土时将同样选择以这种方式被接待。现在，因为大使的代表性特征，我们必须给予他同样的特权和豁免。

出使的目的和意图使得大使的这些特权是必要的；因为可以肯定的是，如果一个大使能够完全独立地与他被派往的君主交涉，较之受到外国的管辖，或者他和他的随从可以被移交给司法机构，或者他的货物被扣留和没收，他将更有资格履行他的职责并有效地为他的主人服务。因此，所有的国家都给予了大使一个非常恰

当的例外，因为一般的习俗要求，居住在外国君主领地上的人，应服从该君主的法律。

12. 这些原理得到确定后，我断言：

①对于大使来说，如果他们被派往一个与他们的主人处于和平状态的国家，并且没有伤害任何人，那就不存在任何困难。自然法中最明显的准则要求他们应该是完全安全的。所以，如果我们以任何方式冒犯或侮辱了这样一位大使，我们就会给他的主人宣战的正当理由。在这方面，大卫王给我们提供了一个例子。[①]

②对于那些来自敌方的大使，并且在他们被接纳之前，对方并没有作出任何伤害，他们的安全便完全取决于人道的法则；因为既然作为敌人，我们就有权利去滋扰他。因此，只要在这一点上没有特别的协议，我们只是凭借人道法则，才有义务不滋扰敌方的大使，当然，我们应该永远尊重这些人道法则，这些法则责成我们重视每一件有利于维护秩序和安宁的事情。

③但是，当我们答应接纳或实际已经接纳了敌人的大使时，只要他表现良好，我们就已然明显承诺为他提供完全的安全保障。我们甚至不能把被派来宣战的传令兵排除在外，只要他们是以一种不冒犯的方式来宣战的。

④对于那些使自己受到惩罚的大使，他们要么是出于自己的主张造成了伤害，要么是奉他们主人的命令造成了伤害。

如果他们是出于自己的主张造成了伤害，那么当他们的罪行是明显的、令人发指的时候，他们就丧失了享有安全保障和各项特权

① 《圣经·撒母耳记下》，第 10 章（2 *Sam*. chap. x.）。

的权利；因为在相同的情况下，任何大使都不能比他的主人拥有更多的特权；而现在这种罪行，即使是其主人也不会得到宽恕。

我们这里所说的“令人发指的罪行”，是指那些倾向于扰乱国家，或者毁灭大使被派往之处的君主的臣民，或者对他们造成某种相当大的损害的罪行。

当罪行直接影响到国家时，不管大使是否实际使用了暴力，也就是说，不管他是煽动臣民发动叛乱，或是自己密谋反对政府，或是支持阴谋；或者不管他是否与叛军或敌人一起拿起武器，还是派遣他的随从这样做，等等，我们都可以对他进行报复，甚至把他杀死，这时不是把他当作臣民，而是把他当作敌人；因为即使是他的主人自己也没有理由期望得到更好的待遇。出使的目的，无疑是为了各个国家的普遍利益，这并不要求我们对一个首先违反万民法的大使，给予该法对外交大臣提供的各项特权。如果这样的大使逃跑了，他的主人有义务在得到要求时把他交出来。

但是，如果罪行无论多么令人发指或是明显，只影响到一个私人，大使并不因此而被认为是君主或国家的敌人。假设他的主人也犯了同样性质的罪行，我们应该要求他给予赔偿，在他拒绝之前都不应拿起武器对付他；所以，如果大使在某位君主的宫廷里犯了这样的罪行，同样的衡平理由指示这位君主，应该把大使送回他的主人那里，希望后者要么把他交出来，要么惩罚他。因为如果把他关在监狱里，直到他的主人召回他以便惩罚他，或者宣布他已经抛弃了这位大使，则是表明对大使主人的公正性有所怀疑，并由此在某种程度上冒犯了这位主人，因为他的人格仍由其大使代表着。

⑤但是，如果犯罪是根据主人的命令施行的，将大使送回肯定是轻率的；因为有理由相信，那个下令犯罪的君主，将不会屈服或是惩罚罪犯。因此，在这种情况下，我们或许可以扣留大使，直到其主人赔偿了他的大使和他自己造成的伤害。对于那些不代表君主人身的人，如普通的信使、号手等，如果他们奉主人的命令来侮辱某位君主，我们可以当场杀死他们。

但是，没有什么比一些人坚持的如下说法更荒谬的了，即大使们根据主人的命令所做的一切坏事，应该全部归责给后者。如果是这样的话，大使们在另一个君主的领土上享有的特权，将比他们主人自己出现在那里，享有的更多；另外，国家的主权者在他自己领土上的权力，将比一个家庭的主人在他自己家里的权力要小。

总之，大使的安全应该以这样的方式来理解，即不会导致任何与他们被派往的国家的安全相冲突的东西，因为这些国家既不愿意也不可能基于其他条件来接受他们。现在很明显，如果大使们担心，在叛国或其他一些令人发指的罪行的情况下，该国政府可以要求他们为此作出解释，那么他们将不会那么大胆地从事任何反对外国君主或其臣民的事情，就像他们在只听从其主人的训导而没有什么别的可畏惧的事情时会做的那样。

⑥当大使本人没有犯罪的时候，对他恶意对待，或者凭借报复或复仇法把他杀死，都是不合法的；因为我们以大使的身份接纳他时，就等于放弃了我们拥有的任何这种报复的权利。

根据历史上提到的这种报复的许多实例来提出反对意见，将是徒劳的；因为历史学家不仅叙述正义与合法的行动，而且还叙述在盛怒之中，由于一些紊乱的和动荡的激情的影响而做出的各种违背正义的事情。

⑦到现在为止，关于大使权利的说法，应该适用于他们的家丁和他们的所有随从。如果大使的任何家丁造成了伤害，我们可以要求他的主人把他交出来。如果他不依从，他就会使自己成为罪行的同谋，而在这种情况下，我们便有权以与他自己犯下了这桩罪行时同样的方式对他进行起诉。

但是，大使不能惩罚自己的家丁；因为这不利于他的工作的目的，也没有理由假定他的主人已经把这项权利交给了他。

⑧关于外国公使的财物，我们既不能以司法的方式扣押它们以进行赔偿，也不能用作担保；因为这将假定他受到居住之处的君主的管辖。但是，如果他拒绝还债，我们应该在给他通知后，向他的主人提出申请，如果主人拒绝为我们伸张正义，我们可以扣押大使的财物。

⑨最后，关于避难和提供保护的权利，这绝不是出使之性质和目的的结果。然而，如果它一旦被授予某个国家的大使，除了国家的福祉之外，没有任何东西能授权我们撤销它。

我们也不应该在没有充分理由的情况下，拒绝大使享有由主权者们普遍同意确立的其他种类的权利和特权；因为这将是对他们的一种侮辱。

图书在版编目(CIP)数据

自然法与政治法原理/(瑞士)让-雅克·布拉马克著；陈浩宇译.—北京：商务印书馆，2024
(汉译世界学术名著丛书：120年纪念版：珍藏本：增订本)
ISBN 978-7-100-23731-4

Ⅰ.①自… Ⅱ.①让…②陈… Ⅲ.①自然法学派—研究 Ⅳ.①D909.1

中国国家版本馆CIP数据核字(2024)第077535号

权利保留，侵权必究。

汉译世界学术名著丛书
(120年纪念版·珍藏本·增订本)
自然法与政治法原理
〔瑞士〕让-雅克·布拉马克 著
陈浩宇 译

商务印书馆出版
(北京王府井大街36号 邮政编码100710)
商务印书馆发行
北京市十月印刷有限公司印刷
ISBN 978-7-100-23731-4

2024年5月第1版 开本710×1000 1/16
2024年5月北京第1次印刷 印张35¼
定价：186.00元